DIE ALPENVEREINSHÜTTEN
Ostalpen

Die Alpenvereinshütten

Ostalpen

Schutzhütten in Deutschland, Österreich und Südtirol

557 Schutzhütten des DAV, OeAV und AVS
und ca. 600 Kurzinformationen über Hütten anderer
alpiner Vereinigungen und Privathütten
im Einzugsbereich derselben.
Mit 499 Fotos sowie einer mehrfarbigen Ostalpenkarte 1 : 500 000

Herausgegeben vom Deutschen Alpenverein,
vom Oesterreichischen Alpenverein
und vom Alpenverein Südtirol

BERGVERLAG RUDOLF ROTHER GMBH • MÜNCHEN

Umschlagbild:
Die Lamsenjochhütte, im Hintergrund die Lamsenspitze.
(Foto: Siegfried Garnweidner)

Bild gegenüber dem Titel (Seite 2):
Die Pühringer Hütte im Toten Gebirge.

Redaktion: Kurt Kettner

Kartographie:
Kartenskizzen
© Bergverlag Rother, München
Beilagenkarte im Maßstab 1: 500 000
© Bundesamt für Eich- und Vermessungswesen, Wien

8. Auflage 1997

ISBN 3-7633-8073-6

Druck: Rother Druck GmbH, München (71082)

Printed in Germany

Vorwort

Das erste Hüttenverzeichnis erschien 1969 zum 100jährigen Jubiläum des Deutschen Alpenvereins (DAV). Darin waren sämtliche Hütten des DAV erfaßt, 248 in den Alpen und 45 in den deutschen Mittelgebirgen. Nach Hinzunahme der Hütten des Oesterreichischen Alpenvereins (OeAV) im Jahr 1978 und des Alpenvereins Südtirol (AVS) im Jahr 1983 sind bis zum 125jährigen Jubiläum des DAV in 1994 sieben Auflagen erschienen.

Mit der Aufnahme aller Hütten von DAV, OeAV und AVS wird die Gemeinsamkeit der Alpenvereine herausgestellt, denn über mehr als sieben Jahrzehnte (1873 bis 1945) gab es nur einen Alpenverein, nämlich den »Deutschen und Oesterreichischen Alpenverein« (DuOeAV). An dieser Stelle sei ein kurzer geschichtlicher Rückblick erlaubt. 1918 gingen Sektionen und Arbeitsgebiete durch die Abtrennung Südtirols und anderer Berggebiete von Österreich an Italien und Jugoslawien. Damit verlor der DuOeAV alle auf dem jetzigen italienischen und slowenischen Staatsgebiet liegenden Hütten. Die ehemaligen Südtiroler Sektionen des DuOeAV wurden vom italienischen Staat als eigene Alpenvereine anerkannt. Es gab also einen Alpenverein Bozen, Meran, Brixen usw., welche als eigenständige Vereine ohne übergeordneten Dachverband geführt wurden. Diese Vereine konnten ihren Hüttenbesitz vorerst behalten. Im Jahr 1922 kam in Italien das faschistische Regime an die Macht und bereits 1923 wurden diese Südtiroler Sektionsvereine per Dekret aufgelöst. Das gesamte Vereinsvermögen und insgesamt 71 Hütten wurden teils direkt dem italienischen Alpenverein CAI übertragen, teils wurden sie als Besitz des Verteidigungsministeriums im Grundbuch verankert und dem CAI zur Führung übergeben. Erst 1970 wurde der 1946 neugegründete Alpenverein Südtirol als Rechtsnachfolger der ehemaligen Sektionen des DuOeAV für seinen vormaligen Hüttenbesitz vom italienischen Staat finanziell entschädigt.
Nach 1945 erfolgte die endgültige Trennung der Alpenvereine. Der gemeinsame Verein konnte nicht wieder entstehen, in Deutschland war der Alpenverein zunächst ganz verboten und die Hütten in Österreich wurden vom OeAV verwaltet. Im Jahre 1956 konnten die deutschen Hütten durch den unermüdlichen Einsatz von Hofrat Martin Busch, dem damaligen Vorsitzenden des Oesterreichischen Alpenvereins, wieder den deutschen Sektionen übergeben werden. Die Umbenennung der Samoarhütte in den Ötztaler Alpen in »Martin-Busch-Hütte« erinnert heute noch daran.

Auch nach der Trennung der Alpenvereine blieben die Satzungen im wesentlichen inhaltsgleich. Die Tätigkeiten werden untereinander abgestimmt und besonders auf dem Hüttensektor wird eng zusammengearbeitet. Im Jahr 1981 konnte eine Hüttenordnung geschaffen werden, die für DAV und OeAV gilt. Sie wurde 1996 letztmals überarbeitet. Desgleichen wurden die Hütten in drei Kategorien eingeteilt. Schließlich erfolgte aufgrund der von den drei Alpenvereinen als verbindlich erklärten »Alpenvereinseinteilung der Ostalpen« (AVE) bei einigen Gebirgsgruppen eine Neueinordnung der Hütten.
So informiert Sie das vorliegende Buch über insgesamt 557 allgemein zugängliche Alpenvereinshütten, von denen 302 dem DAV, 237 dem OeAV und 18 dem AVS gehören. Zusätzlich wurden in Kurzform rund 600 Hütten anderer alpiner Verbände und Privathütten, soweit sie allgemein zugänglich sind, mit aufgenommen.
Die Hütten dienen dem Wanderer, Kletterer, Hochtouristen und Skifahrer als Stützpunkt und dem Talurlauber als Ausflugsziel. Das Hüttenverzeichnis macht darüber hinaus auf die vielen Touren im Bereich der Hütten aufmerksam, ersetzt aber nicht die Alpenvereinskarten und Führer, die jeder Bergsteiger zu seiner Sicherheit von Haus aus im

Rucksack haben sollte. Es soll auch zum Ausdruck kommen, weshalb der Alpenverein seine Hütten gebaut hat, nämlich als Stützpunkt für Bergsteiger!
Es wäre erfreulich, wenn das Hüttenverzeichnis von den ohnehin stark besuchten »Modehütten« etwas ablenken würde. Auch die weniger bekannten und weniger frequentierten Hütten verdienen einen Besuch und bieten dem Gast Ruhe und Erholung und viele nachhaltige Bergerlebnisse.

Raimund Zehetmeier
Vorsitzender des
Verwaltungsausschusses
des Deutschen
Alpenvereins

Adelheid Höfler
Vorsitzende des
Verwaltungsausschusses
des Oesterreichischen
Alpenvereins

Luis Vonmetz
Erster Vorsitzender
des Alpenvereins Südtirol

Inhaltsverzeichnis

Einige Hinweise zum Gebrauch

Dieses Buch kann und soll einen Alpenvereinsführer nicht ersetzen. Es will nicht den Verlauf der Zustiegs- und Übergangswege erklären, sondern lediglich in knapper Form eine Orientierung über Lage, Erreichbarkeit, Ausstattung und Bewirtschaftungszeitraum der aufgeführten Hütten ermöglichen. In diesem Sinne dienen auch die Kartenskizzen nicht der Wegfindung, sondern nur der geographischen Übersicht.
Als Gehzeiten sind – möglichst in Übereinstimmung mit den Alpenvereinsführern – Durchschnittswerte angegeben. Die angegebenen Daten können sich, insbesondere bei ungünstigen Wetterverhältnissen, beträchtlich verändern. Hochalpine Übergänge können bei ungünstigen Witterungs- und Schneeverhältnissen schwierig und die Gehzeiten entsprechend länger werden.
Höhenangaben können differieren, weil sich in den zur Bearbeitung dieses Verzeichnisses benützten Karten gelegentlich abweichende Angaben finden.
Zugänge zu den AV-Hütten sind genau beschrieben.
Bergunerfahrene, die dieses Verzeichnis benützen, seien auf die Gefahren des Hochgebirges und die Notwendigkeit guter Bekleidung (Schuhe, Witterungsschutz) und Ausrüstung hingewiesen. Es gibt »Wege«, wie den Augsburger Höhenweg, die in Wirklichkeit Klettersteige sind. Eine rechtliche Verantwortung in bezug auf die Sicherheit kann mit der Herausgabe dieses Hüttenverzeichnisses selbstverständlich nicht übernommen werden.
Anfragen an Sektionen über Hüttenverhältnisse, die aus den Führern zu ersehen sind, sollten möglichst unterbleiben. So versprechen auch kurzfristige Quartierbestellungen bei den Sektionen in der Regel wenig Erfolg, insbesondere wenn keine Telefonverbindung zur Hütte besteht. Gruppen, die aus Nichtmitgliedern der Alpenvereine bestehen, dürfen nur in Hütten der Kategorie II und III aufgenommen werden. Weiteres geht aus der Hüttenordnung (siehe Seite 12) hervor. Im übrigen wird darum gebeten, allen Anfragen an Sektionen und Hüttenwirten Rückporto beizufügen.
Hüttenöffnungszeiten können im wesentlichen nur ungefähr angegeben werden. Im Zweifelsfalle erkundige man sich auf der Hütte, beim Hüttenwirt oder bei den alpinen Auskunftsstellen:

Deutscher Alpenverein ✆ 089 / 29 49 40
Österreichischer Alpenverein ✆ 0512 / 58 78 28
Alpenverein Südtirol ✆ 0471 / 99 38 09

Zeichen und Abkürzungen im Text

- Telefon
- Funktelefon
- Hüttenwirt oder Hüttenwart (bei unbewirtschafteten Hütten)
- Bewirtschaftungszeit
- Zimmerlager (K. I), Betten (K. II, III)
- Matratzenlager
- Notlager
- Stromanschluß
- Wechselstrom
- Gleichstrom
- Fließwasser im Zimmer
- Heizung im Zimmer
- Winterraum
- Alpenvereinsschloß
- Sonderschloß
- Zugänge
- Übergänge
- Besteigungen
- Abstiege
- Skitouren
- nächste Bahnstation
- nächste Postauto- bzw. Bus-Haltestelle
- mit PKW Fahrmöglichkeit bis
- Geländefahrzeug (Jeep oder Kleinbus)
- gute Parkmöglichkeit
- leidliche Parkmöglichkeit
- Zahnradbahn, Schrägaufzug
- Seilbahn
- Sessellift
- Schlepplift (nur Winter)
- Materialseilbahn

AV	Alpenvereinskarte
AVF	Alpenvereinsführer
bew.	bewirtschaftet
CAI	Club Alpino Italiano
erb.	erbaut
erw.	erweitert
FB	Freytag & Berndt-Karte
Fe.	Feiertag
GF	Gebietsführer
gj.	ganzjährig
K. I, K. II, K. III	Hüttenkategorie
LS	Schweizer Landeskarte
Nichtbew.	Nichtbewirtschaftungszeit
ÖAK	Österreichischer Alpenklub
ÖK	Österreichische Karte
ÖTK	Österreichischer Touristen-Klub
Sa.	Samstag
SAC	Schweizer Alpenclub
seH	sektionseigene Hütte, jedoch hier allgemein zugänglich
So.	Sonntag
SR	Selbstversorgerraum
SV	Selbstversorger
TK	Topographische Karte von Bayern
TKU	Umgebungskarte von Bayern
TVN	Touristenverein »Die Naturfreunde«
WF	Rother Wanderführer

Hüttenordnung des Deutschen und des Oesterreichischen Alpenvereins

(Auszug)

Auf der Hauptversammlung des DAV in Siegen im Mai 1981 und des OeAV in Radenthein im Juni 1981 wurde für die beiden Alpenvereine eine neue Hüttenordnung beschlossen. Die Bestimmungen der Hüttenordnung – hier im Auszug wiedergegeben – über Hüttenbesuch, Mitgliederrechte, Hüttengebühren, Verpflegung, Verhalten in der Hütte usw. sind für die Sektionen und die Hüttenbesucher verbindlich. Die Alpenvereinshütten wurden in drei Kategorien eingeteilt. Jede Kategorie hat eine eigene Hüttenordnung. Diese muß auf jeder Hütte gut sichtbar aufgehängt werden. Sie gilt für allgemeinzugängliche Hütten in genau den gleichen Fassungen sowohl für die Hütten des Deutschen als auch des Oesterreichischen Alpenvereins. Der Alpenverein Südtirol hat eine eigene Hüttenordnung, die in verschiedenen Punkten abweichen kann. Ebenso gilt die Hüttenordnung nicht in allen Punkten für sektionseigene Hütten und für Mittelgebirgshütten, jedoch für alle mit einer Kategorie I, II oder III bezeichneten Hütten.
Sektionseigene Hütten sind Hütten, die nur Mitgliedern der jeweiligen Sektion zugänglich sind. Die in diesem Buch enthaltenen sektionseigenen Hütten können auch von Mitgliedern anderer Sektionen benützt werden. Die Hüttenordnung und die Gebühren legt hier ausschließlich die besitzende Sektion fest. Die Gebühren können für Mitglieder der besitzenden Sektion niedriger sein. Diese Hütten sind mit »seH« kenntlich gemacht.

I. Allgemeines

Die Alpenvereinshütten können von allen Alpenvereinsmitgliedern ohne Rücksicht auf die Sektionszugehörigkeit in gleicher Weise benutzt werden. Darüber hinaus stehen die Hütten allen Besuchern offen, die die Bestimmungen der Hüttenordnungen anerkennen. Mitglieder haben die in den Hüttenordnungen bestimmten Vorrechte.
Alpenvereinshütten sind alle Unterstände, die im Sinne dieser Vorschrift als solche anerkannt sind.
Sie sind in die Kategorie I, II und III eingeteilt.
Die Zuordnung der einzelnen Hütten zu diesen Kategorien nimmt der Verwaltungsausschuß im Einvernehmen mit der jeweiligen Sektion vor.
Mitgliederrechte haben alle Angehörigen von Alpenvereinssektionen sowie von befreundeten Vereinen nach Maßgabe der bestehenden Abkommen über Gegenseitigkeitsrechte.

II. Hüttenkategorien

Die Alpenvereinshütten werden nach ihrer Funktion in drei Gruppen eingeteilt:

Kategorie I
Schutzhütte, die ihren ursprünglichen Charakter als Stützpunkt für den Bergsteiger und Bergwanderer bewahren muß. Ihre Ausstattung ist schlicht, einfache Verköstigung ist ausreichend. Sie ist Stützpunkt in einem bergsteigerisch bedeutsamen Gebiet und für den Besucher nur in Ausnahmefällen mit mechanischen Hilfen erreichbar; der Aufstieg erfordert in der Regel mindestens eine Gehstunde. Sie kann bewirtschaftet, bewartet,

unbewirtschaftet oder ein Biwak sein.

Kategorie II

Alpenvereinshütte mit Stützpunktfunktion in einem vielbesuchten Gebiet, die sich wegen ihrer besseren Ausstattung und Verköstigung für mehrtägige Winter- und/oder Sommeraufenthalt, zum Skilauf und Familienurlaub, besonders eignet. Sie kann mechanisch erreichbar sein und ist in der Regel ganzjährig bewirtschaftet.

Kategorie III

Mechanisch erreichbare Alpenvereinshütte, die vorwiegend Ausflugsziel für Tagesbesucher ist und nur wenige Nächtigungen aufweist. Ihr gastronomischer Betrieb entspricht dem landesüblichen Angebot.

III. Meldepflicht und Ausweis

Kategorie I und II

1. Jeder Hüttenbesucher muß sich bei Ankunft in das Hüttenbuch eintragen. Er hat zusätzlich den gesetzlichen und örtlichen Meldevorschriften nachzukommen.
2. Zur leichteren Auffindung Verunglückter und Vermißter soll jeder Besucher das Ziel seiner Bergfahrt im Hüttenbuch angeben.
3. Vergünstigungen und Ermäßigungen werden nur den Inhabern gültiger Ausweise laut Gebührentafel bei Vorzeigen gewährt.

Kategorie III

1. Jeder Besucher muß den gesetzlichen und örtlichen Meldevorschriften nachkommen.
2. Vergünstigungen und Ermäßigungen werden nur den Inhabern gültiger Ausweise laut Gebührentafel bei Vorzeigen gewährt.

IV. Anspruch auf Schlafplätze

Kategorie I

1. Mitglieder haben bei der Unterbringung das Vorrecht vor Nichtmitgliedern. Mitglieder bekommen ihre Schlafplätze auf Verlangen grundsätzlich sofort und in der Reihenfolge ihrer Eintragung ins Hüttenbuch zugewiesen, und zwar zunächst Lager in Zimmern (Zimmerlager), soweit vorhanden und erwünscht. Ältere Mitglieder haben vor jüngeren das Vorrecht.
   Nichtmitglieder dagegen erhalten Schlafplätze nach einem von der Sektion festgesetzten Zeitpunkt, jedoch **nicht vor 19.00 Uhr** (bei Sommerzeit 20.00 Uhr) und nur für eine Nacht. Danach erfolgt die Zuteilung der Schlafplätze in der Reihenfolge der Eintragungen im Hüttenbuch. Bis zu dem oben geregelten Zeitpunkt dürfen Schlafplätze in Selbstversorgerräumen (SR) nur an Mitglieder vergeben werden, die die Selbstversorgereinrichtung benutzen.
2. Bevorzugten Anspruch auf einen Schlafplatz vor allen Hüttenbesuchern haben:
   – Erkrankte oder Verletzte, denen der Abstieg oder die Verbringung ins Tal nicht zugemutet werden kann (Zimmerlager);
   – Rettungsmannschaften im Dienst.
3. Jugendliche (bis zum vollendeten 18. Lebensjahr) haben keinen Anspruch auf Zimmerlager.
4. Anspruch auf Notlager besteht erst dann, wenn sämtliche Lager belegt sind.
5. Überbelegung von Schlafplätzen ist nur bei Überfüllung und nur mit Zustimmung

des Bewirtschafters gestattet. Sie kann nur auf Lagern angeordnet werden.

6. **Bestellungen von Schlafplätzen darf der Bewirtschafter nur für Mitglieder und Gleichgestellte und für nicht mehr als jeweils die Hälfte von Zimmerlagern und Lagern entgegennehmen.**
   Vorausbestellungen für Nichtmitglieder sind grundsätzlich unzulässig, ebenso für Gruppen und Kurse, die nicht vom Alpenverein oder seinen Sektionen veranstaltet werden, oder für sonstige geschlossene Gruppen, ohne Rücksicht darauf, ob dieser Personenkreis ganz oder teilweise aus Mitgliedern besteht. Für diesen Personenkreis darf die Hütte auch nicht als Standort zur Verfügung gestellt werden. Zeitlich begrenzte Ausnahmen darf der Verwaltungsausschuß nur in besonderen Fällen auf Antrag der hüttenbesitzenden Sektion genehmigen. Bei Vorausbestellungen ist die Einhebung einer Vorauszahlung zulässig, die bei Nichtinanspruchnahme ganz oder teilweise verfällt.
   Alle Schlafplätze dürfen nur mit Schlafsack benützt werden.

Kategorie II

1. Mitglieder haben bei der Unterbringung das Vorrecht vor Nichtmitgliedern.
2. Vorausbestellung von Schlafplätzen ist auch für Nichtmitglieder zulässig, für diese jedoch frühestens drei Monate vor Aufenthaltsbeginn und für nicht mehr als jeweils 30 % von Betten und von Lagern. Bei gleichzeitiger Anmeldung haben Vorausbestellungen von Mitgliedern den Vorrang.
3. Freie Schlafplätze werden an Nichtmitglieder erst nach einem von der Sektion festgesetzten Zeitpunkt, jedoch nicht vor 19.00 Uhr (bei Sommerzeit 20.00 Uhr) und jeweils nur für eine Nacht vergeben.
4. Geführte Kurse und Gruppen von Reiseveranstaltern sind zugelassen, sofern die hüttenbesitzende Sektion diesen vorher ihre Zustimmung schriftlich erteilt hat. Bei gleichzeitiger Anmeldung von Kursen des Alpenvereins oder seiner Sektionen und solchen anderen Körperschaften oder Personen, haben der Alpenverein und seine Sektionen den Vorrang. Im übrigen gilt 2. entsprechend.
5. Jugendliche (bis zum vollendeten 18. Lebensjahr) haben keinen Anspruch auf Betten.
6. Bei Vorausbestellung ist die Einhebung einer Vorauszahlung zulässig, die bei Nichtinanspruchnahme teilweise oder ganz verfällt.

Kategorie III

1. Mitglieder haben bei der Unterbringung das Vorrecht vor Nichtmitgliedern.
2. Vorausbestellung von Schlafplätzen ist auch für Nichtmitglieder zulässig. Bei gleichzeitiger Anmeldung haben Vorausbestellungen von Mitgliedern jedoch den Vorrang.
3. Jugendliche (bis zum vollendeten 18. Lebensjahr) haben Anspruch nur auf Lager.
4. Bei Vorausbestellung ist die Einhebung einer Vorauszahlung zulässig, die bei Nichtinanspruchnahme teilweise oder ganz verfällt.

V. Gebühren

Kategorie I

1. Die Hüttengebühren werden von der Sektion festgesetzt und sind aus der Gebührentafel ersichtlich. Die zulässigen Gebührenobergrenzen bestimmt der Hauptausschuß.

2. **Die Nächtigungsgebühren sind gegen Aushändigung einer auf allen Hütten einheitlichen Quittung zu entrichten.**
3. Eine Überbelegung rechtfertigt keine Gebührenminderung.
4. Den Mitgliedern der hüttenbesitzenden Sektionen dürfen keinerlei Vergünstigungen gegenüber anderen Alpenvereinsmitgliedern eingeräumt werden.
5. Nächtigungsgebühren (auch für Winterräume):

5.1 Mitglieder erhalten mindestens 50 % Ermäßigung.

5.2 *Ermäßigte Mitgliedergebühr* entrichten:
– Alpenvereinsmitglieder und Gleichgestellte,
– bei Zimmerbenützung Kinder mit Alpenvereinsausweis in Begleitung eines Erwachsenen.

5.3 *Sondergebühr* (nur für Lager) entrichten:
– Junioren im Rahmen einer Veranstaltung des Alpenvereins (geführte Gruppe),
– Mitglieder der Alpenvereins-Jungmannschaft, die im Besitz der gültigen Zusatzmarke sind,
– Jugendleiter/Jugendführer mit gültigem Jugendleiter-/Jugendführerausweis des Alpenvereins,
– Jugendbergsteiger (vom vollendeten 10. bis zum vollendeten 18. Lebensjahr) mit gültigem Alpenvereinsausweis und Gleichgestellte,
– Kinder mit Alpenvereinsausweis in Begleitung eines Erwachsenen.

5.4 Gebührenfrei werden aufgenommen:
– Angehörige des Österreichischen Bergrettungsdienstes und der Deutschen Bergwacht im Einsatz,
– Angehörige des Grenz- und Sicherheitsdienstes bei Rettungsunternehmen.

6. Tagesgebühren
Der Umweltbeitrag wird von allen Besuchern ab dem vollendeten 15. Lebensjahr (Mitglieder und Nichtmitglieder) erhoben, die nicht in der Hütte übernachten.
7. Sonstige Gebühren

7.1 Den Rettungsschilling in Österreich haben alle Hüttenbesucher, ausgenommen die unter 5.4 befreiten, den Bergwachtgroschen in der Bundesrepublik Deutschland die nächtigenden Nichtmitglieder, zu entrichten.

7.2 Alle nächtigenden Hüttenbesucher, ausgenommen die unter 5.4 befreiten, entrichten neben der Nächtigungsgebühr die festgesetzte Reisegepäckversicherungsprämie.

7.3 Heizungsgebühren bei Sammelheizung der Schlafräume, Gebühren für Brennholz- und öffentliche Abgaben, entrichten alle Hüttenbesucher in gleicher Höhe.
Für die Beheizung des Gastraumes bewirtschafteter Hütten dürfen keine Gebühren berechnet werden.

Kategorie II

1. Die Hüttengebühren werden von der Sektion festgesetzt und sind aus der Gebührentafel ersichtlich. Die zulässigen Gebührenobergrenzen bestimmt der Hauptausschuß.
2. **Die Nächtigungsgebühren sind gegen Aushändigung einer auf allen Hütten einheitlichen Quittung zu entrichten.**
3. Den Mitgliedern der hüttenbesitzenden Sektionen dürfen keinerlei Vergünstigungen gegenüber anderen Alpenvereinsmitgliedern eingeräumt werden. Hüttengästen mit längerem Aufenthalt oder mit Pensionsverpflegung dürfen keine Vorrechte einge-

räumt werden. Jedoch können Räume oder Bereiche für sie freigehalten werden. Diese Hüttengäste dürfen nicht bevorzugt behandelt werden.

4. Nächtigungsgebühren (auch für Winterräume):

4.1 Nichtmitglieder entrichten die höhere *Nichtmitgliedergebühr*.

4.2 *Ermäßigte Mitgliedergebühr* entrichten:
- Alpenvereinsmitglieder und Gleichgestellte,
- bei Zimmerbenützung Kinder mit Alpenvereinsausweis in Begleitung eines Erwachsenen.

4.3 *Sondergebühr* (nur für Lager) entrichten:
- Junioren im Rahmen einer Veranstaltung des Alpenvereins (geführte Gruppe),
- Mitglieder der Alpenvereins-Jungmannschaft, die im Besitz der gültigen Zusatzmarke sind,
- Jugendleiter/Jugendführer mit gültigem Jugendleiter-/Jugendführerausweis des Alpenvereins,
- Jugendbergsteiger (vom vollendeten 10. bis zum vollendeten 18. Lebensjahr) mit gültigem Alpenvereinsausweis und Gleichgestellte,
- Kinder mit Alpenvereinsausweis in Begleitung eines Erwachsenen.

5. Sonstige Gebühren

5.1 Den Rettungsschilling bzw. Bergwachtgroschen und Heizungsgebühren sowie öffentliche Abgaben werden in die Preise eingerechnet.

5.2 Alle nächtigenden Besucher entrichten neben der Nächtigungsgebühr die festgesetzte Reisegepäckversicherungsprämie.

Kategorie III

1. Die Hüttengebühren werden von der Sektion festgesetzt und sind aus der Gebührentafel ersichtlich. Die zulässigen Gebührenobergrenzen bestimmt der Hauptausschuß.

2. **Die Nächtigungsgebühren sind gegen Aushändigung einer auf allen Hütten einheitlichen Quittung zu entrichten.**

3. Den Mitgliedern der hüttenbesitzenden Sektionen dürfen keinerlei Vergünstigungen gegenüber anderen Alpenvereinsmitgliedern eingeräumt werden. Hüttengästen mit längerem Aufenthalt oder mit Pensionsverpflegung dürfen keine Vorrechte eingeräumt werden. Jedoch können Räume oder Bereiche für sie freigehalten werden. Diese Hüttengäste dürfen nicht bevorzugt behandelt werden.

4. Nächtigungsgebühren:

4.1 Nichtmitglieder entrichten die höhere *Nichtmitgliedergebühr*.

4.2 *Ermäßigte Mitgliedergebühr* entrichten:
- Alpenvereinsmitglieder und Gleichgestellte,
- bei Zimmerbenützung Kinder mit Alpenvereinsausweis in Begleitung eines Erwachsenen.

4.3 *Sondergebühr* (nur für Lager) entrichten:
- Junioren im Rahmen einer Veranstaltung des Alpenvereins (geführte Gruppe),
- Mitglieder der Alpenvereins-Jungmannschaft, die im Besitz der gültigen Zusatzmarke sind,
- Jugendleiter/Jugendführer mit gültigem Jugendleiter-/Jugendführerausweis des Alpenvereins,
- Jugendbergsteiger (vom vollendeten 10. bis zum vollendeten 18. Lebensjahr) mit gültigem Alpenvereinsausweis und Gleichgestellte,
- Kinder mit Alpenvereinsausweis in Begleitung eines Erwachsenen.

5. Sonstige Gebühren
Alle nächtigenden Besucher entrichten neben der Nächtigungsgebühr die festgesetzte Reisegepäckversicherungsprämie.

VI. Verpflegung

Kategorie I

1. **Bergsteigeressen, Bergsteigergetränk und Teewasser sind nur an Mitglieder und ihnen Gleichgestellte abzugeben.** Teewasser und Teebeutel sind für Frühaufsteher während der Nachtzeit, gegebenenfalls in Warmhaltegefäßen, bereitzustellen.
2. Jeder Besucher ist berechtigt, ohne in der Aufnahme und Behandlung zurückgesetzt zu werden, seine eigenen Vorräte zu verzehren, ausgenommen alkoholische Getränke.
3. Der Selbstversorgerraum steht nur Mitgliedern zur Verfügung. Für Benutzung sowie für Brennmaterial wird eine Gebühr laut Gebührentafel erhoben.

Kategorie II

1. **Bergsteigeressen, Bergsteigergetränk und Teewasser sind nur an Mitglieder und ihnen Gleichgestellte abzugeben.** Teewasser und Teebeutel sind für Frühaufsteher während der Nachtzeit, gegebenenfalls in Warmhaltegefäßen, bereitzustellen.
2. Der Verzehr von selbst mitgeführter Verpflegung, ausgenommen alkoholische Getränke, ist den **Mitgliedern** gestattet.

Kategorie III

Auf Selbstkochen, Bergsteigeressen, Bergsteigergetränk sowie Teewasser besteht kein Anspruch.

VII. Rettungsmittel

1. Die in der Hütte vorhandenen Rettungsmittel und der Verbandskasten werden unter Verantwortung des Bewirtschafters aufbewahrt und erforderlichenfalls ergänzt. Ihre Benutzung ist nur zu Rettungszwecken erlaubt.
2. Ein Bestandsverzeichnis vorhandener Rettungsmittel mit Angabe der nächsten Rettungsstellen und des Arztes, ist in der Hütte ausgehängt, ebenso ein Leitfaden für Erste Hilfe.
3. Der Bewirtschafter führt eine einfache Apotheke, aus der er in dringenden Fällen die Hüttenbesucher gegen angemessenen Kostenersatz versorgt.

VIII. Winterräume und Selbstversorgerräume

Winterräume stehen den Bergsteigern in den Hütten der Kategorie I während der Nichtbewirtschaftung zur Verfügung. Sie sind meist offen, können aber auch mit dem AV-Schloß verschlossen sein. Den AV-Schlüssel erhalten Mitglieder bei ihrer Sektion leihweise. Winterräume enthalten, sofern nichts anderes angegeben ist, Lager mit Decken, Heiz- und Kochmöglichkeit mit Brennmaterial, einfaches Koch- und Eßgeschirr, einfaches Winterrettungsmaterial. Wasser ist in der Regel nicht vorhanden. Es muß in der schneelosen Zeit oft mitgebracht werden. Die Gebühren für die Nächtigung und das

Brennmaterial werden in eine vorhandene Kasse bezahlt. Es ist also entsprechendes Kleingeld mitzubringen.
Als Selbstversorgerräume (SR) dienen meist die Winterräume während der Bewirtschaftungszeit. Sie stehen nur Mitgliedern und hier vorwiegend Jugendlichen und Familien zur Verfügung. Die Gebühren sind laut Aushang an den Hüttenwirt zu bezahlen.

IX. Verhalten in der Hütte

Kategorie I

1. Jeder Besucher hat sich in der Hütte und ihrem Umkreis so rücksichtsvoll zu verhalten, daß er andere Personen nicht stört. (Kein Lärm, keine Verschmutzung der Umwelt).
2. **Von 22.00 Uhr bis 6.00 Uhr hat in der Hütte völlige Ruhe zu herrschen.** Frühaufsteher müssen sich so verhalten, daß sie die Hüttenruhe nicht stören.
3. Musik- und Spielautomaten, musikalische und andere Darbietungen gegen Entgelt sind nicht gestattet.
4. Funk-, Rundfunk- und Fernsehempfang sowie das Betreiben von elektronischen Musikgeräten aller Art sind in den Aufenthalts- und Schlafräumen sowie im Hüttenumkreis nicht gestattet. Ausgenommen ist der Empfang des Wetterberichtes.
5. Von Besuchern mitgebrachte Rundfunk-, Fernseh- und mechanische oder elektronische Musikgeräte dürfen weder in der Hütte noch im Hüttenumkreis benutzt werden.
6. **Rauchen ist nur in dafür gekennzeichneten Räumen gestattet.**
7. In den Schlafräumen darf weder gekocht noch geraucht werden. Sie dürfen nicht mit Berg- und Skischuhen betreten werden. Das Hantieren mit offenem Licht (Kerzen etc.) ist nicht gestattet.
8. Bei Platzmangel dürfen Sitzplätze in den Gasträumen nicht im voraus belegt werden; auf Wartende ist Rücksicht zu nehmen.
9. **Das Mitnehmen von Hunden und anderen Tieren in Schlaf- und Küchenräume ist nicht gestattet.**
10. Die Hüttenbücherei soll allen, auch künftigen Besuchern, dienen. Die Bücher sind daher pfleglich zu behandeln und nach Benutzung unverzüglich an ihren Platz zurückzustellen. Sie dürfen nicht außerhalb des Hüttenumkreises mitgenommen werden.
11. Für jede vorsätzliche oder fahrlässige Beschädigung der Hütte oder ihrer Einrichtung hat der Verursacher aufzukommen. Für das Verhalten von Kindern sind die Eltern oder die sie begleitenden Personen verantwortlich.
12. Eigenen Abfall hat jeder Besucher mit nach Hause zu nehmen.

Kategorie II

1. Jeder Besucher hat sich in der Hütte und ihrem Umkreis so rücksichtsvoll zu verhalten, daß er andere Personen nicht stört. (Kein Lärm, keine Verschmutzung der Umwelt).
2. **Von 23.00 Uhr bis 6.00 Uhr hat in der Hütte völlige Ruhe zu herrschen.** Frühaufsteher müssen sich so verhalten, daß sie die Hüttenruhe nicht stören.
3. Musik- und Spielautomaten, musikalische und andere Darbietungen gegen Entgelt sind nicht gestattet.
4. Funk-, Rundfunk- und Fernsehempfang sowie das Betreiben von elektronischen Musikgeräten sind nur zulässig, wenn eigens dafür vorgesehene Räume vorhanden

sind. Dies gilt auch für die von Besuchern mitgebrachten Geräte. Die Gäste dürfen jedoch in keinem Fall dadurch gestört werden.

5. **Rauchen ist nur in dafür gekennzeichneten Räumen gestattet.**
6. Selbstkochen ist nur gestattet, soweit Selbstversorgerräume eingerichtet sind.
7. In den Schlafräumen darf weder gekocht noch geraucht werden. Sie dürfen nicht mit Berg- und Skischuhen betreten werden. Das Hantieren mit offenem Licht (Kerzen etc.) ist nicht gestattet.
8. **Das Mitnehmen von Hunden und anderen Tieren in Schlaf- und Küchenräume ist nicht gestattet.**
9. Die Hüttenbücherei soll allen, auch künftigen Besuchern, dienen. Die Bücher sind daher pfleglich zu behandeln und nach Benutzung unverzüglich an ihren Platz zurückzustellen. Sie dürfen nicht außerhalb des Hüttenumkreises mitgenommen werden.
10. Für jede vorsätzliche oder fahrlässige Beschädigung der Hütte oder ihrer Einrichtung hat der Verursacher aufzukommen. Für das Verhalten von Kindern sind die Eltern oder die sie begleitenden Personen verantwortlich.
11. **Eigenen Abfall hat jeder Besucher mit nach Hause zu nehmen.**

Kategorie III

1. Jeder Besucher hat sich in der Hütte und ihrem Umkreis so rücksichtsvoll zu verhalten, daß er andere Personen nicht stört. (Kein Lärm, keine Verschmutzung der Umwelt).
2. Der Gastbetrieb kann bis zur vom Gesetz festgesetzten Sperrstunde ausgedehnt werden.
3. Funk-, Rundfunk- und Fernsehempfang sind nur zulässig, wenn eigens dafür vorgesehene Räume vorhanden sind. Die Gäste dürfen jedoch in keinem Fall dadurch gestört werden.
4. **Rauchen ist nur in dafür gekennzeichneten Räumen gestattet.**
5. Die Hüttenbücherei soll allen, auch künftigen Besuchern, dienen. Die Bücher sind daher pfleglich zu behandeln und nach Benutzung unverzüglich an ihren Platz zurückzustellen. Sie dürfen nicht außerhalb des Hüttenumkreises mitgenommen werden.
6. Für jede vorsätzliche oder fahrlässige Beschädigung der Hütte oder ihrer Einrichtung hat der Verursacher aufzukommen. Für das Verhalten von Kindern sind die Eltern oder die sie begleitenden Personen verantwortlich.
7. **Eigenen Abfall hat jeder Besucher mit nach Hause zu nehmen.**

X. Aufsicht, Beschwerden

1. Hausrecht wird vom Bewirtschafter namens der Sektion, bei Anwesenheit eines von der Sektion Bevollmächtigten auch von diesem, ausgeübt.
2. Wer diese Hüttenordnung nicht einhält, kann aus dem Haus verwiesen werden.
3. **Beanstandungen und Beschwerden** sollen an Ort und Stelle behoben werden. Ist dies nicht möglich, sind sie **schriftlich an die hüttenbesitzende Sektion zu richten**. Gegen deren Bescheid kann der Beschwerdeführer den Verwaltungsausschuß anrufen, wenn er geltend macht, die Sektion habe gegen Vorschriften des Alpenvereins verstoßen.

Hüttenordnung des Alpenverein Südtirol

Die Hüttenordnung der Alpenvereine sind im wesentlichen inhaltsgleich. Unterschiede gibt es in den Reservierungsmöglichkeiten:

Voranmeldungen

Bis zum 31.1. ist eine Reservierung den Sektionen vorbehalten. Danach kann der Hüttenwirt Voranmeldungen bis zu 2/3 der Schlafkapazität entgegennehmen, muß aber, bei gleichzeitiger Anfrage, Mitgliedern den Vorrang geben. Für bestimmte Hochsaisonzeiten, die Woche vor und nach Ostern und die zwei Mittsommerwochen, kann der Hüttenwirt über die 2/3 hinaus Reservierungen vornehmen, sofern er garantiert, daß mindestens zehn Schlafplätze, seien es teilweise auch Notlager, für unangemeldete Mitglieder vorhanden sind.

Gebühren und Verpflegung

Mitglieder und Gleichgestellte erhalten auf die Nächtigungsgebühren eine Ermäßigung. Mitglieder und Gleichgestellte erhalten auf Speisen und Getränke eine Ermäßigung von 10 %. Ausnahmen sind nur für Selbstbedienungsbetriebe oder Selbstbedienungsabteilungen mit besonderer Genehmigung der Hauptleitung möglich. Die Begünstigungen sind auf jeden Fall aus der aushängenden Preisliste zu ersehen.

Hüttenruhe

Ab 22 Uhr hat in der Hütte völlige Ruhe zu herrschen. In der Wintersaison ist es der Sektion gestattet, den Pächtern die Genehmigung zu erteilen, die Hüttenruhe bis maximal 24 Uhr zu verlegen.

Gegenrecht

Mitglieder alpiner Vereine, die eine gültige UIAA-Marke auf ihren Ausweis aufgeklebt haben oder auf deren gültiger Jahresmarke das UIAA-Zeichen eingedruckt ist, genießen auf den Hütten des DAV, OeAV und AVS gleiche Mitgliederrechte.
Mitglieder anderer österreichischer alpiner Vereine, auf deren Ausweis die "Österreichische Hüttenmarke" aufgeklebt ist, genießen auf den Hütten des DAV in Österreich und auf den Hütten des OeAV gleiche Rechte.

Österreichische Hüttenmarke

Um auf den Hütten der anderen, im VAVÖ (Verband alpiner Vereine Österreichs) zusammengeschlossenen alpinen Vereinen Österreichs Gegenrecht zu bekommen, ist die jährlich zu erneuernde Österreichische Hüttenmarke erforderlich, die man bei seiner Sektion bekommt.

1 Bregenzerwald-gebirge

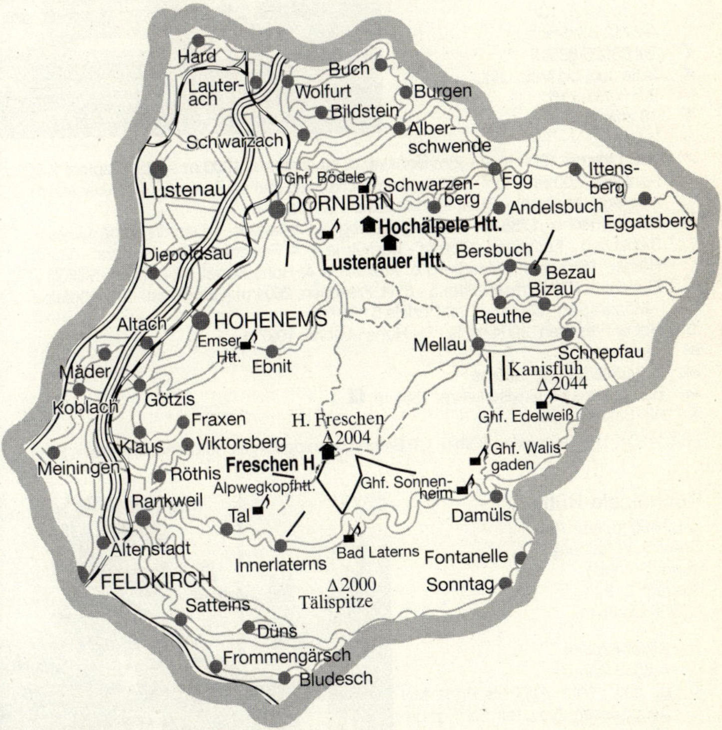

Umgrenzung

Bodensee – Bregenzer Ache – Subersach – Schönenbach – Osterguntenbach – Stogger Sattel – Rehmerbach – Au – Argenbach – Jochbach – Faschinajoch – Faschinabach – Lutz – Ill – Rhein – Bodensee

Freschenhaus

K. I, 1846 m, erb. 1874, neuerb. 1972
OeAV-S. Vorarlberg
Hermann-Sander-Str. 12
A-6700 Bludenz

- Markus Jankovic
  A-6830 Laterns
- ✆ Hütte 0663/9651249
  während der Nichtbew.:
  Thomasweg 13
  A-6712 Bludesch
- ✆ Tal 05525/63549
- Mitte Juni bis Mitte Okt.
- 26 ⊓ 40 ⊔ 15
- 18 offen
- 220 V ~
- ↗ Bad Laterns, 1200 m, 2 - 2½; Bonaker o. Innerlaterns, 1000 m – Alpe Gapfohl 2½; Rankweil, 500 m – Furx – Alpwegkopf – Leseweg (nur im Sommer) 4 - 5 (besser im Abstieg); Dornbirn o. Ebnit – Hohenems – Götzis 5 - 6
- → Gäviser Höhe, 1788 m – Stechweidweg – Portla-Alpe – Damüls, Alpe Gävis – Bettlerweg – Furkajoch, 1760 m – Damüls je 3 - 4, Freschen – Freschengrat – Vorw. Hörnle, 1650 m, n. Viktorberg o. Fraxern je 4; Hohe Kugel, 1645 m, n. Millrülli – Fluhereck (TVN-Emserhütte) 5 - 6; H. Freschen, 2004 m – Binnelgat – Altenhofalpe – Mörzelspitz, 1830 m – First Bödele 5 - 7
- △ Hoher Freschen, 2004 m, ½ - ¾; Hohe Matona, 1997 m, ½ - ¾
- Rankweil
- Innterlaterns/Bad Laterns
- Bad Laterns P; Gäviserkehre, 1350 m, P
- Alp Saluver-Hütte

FB 364; ÖK 111; Bergverlag Rother: GF Bregenzerwaldgebirge und Lechquellengebirge

Hochälpele-Hütte

K. I, 1460 m, erb. 1875
OeAV-S. Vorarlberg
Bezirk Dornbirn
Postfach 219
A-6850 Dornbirn

- Bikfalvi Zoltan
  A-6850 Dornbirn
- gj. bew., Mitte April bis Ende Mai geschlossen, Nov. nur Sa./So. geöffnet
- ⊓ 25
- ↗ Gasthof Bödele, 1148 m, ab Dornbirn über den »Hochälpeleweg« in 1 - 1¼; Dornbirn über Watzenegg –

Schwende – Lankkreuz 3¼- 4; Dornbirn über Kehlegg, 791 m, und Geschwendsattel; von Schwarzenberg 1½ - 1¾

→ auf dem Spechtweg zur Lustenauer Hütte ¾

△ Hochälpele-Kamm und die Weiße Fluh; das ganze Dornbirner Firstgebiet von der Hangspitze, 1746 m, bis zur Mörzelspitze, 1830 m, mit dem anschließenden Binnelgrat zum Hohen Freschen, 2004 m; Hochälpelekopf, 1464 m

Skigebiet in nächster Nähe, einige Ski-Schlepplifte mit schönen, leichten Abfahrten (Bödele-Gebiet)

Dornbirn

Gasthaus Bödele

FB 361; ÖK 111; Bergverlag Rother: GF Bregenzerwaldgebirge und Lechquellengebirge

Lustenauer Hütte

K. III, 1250 m, erb. 1927
OeAV-S. Vorarlberg
Bezirk Lustenau
Gärtnerstr. 9
A-6890 Lustenau

Franz u. Angelika Poćek
postlagernd
A-68 67 Schwarzenberg

✆ Hütte 0663/852037

✕ Weihnachten bis Ostern, Mitte Mai bis Mitte Nov.

40

↗ Bödele, 1148 m – Spechtweg 1 - ½; von Schwarzenberg, 696 m – Schwarzenberger Klausberg zur Lustenauer Hütte 1½ - 2; von Dornbirn, 448 m, über Kehlegg über die Geschwandalpe zur Lustenauer Hütte 2 - 3

→ zum Bödele über den Spechtweg 1; zum Hochälpele und dann zum Bödele 1½ - 2; über die Alpe Weißenfluh – Hottersattel – Alpe Säck – Gütle – Dornbirn; über die Alpe Weißenfluh – über den First zum Binnelgrat – Hoher Freschen – Freschenhaus 6 - 7

△ Hochälpele-Kamm und die Weiße Fluh; das ganze Dornbirner Firstgebiet von der Hangspitze, 1746 m, bis zur Mörzelspitze, 1830 m, mit dem anschließenden Binnelgrat zum Hohen Freschen, 2004 m

Skigebiet in nächster Nähe, einige Ski-Schlepplifte (Bödele-Gebiet)

Dornbirn

Bödele u. Schwarzenberg-Dornbirn

Kehlegg, Bödele u. Schwarzenberg

FB 361; ÖK 111; Bergverlag Rother: GF Bregenzerwaldgebirge und Lechquellengebirge, WF Bregenzerwald

Hütten anderer alpiner Vereine und Privathütten

Alpwegkopfhaus 1430 m, am Alpwegkopf, privat 25 30, Rankweil 5, Laterns 1, Rankweil, gj. bew., v. Laterns-Bonacker

Bregenzer Naturfreundehaus am Klausberg, 1300 m, zwischen Bödele und Weißefluh, TVN, 24, Bödele 1½, Dornbirn 2½, Dornbirn, Bödele, SV, April bis Nov. Sa./So. Voranmeldung bei Walter Malloier, Achgasse 37, A-6900 Bregenz, ✆ 05574/344594

Edelweiß-Gasthaus 1473 m, auf der Öberlealpe, privat 34 26, Au 2¼, Bezau, Au, bew. Weihnachten bis Ostern, Pfingsten bis Mitte Okt., von Au-Leue, ✆ 0663/50691

Emser Hütte 1298 m, am Fluhreck, TVN 10 41, Hohenems 2½ - 3, Ebnit ½, Dornbirn, Dornbirn-Ebnit, Ebnit, gj. bew., ✆ 05576/202114

Gerachhaus 1550 m, am Dünserberg, TVN 20 15, Übersaxen 2, Rankweil, Nenzing, Übersaxen, ab Walgau oder Rankweil zum Haus, im Winter mit , gj. bew., ✆ 05525/2486

Götziser Naturfreundehaus 1140 m, in Meschach auf Millrütti, TVN 28, Götzis 2, Hohenems 2, Götzis, Götzis, zum Haus ab Götzis, bew. 1.6.-1.9., sonst SV, Schlüssel bei Walter Wäger, Dr.-Heinzle-Str. 78, A-6849 Götzis, ✆ 05523/29034, ✆ Hütte 05523/3503

Weißefluhhütte 1370 m, über dem Schnell-Vorsäß, TVN 46, Dornbirn 3½, Bödele 2, Dornbirn, Bödele, nur Mitte Okt. bis Mitte Mai geöffnet, SV, Getränkeausgabe, Voranmeldung bei Helmut Ceric, Gütle 17, A-6850 Dornbirn, ✆ 05572/676985

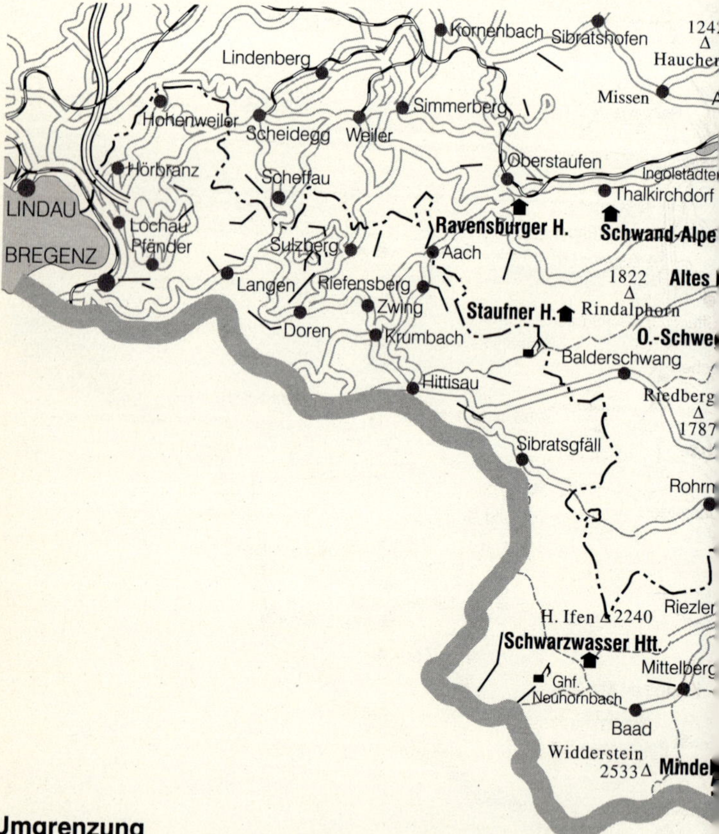

Umgrenzung

Alpenvorland – Lech bis Warth – Krumbach – Hochtannbergpaß – Seebach – Bregenzer Ache bis Rehmen – Rehmerbach – Stogger Sattel – Osterguntenbach – Schönenbach – Subersach – Bregenzer Ache – Alpenvorland

2 Allgäuer Alpen

Altes Höfle

K. seH, 966 m,
gekauft 1929
DAV-S. Neu-Ulm
Bahnhofstr. 55
D-89231 Neu-Ulm

- Anmeldung und Schlüssel bei der Sektion (Di u. Do 16.00 - 18.00 Uhr, ✆ 0731/74885)
- SV, Wochenende beaufsichtigt durch Hüttendienst
- 42 ⌐ 18
- 220 V ~
- Bahnstation Sonthofen/Allg., Omnibus bis Gunzesried/ Säge, 15 Min.
- → Riedbergerhorn, 1787 m – Grasgehrenalpe, 1448 m, 4; Scheidwang – Gierenkopf – Balderschwang 5; Rangiswangerhorn, 1616 m – Weiherkopf, 1665 m – Schwabenhaus – Hörner Haus – Bolsterlang 5; Hochgrat, 1883 m – Rindalphorn, 1822 m – Gündleskopf, 1758 m – Buralpkopf, 1772 m – Stüben, 1750 m – Abstieg über Rottachalpe, Ornach nach Gunzesried/Säge 8
- △ Ofterschwangerhorn, 1407 m, 1; Bleicherhorn, 1669 m, Mautstraße bis zur Höllritzen-Alpe, von dort 1; Stuiben, 1750 m, über die Alpen Ornach und Rottach 3
- den ganzen Winter
- Sonthofen/Allg.
- Gunzesried/Säge
- bis 100 m vor Hütte

FB 363; TK L 8526; TKU 8; Bergverlag Rother: AVF Allgäuer Alpen, GF Allgäuer Alpen

Edmund-Probst-Haus

K. II, 1930 m,
erb. 1890
DAV-S. Allgäu-Immenstadt
Hochstr. 12, Pf. 1206
D-87527 Sonthofen

- Georg Säckl
  Ed.-Probst-Haus
  D-87561 Oberstdorf
- ✆ Hütte 08322/4795
- ca. 20. Dez. bis Sonntag nach Ostern, Ende Mai bis Mitte Oktober
- 43 ⌐ 82
- 220 V ~
- liegt neben der Bergstation der Nebelhornbahn; von Oberstdorf, 834 m, 3
- → Laufbacher Eck, 2177 m – Prinz-Luitpold-Huas 3½ - 4; Koblat – Großer Daumen, 2280 m – Giebelhaus 4; Seealpsee, 1628 m – Oytalhaus, 1006 m, 2½; Oberer,

1769 m, und Unterer Geißalpsee, 1509 m – Rubi, 787 m, 2½; Hindelanger Klettersteig (Nebelhorn – Gr. Daumen – Breitenberg – Hinterstein) 9
△ Nebelhorn, 2224 m, 1; Großer Daumen, 2280 m, über Klettersteig 4, über Koblat 2½
↗ Oberstdorf → Daumen; Zeiger; Abfahrt Giebelhaus; Seealpsee – Oytal
△ Nebelhorn; Pistenskilauf
Oberstdorf
Oberstdorf – Nebelhornbahn-Talstation P
von Oberstdorf zum Haus

AV 2/1, FB 351; TKU 8; Bergverlag Rother: AVF Allgäuer Alpen; GF Allgäuer Alpen

Fiderepaßhütte

K. I, 2067 m,
erb. 1938
DAV-S. Oberstdorf/Allgäu
Bachstr. 8
D-87561 Oberstdorf

Georg Kaufmann
Fiderepaßhütte
Postfach 1363
D-87561 Oberstdorf
Pfingsten bis Mitte Okt. (im Tal erkundigen)
10 ⊓ 100 ⊔ 16
⊔ 20
220 V ~
↗ Riezlern – Bergstation Kanzelwandbahn, 1985 m – Kühgundalpe 2; von Mittelberg, 1218 m, 3; von Faistenoy (Talstation-Fellhornbahn 3½) – Warmatsgundtal 3½; von Oberstdorf – Söllereckbahn-Bergstation, 1400 m – Höhenweg 5
→ Mindelheimer Hütte 3
△ Hammerspitze 2258 m, 1; Schüsser, 2170 m, 1½; Schafalpenköpfe, 2320 m, 2 - 3; Mindelheimer Klettersteig – Mindelheimer Hütte 3 - 4
nur Frühjahr ↗ Talstation-Fellhornbahn – Warmatsgundtal; Kanzelwand-Bergstation; Mittelberg
Oberstdorf
Riezlern (Kanzelwandbahn); Mittelberg, Faistenoy
Riezlern; Mittelberg P; Fellhorn-Talstation P (Faistenoy)

AV 2/1; FB 351, 363; ÖK 113; TK L 8726; TKU 8; Bergverlag Rother: AVF Allgäuer Alpen, GF Allgäuer Alpen, WF Bregenzerwald, WF Allgäu 1

Haldenseehaus

K. seH, 1150 m,
gekauft 1962
DAV-S. Hohenstaufen
Mittlere Karlstr. 124
D-73033 Göppingen

Martha Matthees
Schmitte 64
A-6672 Nesselwängle

✆ Hütte 05675/8135

SV, gj. Getränke erhältlich

56 ⊓ 44

220 V ~

Zugänglich nur für Sektionsmitglieder, Anmeldung von Gruppen bis max. 25 Personen anderer Sektionen an Hüttenwart: Andreas Raichle, Graf-Degenfeld-Str. 95/1, D-73098 Rechberghausen, ✆ 07161 / 52633

↗ an der Straße Haller – Nesselwängle

→ Otto-Mayr-Hütte 3; Bad Kissinger Hütte (v. Grän) 2; Gimpelhaus (v. Nesselwängle) 1¼; Landsberger Hütte 4

△ Krinne Spitze, 2002 m, 3; Rote Flüh, 2111 m; Gimpel, 2176 m; Kellespitze, 2240 m, 3 - 4

Pistenskilauf im Tannheimer Tal

Reutte/Tirol

Haltestelle 100 m vor dem Haus

zum Haus P

FB 352; ÖK 114, 115; Bergverlag Rother: AVF Allgäuer Alpen, GF Allgäuer Alpen

Haus Schattwald

K. II, 1100 m, gekauft 1964
DAV-S. Geislingen/Steige
Steigäcker 21
D-73312 Geislingen

Hütte 1995 abgebrannt, Wiederbenützung Mitte 1998;
SV, gj., Anmeldung bei
Walter Pompe
Brahmsstr. 7
D-89231 Neu-Ulm

✆ 0731/77884

20 ⊓ 22

220 V ~

↗ liegt direkt in Schattwald, Ortsteil Fricken, Nr. 17

→ Bad Kissinger Hütte (von Grän) 2; Gimpelhaus (von Nesselwängle) 1¼; Landsberger Hütte (vom Vilsalpsee) 1½

△ Bschießer, 2000 m; Ponten, 2045 m, und Rhonenspitze, 1992 m, 2½; Einstein, 1867 m, 2 - 3

Haus den ganzen Winter benutzbar; Skilauf aller Art im Tannheimer Tal

🚂 Sonthofen; Reutte
🚌 Schattwald/Tirol
🚗 zum Haus P
FB 352; TK L 8528; TKU 8; Bergverlag Rother: AVF Allgäuer Alpen, GF Allgäuer Alpen

Hermann-von-Barth-Hütte

K. I, 2131 m, erb. 1920
DAV-S. Düsseldorf
Friedrich-Ebert-Str. 43
D-40120 Düsseldorf

- Gerhard Vonier
  Hauptstr. 25
  A-6652 Elbigenalp
- ✆ Hütte 05634/6671
  während der Nichtbew.:
  Gries 530a
  A-6580 St. Anton
- ✆ Tal 05446/3749
- ✕ Mitte Juni bis Ende Sept.
- 53 ⊔ 30
- 220 V ~
- 10, SR
- ↗ Elbigenalp, 1065 m, 3 - 3½, über den Kogelweg
- → Kemptner Hütte üb. Hermannskar – Krottenkopfscharte 4½ od. Marchscharte – »Auf der March« – »Im Märzle« 4; Enzenspergerweg – Kaufbeurer Haus 6
- △ Wolfebnerspitzen, 2433 m, 1½; Plattenspitze, 2493 m, 1¼; Ilfenspitzen, 2540 m, 2½; Marchspitze, 2610 m, 3½; Gr. Krottenkopf, 2657 m, 3½; Balschtespitze, 2504 m, 2½; Kreuzkarspitze, 2591 m, 3
- kein Stützpunkt
- 🚂 Reutte/Tirol
- 🚌 Elbigenalp/Lechtal
- 🚗 Elbigenalp
- P am Beginn des Kogelweges (Schranke)

AV 2/2; FB 351; ÖK 114; Bergverlag Rother: AVF Allgäuer Alpen, GF Allgäuer Alpen

Jugendbildungsstätte Hindelang

des Deutschen Alpenvereins
Haus »Alpenhof«
K. II, 870 m, umgeb. 1993
Deutscher Alpenverein
Von-Kahr-Str. 2 - 4
D-80997 München

- Wilfried Dewald / Wolfgang Mayr

Jochstr. 50
Postfach 1143
D-87539 Hindelang
✆ Hütte 08324/9301-0
Fax 08324/9301-11
✕ gj.
🛏 70 ⌐ 24 ⌴ 6
SR separater Eingang, Küche und 2 Aufenthaltsräume, ⌐ 24
220 V ~
Die neue Jugendbildungsstätte des DAV, Haus »Alpenhof«, bietet aufgrund der sonnigen Lage, der guten Erreichbarkeit und eines reichhaltigen Angebots sehr gute Bedingungen für einen erlebnisreichen Aufenthalt von Kinder-, Jugend- und Familiengruppen. Darüber hinaus dient das Haus der Jugendleiter-Grundausbildung und -Fortbildung innerhalb des JDAV. Die Jugendbildungsstätte bietet Jugendfreizeiten und Bildungsmaßnahmen für Kinder und Jugendliche zwischen 9 und 25 Jahren sowie Seminarprogramme für Multiplikatoren in der Jugendarbeit an, die sich auch an Nichtmitglieder wenden. Diesbezügliche Programme und Ausschreibungen auf Anfrage. Anfragen und Anmeldungen bitte direkt ans Haus richten.
Einzelgästen steht die Jugendbildungsstätte grundsätzlich nicht offen!
Sonthofen
Hindelang (Haltestelle vorm Haus)
zum Haus

FB 363; TK L 8528; Bergverlag Rother: AVF Allgäuer Alpen, GF Allgäuer Alpen

Kaufbeurer Haus

K. I, 2007 m, erb. 1905
DAV-S. Allgäu-Immenstadt
Hochstr. 12, Pf. 1206
D-87527 Sonthofen

Jürgen Schimmelpfennig
Im Feldle 6
D-86865 Oberneufnach
✆ 08262/644
✕ SV; von Pfingsten bis Anfang Oktober an allen Wochenenden einfache Bewartung
Sieghard Meister
Hinterhornbach Hs-Nr. 5
Bez. Reutte/Tirol
✆ 05632/398
⌐ 50
14, (an Werktagen)

↗ Hinterhornbach, 1101 m, 2¾
→ Schwärzerscharte – Enzenspergerweg – Hermann-von-Barth-Hütte 5½
△ Urbeleskarspitze, 2636 m, 1¾; Bretterspitze, 2609 m, 1½; Gliegerkarspitze, 2577 m, 1½
kein Stützpunkt
Reutte/Tirol
Vorderhornbach
Hinterhornbach P

AV 2/2; FB 352; ÖK 114; Bergverlag Rother: AVF Allgäuer Alpen, GF Allgäuer Alpen

Kemptner Hütte

K. I, 1846 m, erb. 1891
DAV-S. Allgäu-Kempten
Postfach 1424
D-87404 Kempten

Ernst Wagner
Kemptner Hütte
D-87561 Oberstdorf-Spielmannsau
während der Nichtbew.:
Grüntenstr. 16
D-87471 Durach
Tal 0831/63608
Mitte Juni bis Mitte Okt.
85 200 10
26 offen
220 V ~
↗ Oberstdorf, 815 m – Spielmannsau 4; Holzgau/Lechtal, 1100 m – Mädelejoch, 2033 m, 3
→ Heilbronner Weg – Rappenseehütte 6; Waltenberger Haus 3½; Hermann-von-Barth-Hütte 4; Prinz-Luitpold-Haus 9; Edmund-Probst-Haus 10
△ Muttlerkopf, 2366 m, 1½; Großer Krottenkopf, 2657 m, 3
nur Frühjahr (April – Juni)
Oberstdorf
Oberstdorf, Stellwagen bis Spielmannsau, Holzgau/Lechtal P

AV 2/1; 363; ÖK 113; TK L 8726; TKU 8; Bergverlag Rother: AVF Allgäuer Alpen, GF Allgäuer Alpen, WF Allgäu 1

Bad Kissinger Hütte

(ehem. Pfrontner Hütte)
K. I, 1792 m, erb. 1901
DAV-S. Bad Kissingen
St.-Brunostr. 18
D-97688 Bad Kissingen

Andrea Kaiser

A-6673 Grän
✆ Hütte 0663/9257003
während der Nichtbew.:
Am Nattererhof 42
D-87497 Wertach
✆ Tal 08365/1559
✕ Anfang Mai bis Ende Okt., Nov. bei günstigem Wetter
10 ⊓ 55 ⊔ 10
220 V ~
10 offen, SR
↗ Grän/Tannheimer Tal, 1134 m, 2; Pfronten-Steinach, 850 m – Reichenbach-Klamm 3; Bergstation Breitenbergbahn, 1457 m, üb. Aggenstein 2, üb. »Böser Tritt« 1½; Vils, 828 m – Bilser Jöchl 4
→ Füssener Jöchl, 1816 m – Otto-Mayr-Hütte 3; Aggenstein – Ostlerhütte 1½; Füssener Jöchl – Judenscharte – Tannheimer Hütte 5; Vilser Jöchl – Vilser Alp 3
△ Aggenstein, 1987 m, ½
kein Stützpunkt
Pfronten-Steinach
Pfronten-Steinach; Grän-Enge P
Pfronten-Steinach – Breitenberg

FB 352; ÖK 84; TKU 10; Bergverlag Rother: AVF Tannheimer Berge, GF Allgäuer Alpen, WF Allgäu 2

Landsberger Hütte

K. I, 1810 m, erb. 1929
DAV-S. Landsberg
Malteserstr. 426f
D-86899 Landsberg

Bruno Friedl
Blockau 77
A-6642 Stanzach
✆ Hütte 05675/6282
✆ Tal 05632/386
✕ Pfingsten bis 15. Okt.
30 ⊓ 140
14
220 V ~
↗ Vilsalpsee, 1168 m, 1½; von Tannheim – Sessellift zum Neunerköpfl, 1864 m – Höhenweg über Sulzspitze, 2085 m – Schochenspitze, 2069 m, 3; von Haldensee 4; Rauth (Gaicht-Paß) durch das Birkental 4½
→ Jubiläumsweg – Prinz-Luitpold-Haus 5; Steinkarscharte – Kastenjoch – Geißeck – Willersalpe 4½

△ Rote Spitze, 2130 m, 1; Steinkarspitze, 2067 m, 1; Lachenspitze, 2130 m, 1; Schochen, 2069 m, 1; Lailachspitze, 2276 m, 2½

⛷ nur Frühjahr ↗ Vilsalpsee △ Rote Spitze, Steinkarspitze, Lachenspitze, Schochen, Lailachspitze

🚂 Reutte/Tirol; Sonthofen

🚌 Vilsalpsee; Tannheim

🚗 Vilsalpsee P Zufahrt nur von 17.00 - 10.00 Uhr möglich

FB 352; ÖK 114; TKU 10; Bergverlag Rother: AVF Allgäuer Alpen, GF Allgäuer Alpen, WF Allgäu 2

Mahdtalhaus

K. II, 1100 m, erb. 1995
DAV-S. Stuttgart
Rotebühlstr. 59 A
D-70178 Stuttgart

🚹 Rosi u. Hermann Strauß
Innerschwende 39
D-87567 Riezlern/Kleinwalsertal

✆ Hütte 08329/6423

✗ SV, 20. Dez. bis Ende Okt. bewartet

🛏 16 ⌐ 18 ⌴ 10

↗ Riezlern, 1088 m, ¼

→ Schwarzwasserhütte, 2½

△ Ob. Gottesackerwände, 2035 m, 3–3½; Hoher Ifen, 2230 m, 5½

⛷ Pistenskilauf Kanzelwand; Langlaufloipen

🚂 Oberstdorf

🚌 Riezlern – Breitachbrücke

🚗 Mahdtalhaus

FB 363; TKU 8; Bergverlag Rother: AVF Allgäuer Alpen, GF Allgäuer Alpen

Mindelheimer Hütte

K. I, 2058 m, erb.: alte Hütte 1920, Ersatzbau 1990
DAV-S. Mindelheim
Steinstr. 1
D-87719 Mindelheim

🚹 Jochen Krupinski
Eschach 111
D-87474 Buchenberg
Adresse Hütte: postlagernd
D-87561 Oberstdorf

✆ Tal 08378/7237 (nur im Winter)

✕ Mitte Juni bis Mitte Okt.
⊓ 150 ⊔ 12
⊞ 12 (alte H.) ⚷
⚡ 220 V ~
↗ Mittelberg, 1218 m – Wildental 3; Oberstdorf Stellwagen nach Birgsau, 959 m, oder Einödsbach, 1165 m – Rappenalptal – Untere und Obere Angerhütte 3½; vom Holzgauer Haus/Lechtal, 1502 m – Schrofenpaß, 1685 m, 2¾
→ Fiderepaßhütte 3; Rappenseehütte 3½; Obere Gemstalalpe, 1692 m – Obere Widdersteinalpe, 2120 m – Widderstein, 2536 m – Hochkrumbach 4 - 5; Mindelheimer Klettersteig 3½
△ Kemptner Kopf, 2192 m, 1; Angererkopf, 2266 m, 1¼; Schafalpenköpfe, 2273 m, je 1½ - 2; Walser Geishorn, 2367 m, 1½; Liechelkopf, 2383 m, 1¼
⛷ im Frühjahr (nicht vor April ratsam, da völlig eingeschneit; Eingang Nordseite – Schneeschaufel über der Türe) ↗ von Mittelberg zur Hinterwildenalpe und zum Talende – Durchstieg in der Senke zwischen Mindelheimer Hüttenkopf und Angererkopf – nur für ganz geübte Skibergsteiger – Notunterstand in der Hinterwildenalpe
🚂 Oberstdorf
🚌 Birgsau; Mittelberg
🚗 Mittelberg Holzgauer Haus; Fellhornbahn-Talstation 🅿

AV 2/1; FB 363; ÖK 113; TK L 8726; TKU 8; Bergverlag Rother: AVF Allgäuer Alpen, GF Allgäuer Alpen

Otto-Mayr-Hütte

K. I, 1530 m, erb. 1900
DAV-S. Augsburg
Peutingerstr. 24
D-86152 Augsburg

🕴 Walter Kerle
Pfarrweg 18
A-6671 Weißenbach
✆ Tal 05678/5873
✆ Hütte 05677/8457
✕ Anf. Mai bis Ende Okt.; Weihnachten, 14 Tage um Ostern
🛏 24 ⊓ 60 ⊔ 6
⚡ 220 V (Aggregat)
⊞ siehe Willi-Merkl-Hütte
↗ Musau, 818 m, 2½ - 3; Vils, 828 m, 3½; Grän, 1134 m, 🚡 zum Füssener Jöchl 1; Nesselwängle, 1147 m, über Sabachjoch – Musauer Alm 2½, oder Nesselwängler Scharte 3½
→ Bad-Kissinger-Hütte 3; Rote Flüh – Judenscharte – Tannheimer Hütte 3
△ Schlicke, 2060 m, 1½; Schartschrofen, 1973 m, 1½; Rote Flüh, 2111 m, 2; Gimpel, 2176 m, 3 - 3½; Kellespitze, 2240 m, 3½; Gehrenspitze, 2164 m, 3½
⛷ nur Frühjahr, alpin ↗ Musau △ Schlicke, Schartschrofen
🚂 🚌 Musau
🚗 Musau, 🅿 Roßschläg

Grän – Füssener Jöchl

FB 352; ÖK 85, 115; Bergverlag Rother: AVF Tannheimer Berge, GF Allgäuer Alpen

Otto-Schwegler-Hütte (vormals Ostertalhütte)

K. II, 1070 m, erb. 1953/54
DAV-S. Augsburg
Peutingerstr. 24
D-86152 Augsburg
unbewirtschaftet, Getränke erhältlich, 2 Küchen für SV, gj. geöffnet

Erika Gratzer
Otto-Schwegler-Hütte
Gunzesried-Säge 37
D-87544 Blaichach

Hütte 08321/2509; (Nichtmitglieder können in den Weihnachts- und Osterferien nur in Ausnahmefällen aufgenommen werden.)

50

220 V ~

↗ Gunzesrieder Säge, 920 m, 25 min

→ Rangiswanger Horn, 1615 m – Hörnerhaus 2½; Staufner Haus 3½

△ Bleicherhorn, 1669 m, 3; Riedberger Horn, 1787 m, 3; Weiherkopf, 1665 m, 2½; Rangiswanger- 2, Sigiswanger- 2 und Ofterschwanger Horn 2 = Hörnertour; Stuiben, 1749 m – Nagelfluhkette

↗ → △ wie oben

Sonthofen

Gunzesrieder Säge

bis kurz unterhalb der Hütte; P am Ostertalbach

FB 363; TK L 8526; TKU 8; Bergverlag Rother: AVF Allgäuer Alpen, GF Allgäuer Alpen

Prinz-Luitpold-Haus

K. I, 1846 m, erb. 1881
DAV-S. Allgäu-Immenstadt
Hochstr. 12, Pf. 1206
D-87527 Sonthofen

Gustav Harder
Prinz-Luitpold-Haus
Hinterstein
D-87541 Hindelang
während der Nichtbew.:

Fellenbergstr. 19
D-87463 Reicholzried
✆ Hütte 0171/6233417
✆ Tal 08374/25113
✗ Anfang Juni bis Mitte Okt.
🛏 30 ⊓ 142 ⊔ 79
❄ 16 offen SR
⚡ 220 V ~
↗ Giebelhaus, 1067 m, 3
→ Edmund-Probst-Haus 4; Jubiläumsweg zur Willersalpe, 1456 m, 7; Saalfelder Weg zur Landsberger Hütte 4½ - 5; Kemptner Hütte 8 - 9; Hinterhornbach 4
△ Hochvogel, 2593 m, 2½; Kreuzkopf, 2287 m, Kreizspitze, 2369 m, 2; Fuchskarspitze, 2314 m, über Balkenscharte, 2½; Glasfelderkopf, 2271 m, 1½; Wiedemer, 2165 m, 1¼
⛷ nur Frühjahr ↗ Giebelhaus
🚆 Sonthofen
🚌 🚗 Hinterstein
🚙 Giebelhaus (Busverbindung von Hinterstein)

AV 2/2; FB 351; ÖK 114; TKU 8; Bergverlag Rother: AVF Allgäuer Alpen, GF Allgäuer Alpen, WF Allgäu 1

Rappenseehütte

K. I, 2091 m, erb. 1885
DAV-S. Allgäu-Kempten
Postfach 1424
D-87404 Kempten

† Reinhard Gartenmaier
Postfach 1412
D-87561 Oberstdorf
✗ Mitte Juni bis Mitte Okt.
🛏 42 ⊓ 300
❄ 30 offen
⚡ 220 V ~
↗ Einödsbach, Fellhornbahn, 1165 m, Linkersalp 3; Lechleiten, 1541 m – Biberalpe – Mutzentobel 2½
→ Heilbronner Weg – Kemptner Hütte 5 - 6; Waltenberger Haus 4; Schrofenpaß, 1688 m – Haldenwanger Eck – Mindelheimer Hütte 3½ - 4; Biberkopf – Lechleiten 4½
△ Rotgundspitze, 2485 m, 1¼; Linkerskopf, 2455 m, 1¼; Hohes Licht, 2652 m, 2; Rappenseekopf, 2468 m, 1¼; Hochrappenkopf, 2424 m, 1; Biberkopf, 2600 m, 2½ - 3
⛷ nur spätes Frühjahr ↗ Oberstdorf Birgsau – Rappenalptal – Schwarze Hütte – Körbertobel – Untere Rappenalpe, ca. 7; △ Rappenseekopf; Hochrappenkopf; Hohes Licht
🚆 Oberstdorf
🚌 Talstation Fellhornbahn, Stellwagen, Einödsbach, Lechleiten

🚗 Talstation Fellhornbahn
Lechleiten P

AV 2/1; FB 363; ÖK 113; TK L 8726; TKU 8; Bergverlag Rother: AVF Allgäuer Alpen, GF Allgäuer Alpen, WF Allgäu 1

Ravensburger Haus

(ehem. Bergheim Steibis)
K. seH, 950 m, erb. 1963
DAV-S. Ravensburg
Haldenweg 40
D-88212 Ravensburg

Andreas u. Herta Burtscher
Im Dorf 36
D-87534 Steibis
© Hütte 08386/8386
SV, Anmeldung nur über Sektion (© 0751/17787), gj. beaufsichtigt
50
↗ Steibis ¼
→ Staufner Haus 3
△ Hochhädrich, 1565 m, 2½
zahlreiche Lifte in der Nähe, Langlaufloipe, Skitouren
Oberstaufen
🚗 Steibis

TK 8524; Bergverlag Rother: 1112, GF Allgäuer Alpen, WF Allgäu 1

Schwand-Alpe

K. seH, 936 m, erworben 1965
DAV-S. Ulm
Radgasse 27
D-89073 Ulm

Gerhard Frank
Albstr. 46
D-89150 Laichingen
© Hütte 08325/568
© Tal 07333/6948
SV, nur für Gruppen nach Anmeldung beim
44 ⌐ 44 , 2 Küchen, 2 Aufenthaltsräume, Duschräume
220 V ~ ;
↗ Thalkirchdorf ½
→ Steibis 2½, Denneberg 1½, Himmeleck 2½, Hochgrat-Talstation 1½, Buchenegger Wasserfälle 2
△ Hündlekopf, 1112 m, ¾

Lifte in Nähe der Hütte
Immenstadt oder Oberstaufen
Thalkirchdorf; zur Hütte (Maut)

FB 351; TKU 8; Bergverlag Rother: AVF Allgäuer Alpen, GF Allgäuer Alpen, WF Allgäu 3

Schwarzenberghütte

K. I, 1380 m, erb. 1948-50
DAV-S. Illertissen
Marktplatz 3
D-89257 Illertissen

Albert u. Evi Hanschek
Schwarzenberghütte
D-87541 Hindelang
Weihnachten bis Allerheiligen
6 ⊓ 40 ⊔ 15
220 V ~
Hinterstein, 865 m, 3; Giebelhaus ¾
Edmund-Probst-Haus 3 - 3½; Prinz-Luitpold-Haus 3 - 3½; Rundtour: Giebelhaus – Prinz-Luitpold-Haus – Laufbacher Eck – Edmund-Probst-Haus – Gr. Daumen – Engeratsgundsee – Schwarzenberghütte 8 - 10
△ Großer Daumen, 2280 m, 2½ - 3; Kl. Daumen, 2191 m; Pfannenhölzer, 2025 m
Hinterstein bzw. Giebelhaus △ Gr. Daumen
Sonthofen
Hinterstein P
Giebelhaus

FB 351; ÖK 114; TKU 8; Bergverlag Rother: AVF Allgäuer Alpen, GF Allgäuer Alpen

Schwarzwasserhütte

K. I, 1651 m, erb. 1914 bis 1922
DAV-S. Schwaben
Senefelderstr. 1
D-70178 Stuttgart

Peter Zwischenbrugger
A-6992 o. D-87568 Hirschegg 89, Kleinwalsertal
während der Nichtbew.:
Pirchmoos 88
A-6300 Söll
Hütte 0663/52642 o. 0664/3412457
Tal 05333/5582
Weihnachten bis Ostern, Pfingsten bis Mitte Okt.
41 ⊓ 30 ⊔ 12

220 V ~ [radiator] [tap]
↗ Hirschegg-»Fuchshof«, 1124 m, über Auenhütte 2½; von Auenhütte, 1238 m, 1½; Mittelberg-Seilbahn Walmendinger Horn, 1993 m – Ochsenhofer Scharte 2½; Baad, 1251 m – Starzelalm – Ochsenhofer Scharte, 1800 m, 3; Schoppernau – Seilbahn Didamskopf, 2092 m – Hochgerach 3½, Bezau – Fahrstraße bis Schönebachalm, 1026 m – Gerachsattel 3
△ Hoher Ifen, 2229 m, 2½; Didamskopf, 2090 m, 2½; Hählekopf, 2058 m, 1½; Grünhorn, 2039 m, 1½; Steinmandl, 1981 m, 1½; Pellingerköpfe
↗ Hirschegg-Auenhütte △ Hoher Ifen, Grünhorn, Didamskopf, Hählekopf, Steinmandl, Pellingerköpfe
Oberstdorf
Hirschegg
Riezlern-Breitachbrücke-Auenhütte P; Breitachbrücke-Hirschegg P
Privatbus Breitachbrücke – Auenhütte

FB 363; ÖK 113; TK L 8626; TKU 8; Bergverlag Rother: AVF Allgäuer Alpen, GF Allgäuer Alpen, GF Bregenzerwaldgebirge und Lechquellengebirge, WF Allgäu 1

Staufner Haus

K. II, 1600 m, erb. 1908
DAV-S. Oberstaufen-Lindenberg
Unterm Schloß 4
D-87534 Oberstaufen

Wolfgang Ernst u. Brigitte Müller, postlagernd D-87534 Oberstaufen-Steibis
✆ Hütte 08386/8255
✕ 25.12. bis 6.1.; Mitte Mai bis 31.10.; ansonsten im Winter auf Anfrage
10 ⌐ 50
220 V ~
↗ Steibis, 861 m, 4; Lanzenbach-Säge, 826 m, 2; Gunzesrieder Tal – Scheidewang-Alpe, 1317 m, 1½; Fernwanderweg E 5, Bodensee – Adria, Maximiliansweg, E 4, Lindau – Berchtesgaden
→ △ Hochgrat, 1833 m – Rindalphorn, 1822 m – Stuiben, 1749 m – Steineberg (oder Immenstädter Horn) – Immenstadt (oder Gunzesried) ca. 6; Seelekopf – Einegundkopf – Falken Wh. – Hormoosalm – Imberg – Steibis 2½ - 3; Seelekopf, 1683 m – Falken – Hochhädrich – Steibis oder Hittisau
Pistenskilauf
Hauserberg → s.o.
Oberstaufen
Steibis, Hochgratbahn Talstation
Lanzenbach-Säge P; Hochgratbahn Talstation P
Hochgratbahn ab Lanzenbach

FB 363; TK L 8526; Bergverlag Rother: AVF Allgäuer Alpen, GF Allgäuer Alpen, WF Allgäu 1, WF Allgäu 3

Tannheimer Hütte

K. I, 1760 m, erb. 1892
DAV-S. Allgäu-Kempten, Postfach 1424
D-87404 Kempten

Maria Scheiber
A-6672 Nesselwängle
Hütte 0663/56503
Tal 05675/8310 (im Winter)
einfach bew. und Getränke; Anfang Mai bis Ende Okt.
22
Nesselwängle, 1147 m, 1½; von der Hahnenkammbahn-Bergstation Reutte, 1700 m, 1½
Otto-Mayr-Hütte 3; Bad Kissinger Hütte 5
Kellespitze, 2240 m, 2; Gimpel, 2176 m, 2; Rote Flüh, 2111 m, 1½; Hochwiesler 1
Reutte/Tirol
Nesselwängle P

FB 352; ÖK 114, 115; TK L 8528; TKU 10; Bergverlag Rother: AVF Tannheimer Berge, GF Allgäuer Alpen, WF Tannheimer Tal

Waltenberger Haus

K. I, 2085 m, erb. 1885
DAV-S. Allgäu-Immenstadt
Hochstr. 12, Pf. 1206
D-87527 Sonthofen

Gerhard Böllmann
Waltenberger Haus
Einödsbach
D-87561 Oberstdorf
während der Nichtbew.:
Greuth Nr. 3
D-87448 Waltenhofen
Tal 08379/7486
Mitte Juni bis Anfang Okt.
10 72 9
9, offen, SR
Einödsbach, 1113 m, 3
Bockkarscharte – Kemptner Hütte 3½; Heilbronner Weg – Rappenseehütte 4
Mädelegabel, 2645 m, 2½; Bockkarkopf, 2608 m, 1½; Hohes Licht, 2652 m, 2½; Trettachspitze, 2595 m
kein Stützpunkt
Oberstdorf
Birgsau, Stellwagen bei Einödsbach
Talstation Fellhornbahn

AV 2/1; FB 351, 363; ÖK 113; TK L 8726; TKU 8; Bergverlag Rother: AVF Allgäuer Alpen, GF Allgäuer Alpen, WF Allgäu 1

Willi-Merkl-Ged.-Hütte

K. I, 1550 m, erb. 1929
DAV-S. Augsburg
Pächter:
DAV-S. Friedberg
Herrgottruhstr. 1
D-86316 Friedberg

✗ SV, beaufsichtigt; Sa./So. von Mitte Mai bis Mitte Okt. bewartet, im Winter geschlossen, Essen und Getränke in Otto-Mayr-Hütte, 3 Min.
⊓ 38
~ 220 V
bei DAV-S. Friedberg oder beim Pächter der Otto-Mayr-Hütte
↗ Musau, 818 m, 2½ - 3; Vils, 828 m, 3½; Grän, 1134 m, zum Füssener Jöchl 1; Nesselwängle, 1147 m, üb. Sabachjoch – Musauer Alm 2½, od. Nesselwängler Scharte 3½
→ Bad Kissinger Hütte 3; Rote Flüh – Judenscharte – Tannheimer Hütte 3
△ Schlicke, 2060 m, 1½; Schartschrofen, 1973 m, 1½; Rote Flüh, 2111 m, 2; Gimpel, 2176 m, 3 - 3½; Kellespitze, 2240 m, 3½; Gehrenspitze, 2164 m, 3½; Friedberger Klettersteig am Schartschrofen 1½ (nur für Geübte)
nur Frühjahr, alpin ↗ Musau △ Schlicke, Schartschrofen
Musau
Musau, Roßschläg P
Grän – Füssener Jöchl

FB 352; TK L 8528; TKU 10; Bergverlag Rother: AVF Tannheimer Berge, GF Allgäuer Alpen, WF Tannheimer Tal

Hütten anderer alpiner Vereine und Privathütten

Alpe Bierenwang 1580 m, am Südostabhang des Fellhorns, 5 Min. vom Kanzelwandhaus entfernt, privat, ⊓ 45, ↗ ab Fellhornbahn-Talstation 1 – 2, mit Fellhornbahn bis Mittelstation, im Winter beschwerlich 🚆 Oberstdorf 🚌 Fellhornbahn-Talstation 🚗 Fellhornbahn-Talstation 🅿 gj. bew., ✆ 08322/2728

Bernhardseck Alpengasthof 1802 m, am Roteck, privat, 🛏 22, ↗ Bach oder Elbigenalp 1½ 🚆 Reutte 🚌 Elbigenalp, Bach 🚗 Elbigenalp, Bach (Güterseilbahn), bew. Anfang Juni bis Mitte Sept.

Freibergseehütte 1000 m, am Höhenweg Walserstraße – Freibergsee, TVN 🛏 42, ↗ Oberstdorf 1, Haus »Bergkristall« ½ 🚆 Oberstdorf 🚌 Söllereckbahn 🚗 Söllereckbahn (Maut) 🅿, gj. bew., ✆ 08322/2285

Füssener Hütte 1520 m, im oberen Reintal, Nähe Otto-Mayr-Hütte, privat, 🛏 16 ⊓ 50, ↗ Musau-Roßschläg 2½, Füssener Jöchl 1, 🚆 🚌 Musau, 🚗 Roßschläg, gj. bew., ✆ 0663/54260

Gimpelhaus 1720 m, südlich des Gimpels, privat, 🛏 60 ⊓ 180, ↗ Nesselwängle 1½ 🚆 Reutte i.T. 🚌 Nesselwängle 🚗 Nesselwängle 🅿 (Materialbahn ab Nesselwängle), bew. 1. Mai bis 2. Nov., ✆ Hütte 05675/8251, ✆ Tal 05675/8141

Hochkrumbach-Berghaus »Adler« 1703 m, unter dem Schröcken an der Bergstraße, privat, 🛏 40, ↗ Schröcken 1½ 🚆 Langen, Bezau 🚌 🚗 zum Haus, gj. bew., ✆ 05515/9364

Holzgauer Haus 1512 m, in Lechleiten am Schrofenpaß, privat, 🛏 20 ⊓ 10, ↗ Warth ½ 🚆 Oberstdorf 🚌 🚗 Holzgau, Warth, gj. bew., ✆ 05583/9914 o. 3513

Ifenhütte 1592 m, am Hohen Ifen, privat, 🛏 10 ⊓ 25, ↗ Riezlern 2; Auenhütte 1 🚆 Oberstdorf 🚌 🚗 Riezlern

Kanzelwandhaus 1519 m, unterm Fellhorn, TVN, 🛏 139 ⊓ 20, ↗ Fellhorn-Talstation 1½, Fellhorn-Bergstation ½, 🚆 Oberstdorf 🚌 🚗 Fellhorn-Talstation, bew. Mitte Mai bis Mitte Okt., Mitte Dez. bis Ostern, ✆ 08322/3346

Kemptener Naturfreunde-Haus 1450 m, am Gschwender Horn, TVN, 🛏 53 ⊓ 65, ↗ Immenstadt 2, Bühl 2, im Sommer Bärenfalle 1½ 🚌 Immenstadt 🚗 Immenstadt; mit Sondergenehmigung bis Almagmach, gj. bew., Nov. geschlossen, ✆ 08323/2123

Kleinwalsertal-Naturfreundehaus 1152 m, in Mittelberg-Bödmen, TVN, 🛏 39, ↗ Mittelberg, 1,5 km; Bödmen, 300 m 🚆 Oberstdorf 🚌 Mittelberg, Bödmen 🚗 Mittelberg, Bödmen, zum Haus 🅿, bew. 15. Dez. bis So. nach Ostern, 15. Mai bis 31. Okt., ✆ 08329/6583

Michael-Schuster-Hütte 1200 m, am Imberger Horn bei Sonthofen, TVN, ⊓ 12, ↗ Imberg 1, Straußberg 🅿 5 Min., nur im Sommer ab Straußbergalpe-Lift ¾ 🚆 Sonthofen 🚌 Hindelang 🚗 Straußberg (Maut) 🅿, SV, Sa./So. Getränke erhältlich, Anmeldung bei Sebastian Wegele, Kirchstr. 12, D-87527 Sonthofen, ✆ 08321/81242

Musauer Alp 1267 m, privat, 🛏 28 ⊓ 50, ↗ Musau, 2 🚆 Musau 🚌 Musau

🚗 Roßschläg, bew. Ostern bis 20. Oktober, ✆ 0663/58255

Neuhornbach Alpengasthof 1700 m, unter dem Starzeljoch, privat, 🛏 50 ⊓ 40, ↗ Baad oder Schoppernau 2; Mittelstat. Didamskopf-Bergbahn 1; 🚌 🚗 Baad oder Schoppernau, bew. Weihnachten bis Ende Okt., 🚡 ab Schoppernau, ✆ 05515/87105

Ostlerhütte (Wirtshaus) 1838 m, auf dem Breitenberg, privat, 🛏 15 ⊓ 60, ↗ Pfronten-Steinach, 3; Breitenberg u. Hochalmbahn ½; 🚂 Pfronten-Steinach 🚌 🚗 Steinach, gj. bew., ✆ 08363/424 oder 1213

Schneelochalmhütte 1293 m, am Falken, privat, 🛏 20 ⊓ 15, ↗ Steibis 2 🚂 Oberstaufen 🚌 🚗 Steibis, gj. bew.

Starzelalp 1700 m, am Starzeljoch, privat, 🛏 10 ⊓ 10, ↗ Hochkrumbach 🚌 🚗 Hochkrumbach

Widdersteinalpe, Obere 2015 m, am Widderstein, privat, ⊓ 25, ↗ Hochkrumbach 1 🚂 Oberstdorf 🚌 🚗 Hochkrumbach, bew. Anfang Juni bis Ende Sept., ✆ Tal 05519/282

3a Lechquellengebirge

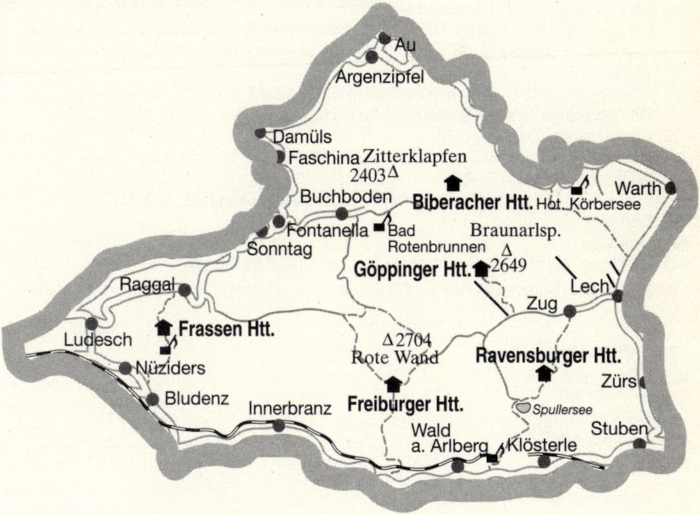

Umgrenzung

Ill – Lutz – Faschinabach – Faschinajoch – Jochbach – Argenbach – Bregenzer Ache – Seebach – Hochtannbergpaß – Krumbach – Lech am Lech – Zürser Bach – Flexenpaß – Aflenz (Klostertal) – Ill

Biberacher Hütte

K. I, 1842 m, erb. 1911
DAV-S. Biberach
Beim Fohrhäldele 11
D-88400 Biberach/Riss

- Harald Rehm
  A-6888 Schröcken-Schmitte
- ✆ Hütte 05519/257
- ✆ Tal 05519/245
- Mitte Juni bis Anfang Okt.
- 10 ⊓ 110
- 20 offen SR
- 220 V ~
- ↗ Landsteg, ca. 1100 m, zwischen Bad Hopfreben und Unterboden: bequem, nur im unteren Teil steil, 2; Buchboden/Gr. Walsertal $3\frac{1}{2}$; Schröcken, 1270 m – Fürggele, 2146 m, z.T. steil, 4 - 5; Metzgertobel 2; Metzgertobel – Gr. Walsertal 2
- → Göppinger Hütte 5, über Braunarlspitze 5; Glattjöchl, 2141 m – Schoppernau $3\frac{3}{4}$; Ob. Ischkarnei-Alpe – Töbelejoch – Au 6; Hochschereweg – Hochschere, 2100 m – Faschinajoch (Damüls) 6 - 7
- △ Hochkünzelspitze, 2397 m, $1\frac{1}{2}$; Rothorn, 2239 m, $1\frac{1}{4}$; Braunarlspitze, 2649 m, $3\frac{1}{2}$; Glattecker, 2403 m, 3 - 4
- nur Frühjahr ↗ Landsteg; Buchboden (abzuraten!) △ Hochkünzelspitze
- Dornbirn
- Landsteg
- Landsteg, Schröcken, Buchboden, Metzgertobel (Mautstr.) P

FB 363; ÖK 112; Bergverlag Rother: GF Bregenzerwaldgebirge und Lechquellengebirge

Frassenhütte

K. I, 1725 m, erb. 1864,
Neubau 1981/85
OeAV-S. Vorarlberg
Hermann-Sander-Str. 12
A-6700 Bludenz

- Stefan Probst
  Boznerstr.10
  A-6700 Bludenz
- ✆ Hütte 0663/051089
- ✆ Tal 05552/67402
- Mitte/Ende Mai bis Ende Okt. und fallweise an schönen Wochenenden
- 20 ⊓ 40 ⊔ 6
- offen
- 220 V

↗ Bludenz mit der Seilschwebebahn nach Muttersberg und von da auf markiertem Weg zur Frassenhütte 1; Bludenz zur Talstation der Muttersbergseilbahn – schöner Weg zum Muttersberg, zur Frassenhütte 1½ - 2; von Ludesch durchs Große Walsertal nach Raggal – mit 🚗 – und von dort zur Frassenhütte 2

→ in das Große Walsertal – Nietzköpfle; über den Tiefenseesattel nach Marul; zur Freiburger Hütte 5½ - 6; über die Tiefensee-Alpe zur Freiburger Hütte: lang, 5 - 6; über Sonntag – Buchboden zur Biberacher Hütte

△ Hoher Frassen, 1979 m, auf gutem AV-Weg in 35 - 40 Min. bequem zu erreichen; Gamsfreiheitgruppe – Elsspitzen – Stierkopf – Gamsfreiheit

⛷ nur begrenztes Skigebiet

🚂 Bludenz

🚌 Bludenz, Ludesch, Nüziders

🚗 Bludenz, Talstation Seilbahn Muttersberg

🚡 Seilschwebebahn auf den Muttersberg ab Bludenz

FB 362; ÖK 141, 142; Bergverlag Rother: GF Bregenzerwaldgebirge und Lechquellengebirge

Freiburger Hütte

K. II, 1931 m, erb. 1912
DAV-S. Freiburg/
Breisgau
Postfach 374
D-79003 Freiburg

🚹 Emil und Margit Weiskopf
Quadratsch 35
A-6551 Pians

✆ Hütte 05556/73540

✆ Tal 05442/64421

✕ Mitte Juni bis Anfang Okt.

🛏 40 ⊓ 100 ⊔ 20

❄ 12 offen SR

⚡ 220 V ~

↗ Dalaas, 940 m; gut bez., mäßig steil, 3; Lech, 1446 m – Formarinsee: Fahrstraße bis Formarinalpe, von hier ½

→ Ravensburger Hütte 4; Göppinger Hütte 3½; Laguz-Alpe – Marul/Gr. Walsertal, 977 m, 4

△ Rote Wand, 2704 m, 3 - 3½; Roggelskopf, 2284 m, 2; Fensterlewand, 2329 m, 1½; Saladinaspitze, 2238 m, 1½; Formaletsch, 2292 m, 1½; Schafberg, 2413 m, 2½

⛷ ↗ Dalaas; Lech → Marul

🚂 Dalaas

🚌 Lech/Arlberg

🚗 Formarinalpe (Maut) P, zw. 9.00 und 15.30 Uhr jedoch nur mit Wanderbus

FB 362; ÖK 142; Bergverlag Rother: GF Bregenzerwaldgebirge und Lechquellengebirge

Göppinger Hütte

K. I, 2245 m, erb. 1913
DAV-S. Hohenstaufen-Göppingen
Mittlere Karlstr. 124
D-73033 Göppingen

🕴 Peter Matthees
Postfach 103
A-6764 Lech a.A.
✆ Hütte 05583/3540
während der Nichtbew.:
Stocker 49
A-6933 Doren
✆ Tal 05516/2766
✕ Mitte Juni bis Anfang Okt.
🛏 21 ⊓ 45 ⊔ 8
⊞ 8 offen
↯ 220 V ~ (nur abends)
↗ Lech, 1447 m – Zug, 1511 m – Unter Älpele 3; Zuger Hochlicht, 2377 m – Theod.-Prassler-Weg 2; von Buchboden/Gr. Walsertal 5, Unter Älpele 2
→ Freiburger Hütte 4; Biberacher Hütte 4, über Braunarlspitze 4 - 5; Ravensburger Hütte über Zug 4
△ Hochlicht, 2600 m, ¾; östl. Johanniskopf, 2508 m, ¾; Braunarlspitze, 2648 m, 2; Grat Bratschenwand, 2520 m, 2
⛷ Spätwinter, Frühjahr ↗ Lech – Zug! △ Hochlicht!
🚂 Langen/Arlberg
🚌 Lech, Wanderbus bis Unter Älpele
🚗 Unter Älpele (Maut) nur von 15.30 – 9.00 Uhr P

AV 3/2; FB 363; ÖK 143; Bergverlag Rother: GF Bregenzerwaldgebirge und Lechquellengebirge, WF Arlberg-Paznaun

Ravensburger Hütte

K. I, 1948 m, erb. 1912
DAV-S. Ravensburg
Haldenweg 40
D-88212 Ravensburg

🕴 Siegfried u. Tilly Zatsch
Pension Muntanella
Oberlech
A-6764 Lech
✆ Hütte 05585/556
✆ Tal 05583/2665
✕ Mitte Juni bis Anfang Okt.
🛏 20 ⊓ 85 ⊔ 10
⊞ 20 offen SR
↯ 220 V ~

↗ Spullersee ¾; Lech 2½; Klösterle 2½; Zug 1¾
→ Freiburger Hütte über Gehrengrat, 2443 m, 4½ oder über Tannleger-Alm 3½; Untere u. Obere Älpele-Alm – Göppinger Hütte 4; Madlochjoch, 2438 m – Zürs 3½
△ Roggalspitze, 2672 m, 2½; Schafberg, 2679 m, 2½; Plattnitzerjoch-Spitze, 2322 m, 3; Obere Wildgrubenspitze, 2629 m, 2½; Sportklettergebiet Spullerplatten IV - VIII
⛷ Lech △ Mehlsack, Grubenjoch, Wasenspitze
🚆 Langen a. Arlberg (Schnellzugstation); Klösterle
🚌 Lech; Zürs
🚗 Zug, Mautstraße bis Spullersee 🅿, von 9.00 bis 15.00 Uhr gesperrt, stündlich Busverkehr

AV 3/2; FB 372; ÖK 142, 143; Bergverlag Rother: GF Bregenzerwaldgebirge und Lechquellengebirge, WF Arlberg-Paznaun

Hütten anderer alpiner Vereine und Privathütten

Muttersberghaus 1825 m, oberhalb Nüziders, privat, 🛏 35, ↗ Bludenz 1½ 🚆 🚌 Bludenz 🚗 ab Bludenz Personenseilbahn zum Haus, gj. bew.

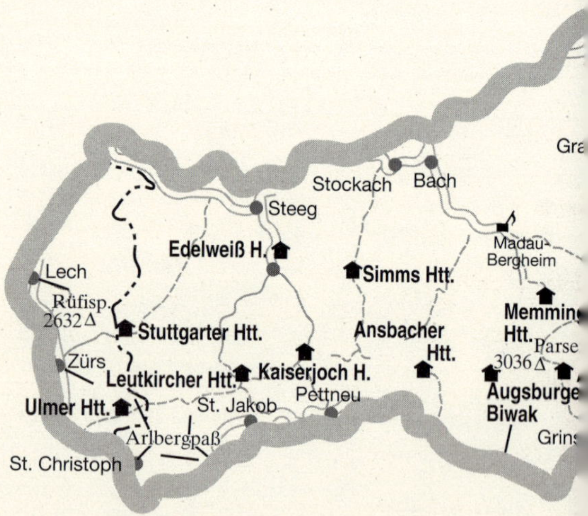
Gra
Stockach
Bach
Steeg
Madau-
Bergheim
Edelweiß H.
Simms Htt.
Lech
Rüfisp.
2632 Δ
Stuttgarter Htt.
Ansbacher
Htt.
Memmin
Htt.
Parse
3036 Δ
Zürs
Leutkircher Htt.
Kaiserjoch H.
Pettneu
Augsburge
Biwak
Ulmer Htt.
St. Jakob
Arlbergpaß
Grins
St. Christoph

3b Lechtaler Alpen

Umgrenzung

Lech von Lech bis Reutte – Porta Claudia – Zwischentoren-Grundbach bis Lermoos – Fernpaß – Nassereith – Gurglbach – Inn bis Landeck – Sanna – Rosanna bis St. Anton – Arlbergpaß – Rauzbach bis Stuben – Flexenpaß – Zürser Bach – Lech

Anhalter Hütte

K. I, 2042 m, erb. 1912
DAV-S. Oberer Neckar
Weiherbachstr. 17
D-78628 Rottweil-Neufra

- Carmen u. Josef Kathrein
  postlagernd
  A-6460 Imst
- ✆ Hütte 0663/56755
  während der Nichtbew.:
  Oberdorf 135
  A-6473 Wenns
- ✆ Tal 05414/87771
- ✗ Anfang Juni bis Ende Sept.
- 13 ⊓ 75 ⊔ 22
- 9 SR
- 220 V=
- ↗ Hahntennjoch, 1884 m, 1; Bschlabs, 1314 m – Plötzigtal 3; Namlos, 1263 m – Grubigjöchl, 1821 m, 2¾
- → Muttekopfhütte 4; Pfafflar – Fundaistal – Galtseite-Joch, 2423 m – Hanauer Hütte 6; Hintere Tarrentonalp, 1541 m – Schweinsteinjoch, 1571 m – Tegestal – Loreajoch, 2048 m – Loreahütte 7; Heiterwandweg von der Anhalter Hütte zur Heiterwandhütte: Nordweg 6; Südweg 7 - 9
- △ Maldongrat, 2552 m, 2; Gabelspitze (Steinmandl), 2590 m, 2; Steinmandlwand, 2516 m, 2; Alpeil Spitzen, 2559 m, 3; Namloser Wetterspitze, 2551 m, 3¼
- nicht zu empfehlen
- Imst
- Imst; Elmen/Lechtal
- Imst bzw. Elmen – Hahntennjoch (30 - 40 Min. Fahrzeit) P

AV 3/4; FB 252; ÖK 114, 115; Bergverlag Rother: AVF Lechtaler Alpen, GF Lechtaler Alpen, WF Allgäu 2, WF Seefeld

Ansbacher Hütte

K. I, 2376 m, erb. 1906
DAV-S. Ansbach
Königsbergerstr. 30
D-91522 Ansbach

- Barbara Nöbl
  A-6572 Flirsch
  während der Nichtbew.:
  A-6551 Pians 62a
- ✆ Hütte 0663/54282
- ✆ Tal 05442/66713
- ✗ Anfang Juli bis Ende Sept.
- ⊓ 88 ⊔ 16
- 16 offen SR

220 V ~
↗ Schnann/Stanzer Tal, 1180 m, über Fritzhütte, 1800 m, 3; von Flirsch, 1157 m, 3; durch Alperschontal – Knappenböden – Flarschjoch, 2½ - 3
→ Grießlscharte, 2632 m – Parseier Tal, 1725 m – Memminger Hütte 5 - 5½; Augsburger Höhenweg: Parseier Scharte, 2606 m – Dawinscharte, 2652 m – Dawinkopf, 2970 m – Augsburger Hütte 8 - 12; Alperschonjoch, 2301 m – Hinterseejöchl, 2484 m – Kaiserjochhaus 4½ - 5; Simmshütte 4 - 4½
△ Samspitze, 2625 m, ¾; Vorderseespitze, 2888 m, 2½; Feuerspitze, 2851 m, 3; Freispitze, 2887 m, 4 - 5
kein Stützpunkt
Schnann und Flirsch (Arlbergstrecke) P

AV 3/3; FB 372; ÖK 143, 144; Bergverlag Rother: AVF Lechtaler Alpen, GF Lechtaler Alpen, WF Arlberg-Paznaun

Augsburger Biwak (Roland-Ritter-Biwak-Schachtel)

K. I, 2608 m, erb. 1976
am Augsburger Höhenweg zw. Augsburger und Ansbacher Hütte
DAV-S. Augsburg
Peutingerstr. 24
D-86152 Augsburg
beaufs. vom der Augsburger Hütte, Nächtigung nur in Notfällen, 4, offen. Zu beachten bei Nebel und Schneetreiben: Vom tiefsten Punkt der Wegscharte (Parseierscharte) in nordwestl. Richtung leicht ansteigend zwischen Felsschrofen, Markierung, 3 - 5 Min. Wasser: unmittelbar südwestlich der Wegscharte.

↗ Flirsch, 1157 m, 7; Schnann, 1180 m, 7
→ Augsburger H. 4 - 4½; Ansbacher H. 3½ - 4
△ Eisenspitze, 2866 m, 1; Eisenkopf, 2855 m, 1½
Pians – Landeck o. Schnann
Grins, Schnann

AV 3/3; FB 372; ÖK 143, 144; Bergverlag Rother: AVF / GF Lechtaler Alpen

Augsburger Hütte

K. I, 2300 m, erb. 1891
DAV-S. Augsburg
Peutingerstr. 24
D-86152 Augsburg

Robert Schimpfössl
A-6591 Grins/Tirol, Nr. 109c

Hütte 05442/63604
Tal 05442/66345
Anfang Juli bis Ende Sept.
70 ⌴ 10
10 offen SR
Grins, 1015 m, 3; von Pians, 852 m, 3½
Augsburger Höhenweg zur Ansbacher Hütte 8 - 10 (Biwak-Schachtel auf halbem Weg); Memminger Hütte 5; Württemberger Haus 7 - 8
Gatschkopf, 2945 m, 1¾; Parseierspitze, 3036 m, 2½ - 3; Dawinkopf, 2968 m, 3; Blankahorn, 2822 m, 3
kein Stützpunkt, große Lawinengefahr
Pians – Landeck/Tirol
Grins P (beim Schwimmbad)

AV 3/3; 351; ÖK 144; Bergverlag Rother: AVF Lechtaler Alpen, GF Lechtaler Alpen, WF Arlberg-Paznaun

Edelweißhaus

K. II, 1530 m,
erworben 1936
DAV-S. Stuttgart
Rotebühlstr. 59A
D-70178 Stuttgart

Robert Neurauter
A-6655 Steeg-Kaisers
Hütte 05633/5602
gj., eine Woche nach Ostern für 4 Wochen und Nov. geschlossen
26 ⌐ 14 ⌴ 10
220 V ~
Steeg, 1122 m – Kienberg: 1½
Falmedonjoch, 2381 m – Simmshütte 4¼; Kaiserjochhaus 3; Leutkircher Hütte 4; Stuttgarter Hütte 4½
Hahnleskopf, 2210 m, 2; Rotschrofenspitze, 2587 m, 3
↗ Steeg; Hahnleskopf; Schwarzer Kranz; Guflespitze; Feuerspitze
Reutte/Tirol
Steeg/Lechtal
im Sommer zum Haus; im Winter Rückfrage in Steeg P
Steeg – Kaisers
(im Winter)

AV 3/2, 3/3; FB 351; Bergverlag Rother: AVF Lechtaler Alpen, GF Lechtaler Alpen

Hanauer Hütte

K. I, 1922 m, erb. 1897
DAV-S. Hanau
Kinzigstr. 10
D-63584 Gründau

- Werner Hellweger A-6644 Boden-Elmen
- ✆ Hütte 0663/56771 während der Nichtbew.: Bahnhofstr. 39b A-6571 Strengen a. A.
- ✆ Tal 05447/5660
- Mitte Juni bis Ende Sept./Anfang Okt.
- 17 ⊓ 115 ⊔ 20
- 220 V ~
- 8 an der O-Seite der Hütte, Eingang gegenüber der Bergstation der Materialseilbahn
- ↗ Elmen, 978 m – Bschlabs, 1314 m – Boden von Imst – Hahntennjochstraße, 1884 m – Boden, 1357 m; von Boden 2
- → Muttekopfhütte 4½ - 5; Vord. Dremelscharte, 2434 m – Steinseehütte 2½; Württemberger Haus üb. Steinseehütte 6; Kogelseescharte (ca. 2500 m) oder Gufelseejoch, 2373 m – Gramais, 1328 m, 5
- △ Kogelseespitze, 2646 m, 2½; Dremelspitze, 2741 m, 4½; Parzinnspitze, 2618 m, 2½; Reichspitze, 2586 m, 2½; Schlenkerspitze, 2831 m, 3½
- nur Frühjahr, Kogelseespitze
- Reutte/Tirol
- Elmen/Lechtal
- Boden P

AV 3/4; FB 351; ÖK 144; Bergverlag Rother: AVF Lechtaler Alpen, GF Lechtaler Alpen, WF Allgäu 2

Heiterwandhütte

K. I, 2020 m, erb. 1911, neu 1972
DAV-S. Oberer Neckar
Weiherbachstr. 17
D-78628 Rottweil-Neufra

- nicht bew., Ende Juni bis Ende Sept., Sa./So. beaufsichtigt
- ⊓ 25
- Gruppen ab 5 Personen unbedingt Anmeldung über die Sektion
- ↗ Tarrenz/Imst, 838 m – Obtarrenz, 1029 m – Salvesental – Vord. Alpeiltal – Tarrenzer Grubigjöchle,

2008 m: steil, bez., 4 - 5; Obtarrenz – Sinnesbrunn, 1500 m – Reisenschuhjoch, 2057 m: zum Schluß steil, bez., 5; Nassereith, 850 m – Gafleintal – Reisenschuhjoch: letzter Teil steil, bez., 3

→ Reisenschuhtal – Vord. Tarrentonalp, 1617 m – Hint. Tarrentonalp, 1541 m – Hinterbergjöchle, 2210 m – Anhalter Hütte 5; Reisenschuhtal – Schweinsteinjoch, 1575 m – Loreajoch, 2045 m – Loreascharte, 2324 m – Loreahütte 5; der Heiterwandweg um die Heiterwand ist neu markiert, nur für Geübte und Trittsichere, Nordweg 6, Südweg 7 - 9

△ Heiterwandhauptgipfel von Süden, 2642 m, 2½; von Norden 4; Ostgipfel 1½; Tarrentonspitze, 2618 m, 3½; Rauchberg, 2485 m, 2; Alpleskopf, 2258 m, 1

kein Stützpunkt

Imst

Tarrenz, Nassereith

Obtarrenz P

AV 3/4, 4/1; FB 252; ÖK 115; Bergverlag Rother: AVF Lechtaler Alpen, GF Lechtaler Alpen

Kaiserjochhaus

K. I, 2310 m, erb. 1885
DAV-S. Leutkirch/Allg.
Ariane Weiß
Eschachstr. 14
D-88299 Leutkirch

Roswitha Wolf
Höfen – Untere
Platte 9
A-6600 Reutte

Hütte 0663/57967

Tal 05672/63407

Anfang Juli bis Ende Sept.

54 ⌴ 10

4

↗ Pettneu, 1222 m, 3; von Kaisers, 1530 m über Steeg/ Lechtal – Kaisertal 2½

→ Leutkircher Hütte 2; Hinterseejöchl, 2484 m – Alperschonjoch, 2301 m – Ansbacher Hütte 4½; Hinterseejöchl – Simmshütte 5; Edelweißhaus 2

△ Grießkopf, 2582 m, ¾; Kridlonspitze, 2494 m, ¾; Zwölferspitze, 2511 m, 4; Stanskogel, 2757 m, 2½; Vallesinspitze, 2769 m, 4½; Vorderseespitze, 2888 m, 4½

möglich nur bei sicheren Verhältnissen

Pettneu/Arlberg

Pettneu u. Steg

P Pettneu u. Kaisers

AV 3/3; FB 351, 372; ÖK 143, 144; Bergverlag Rother: AVF Lechtaler Alpen, GF Lechtaler Alpen, WF Allgäu 2, WF Arlberg-Paznaun

Leutkircher Hütte

K. I, 2251 m, erb. 1912
DAV-S. Leutkirch/Allg.
Ariane Weiß
Eschachstr. 14
D-88299 Leutkirch

- Renate Holzknecht
  Vadiesen Nr. 220
  A-6574 Pettneu/Arlb.
- ✆ Hütte 0663/857849
- ✆ Tal 05448/207
- ✕ Anfang Juli bis Ende Sept.
- 55 ⌴ 5
- 6
- 220 V ~
- ↗ St. Anton, 1286 m, St. Jakob, 1295 m, Gand, 1300 m, Pettneu, 1222 m, jew. 3; Bergstation Kapall (bis Gampen; Kapallbahn = Schindler Seilbahnen) 1½; von Kaisers/Lechtal, 1530 m, über Steeg – Almajurtal 4
- → Ulmer Hütte 3½; Stuttgarter Hütte 4½; Kaiserjochhaus 2
- △ Hirschpleiskopf, 2549 m, ¾; Stanskogel, 2757 m, 1¾; Vallesinspitze, 2769 m, 3½; Weißschrofenspitze, 2752 m, 2½; Bacherspitzen, 2640 m, 2
- möglich, jedoch nur bei lawinensicheren Verh.; Stanskogel, Hirschpleis
- St. Anton/Arlberg
- St. Anton, Pettneu, St. Jakob
- St. Anton P
- St. Anton-Kapall
- Gampen

AV 3/2; FB 351, 372; ÖK 143; Bergverlag Rother: AVF Lechtaler Alpen, GF Lechtaler Alpen, WF Arlberg-Paznaun

Lorea-Hütte (Otto-Reinhardt-Hütte)

K. I, 2018 m, erb. 1927/28
DAV-S. Isartal
Georg-Gradel-Weg 4/0
D-81245 München
Anmeldung bei

- Johann Schröck jun.
  Guffertstr. 17/1
  D-81825 München
- ✆ 089/438944
- ✕ SV, zugänglich nur Anfang Juni bis Anfang Okt., mit , Sa./So. beaufsichtigt; übrige Zeit mit versperrt
- 25

↗ Fernstein, 980 m, 3
→ Loreascharte, 2045 m, Heimbach – Tegestal – Hint. Tarrenton-Alpe, Anhalter Hütte 8; Tegestal – Reisenschuhtal – Heiterwandhütte 5; Östl. Kreuzjoch, 2230 m – Bichlbächler Jöchle, 1942 m – Gartnerwand-Überschreitung, 2376 m – Grubigstein, 2233 m – Wolfratshauser Hütte 8 - 9; Loreascharte – Loreggjoch, 2007 m – Mitteregg, 1348 m – Rinnen, 1269 m, 3
△ Loreakopf, 2471 m, 1½; Kreuzjoch, 2236 m, 1¼; Tagweidkopf, 2401 m, 1½; Roter Stein, 2366 m, 2½
kein Stützpunkt
Lermoos; Imst
Fernstein P

AV 4/1; FB 252, 352; ÖK 115; Bergverlag Rother: AVF Lechtaler Alpen, GF Lechtaler Alpen

Memminger Hütte

K. I, 2242 m, erb. 1886
DAV-S. Memmingen
Allgäuer Str. 24
D-87700 Memmingen

Anton u. Helga Walch
Obergrünau 6
A-6652 Elbigenalp
Tal 05634/6283
Ende Juni bis Ende Sept.
4 ⊓ 110 ⊔ 8
18 offen SR
220 V ~
↗ Bach/Lechtal, 1066 m, 5; ab Schoberplatz 2; Zams/Landeck, 816 m – Seescharte, 2599 m, 7
→ Spiehler Weg – Augsburger Hütte 4½; Parseier Bach, 1725 m – Grießlscharte, 2632 m – Ansbacher Hütte 5½; Seescharte, 2599 m – Württemberger Haus 4½; Oberlahmjöchl, 2508 – Alblitjöchl, 2279 m – Mintschejöchl, 2264 m – Vordergufeljöchl, 2073 m – Hanauer Hütte 7 - 8
△ Parseier Spitze (höchster Gipfel der nördl. Kalkalpen), 3036 m, 4; Oberlahmspitze, 2658 m, 2; Seekogel, 2412 m, ½; Seeköpfe (Vord.-, Mittl.- u. Hint. Seekopf), 2717 m, 2
kein Stützpunkt
Reutte; Langen a. Arlberg
Bach/Lechtal, ab Bach Linientaxi bis zum Schoberplatz (hin 7.00 u. 8.30 Uhr, rück 17.00 Uhr)

AV 3/3; FB 351, 372; ÖK 144; Bergverlag Rother: AVF Lechtaler Alpen, GF Lechtaler Alpen

Muttekopfhütte

K. I, 1934 m, erb. 1874
OeAV-S. Imst-Oberland
Eduard-Wallnöfer-Platz 4
A-6460 Imst

- Reinhard Raich
  Muttekopfhütte
  A-6460 Imst
- ✆ Hütte 0663/58041
  während der Nichtbew.:
  Quatratsch 10a
  A-6551 Pians
- ✆ Tal 05442/64944
- ✕ Mitte Juni bis Ende Sept.
- 20 ⊓ 40 ⊔ 10
- ⊠ 6 SR
- 220 V ~
- ↗ Imst, 828 m, Sonneck-Untermarkter Alm – Latschenhütte 3; Imst – Sonneck mit zum Alpjoch; Imst o. Boden – Hahntennjoch, 1900 m – Scharnitzsattele, 2300 m, 2; Parkplatz Obermarkter Alm 1
- → Scharnitzsattele, 2300 m – Hahntennjoch, 1900 m – Steinjoch, 2200 m – Anhalter Hütte 3½; Kübelwändgrat, 2500 m – Fundeisboden, 2000 m – Galtseitejoch, 2400 m – Hanauer Hütte 6; Imster Klettersteig
- △ Muttekopf, 2777 m; Vorderer Plattein, 2565 m; Hinterer Plattein, 2731 m; Vorderes Alpjoch, 2100 m
- nur im Frühjahr ↗ von Imst – Sonneck → Untermarkter Alm ↗ Muttekopfhütte △ Muttekopf
- Imst – Pitztal
- Postamt Imst
- Obermarkter Alm P

AV 3/4; FB 252, 351; ÖK 115; Bergverlag Rother: AVF Lechtaler Alpen, GF Lechtaler Alpen, WF Seefeld

Reuttener Hütte

K. I, 1740 m, erb. 1964
OeAV-S. Reutte, Postfach 91
A-6600 Reutte

- ✕ gj., SV, ztw. Sa./So. beaufs.
- ⊓ 35
- ⊠
- ↗ Reutte Ehenbichl – Rieden – Rotlechtal 4; Weißenbach – Rieden – Rotlechtal 4; Bichlbach – Berwang – Rinnen – Raatzalm 2
- → Kelmenerjöchl – Kelmen – Namlos – Anhalter Hütte 6

△ Galtjoch, 2112 m, 1½; Reinberg, 2004 m, 2; Abendspitze, 1964 m, 1; Knittelkarspitze, 2378 m, 3
⛷ Reutte – Bichlbach △ Galtjoch, Reinberg, Abendspitze
🚂 Reutte, Bichlbach
🚌 Weißenbach, Reutte, Bichlbach
🚗 Reutte, Rieden 🅿; Bichlbach, Berwang, Rinnen 🅿
FB 352; ÖK 115; Bergverlag Rother: AVF Lechtaler Alpen, GF Lechtaler Alpen

Simmshütte (Frederic-Simms-Hütte)

K. I, 2004 m, erworb. 1927, neu erb. 1957 – 61
DAV-S. Stuttgart
Rotebühlstr. 59A
D-70178 Stuttgart

🚶 Marion Wolf
Unterbach 14A
A-6653 Bach/Lechtal
✆ Tal 05634/6479
✗ Ende Juni bis Ende Sept.
🛏 6 ⊓ 46
❄ 7 offen
↗ Stockach, 1073 m, 3
→ Falmedonjoch, 2381 m – Edelweißhaus 3½; Stierlahnzugjoch – Flarschjoch, 2515 m – Ansbacher Hütte 4; Hinterseejöchl, 2484 m – Kaiserjochhaus 5
△ Feuerspitze, 2851 m, 3½; Wetterspitze, 2898 m, 2½; Rotschrofenspitze, 2587 m, 2
⛷ kein Stützpunkt
🚂 Reutte/Tirol
🚌 🚗 Stockach/Lechtal 🅿
AV 3/3; FB 372; ÖK 143; Bergverlag Rother: AVF Lechtaler Alpen, GF Lechtaler Alpen

Steinseehütte

K. I, 2061 m, erb. 1914
OeAV-S. Landeck
Perfuchsberg
A-6500 Landeck

🚶 Karl Juen
Lötzweg 22
A-6500 Landeck
✆ Hütte 0663/57593
✆ Tal 05442/67879
✗ Ende Juni bis Ende Sept.
🛏 23 ⊓ 80
❄ 12 ⚷

↗ Zams, 760 m, mit bis zur Alfuzalpe, 1260 m, 2½ - 3; Zams bis Hütte 4½; Schönwies, 736 m – Starkenbach – Alfuzalpe 4½; Schönwies – Mils durchs Larsenntal – Großkar – Verborgene Gratscharte 5 - 6; Elmen, 978 m – Boden, 1357 m – Hanauer Hütte, 1918 m – Dremmelscharten, 2434 m – Boden – Steinseehütte 4½; Häselgehr, 1003 m, mit bis Gramais, 1328 m – Gufelgrasjoch, 2389 m, 4½

→ Württemberger Haus – Steinkarscharte – Roßkarscharte – Gebäudjöchl 4½; Memminger Hütte – Steinkarscharte – Gufelgrasjoch – Streichgampensattel 7; Hanauer Hütte 2½ - 3; über eine der beiden Dremmelscharten

△ Steinkarspitze, 2650 m, 3; Spiehlerturm, 2550 m, 2; Schneekarlespitze, 2674 m, 3½; Bergwerkskopf, 2733 m

kein Stützpunkt

Landeck

Landeck, Zams

Alfuzalpe; P im Tal bei Abzw. von der B 1

AV 3/4; FB 351; ÖK 144; Bergverlag Rother: AVF / GF Lechtaler Alpen

Stuttgarter Hütte

K. I, 2310 m, erb. 1909, neu erb. 1934
DAV-S. Schwaben
Senefelderstr. 1
D-70178 Stuttgart

Florian Beiser
A-6763 Zürs
während der Nichtbew.:
A-6764 Lech am Arlberg
Hs. Nr. 37

✆ Hütte 05583/2030

✆ Tal 05583/2377 o. 3412

✕ Mitte Juni bis Ende Sept.

20 ⊓ 50 ⊔ 12

10 SR

220 V ~

↗ Zürs – Trittalpe – Krabachjoch, 2205 m, 2; Lech Gondelbahn zum Rüfikopf, 2362 m – Rauhekopfscharte, 2419 m, 2½; Steeg/Lechtal – Prenten – Krabachtal 4½; von der Valluga-Bergstation, 2808 m – Boschweg 3

→ Boschweg – Pazielferner – Trittscharte, 2580 m – Ulmer Hütte 3; Erli-Joch, 2430 m – Almajurjoch, 2225 m – Leutkircher Hütte 4; Almajurtal – Edelweißhaus 4

△ Fanggekarspitze, 2640 m, 1¾; Erlispitze, 2634 m, 1; Roggspitze, 2746 m, 3; Trittkopf, 2719 m, 2; Valluga, 2808 m, 2½; Trittwangkopf – Gümplekopf – Rauher Kopf – Krabachspitze – Stuttgarter Hütte 3 - 4

kein Stützpunkt

Langen a. Arlberg

Zürs P

AV 3/2; FB 351, 372; ÖK 143; Bergverlag Rother: AVF Lechtaler Alpen, GF Lechtaler Alpen, WF Tannheimer Tal, WF Arlberg-Paznaun

Ulmer Hütte

K. II, 2281 m, erb. 1903
DAV-S. Ulm
Radgasse 27
D-89073 Ulm

Heimo Turin
A-6580 St. Anton a. Arlberg
✆ (u. Fax) Hütte 05582/241
während der Nichtbew.:
Vadiesen 212a
A-6574 Pettneu
✆ Tal (+ Fax) 05448/382
Anfang Juli bis Ende Sept., Mitte Dez. bis 1. Mai
34 ⌐ 54
Duschen
220 V ~
↗ Stuben, 1407 m – Alpe Rauz, 1620 m, 2½; St. Christoph, 1768 m, 1½; St. Anton, 1286 m, 3; Galzig, 2184 m, 1
→ Walfagehr-Joch, 2549 m – Leutkircher Hütte 3; Trittscharte, 2554 m – Boschweg – Stuttgarter Hütte 2¼; Valluga – Pazielferner – Boschweg – Stuttgarter Hütte 4; Arlberger Klettersteig 4-5
△ Valluga, 2808 m, 2; Schindlerspitze, 2647 m, 1½; Trittkopf, 2719 m, 1¾
↗ Galzig, Stuben, St. Anton △ Valluga, Schindlerspitze, Pistenskilauf
Langen; St. Anton/Arlb.
Alpe Rauz P (Sommer kostenlos, Winter Gebühr)
St. Anton, St. Christoph – Galzig
Gep. v. d. Arlbergstr. (zw. Alpe Rauz u. St. Christoph) Bahntelefon

AV 3/2; FB 351, 372; ÖK 143; Bergverlag Rother: AVF Lechtaler Alpen, GF Lechtaler Alpen, WF Arlberg-Paznaun

Wolfratshauser Hütte

K. II, 1753 m, erb. 1921
DAV-S. Wolfratshausen
Isaraustr. 38
D-82538 Geretsried

Walburga u. Werner Blaßl
Postfach 1
A-6631 Lermoos/Tirol
während der Nichtbew.:
Gasteig 822
A-6167 Neustift
✆ Hütte 0663/058920
✆ Tal 05226/3142
2. Samstag im Juni bis 2. Sonntag im Okt., 26. Dez. bis Ostermontag

🛏 10 ⌐ 30 ⌙ 10
⌁ 220 V ~
↗ Lermoos, 1000 m, 2; Bergstation des Grubigstein-Sessellifts, 2200 m, Abstieg ½; Mittelstation, 1330 m, 1½ (Aufstieg)
→ Gartnerwand-Überschreitung – Bichlbächler Jöchle, 1942 m – Östl. Kreuzjoch, 2230 m – Loreahütte 8 - 9; Biberwier, 991 m, 2; Fernpaß, 1212 m, 1½
△ Grubigstein, 2233 m, 1; Gartnerwand, 2376 m, 1½; Pleisspitze, 2225 m
⛷ ↗ Lermoos, Piste v. d. Bergstation Grubigstein △ Pleisspitze (Lawinengefahr)
🚂 🚌 🚗 Lermoos P
⛏ Lermoos – Rauhkopf am Grubigstein

AV 4/1; FB 352; ÖK 115; Bergverlag Rother: AVF Lechtaler Alpen, GF Lechtaler Alpen, WF Außerfern

Württemberger Haus

K. I, 2220 m, erb. 1924
DAV-S. Stuttgart
Rotebühlstr. 59A
D-70178 Stuttgart

🚹 Arthur Probst
Herzog-Friedrich-Str. 1c
A-6500 Landeck
✆ Tal 05442/64262
✕ Anfang Juli bis Ende Sept.
🛏 8 ⌐ 56 ⌙ 20
❄ 5 🔑
⌁ 220 V
↗ Zams, 775 m, 4½ - 5½; Madau, 1308 m – Leiterjöchl, 2516 m, 5
→ Großbergkopf, Seescharte, 2599 m – Memminger Hütte 4 - 5; Gebäudjöchl, 2452 m – Gufelgrasjoch, 2382 m – Steinseehütte 4; Bitterscharte, 2535 m – Gufelseejöchl, 2373 m – Hanauer Hütte 5 - 6
△ Medriolkopf, 2664 m, 1½; Großbergkopf, 2612 m, 1½ – Spießrutenspitze, 2703 m, 4; Schieferspitze, 2735 m, 1½; Leiterspitze über Bitterscharte, 2750 m, 2; Gebäudspitze, 2703 m, 1¼
⛷ kein Stützpunkt
🚂 Landeck
🚌 🚗 Zams P

AV 3/3; FB 252, 351; ÖK 114; Bergverlag Rother: AVF Lechtaler Alpen, GF Lechtaler Alpen

Hütten anderer alpiner Vereine und Privathütten

Bergheim Hermine 1308 m, in Madau, privat, 44, Bach 2, Reutte Bach zum Haus, bew. Anfang Mai bis Anfang Nov., 0663/57857

Fritzhütte 1800 m, am Weg zur Ansbacher Hütte, privat, 10 20, Bach-Lend oder Schnann 1½ Schnann Bach-Lend (Güterseilbahn am Schnann bis Fritzhütte), bew. Mitte Juni bis Ende Aug.

Grubigsteinhaus 2028 m, unter dem Grubigstein, privat, 36, Lermoos Lermoos-Ehrwald Lermoos Lermoos, ab da Sessellift, gj. bew., 0663/857558

Latschenhütte 1750 m, am Weg Imst – Muttekopfhütte, privat, 16, Imst 2, Untermarkter Alm ¾ Imst Untermarkter Alm, bew. Mitte Mai bis Ende Sept., 05412/29652

Unterälpele 1568 m, im obersten Lechtal, privat, 20, Lech 1½, Zug ¾ Reutte Lech ab Lech zum Haus.

4 Wettersteingebirge und Mieminger Kette

Umgrenzung

Loisach bis Garmisch-Partenkirchen – Kankerbach – Kranzbach – Isar bis Scharnitz – Drahnbach – Seefelder Sattel – Niederbach – Inn – Gurglbach – Nassereith – Fernpaß – Ehrwald – Loisach

Alplhaus

K. I, 1506 m, erb. 1924/25
DAV-S. München
Goethestraße 21
D-80336 München

- ✆ 089/555051
- ✗ nicht bew., SV
- ⊓ 18
- ⚷ bei Sektion München, Taschenlampe erforderlich, Trinkwasserquelle 10 Min.
- ↗ Telfs, 633 m – Straßberg 1½; Wildermieming, 884 – Straßberg 1½; Wildermieming – Ochsenbrünnl-Kapelle 1½; Gasthaus Straßberg 1
- → Niedermundesattel, 2055 m – Tillfußalm, 1391 m, 2½ - 3
- △ Hohe Munde, 2659 m, 4½; Hochwand, 2721 m, 3½ - 4; Karkopf, 2471 m, 2 - 3; Hochplattig, 2768 m, 4
- kein Skigebiet
- Pfaffenhofen – Telfs
- Affenhausen – Telfs; Wildermieming
- Straßberg P (von Telfs) oder ca. 2 km nach Wildermieming

AV 4/2, 4/3; FB 322; ÖK 116; Bergverlag Rother: AVF Wetterstein, GF Wetterstein mit Mieminger Kette, WF Seefeld

Arnspitzhütte

K. I, 1930 m, erb. 1910
DAV-S. Hochland
Ebermayerstr. 20
D-81369 München

- Gerwin Müller
  Heideckstr. 16/4
  D-80637 München
- ✆ 089/1573566
  offene Unterstandshütte
- ⊔ 4; kein Wasser, Holzofen
- ↗ von Mittenwald, 950 m, 4; von Scharnitz, 963 m, 2½; von Unterleutasch, 1093 m, 3½, von Oberleutasch über Hohen Sattel 3
- △ Gr. Arnspitze, 2196 m, 1; Mittl. Arnspitze, 2091 m, (II+) 1; Arnplattenspitze, 2172 m, (II) 2
- Scharnitz, Mittenwald
- Scharnitz, Unter- u. Oberleutasch P

AV 4/3 od. 5/1; Bergverlag Rother: AVF Wetterstein, WF Seefeld – Leutasch

Breitenkopfhütte

K. I, 2020 m, erb. 1936
DAV-S. Coburg
Zinkenwehr 1
D-96450 Coburg

- beaufsichtigt durch Andreas Brockhardt-Riemann, Hinterer Glockenberg 10a, D-96450 Coburg
- Tal 09561/29259
- nicht bew., SV
- 5 ⊔ 2;
- ↗ Ehrwald, 1000 m – Ehrwalder Alm, 1500 m – Igelsee, 1543 m, 3½; Oberleutasch, 1166 m – Tillfußalm, 1391 m – Igelsee 4½
- → Igelscharte, 2079 m – Hint. Tajatörl, 2257 m – Coburger Hütte 3; Igelsee – Gatterl, 2023 m – Knorrhütte 4½
- △ Breitenkopf, 2470 m, 1; Igelskopf, 2219 m, 1; Hochplattig, 2768 m, 2½; Westl., Mittl. und Östl. Mitterspitze, 2701 m, 4 - 5
- vorwiegend Frühjahr ↗ Ehrwalder Alm, Oberleutasch → Brendlkar, Coburger Hütte
- Ehrwald
- Ehrwald; Leutasch
- Ehrwald – Gondellift-Talstation P
- Ehrwalder Alm

AV 4/2; FB 322; ÖK 116; Bergverlag Rother: AVF Mieminger Kette, GF Wetterstein mit Mieminger Kette

Coburger Hütte

K. I, 1920 m, erb. 1901
DAV-S. Coburg
Zinkenwehr 1
D-96450 Coburg

- Friedrich u. Reingard Schranz
- Hütte 0663/55366, Köhlgasse 1, A-6094 Axams
- Tal 05234/67294
- Mitte Juni bis Mitte Okt.
- 85 ⊔ 25
- 10 SR
- 220 V
- ↗ Ehrwalder Alm, 1500 m, 2; Ehrwald, 1000 m, über Hohen Gang (nur für Geübte) 3; Biberwier, 991 m, 3; Obsteig, 995 m, über Grünstein-Scharte, 2263 m, 4; Seebener Klettersteig (schwierig) 3
- → Hint. Tajatörl, 2257 m – Brendlkar – Breitenkopfhütte, 2020 m, 3

△ Vord. Drachenkopf, 2301 m, 1; Hint. Drachenkopf, 2413 m, 3; Sonnenspitze, 2412 m, 2; Tajaköpfe, 2452 m, 1½ - 3; Grünstein, 2660 m, 3 - 4; Griesspitzen, 2751 m, 3½ - 4½; Wampeter Schrofen, 2520 m, 2½

nur Frühjahr ↗ Ehrwalder Alm △ Vord. Drachenkopf, Tajakopf

Ehrwald

Ehrwald Seilbahn-Talstation P;

Ehrwalder Alm

AV 4/2; FB 252, 352; ÖK 116; Bergverlag Rother: AVF Mieminger Kette, GF Wetterstein mit Mieminger Kette, WF Rund um die Zugspitze, WF Außerfern

Höllentalangerhütte

K. I, 1379 m, erb. 1893
DAV-S. München
Goethestr. 21
D-80336 München

Richard Prommer
Höllentalangerhütte
D-82491 Grainau/Hammersbach

✆ Hütte 08821/8811
während der Nichtbew.:
Farchanter Str. 4
Postfach 1650
D-82467 Garmisch-Partenkirchen

✆ Tal 08821/51181

Mitte Mai bis Mitte Okt.

90 ⌴ 16

8 offen

220 V

↗ Hammersbach, 770 m – Höllentalklamm 2; Kreuzeck, 1652 m – Hupfleitenjoch, 1754 m, 2; Osterfelder 2; Hammersbach – Stangensteig 2½

→ Münchner Haus/Zugspitze 5 - 6; Riffelscharte, 2161 m – Eibsee, 972 m, 4; Kreuzeckhaus 2½

△ Großer Waxenstein, 2277 m, 2 - 3; Alpspitze, 2620 m, 3½ - 4½; Zugspitze, 2962 m, 5 - 6

kein Stützpunkt

Hammersbach (Zugspitzbahn)

Kreuzeck-Talstation (Stadtbus)

Hammersbach P

Kreuzeckbahn, 1652 m, Osterfelderbahn, 2050 m

AV 4/2, 4/3; FB 322; TK L8532, U5; Bergverlag Rother: AVF Wetterstein, GF Wetterstein mit Mieminger Kette, WF Rund um die Zugspitze

Höllentaleingangshütte

K. III, 1045 m, erb. 1905
DAV-S. Garmisch-Partenkirchen
Hindenburgstr. 38
D-82467 Garmisch-Partenkirchen

- Walter Kraus
  Baderseeweg 18
  D-82491 Grainau
- ✆ Hütte 08821/8895
- ✆ Tal 08821/82749
- ✗ Mitte Mai bis Mitte Okt.; keine Übernachtungsmöglichkeit
- ↗ Hammersbach ½
- → Höllentalangerhütte 1½
- Hammersbach (Zugspitzbahn)
- Hammersbach P

AV 4/2, 4/3; FB 322; TK L 8532; TKU 5; Bergverlag Rother: AVF Wetterstein, GF Wetterstein mit Mieminger Kette, WF Rund um die Zugspitze

Höllentalgrathütte

K. I, 2684 m, erb. 1962
DAV-S. München
Goethestr. 21
D-80336 München
Anfragen im Münchner Haus auf der Zugspitze bei Hansjörg Barth; offene Unterstandshütte am Jubiläumsgrat, 10 Min. westl. des Gipfels der Äußeren Höllentalspitze

- Dr. Konrad Kirch
  Ob. Seefeldstr. 16
  D-82234 Weßling
- ✆ Tal 08153/952392
- 4 - 8 (nur für Notfälle)
- → ab Zugspitze über Höllentalspitze – Grieskarscharte zur Alpspitze (Jubiläumsgrat) II - III, 8 - 10
- Garmisch-Partenkirchen
- Hammersbach P

AV 4/2, 4/3; FB 322; TK L 8532; TKU 5; Bergverlag Rother: AVF Wetterstein, GF Wetterstein mit Mieminger Kette

Knorrhütte

K. I, 2052 m, erb. 1855
DAV-S. München
Goethestr. 21
D-80336 München

- Jürgen Stoll
  Knorrhütte am Zugspitzplatt
  D-82467 Garmisch-Partenkirchen
  während der Nichtbew.:
  Hauptstr. 31
  D-82490 Farchant
- ✆ Hütte 08821/2905 (Tel. + Fax)
- ✆ Tal 08821/61677
- Mitte Mai bis Anfang Okt.
- 20 ⌐ 100
- 4, nur Notunterkunft
- 220 V
- ↗ Garmisch-Partenkirchen, 700 m – Reintal 7; Ehrwald, 1000 m – Ehrwalder Alm, 1460 m – Gatterl, 2023 m, 5½; ab Ehrwalder Alm 3
- → Reintalangerhütte 1½; Münchner Haus 2½; Tillfußalm, 1393 m, 4; Coburger Hütte 5
- △ Brunntalkopf, 2264 m, ¾; Höllentalspitzen, 2740 m, 2 - 3; Zugspitze, 2962 m, 2½; Schneefernerkopf, 2874 m, 3½; Plattspitze, 2679 m, 3½; Gatterlköpfe, 2475 m, 2
- Herbst und Frühjahr ↗ Ehrwald, Reintal Pistenskilauf auf dem Platt
- Garmisch-Partenkirchen, Ehrwald
- Olympia-Skistadion; Eibsee, Obermoos P
- Eibsee u. Ehrwald – Zugspitzgipfel und -kamm, Ehrwalder Alm
- Schneefernerhaus

AV 4/2, 4/3; FB 322; TK L 8532; TKU 5; Bergverlag Rother: AVF Wetterstein, GF Wetterstein mit Mieminger Kette, WF Rund um die Zugspitze

Kreuzeck-Haus (Zöppritz-Haus)

K. II, 1652 m, erb. 1906
DAV-S. Garmisch-Partenkirchen
Hindenburgstr. 38
D-82467 Garmisch-Partenkirchen

- Bernhard Bruckdorfer
  Kreuzeckhaus
  D-82467 Garmisch-Partenkirchen
- ✆ Hütte 08821/2202
- 15. Mai bis Anfang Nov., 15. Dez. bis Sonntag nach Ostern
- 58 ⌐ 43
- 220 V ~
  Schulungsräume, idealer Ausbil-

dungsstützpunkt für Sommer und Winter

↗ Garmisch-Partenkirchen, 700 m – Tröglhütte 2½; Rießersee, 782 m – Tonihütte – Tröglhütte 2½; über Hausberg – Garmischer Haus, 1320 m – Tröglhütte 2½

→ Hupfleitenjoch, 1754 m – Höllentalangerhütte 2; Stuibenhütte 1½ – Bockhütte – Reintalangerhütte 3 - 4; Oberreintalhütte 4 - 5; Schachenhaus, 1866 m, 5

△ Alpspitze, 2620 m, 3; Höllentorkopf, 2146 m, 3; Hochblassen, 2703 m, 4 - 5

⛷ ↗ Garmisch-Partenkirchen △ Alpspitze, Höllentorkopf, Pistenskilauf

🚂 Garmisch-Partenkirchen

🚌 Kreuzeck-Talst. (Ortsbus)

🚗 Kreuzeck-Talst.; Hausberg-Talst. P

🚡 zum Haus

AV 4/2, 4/3; FB 322; TK L 8532; TKU 5; Bergverlag Rother: AVF Wetterstein, GF Wetterstein mit Mieminger Kette, WF Außerfern, WF Rund um die Zugspitze

Meilerhütte

K. I, 2366 m, erb. 1911/36
DAV-S. Garmisch-Partenkirchen
Hindenburgstr. 38
D-82467 Garmisch-Partenkirchen

🚹 Marisa Sattlegger
Meilerhütte, postlagernd
D-82467 Garmisch-Partenkirchen
während der Nichtbew.:
Zuschriften an Sektion

✆ Hütte 0171/5227897

✆ Tal 08821/2701

✗ Mitte Juni bis Anfang Okt.

⊓ 70 ⊔ 40

❄ ⊓ 8 in alter, 1898 erb. Hütte 🔑

↗ Garmisch-Partenkirchen, 700 m – Schachen, 1866 m, 5 - 5½; Elmau, 1000 m – Schachen 4 - 4½; Leutasch, 1100 m – Reindler- u. Ficker-Hof, d. Berglental od. Söllenpaß 4 - 4½

→ Oberreintalhütte 2; Schachenhaus 1; Reintalangerhütte 4

△ Westl. u. Östl. Törlspitze, 2443 m, 5 bzw. 20 Min.; Musterstein, 2478 m, 1½ - 2; Partenkirchener Dreitorspitze, 2634 m, 1½; Leutascher Dreitorspitze, 2682 m, 2; Öfelekopf, 2479 m, 2

⛷ ↗ Ga.-Pa., Elmau – Schachen, Leutasch, nur im Frühjahr bei guten Verhältnissen, große Lawinengefahr!

🚂 Garmisch-Partenkirchen; Klais

🚌 Olympiastadion; Leutasch

🚗 Elmau, Mautstraße, P an der Schranke oberhalb GH Elmau

AV 4/3; FB 322; TK L 8532; TKU 5; Bergverlag Rother: AVF Wetterstein, GF Wetterstein mit Mieminger Kette, WF Seefeld

Münchner Haus

K. II, 2964 m, erb. 1897
DAV-S. München
Goethestr. 21
D-80336 München

- Hansjörg Barth
  Römerstr. 1
  D-82467 Garmisch-Partenkirchen
- ✆ Hütte 08821/2901 (Tel. + Fax)
- ✆ Tal 08821/517560
- ✕ Anfang Mai bis Ende Sept.
- 34
- 220 V; Wasserknappheit, **kein Waschwasser; Sonderregelung: Vorbestellung von Schlafplätzen nur für Mitglieder in beschränktem Umfang möglich**. Die Schlafplätze werden den Mitgliedern erst nach Abfahrt der letzten Bergbahn zugewiesen. Für die Zuweisung ist die Reihenfolge der Eintragung im Hüttenbuch maßgebend. Mitglieder, die Bergfahrten ausführen, haben Vorrang, Schlafplätze an Nichtmitglieder werden erst ab 21 Uhr vergeben.
- ↗ Garmisch-Partenkirchen, 700 m – Reintal 8 - 9; Hammersbach, 770 m – Höllental 7 - 8; Eibsee, 972 m – Österr. Schneekar 8 - 9; Ehrwald, 1000 m – Österr. Schneekar 7 - 8
- → Knorrhütte 2; Höllentalangerhütte 5; Wiener-Neustädter Hütte, 2213 m, 2½; Jubiläumsgrat: Innere, Mittlere und Äußere Höllentalspitze, 2740 m – Vollkarspitze – Grieskarscharte – Alpspitze, 2620 m, 8 - 10; Gratübergang Große Riffelwandspitze, 2631 m; Südl. Plattumrahmung: Schneefernerkopf – Wetterspitzen – Wetterwandeck – Plattspitzen – Gatterlköpfe
- kein Stützpunkt
- Garmisch-Partenkirchen; Hammersbach, Ehrwald
- 🚗 Olympia-Skistadion, Hammersbach, Eibsee, Obermoos P
- Schneefernerhaus
- zur Hütte

AV 4/2, 4/3; FB 322; TK L 8532; TKU 5; Bergverlag Rother: AVF Wetterstein, GF Wetterstein mit Mieminger Kette

Oberreintalhütte

(Franz-Fischer-Hütte)
K. I, 1525 m, erb. 1922
DAV-S. Garmisch-Partenkirchen
Hindenburgstr. 38
D-82467 Garmisch-Partenkirchen

- Franz Mamhofer
  Nachfeldstr. 8
  D-82490 Farchant

✆ Tal 08821/6721
✕ SV, Pfingsten bis 2. Okt. Wochenenden; Getränke erhältlich
⊓ 40 ⊔ 13; kein ⊞, Hütte im Winter unzugängl.
↗ Garmisch-Partenkirchen, 700 m – Partnachklamm – Bockhütte 4 - 5
→ Schachenhaus, 1866 m, 1 – Meilerhütte 2½ - 3; Reintalangerhütte 3; Kreuzeckhaus 4 - 5
△ Oberreintalturm, 1940 m; Schüsselkarspitze, 2555 m; Scharnitzspitze, 2461 m, sämtliche Gipfel sind nur auf Kletterrouten erreichbar!
⛷ unzugänglich
🚂 Garmisch-Partenkirchen
🚌 🚗 Olympia-Skistadion P

AV 4/3; FB 322; TK L 8532; TKU 5; Bergverlag Rother: AVF Wetterstein, GF Wetterstein mit Mieminger Kette, WF Seefeld

Reintalangerhütte

K. I, 1366 m, erb. 1912
DAV-S. München
Goethestr. 21
D-80336 München

🕴 Charly Wehrle
Im Reintal
D-82467 Garmisch-Partenk.
während der Nichtbew.:
Wettersteinstr. 2
D-82441 Ohlstadt
✆ Hütte 08821/2903
✕ Ende Mai bis Mitte Okt.
🛏 20 ⊓ 70
⊞ 15 ⚲
⚡ 220 V ~
↗ Garmisch-Partenkirchen, 700 m – Kainzenbad, 708 m, 4 - 5; Schneefernerhaus, 2650 m, Abstieg 2½
→ Knorrhütte 2 – Schneefernerhaus 4 – Münchner Haus 5 - 6; Bockhütte, 1059 m – Bernardein-Weg – Kreuzeck, 1652 m, 5½ - 6; Schützensteig – Kreuzeck 4; Oberreintalhütte 3; Schachenhaus 4
△ Gatterl, 2023 m; Hoher Kamm, 2375 m; Kl. Wanner, 2547 m; Hochwanner, 2744 m, 5
⛷ unzugänglich
🚂 Garmisch-Partenkirchen
🚌 🚗 Olympia-Skistadion P
🚡 Ga.-Pa.-Bahnhof – Schneefernerhaus (Bayer. Zugspitzbahn)

AV 4/2; FB 322; TK L 8532; TKU 5; Bergverlag Rother: AVF Wetterstein, GF Wetterstein mit Mieminger Kette, WF Seefeld

Schüsselkarbiwak

an der Schüsselkarspitze
K. I, 2536 m, erb. 1977
DAV-S. Garmisch-Partenkirchen
Hindenburgstr. 38
D-82467 Garmisch-Partenkirchen

- 6; Rettungsgeräte
- ↗ Schüsselkarspitze Südwand (V - VIII)
- → Schüsselkarwestgrat – Meilerhütte (IV) 5
- Garmisch-Partenkirchen
- Garmisch-Partenkirchen, Olympiaskistadion; Leutasch

AV 4/3; FB 322; TK L 8532; TKU 5; Bergverlag Rother: AVF Wetterstein, GF Wetterstein mit Mieminger Kette

Stuibenhütte

K. I, 1640 m, erb. 1953
DAV-S. Garmisch-Partenkirchen
Hindenburgstr. 38
D-82467 Garmisch-Partenkirchen

- Franz Mamhofer
  Nachfeldstr. 8
  D-82490 Farchant
- Tal 08821/6721
- SV, Getränke erhältlich, Weihnachten bis Sonntag nach Ostern, übrige Zeit nicht zugänglich
- 30 ⊔ 6
- ↗ vom Kreuzeck, 1652 m, 1; Abfahrt vom Osterfeldkopf ¾
- △ Alpspitze, 2620; Mauerschartenkopf, 1928 m
- Garmisch-Partenkirchen
- Kreuzeck-Talstation P, Talstation Osterfelderbahn
- Kreuzeck, Osterfelder, Bernardeinlift

AV 4/2, 4/3; FB 322; TK L 8532; TKU 5; Bergverlag Rother: AVF Wetterstein, GF Wetterstein mit Mieminger Kette

Hütten anderer alpiner Vereine und Privathütten

Alplhütte, Neue 1540 m, im Alplbachtal der Mieminger, 100 m hinter dem Alplhaus, 9 15, Telfs – Straßberg 2½, Wildermieming 1½, Telfs Telfs, Wildermieming, Straßberg, bew. Pfingsten bis Anfang Okt., ✆ 0663/9259922

Knappenhäuser 1527 m, im Höllental, am Nordfuß des Höllentorkopfes, privat, 6 25, Hammersbach Hammersbach, Obergrainau

Kreuzjochhaus 1600 m, am Südhang des Kreuzjochs, privat, 39 88, Garmisch 3, Bergstation Kreuzeck ¼, Hausberglift 1, Garmisch Kreuzeckbahn-Talstation, gj. bew., ✆ 08821/50607

Meilerhütte, Alte 2366 m, DAV-S. Bayerland München. Die Alte Meilerhütte ist im Sommer ein nicht allgemein zugänglicher Ausbildungsstützpunkt des DAV. Im Winter dient sie als Winterraum der Meilerhütte. Sie ist nur mit AV-Schlüssel zugänglich. Weiteres siehe Meilerhütte.

Rauthhütte 1600 m, an der Hohen Munde, 20 30, Leutasch 1½, Buchen 1, Lift zur Hütte, Seefeld, Mittenwald, Leutasch, gj. bew., ✆ 0663/56133

Schachenhaus 1866 m, am Schachen, nördl. der Dreitorspitze, privat, 18 70, Garmisch 4½, Klais 4½, Elmau 3½, Mittenwald 5, Garmisch Skistadion, bew. Anfang Juni bis Mitte Okt., ✆ 08821/2996

Wangalm 1751 m, an der Schüsselkarspitze-Südseite, privat, 20, Leutasch 1½, Seefeld, Mittenwald, Leutasch, bew. 1.6. – 15.10., ✆ 0663/9155272

Wettersteinhütte 1751 m, im Scharnitztal, unter der Scharnitzspitze, privat, 30, Leutasch 1½, Seefeld, Mittenwald, Leutasch, bew. Pfingsten bis Anfang Okt., ✆ 05214/6688, gj. Nov. u. Ostern – Pfingsten geschlossen.

Wiener-Neustädter Hütte 2213 m, im österr. Schneekar der Zugspitze, ÖTK, 24 10, Obermoos 3, Ehrwald-Lermoos Ehrwald Ehrwald, Talstation P, bew. Anf. Juli bis Ende Sept., ⊞, 14, ✆ 0663/18786

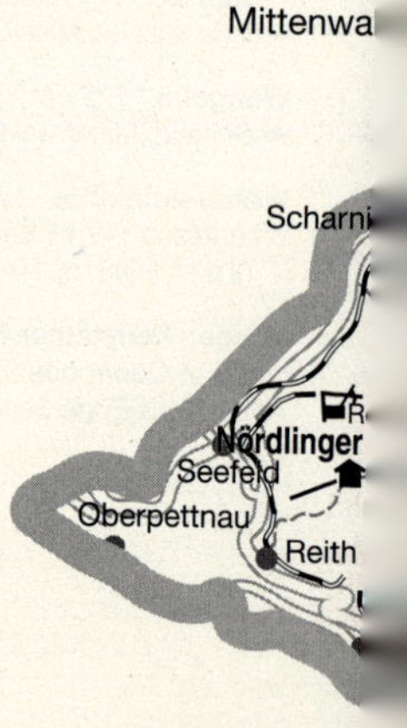
Nördlinger
Seefeld
Oberpettnau
Reith

5 Karwendel

Umgrenzung

Isar von Scharnitz bis Fall – Walchen – Achenbach – Achensee – Käsbach – Inn von Jenbach bis Zirl (Einmündung Niederbach) – Seefelder Sattel – Drahnbach – Isar bis Scharnitz

Bettelwurfhütte

K. I, 2077 m, erb. 1893
OeAV-Zweig Innsbruck
Wilhelm-Greil-Str. 15
A-6020 Innsbruck

⚲ Maria Schwentner
A-6060 Absam
während der Nichtbew.:
F.-Pernlochnerweg 5a
A-6065 Thaur
✆ Hütte 05223/53353
✆ Tal 05223/492674
✗ Mitte Juni bis Mitte Okt.
⊞ 8 ⊓ 41 ⊔ 30
⊠ 6 Notraum offen
↯ 220 V ~
➚ Absam 3½; Ladhütte 2½; St. Magdalena – Isstal – Lafatscherjoch 3½
→ Lafatscherjoch – Hallerangerhaus 2; Stempeljoch – Pfeishütte 3; Hinterhornalm – Zwerchloch – Lamsenjochhütte 7
△ Großer Bettelwurf, 2725 m, 1½ - 2; Kleiner Bettelwurf, 2649 m, üb. Gr. Bettelwurf 3, über Klettersteig 1½ - 2; Speckkarspitze, 2621 m, 2½ - 3; Fallbachkarspitze, 2324 m, 2
⛷ kein Stützpunkt
🚂 Hall i. Tirol
🚌 Absam-Eichat
🚗 2. Ladhütte P (Maut 50.– öS pro Pkw, Münzen bereithalten, da Automat!)

AV 5/2, 31/5; FB 321; ÖK 119; Bergverlag Rother: AVF Karwendel alpin, GF Karwendel, WF Karwendel

Brunnsteinhütte

K. I, 1560 m, erb. 1935
DAV-S. Mittenwald
Klammstr. 25
D-82481 Mittenwald

⚲ H.P. Gallenberger
Schießstattweg 8
D-82481 Mittenwald
✆ Hütte 0172/8909613
✆ Tal 08823/94385
✗ Mitte Mai bis Mitte Okt.
⊓ 25 ⊔ 10; z.Zt. kein ⊠
➚ Mittenwald, 950 m, 2
→ Brunnsteinspitze – Scharnitz 3 - 4; Heinr.-Noë-Steig – Karwendelbahn-Bergstation 2
△ Brunnsteinspitze, 2190 m – Kirchlespitze, 2302 m – Sulzleklammspitze, 2318 m –

Linderspitzen, 2372 m – Westl. Karwendelspitze, 2385 m (Mittenwalder Höhenweg) 5 - 6
kein Stützpunkt
Mittenwald; Scharnitz
Mittenwald
3 km südl. von Mittenwald P

AV 5/1; FB 322; ÖK 118; TK L 8532; TKU 5, 9; Bergverlag Rother: AVF Karwendel alpin, GF Karwendel

Falkenhütte

(Adolf-Sotier-Haus)
K. I, 1846 m
DAV-S. Oberland
Tal 42
D-80331 München

Fritz Kostenzer
Falkenhütte
postlagernd
A-6212 Hinterriß
Hütte 05245/245
während der Nichtbew.:
Lärchenwiese 9
A-6212 Maurach
Tal 05243/5234
Anfang Juni bis Mitte Okt.
23 ⊓ 110
8 offen SR
220 V ~ (zeitweise)
Hinterriß-Alpenhof, 950 m – Kleiner Ahornboden, 1400 m, 3½; Eng, 1218 m – Hohljoch, 1795 m, 2; von der Straße Hinterriß-Eng durchs Laliderer Tal 3
→ Kleiner Ahornboden – Karwendelhaus 2 - 2½; Eng – Lamsenjochhütte 4
△ Ladizkopf, 1921 m, ¼; Mahnkopf, 2093 m, ¾; Steinspitze (Südl. Falk), 2348 m, 2 - 3; Laliderer Falk, 2428 m, 4 - 5; Risser Falk, 2414 m, 4 - 5
nur Frühjahr ↗ Alpenhof, Eng, Laliderer Tal → Karwendelhaus △ Mahnkopf
Scharnitz, Lenggries
Eng (nur Sommer-Halbjahr)
Hinterriß-Alpenhof Eng (Maut) P, Abzweigung Laliderer Tal P

AV 5/2, 31/5; FB 322; ÖK 118; Bergverlag Rother: AVF Karwendel alpin, GF Karwendel, WF Karwendel

Hallerangerhaus

K. I, im Kohlerboden
1768 m, erb. 1901,
1914 durch Lawine zerstört,
neu erb. 1924

DAV-S. Schwaben
Senefelderstr. 1
D-70178 Stuttgart

- ⚲ Manfred Schweighofer
  A-6108 Scharnitz
  während der Nichtbew.:
  Höfle 10
  A-6491 Schönwies
- ✆ Hütte 05213/5326
- ✆ Tal 05418/5730
- ✕ Anfang Juni bis Mitte Okt.
- 🛏 26 ⊓ 70 ⊔ 12
- ⊞ 12 offen SR
- ⌁ 220 V ~
- ↗ Scharnitz, 963 m – Hinterautal 4 - 5; Herrenhäuser, 1500 m – Lafatscher Joch, 2085 m, 2; Innsbruck – Hafelekar-Bergstation, 2256 m – Pfeishütte – Lafatscher Joch 5
- → Wilde-Bande-Steig – Pfeishütte 3; Bettelwurfhütte 2½; Birkkarscharte, 2369 m – Karwendelhaus 8; Vomper Loch – Zwerchloch – Lamsenjochhütte 9 - 10
- △ Suntigerspitze, 2322 m, 1½; Speckkarspitze, 2621 m, 2½ - 3; Großer Lafatscher, 2695 m, 3; Kleiner Lafatscher, 2635 m, 2
- 🚂 Scharnitz, Hall i. Tirol
- 🚌 Scharnitz, Hall i. Tirol
- 🚗 10 km Fahrstraße Hall – Herrenhäuser (Maut 50.– pro Pkw, Münzen bereithalten, da Automat!) befahrbar, für Kfz gesperrte Straße zum Jagdhaus im Kasten, mit Fahrrad leicht befahrbar, von dort 1½ zur Hütte

AV 5/2, 31/5; FB 321, 322; ÖK 119; Bergverlag Rother: AVF Karwendel alpin, GF Karwendel, WF Karwendel

Halleranger SV-Hütte

K. I, 1765 m, eing. 1985
DAV-S. Schwaben
Senefelderstr. 1
D-70178 Stuttgart

- ⚲ Diethard Loehr
  Gräfenbergweg 27
  D-73230 Kirchheim
- ✆ Tal 07021/861322
- ✕ SV, im Sommer Schlüssel beim ⚲ des Hallerangerhauses, im Winter geöffnet (als ⊞)
- ⊓ 12; Anmeldung von Gruppen bei Sektion
- ↗ Scharnitz, 963 m – Hinterautal 4 - 5; Herrenhäuser, 1500 m – Lafatscher Joch, 2085 m, 2; Innsbruck – Hafelekar-Bergstation, 2256 m – Pfeishütte – Lafatscher Joch 5

→ Wilde-Bande-Steig – Pfeishütte 3; Bettelwurfhütte 2½; Birkkarscharte, 2369 m – Karwendelhaus 8; Vomper Loch – Zwerchloch – Lamsenjochhütte 9 - 10
△ Suntigerspitze, 2322 m, 1½; Speckkarspitze, 2621 m, 2½ - 3; Großer Lafatscher, 2695 m, 3; Kleiner Lafatscher, 2635 m, 2
Scharnitz, Hall i. Tirol
Scharnitz P
10 km Fahrstraße Hall – Herrenhäuser (Maut) befahrbar, für Kfz gesperrte Straße zum Jagdhaus im Kasten,mit Fahrrad leicht befahrbar, von dort 1½ zur Hütte

AV 5/2, 31/5; FB 321, 322; ÖK 119; Bergverlag Rother: AVF Karwendel alpin, GF Karwendel

Hochlandhütte

K. I, 1623 m, erb. 1909
DAV-S. Hochland
Ebermayerstr. 20
D-81369 München

Dr. Irmtraud Dreßl-Kasy
Schöttlkarstr. 9
D-82481 Mittenwald
✆ Hütte 0161/2822271
✆ Tal 08823/5686
✗ Anfang Juni bis 2. Sonntag im Okt., warme Mahlzeiten (Bergsteigeressen) – außer Suppe – erst ab 18.00 Uhr
35; kein
↗ Mittenwald, 950 m, 2½
→ Krinner-Kofler-Hütte (Fereinalm) 2½; Soiernhaus 5 - 6; Mittenwalder Hütte 4; Dammkarhütte 2; Karwendelhaus über Bäralpl 5; Mittenwalder Höhenweg – Brunnsteinhütte 8; Heinrich-Noe-Weg – Brunnsteinhütte 5
△ Wörner, 2476 m, 3; Tiefkarspitze, 2431 m, 3½; Mittl. Großkarspitze, 2361 m, 2½
kein Stützpunkt, Lawinengefahr!
Mittenwald P

AV 5/1; FB 322; ÖK 118; TK L 8532; TKU 5, 9; Bergverlag Rother: AVF Karwendel alpin, GF Karwendel, WF Karwendel

Karwendelhaus

K. I, 1765 m, erb. 1908
DAV-S. Männer-Turnverein München
Häberlstr. 11
D-80337 München

Petra u.Wolfgang Ruech
Karwendelhaus
A-6108 Scharnitz
Hütte 05213/5623
während der Nichtbew.:
Barwies 272 a
A-6414 Mieming
Tal 05264/5492
Anfang Juni bis Mitte Okt.
50 ⊓ 150
20 offen SR
220 V ~
↗ Scharnitz, 964 m, 5; Hinterriß, 931 m, 4
→ Falkenhütte 3; Bärnalplscharte, Krinner-Kofler-Hütte 3; Hochlandhütte 5; Schlauchkarsattel, 2639 m – Hallerangerhaus 7 - 8; Pleisenhütte 8
△ Birkkarspitze, 2749 m, 2½; Ödkarspitzen, 2743 m (Östl., Mittl. und Westl.) insgesamt 4; Östl. Karwendelspitze, 2537 m, 2½; Hochalmkreuz, 2192 m, 1¼
nur spätes Frühjahr ↗ Scharnitz, Hinterriß △ Birkkarspitze, Östl. Karwendelspitze, Lackenkarspitze
Scharnitz
Hinterriß (nur Sommer-Fahrplan), Scharnitz
Hinterriß (Alpenhof), Scharnitz

AV 5/2; FB 322; ÖK 87, 118; TK L 8532; TKU 5, 9; Bergverlag Rother: AVF Karwendel alpin, GF Karwendel, WF Karwendel

Krinner-Kofler-Hütte

K. I, 1407 m (an der Fereinalm); erb. 1950
DAV-S. Mittenwald
Klammstr. 25
D-82481 Mittenwald

Rolf Graich
Arzgrubenweg 3
D-82481 Mittenwald
Tal 08823/5584
Aufsicht Mitte Mai bis Ende Sept., Betreuung d. Fereinalm
nicht bew., SV, gesperrt 1. - 31.10., Essen u.Getränke im Sommer nur im Jägerhaus
⊓ 30
beim
↗ Mittenwald, 950 m, über Aschauer Alm – Jägersteig, oder Aschauer-Alm – Fahrstraße 3; Hinterriß (Grenzüberschreitung) 3½; Vorderriß 4½
→ Wörnersattel, 1990 m – Hochlandhütte 2½ - 3; Soiernspitze – Schöttlkarspitze – Soiernhaus 3 - 4; Lakaiensteig – Krün 6 -7; Bärnalplscharte, 1800 m – Karwendelhaus 4 - 4½

△ Soiernspitze, 2257 m, 2; Schöttlkarspitze, 2050 m, 4; Wörner, 2476 m, 2½
⛷ ↗ Mittenwald – Aschauer-Alm – Fahrstraße △ Soiernspitze
🚆 Mittenwald
🚌 Isarhorn
🚗 Seinsalm P, von dort Forststraße für Kfz ganzjährig gesperrt; Wanderparkplatz Aschauer Alm

AV 5/1; FB 322; ÖK 87, 118; TK L 8532; TKU 5, 9; Bergverlag Rother: AVF Karwendel alpin, GF Karwendel

Lamsenjochhütte

K. I, 1958 m, erb. 1908
DAV-S. Oberland
Tal 42
D-80331 München

♦ Walter Bliem
postlagernd
A-6134 Vomp
Y Hütte 05244/62063
während der Nichtbew.:
A-6283 Ramsau 12
✆ Tal 05282/4903
✕ Anfang Juni bis Mitte Okt.
🛏 24 ⊓ 72
⚡ 220 V (Aggregat)
❄ 52 SR offen (Nebenhaus, ca. 30 m östl. der Hütte)
↗ Schwaz, 539 m, 5; Pertisau, 933 m, 4; Gramai-Alm, 1265 m, 2; Eng, 1218 m, 2½
→ Eng – Falkenhütte 4; Lamsscharte, 2217 m – Zwerchloch – Vomper Loch – Überschalljoch, 1910 m – Hallerangerhaus 8 - 10
△ Schafjöchl 1; Lamsenspitze, 2508 m, 2; Hochnißlspitze, 2546 m, 3; Hahnkamplspitze – Sonnjoch, 2458 m, 3 - 4
⛷ ↗ Schwaz
🚆 Schwaz, Lenggries
🚌 Eng (Sommer), Schwaz, Pertisau
🚗 Eng (Maut) P, Gramei-Alm (Maut) P, Schwaz-Stift Fiecht

AV 5/3, 31/5; FB 151, 321; ÖK 118; Bergverlag Rother: AVF Karwendel alpin, GF Karwendel, WF Karwendel, WF Achensee

Magdeburger Hütte, Neue

K. I, 1633 m, erworben 1925
von S. Magdeburg,
übernommen 1973 von
DAV-S. Geltendorf
Dorfstr. 11
D-86926 Pflaumdorf

♦ Herbert Föger

Am Wetterkreuz 12a
A-6170 Zirl
✆ Hütte 05238/88790
✆ Tal 05238/4825
✗ Mitte Mai bis Mitte Okt.
🛏 16 ⊓ 61
⊞ 6 ⚷ Wasserstelle 100 m entfernt
↗ Bahnhof Hochzirl, 922 m, 2½; Zirl, 622 m – Gasthaus »Schwarzer Adler« 2½; Kranebitten, 710 m, Schleiferwandsteig 2½; Innsbruck – Hötting, 635 m, 4
→ Solsteinhaus 2; Aspach-Hütte – Höttinger Alm – Seegrube 4
△ Kirchberger Köpfl, 1941 m, ¾; Hechenberg, 1931 m, 1; Gr. Solstein, 2540 m, 2 - 2½; Kl. Solstein, 2633 m, 3
⛷ kein Stützpunkt
🚂 Hochzirl
🚌 Zirl
🚗 Gasthaus Brunnthal

AV 5/1, 31/5; FB 322, 333; ÖK 118; Bergverlag Rother: AVF Karwendel alpin, GF Karwendel, WF Karwendel

Mittenwalder Hütte

K. I, 1518 m, erb. 1949
DAV-S. Mittenwald
Klammstr. 25
D-82481 Mittenwald

🕴 Klaus Hornsteiner
Schillerweg 4
D-82481 Mittenwald
✆ Hütte 0161/1808997
✆ Tal 08823/3431
✗ Mitte Mai bis Mitte Okt.
⊓ 20; kein ⊞
↗ Mittenwald, 950 m, 1½; Bergstation der Karwendelbahn, 2300 m, Abstieg 1½
→ Westl. Karwendelspitze – Dammkarhütte, 1659 m – Hochlandhütte 5; Leitersteig – Brunnsteinhütte 2; Heinr.-Noë-Steig – Brunnsteinhütte 3½ ab Mittenwalder Hütte; Mittenwalder Höhenweg: Westl. Karwendelspitze – Linder-, Sulzleklamm-, Kirchle-, Brunnsteinspitze – Brunnsteinhütte (Klettersteig) 7 - 8 ab Mittenwalder Hütte
△ Westl. Karwendelspitze, 2385 m, 2½; Viererspitze, 2053 m, 1½; Gerberkreuz, 2303 m, 3½
⛷ kein Stützpunkt
🚂 🚌 Mittenwald

🚗 Talst. Karwendelbahn 🅿

AV 5/1; FB 322; ÖK 118; TK L 8532; TKU 5, 9; Bergverlag Rother: AVF Karwendel alpin, GF Karwendel

Nördlinger Hütte

K. I, 2238 m, erb. 1898
DAV-S. Nördlingen
Am Himmelreich 1
D-86720 Nördlingen

- Erika Kracher
  Postfach 21
  A-6103 Reith/Seefeld
- Hütte 0663/57517
- Anfang Juni bis Anfang Okt.
- 31 ⌐ 34; kein ⊠
- Reith, 1130 m, 3; Seefeld, 1175 – Reitherjochalm 3; Bergstation Härmelekopf 1; Station Roßhütte über Reitherspitze 2; Station Seefelder Joch, 2074 m, 2; Gießenbach – Eppzirler Alm 6
- Ursprungsattel, 2105 m – Freiungen-Höhenweg – Solsteinhaus 3, oder entlang der N-Seite der Freiungtürme – Eppzirler Scharte, 2093 m – Solsteinhaus 4; Ursprungsattel – Sunntigköpfl – Eppzirler Alm 1½
- △ Reitherspitze, 2375 m, 20 Min.; Freiungen, Ost, Mittl., West, 2325 m, 1½
- kein Stützpunkt (Lawinengefahr)
- 🚌 🚗 Reith oder Seefeld 🅿 (Seilbahnstat.)
- Seefeld – Roßhütte
- Roßhütte – Seefelder Joch, Roßhütte – Härmelekopf

AV 5/1, 31/5; FB 322; ÖK 117; Bergverlag Rother: AVF Karwendel alpin, GF Karwendel, WF Karwendel

Pfeishütte

K. I, 1950 m, erb. 1926
OeAV-Zweig Innsbruck
Wilhelm-Greil-Str. 15
A-6020 Innsbruck

- Serafin Gstrein
  A-6020 Innsbruck
- Hütte 0512/292333
  während der Nichtbew.:
  A-6458 Vent Hs. Nr. 26
- Tal 05254/8108
- Anfang Juni bis Anfang Okt.
- 30 ⌐ 50 ⌙ 10
- ⊠ Notraum 6 offen (ca. 50 m nördl.

der Hütte)
↗ Hafelekar 1½; Scharnitz – Gleirsch – Samertal 5; Hall – Stempeljoch 3½
→ Mandlscharte, 2314 m, z. Seilbahn Hafelekar; Stempeljoch zu den Herrenhäusern im Halltal 3; Stempeljoch – Hallerangerhaus 2½; Kreuzjöchl – Rumeralm 3; Möslalm – Scharnitz 5
△ Rumerspitz, 2453 m, 2; Stempeljochspitze, 2543 m, 2½; Pfeisspitze; Lattenspitze 1½; Sonntagskarspitze, 2575 m, 3; Kaskarspitze, 2580 m, 3; Östl. Praxmarerkarspitze, 2636 m, 4
nur im Frühjahr ↗ vom Hafelekar, vom Halltal
Innsbruck, Scharnitz
Hungerburg
Hungerburg oder St. Magdalena P
Innsbruck – Hafelekar

AV 5/2, 31/5; 322; ÖK 117, 118; Bergverlag Rother: AVF Karwendel alpin, GF Karwendel, WF Karwendel

Rotwandlhütte

K. seH, 1525 m, erb. 1954
DAV-S. Neuland
Oberaudorfer Str. 5
D-81549 München

Erwin Huber
Orionstr. 6, App. 218
D-85716 Unterschleißheim
Ⓒ Tal 089/3102257
SV, Sa./So./Fe. beaufsichtigt, Anfragen bei , kein AV-Schloß
14
↗ Achenwald 2½; Fall – Forsthaus Aquilla – Juifensattel 3
→ Tölzer Hütte 5; Seewaldhütte 3
△ Juifen, 1988 m, 1½; Pitzkopf, 1671 m, 1; Demel-Joch, 1923 m, 2; Hochplatte, 1815 m, 4
Juifen, Pitzkopf, Hochplatte
Tegernsee, Lenggries
Fall, Achenwald

FB 321; ÖK 88, 119; Bergverlag Rother: AVF Karwendel alpin, GF Karwendel

Seewaldhütte

K. I, 1640 m, erb. 1959
DAV-S. Achensee
Nymphenburger Str. 213
D-80639 München

Adolfine Vachal
A-6215 Achenkirch, Hs. Nr. 213

© Hütte 0664/1022575
✗ nur Getränke an Sommerwochenenden (Mai bis Anf. Nov.), Mitte Juli bis Ende Aug. durchgehend geöffnet
⊓ 20
↗ Achenkirch – Parkplatz Berglift Christlum, 940 m; Bründl-Alm und Joch-Alm 2
→ Hochplatte – Juifen, 1988 m – Rotwandhütte 3; Kleinzemm-Gröbner Hals auf die Sonntagsspitzen, 1923 m (Schreckenspitze), 2022 m, 3
△ Hochplatte
⛷ → Hochplatte – Juifen, Kleinzemm-Gröbner Hals – Sonntagsspitze △ Hochplatte
🚂 Jenbach
🚌 Achenkirch
🚗 Parkplatz Christlum P

FB 321; ÖK 88, 119; Bergverlag Rother: AVF Karwendel alpin, GF Karwendel, WF Karwendel, WF Isarwinkel

Soiernhaus

K. I, 1616 m, erb. 1867, umgebaut 1968
DAV-S. Hochland
Ebermayerstr. 20
D-81369 München

† Inge u. Wolfgang Ziemer
Griesweg 4
D-82494 Krün
© Hütte 0171/5465858
© Tal 08825/1429
✗ Pfingsten bis Mitte Okt.
⊓ 65 ⊔ 5; kein ❄
↗ Krün, 875 m, 3 - 3½; Mittenwald, 913 m, über Krinner-Kofler-Hütte, Jägersruh 5½ - 6
→ Krinner-Kofler-Hütte (Fereinalm) 2½ - 3; Hochlandhütte 6
△ Schöttlkarspitze, 2050 m, 1½; Soiernspitze, 2257 m, 2½; Krapfenkarspitze, 2110 m, 2½
⛷ kein Stützpunkt
🚂 Klais oder Kochel
🚌 🚗 Krün P

FB 322; ÖK 87; TK L 8532; TKU 9; Bergverlag Rother: AVF Karwendel alpin, GF Karwendel, WF Karwendel, WF Isarwinkel

Solsteinhaus

K. I, 1805 m, erb. 1914
OeAV-Zweig Innsbruck
Wilhelm-Greil-Str. 15
A-6020 Innsbruck

- Franz Ofner, Prantlstr. 22 A-6380 St. Johann i.T.
- © Hütte 05232/81557
- © Tal 05352/65040
- Anfang Juni bis Mitte Okt.
- 28 ⌐ 68
- 8 offen SR
- ↗ Hochzirl, 922 m, 2½; Scharnitz, 964 m, 4½; Kranebitten, 720 m – Magdeburger Hütte 4
- → Zirler Schützensteig – Magdeburger Hütte 1½; Freiungen – Höhenweg zur Nördlinger Hütte 4½; Gipfelstürmerweg – Frau-Hitt-Sattel, 2250 m – Seegrube 4 - 5; Eppzirler Scharte – Gießenbach 3
- △ Großer Solstein, 2541 m, 2; Kleiner Solstein, 2633 m, 3; Erlspitze, 2404 m, 1½; Kuhljochspitze, 2293 m, 2
- nur im Frühjahr ↗ Magdeburger Hütte, Nördlinger Hütte △ Gr. Solstein
- Hochzirl P

AV 5/1, 31/5; FB 322; ÖK 118; Bergverlag Rother: AVF Karwendel alpin, GF Karwendel, WF Karwendel

Tölzer Hütte

K. I, 1825 m, erb. 1922-1924
DAV-S. Bad Tölz
Postfach 1377
D-83633 Bad Tölz

- Joachim Dennerlein Eben 1 A-6221 Hinterriß während der Nichtbew.: Fichtestr. 42 D-90489 Nürnberg
- © Hütte 0161/1811371
- © Tal 0911/551177
- Mitte Mai bis Mitte Okt.
- 33 ⌐ 38 ⌞ 4
- 4 offen
- ↗ Parkplatz nahe Hinterriß (Alpenanger, Gasthaus Kaiserhütte, 850 m) auf dem Leckbach-Weg 2½; Oswaldhütte, 820 m, über Moosen-Alm 3 - 4
- → Graskopf, 1753 m – Fall 5; Delpsjoch – Krottenbachtal – Fall 4; Torjoch – Fall 4½; Grasbergkamm-Höhenweg – Plumser Sattel, 1649 m, 6; Schönalpenjoch, 1986 m – Rißtal – Johannestal – Falkenhütte oder Karwendelhaus 6 - 7

△ Scharfreiter (Schafreuter), 2100 m, 1; Schönalpenjoch, 1986 m, 2½; Stierjoch, 1910 m, 1

⛷ nur Frühjahr ↗ Oswaldhütte – Moosen-Alm △ Scharfreiter, Stierjoch, Schönalpenjoch

🚆 Lenggries

🚌 Vorderriß/Hinterriß

🚗 Leckbach nahe Hinterriß 🅿

FB 323; ÖK 87; TKU 5; Bergverlag Rother: AVF Karwendel alpin, GF Karwendel, WF Karwendel, WF Isarwinkel

Hütten anderer alpiner Vereine und Privathütten

Alpensöhnehütte (Winklerhütte), 1365 m, am Haller Zunderkopf, Alp. Ges. Alpensöhne, keine Übernachtungsmöglichkeit, einfacher Getränkeausschank v. 1. Mai bis 31. Okt. nur So/Fe., ↗ Absam, 2; 2. Ladhütte, 1; 🚆 Hall i. Tirol 🚌 Absam-Eichat 🚗 Absam, 2; 2. Ladhütte, 1; 🚆 🚌 🚗 Hall i. Tirol; kein Stützpunkt für alpine Touren

Bärenbadalm 1407 m, im Sattel zwischen Bärenkopf und Zwölferkopf oberhalb Pertisau, privat, 🛏 24, ↗ Pertisau 1½, Gasthaus Hubertus 1½, vom Lift Zwölferkopf ¼, 🚆 Jenbach 🚌 🚗 Pertisau, bew. Anfang Mai bis Ende Sept., ✆ 05242/2420

Birkkarhütte 2635 m, im Schlauchkarsattel, DAV, S. Männerturnverein München, 🛏, offene Unterstandshütte, ↗ Karwendelhaus 2 oder Jagdhaus im Kasten 4, 🚆 🚌 🚗 Scharnitz

Dammkarhütte 1650 m, unter der Tiefkarspitze, privat, 🛏 6 ⊓ 15, ↗ Mittenwald 2 🚆 🚌 🚗 Mittenwald, bew. Ostern bis Ende Sept., ✆ 08823/8313

Eng-Wirtshaus 1218 m, im hinteren Engtal, privat, 🛏 33 ⊓ 30, ↗ Hinterriß 3 🚆 Lenggries 🚌 Hinterriß-Eng 🚗 Hinterriß-Eng (2x Maut), bew. Mitte Mai bis Ende Okt., ✆ 05245/206

Eppzirler Alm 1455 m, unter den N-Wänden von Freiungen, Kuhljochspitze, ⊓ 10 Gießenbach 1½ 🚆 🚌 🚗 Gießenbach, i. Sommer Almwirtschaft, einfache Unterkunft

Gramai-Hochleger-Schutzhütte 1750 m, über der Gramaialm im Falzturntal, privat, aber Vergünstigung für AV-Mitglieder, 🛏 16, ↗ Alpengasthof Gramai 1 🚆 🚌 Pertisau 🚗 Pertisau Falzturmalm (Maut), bew. Anfang Mai bis Mitte Okt., ✆ 05243/5166

Hallerangeralm 1774 m, neben dem Halleranger-Haus, privat, 🛏 73, ↗ Scharnitz oder Hall i. Tirol 5 🚆 🚌 🚗 Scharnitz, Hall i. Tirol, bew. Mitte Juni bis Ende Sept., ✆ 0663/57683

Lalidererspitzen-Biwak (Konrad-Schuster-Biwak), 2500 m, i. d. Scharte Lalidererspitze-Laliderewand, OeAV Zw. Innsbruck, ⊓ 12 ⊔ 3, ↗ Jagdhaus im Kasten 5, sonst Nordwände genannter Gipfel 🚆 🚌 🚗 Scharnitz

Pleisenhütte 1757 m, an der Pleisenspitze, privat, ⊓ 20, ↗ Scharnitz 3 🚆 🚌 🚗 Scharnitz, gj. Sa./So. bew., ✆ 05213/5491

St.-Magdalena-Haus 1283 m, im Halltal, Staatsbesitz, 🛏 6, ↗ Absam-Eichat 🚆 Hall i. Tirol 🚌 Absam 🚗 Absam-Eichat zum Haus, gj. bew., ✆ Tal 0663/855866

6 Brandenberger Alpen (Rofangebirge)

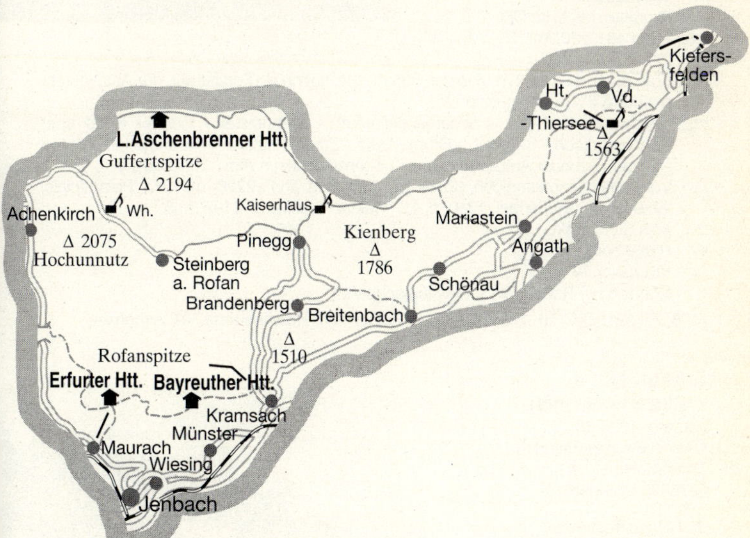

Umgrenzung

Ampelsbach – Filzmoosbach – Ludwig-Aschenbrenner-Hütte – Sattelbach – Baierache – Erzherzog-Johann-Klause – Brandenberger Ache bis Kaiserhaus – Ellbach – Glemmbach – Klausbach – Inn von Kiefersfelden bis Jenbach – Käsbach – Achensee – Achenbach bis Einmündung Ampelsbach

Bayreuther Hütte

K. I, 1600 m, erb. 1908
DAV-S. Bayreuth
Postfach 100326
D-95403 Bayreuth

- Sonja Scheiber
  Postfach 15
  A-6232 Münster
- © Hütte 0663/9658542 o. 0664/3425103
  während der Nichtbew.:
  Steinweg 19
  A-6433 Oetz
- © Tal 05252/2345
- Pfingsten bis Mitte Okt.
- 20 ⌐ 46 ⌙ 20; kein ⊞
- 220 V ~
- Kramsach, 519 m, 2½; Münster, 535 m, 2¾; auf neuer Forststraße (für Autoverkehr gesperrt) 3¼; Bergstation 1½
- → Sonnwendbühel-Alm – Scherbenstein-Alm – Krahnsattel – Erfurter Hütte oder Sonnwendjoch – Sagzahn – Gruber Lake – Erfurter Hütte 3 - 4; Markgatterl, 1911 m – Anger-Alm oder Ampmoosboden – Schmalzklausen-Alm – Steinberg 4 - 5
- △ Vorderes Sonnwendjoch, 2224 m, 1½; Sagzahn, 2228 m, 1¾; Rofanspitze, 2259 m, 2¼; Roßkogel, 1940 m, 1½; Haidachstellwand, 2192 m, 3
- kein Stützpunkt
- Rattenberg, Brixlegg
- Kramsach P
- Kramsach – Roßkogel (Sonnwendjochbahn)

AV 6; FB 321; ÖK 119, 120; Bergverlag Rother: AVF Rofangebirge, WF Achensee

Erfurter Hütte

K. II, 1834 m, erb. 1894,
neu erb. 1924/25
DAV-S. Erfurt in Ettlingen
Zehntwiesenstr. 9
D-76275 Ettlingen

- Hans Kostenzer
  A-6212 Maurach
  Nr. 227
- © Hütte 05243/55175
- © Tal 05243/5150
- Weihnachten bis Ostern, Januar nur Tagesbetrieb, Sa/So auch Übernachtung; Pfingsten bis Mitte Okt.
- 16 ⌐ 50 ⌙ 10

- 220 V ~
- ↗ Maurach/Achensee, 960 m – Mauritz-Niederleger 2¾; Maurach – Buchau – Dalfaz-Nieder- und Hochleger 2¾; Münster/Inntal, 535 m – Scherbensteinalm – Krahnsattel 5
- → Gruberschartl: Sagzahn – Vord. Sonnwendjoch – Bayreuther Hütte 3 oder Rofanspitze – Schafsteigsattel – Schafsteig – Markgatterl – Zireiner See – Roßkogel-Bergstation 5; Bettlersteig – Ampmoosboden – Schmalzklausen-Alm – Steinberg 4 - 5
- △ Gschöllkopf, 2039 m, ½; Hochiss, 2299 m, 1½; Seekarlspitze, 2261 m, 1½; Roßkopf, 2246 m, 2; Rofanspitze, 2259 m, 1¾; Haidachstellwand, 2192 m, 1½
- ↗ Maurach – Mauritz-Niederleger oder Dalfaz-Nieder- und Hochleger △ Gschöllkopf, Spieljoch, Seekarlspitze, Rofanspitze, Haidachstellwand, Pistenskilauf
- Jenbach
- Maurach-Talstation Rofanseilbahn
- Maurach P Rofanseilbahn u. Umgebung
- Maurach – Erfurter Hütte

AV 6; FB 321; ÖK 119; Bergverlag Rother: AVF Rofangebirge, WF Achensee

Ludwig-Aschenbrenner-Hütte

(ehem. Gufferthütte)
K. I, 1475 m, erb. 1926,
abgebr. 1957, wiedererb. 1958
DAV-S. Kaufering
Franz-Senn-Weg 1
D-86916 Kaufering

- bei Redaktionsschluß stand nicht fest, ob die Hütte weiter als AV-Hütte geführt und bewirtschaftet wird; Anfragen bei der Alpinen Auskunft
- ✕ Mitte Mai bis Ende Okt.
- 8 ⊓ 62
- 6
- ↗ Straße Achenkirch – Steinberg, 957 m, 2¼; Wildbad Kreuth, 802 m – Langenau – Bayerbachalm 3; Kreuth – 7-Hütten – Wolfsschlucht – Blaubergalm, 1450 m – Schönleitenalm, 1480 m, 5; Kreuth – Geißalm – Schildensteinsattel, 1530 m – Blaubergalm – Schönleitenalm 6; Kreuth – 7-Hütten – Wenigberger Jagdhütte – Halserspitze 4
- → Erzherzog-Johann-Klause, 824 m, 1½ - 2; Ragstattalm, 1480 m – Kaiserhaus, 700 m, 4; Rundtour Halserspitze – Blauberge – Blaubergalm – Schönleitenalm – Hütte 6
- △ Halserspitze, 1861 m, 1¼; Schneidjoch, 1810 m, 1; Guffert, 2196 m, 3½
- Achenkirch, Steinberg
- Tegernsee
- Wildbad Kreuth, Achenkirch
- Str. Achenkirch nach Steinberg bei Abzweigung P Wildbad Kreuth P

FB 321; ÖK 88; Bergverlag Rother: AVF Rofangebirge, WF Achensee, WF Isarwinkel

Hütten anderer alpiner Vereine und Privathütten

Dalfazalm 1697 m, unter dem Kotalmsattel, privat, ⊓ 30, ↗ Buchau 1½, Erfurter Hütte ½, 🚂 Jenbach, im Sommer Maurach 🚗 Buchau, Maurach, bew. Mitte Mai bis Okt., ✆ 05243/5224

Kaiserhaus 750 m, im Brandenberger Tal, privat, 🛏 12 ⊓ 12, ↗ Kramsach 3½ 🚂 Neuhaus 🚌 Kramsach 🚗 Spitzingsee, bew. Ostern bis Anfang Nov., ✆ 05331/5271

Kufsteiner Haus (Pendlinghaus), 1562 m, auf dem Gipfel des Pendling, privat, 🛏 35 ⊓ 45, ↗ Kufstein 3 - 4, Vorderthiersee 1½ 🚂 Kufstein 🚌 🚗 Thiersee, bew. Anfang Mai bis Ende Okt.

7a Ammergauer Alpen

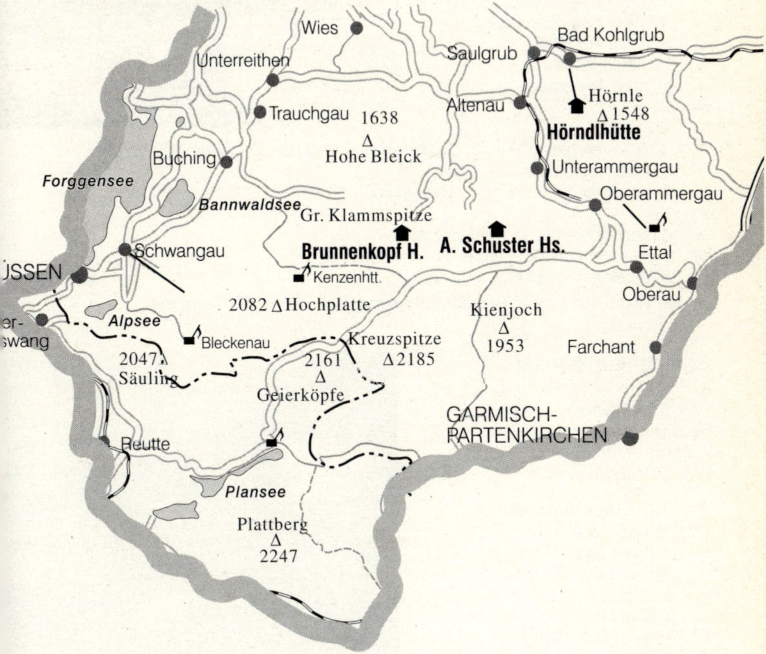

Umgrenzung

Voralpengebiet von Füssen über Steingaden – Echelsbacher Brücke – Bayersoien – Bad Kohlgrub bis Murnau – Loisach bis Lermoos – Grundbach/Zwischentoren – Porta Claudia – Lech bis Füssen

August-Schuster-Haus am Pürschling

K. II, 1564 m, erb. 1972
DAV-S. Bergland
Hans Hintermeier
Windeckstr. 26
D-81375 München

- Matthias Speer
  Aug.-Schuster-Haus a. Pürschling
  D-82497 Unterammergau
- ✆ Hütte 08822/3567
- ✆ Tal 08822/4195
- ✕ gj. bew., November geschlossen
- 54 ⊓ 12
- 220 V ~
- ↗ Unterammergau, 836 m, 2; Oberammergau 2½; Schloß Linderhof, 937 m, 2 - 2½
- → Brunnenkopfhäuser 2½
- △ Teufelsstättkopf, 1758 m, 1; Hennenkopf, 1768 m, 1½ - 2; Sonnenspitze, 1621 m, 1½
- ↗ Unterammergau △ Hennenkopf
- Unter- oder Oberammergau
- Unterammergau P

ÖK 86; TKU 5; Bergverlag Rother: AVF Ammergauer Alpen, WF Zugspitze

Brunnenkopfhäuser

K. I, 1602 m, erb. 1922
DAV-S. Bergland
Hans Hintermeier
Windeckstr. 26
D-81375 München

- Lisa u. Vitus Kreitmeir
  Brunnenkopf
  D-82448 Ettal
  während der Nichtbew.:
  Am Kainzen 4
  D-82487 Oberammergau
- ✆ Hütte 0171/2602057
- ✆ Tal 08822/4355 o. 1711
- ✕ Anfang Mai bis Mitte Okt.
- ⊓ 35 ⊔ 8
- ↗ Schloß Linderhof, 937 m, 1½ - 2
- → Höhenweg Aug.-Schuster-Haus am Pürschling 2; Hennenkopf – Laubeneck – Teufelsstättkopf – Pürschling 3; Klammspitze – Feigenkopf – Kenzenhütte, ca. 1400 m, 3½ - 4
- △ Brunnenkopf, 1718 m, ¼; Gr. Klammspitze, 1925 m, 1¼; Feigenkopf, 1866 m, 2;

Hennenkopf, 1768 m, 1½
⛷ kein Stützpunkt
🚂 Oberammergau
🚌 🚗 Linderhof P

FB 352; TK L 8530, L 8532; TKU 5; Bergverlag Rother: AVF Ammergauer Alpen

Hörndlhütte

K. II, 1390 m, erb. 1911
DAV-S. Starnberg
Postfach 1232
D-82302 Starnberg

- Fam. Eduard Althaler
Hörnle Nr. 1
D-82433 Bad Kohlgrub
© Hütte 08845/229
✕ gj. bew., April u. Nov. geschlossen, Übernachtungen nur mit Voranmeldung
⊓ 23
~ 220 V ~
↗ Bad Kohlgrub, 828 m, 1 - 1½; Unterammergau 2 - 2½
→ Aufacker 2; Oberammergau 4 - 5
△ Mittleres und Hinteres Hörnle, 1548 m, ½ - 1
⛷ ↗ Bad Kohlgrub (Pistenskilauf)
🚂 🚌 Bad Kohlgrub, Unterammergau
🚗 Talstation Hörnlebahn P
zur Hütte

TK L 8332; TKU 3; Bergverlag Rother: AVF Ammergauer Alpen, WF Zugspitze

Hütten anderer alpiner Vereine und Privathütten

Bleckenau, Berggasthaus 1167 m, privat, ⊓ 20, ↗ Hohenschwangau 1½, 🚂 Füssen 🚌 🚗 Hohenschwangau, Kleinbusse bis Bleckenau, bew. Weihnachten bis Ende Okt., © 08362/81181

Kenzenhütte 1285 m, am Geiselstein, privat, ⊓ 60, ↗ Halblech 3 🚂 Füssen 🚗 Halblech, bew. Christi Himmelfahrt bis Mitte Okt. © 08368/379 o. 390, Bus zur Hütte

Säulinghaus 1720 m, am Säuling, TVN, 🛏 24 ⊓ 36, ↗ Reutte 3, Pflach 2½ 🚂 🚌 Füssen oder Reutte 🚗 Pflach, bew. Ostern bis Ende Nov., © 05672/29632

Tegelberghaus 1707 m, unter der Bergstation der Tegelbergbahn, privat, 🛏 12 ⊓ 20, ↗ Talstation Tegelbergbahn 2½, Hohenschwangau 2½ 🚂 Füssen 🚌 🚗 Talstation Tegelbergbahn, gj. bew., © 08362/8980

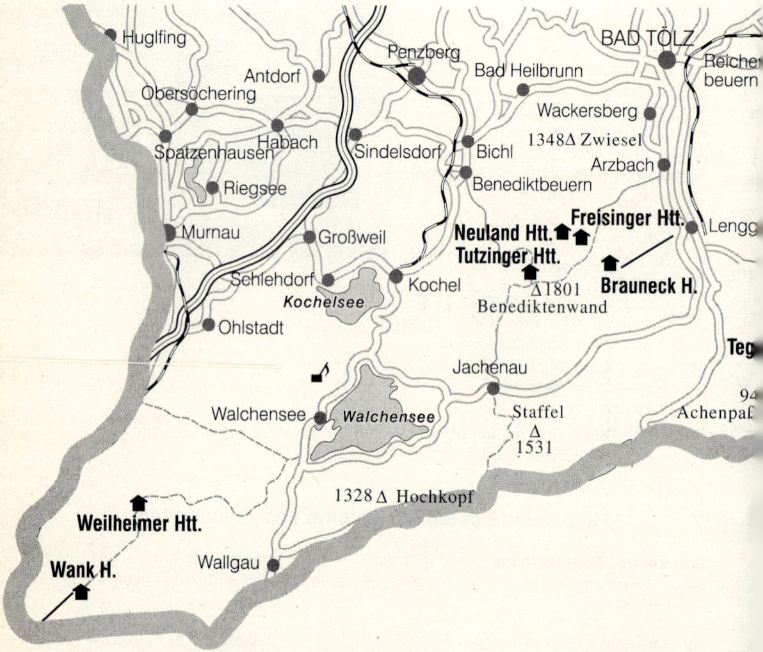
Huglfing
Antdorf
Penzberg
BAD TÖLZ
Reichersbeuern
Bad Heilbrunn
Obersöchering
Wackersberg
Habach
Spatzenhausen
Sindelsdorf
Bichl
1348Δ Zwiesel
Arzbach
Riegsee
Benediktbeuern
Freisinger Htt.
Murnau
Großweil
Neuland Htt.
Lengg
Tutzinger Htt.
Schlehdorf
Kochel
Δ1801
Brauneck H.
Kochelsee
Benediktenwand
Ohlstadt
Jachenau
Walchensee
Walchensee
Staffel
Δ
1531
Achenpaß
1328 Δ Hochkopf
Weilheimer Htt.
Wallgau
Wank H.

7b Bayerische Voralpen

Umgrenzung

Voralpengebiet von Murnau über Benediktbeuern – Bad Tölz bis Rosenheim – Inn bis Kiefersfelden – Klausbach – Glemmbach – Ellbach – Kaiserhaus – Brandenberger Ache – Erzherzog-Johann-Klause – Sattelbach – Ampelsbach – Achenbach – Walchen – Isar bis Krün – Kranzbach – Kankerbach – Garmisch/Partenkirchen – Loisach bis Murnau

Aiblinger Hütte

K. I, am Schweinsberg
1311 m, erb. 1934/35
DAV-S. Bad Aibling
Postfach 1253
D-83036 Bad Aibling
Hüttenreferent
Herbert Vollmayer
Heimatsberger Str. 9
D-83043 Bad Aibling

✆ Tal 08061/1850
✗ SV, Mitte März bis Ende Dez. nur Sa. ab 14 Uhr bis So. 16 Uhr geöffnet (nur Getränkeausg.)
⊓ 45
↗ Birkenstein bei Fischbachau, 853 m, 1½; Bad Feilnbach, 500 m, 3; Bergstation Wendelstein, 1728 m, 1
→ Wendelsteinhaus, 1728 m, 1; Mitteralm üb. Reindler-Alm, 1450 m, 1½; Hubertushütte am Breitenstein, 1570 m, 1
△ Wendelstein, 1838 m, 1½; Breitenstein, 1622 m, 1¼; Hochsalwand über Reindler-Alm, 1625 m, 1½; Wildalpjoch, 1720 m, über Wendelsteinhaus od. Reindler-Alm 2 - 2½; Schweinsberggipfel, 1516 m, ½
kein Stützpunkt
Bad Aibling
Fischbachau u. Bad Feilnbach
Birkenstein oder Bad Feilnbach P (1.5. - 31.10. P Jenbachtalstraße)
Brannenburg oder Bayrischzell – Wendelsteinhaus (nur f. Sommer empfehlenswert)

ÖK 89; TK L 8336; TKU 12; Bergverlag Rother: AVF Bayerische Voralpen Ost, WF Tegernseer und Schlierseer Berge

Albert-Link-Hütte

K. II, 1000 m, erb. 1929
DAV-S. München
Goethestr. 21
D-80336 München

Mara Baumann
Valepper Str. 8
D-83727 Schliersee
✆ Hütte 08026/71264
✗ gj., Nov. geschlossen
30 ⊓ 37
220 V ~, SV-Raum ⊓ 16 (nur für AV-Mitglieder); die Buchung des SV-Raumes erfolgt über die Service-Stelle der DAV-S. München, ✆

089/555051, Fax 089/5503755

↗ ab Spitzingsee (Wurzhütte) 20 Min.

→ Forsthaus Valepp – Erzherzog-Johann-Klause – Kaiserhaus – Brandenberg 5 - 6; Blecksteinhaus 1/4

△ Stolzenberg, 1604 m, 2; Bayer. und Österr. Schinder, 1808 m, 3 - 4; Rotwand, 1885 m, 2½

Stolzenberg, Schinderkar, Rotwand, Pistenskilauf auf allen Pisten im Spitzinggebiet, Langlaufloipen am Haus

Fischhausen-Neuhaus

Spitzingsee

Spitzingsee P

ÖK 89; TK L 8336; TKU 12; Bergverlag Rother: AVF Bayerische Voralpen Ost, WF Tegernseer und Schlierseer Berge

Blecksteinhaus

K. II, 1060 m, erb. 1927/28
DAV-S. Männer-Turnverein München
Häberlstr. 11
D-80337 München

Winfried u. Renate Löffler
Valepperstr.
D-83727 Schliersee

✆ Hütte 08026/71204

✕ gj. bew., Dienstag Ruhetag, Anfang Nov. bis Mitte Dez. geschlossen

18 ⌐¬ 26, bei Zimmerbestellung Anruf erbeten

220 V ~

↗ Spitzingsee – Wurzhütte, 1083 m, ½

→ Forsthaus Valepp – Erzherzog-Johann-Klause – Kaiserhaus – Brandenberg 5 - 6; Albert-Link-Hütte, 1/4

△ Stolzenberg, 1604 m, 2; Bayer. und Österr. Schinder, 1808 m, 3 - 4; Rotwand, 1885 m, 2½; Roßkopf, 1580 m, 2½; Bodenschneid, 1668 m, 2½

↗ Spitzingsee △ Stolzenberg, Schinderkar, Rotwand, Pistenskilauf am Spitzingsee, Langlaufloipe am Haus

Fischhausen-Neuhaus

Spitzingsee

Spitzingsee, an der Kirche P

ÖK 89; TK L 8336; TKU 12; Bergverlag Rother: AVF Bayerische Voralpen Ost

Bodenschneidhaus

K. II, 1365 m, erb. 1916
DAV-S. Bodenschneid
Heinrich Lohr
Volmstr. 48
D-81241 München

- Erwin u. Joan Müller
  Bodenschneidhaus
  D-83727 Schliersee
- ✆ Hütte 0161/1815267 u. 08026/4692
- ✕ ganzj. bew.
- 18 ⌐ 34
- 220 V ~
- ↗ Fischhausen-Neuhaus, 790 m, über Dürnbachtal 1½; Spitzingsattel, 1128 m, über Obere Firstalm 1½
- → Wasserspitze – Peißenberg – Bodenschneid – Freudenreichsattel – Brecherspitze – Fischhausen – Neuhaus 5 - 6
- △ Bodenschneid, 1668 m, 1; Brecherspitze, 1684 m, 1½
- ↗ Fischhausen-Neuhaus, Spitzingsattel △ Bodenschneid, Stümpfling, Roßkopf, Pistenskilauf am Spitzingsee
- Fischhausen-Neuhaus P
- Spitzingsattel P

ÖK 89; TK L 8336; TKU 12; Bergverlag Rother: AVF Bayerische Voralpen Ost, WF Tegernseer und Schlierseer Berge

Brauneck-Gipfelhaus

K. II, 1540 m, erb. 1930/31
DAV-S. Alpiner Ski-Club
Schwindstr. 5
D-80798 München

- Peter u. Elisabeth Paar
  Brauneck Nr. 4
  D-86361 Lenggries
- ✆ Hütte 08042/8786
- ✕ Mitte Dez. – Mitte April, Mitte Mai – Anfang Nov.
- 22 ⌐ 46
- 220 V ~, Duschen, Schulungs, Gymnastik-, und Trockenraum
- ↗ Lenggries, 679 m, 2½; Wegscheid, 690 m, 2½ (im Winter Skilifte); Bergstation der Kabinenbahn, 1500 m, 10 Min.; Längental, P., 3½; Schlegldorf 2½
- → Tutzinger Hütte 3; Neulandhütte 2½; Blomberghaus 6; Jachenau 5
- △ Latschenkopf, 1712 m, 1; Benediktenwand, 1801 m, 3
- ↗ Lenggries, Wegscheid → Tutzinger Hütte △ Latschenkopf, Benediktenwand,

Pistenskilauf
🚂 🚌 Lenggries
🚗 Lenggries – Talstation Brauneckbahn u. Längental P; Wegscheid, Schlegldorf
🚡 bis 1500 m
ÖK 87, 88; TK L 8334; TKU 18; Bergverlag Rother: AVF Bayerische Voralpen Ost, WF Isarwinkel

Brünnsteinhaus

K. I, 1360 m, erb. 1894
DAV-S. Rosenheim
Sporth. Ankirchner
Münchner Str. 9
D-83022 Rosenheim

🚶 Hans und Christl Seebacher
Brünnsteinhaus
Postfach 1121
D-83080 Oberaudorf
✆ Hütte 08033/1431
✆ Tal 08033/1432
✕ gj. bew., Nov. bis 26. Dez. nur Sa./So. bew., Mitte Jan. bis Mitte Febr. geschlossen
🛏 18 ⌐ 40 ⌴ 15
↗ Oberaudorf, 482 m, üb. Dörfl – Rechenau 3, Dörfl 2, üb. Buchau – Lengau 3½, Buchau 2½; Gasthaus »Tatzelwurm«, 765 m, 2; Gasthaus »Rosengasse« am Sudelfeld b. Bayrischzell 2
△ Brünnstein, 1634 m, ½; Traithen, 1853 m, 2; Trainsjoch, 1708 m, 3
⛷ ↗ Buchau → Gasthaus »Rosengasse« △ Traithen, Brünnsteinschanze; Rodelbahn Brünnstein – Rechenau, Leihrodel am Haus
🚂 Oberaudorf
🚗 Dörfl, Buchau, Tatzelwurm, Rosengasse P
FB 301; TKU 12; Bergverlag Rother: AVF Bayerische Voralpen Ost, WF Tegernseer und Schlierseer Berge

Freisinger Hütte

(im Längental)
K. I, 1050 m, erb. 1952
DAV-S. Freising
Bahnhofstr. 1/II
D-85354 Freising

✕ SV, beaufs. Sa./So./Fe.
⌐ 20 ⌴ 4
🔑 Schlüssel und Auskunft:

Sektion Freising
Bahnhofstr. 1 (Do. 18.30–19.30 Uhr)
D-85354 Freising
✆ 08161/13143
↗ Arzbach 1½ - 2
→ Tutzinger Hütte 2½; Brauneck 2
△ Probstenwand, 1618 m; Kirchstein, 1670 m; Benediktenwand, 1801 m
⛷ ↗ Arzbach → Brauneck
🚂 Bad Tölz
🚌 Arzbach
🚗 Arzbachtal P

TK L 8334; TKU 18; Bergverlag Rother: WF Isarwinkel

Lenggrieser Hütte

K. I, 1338 m, erb. 1950
DAV-S. Lenggries
Anger 8
D-83674 Gaißbach

Walter Burger
Seekaralm
D-83661 Lenggries
✆ Hütte 0161/1816583
✕ gj. bew., Frühjahr u. Spätherbst je 3 Wochen geschlossen, Dienstag Ruhetag (Montag auf Dienstag u. Dienstag auf Mittwoch keine Übernachtung)
🛏 2 ⌐ 44, im SV-Raum 7 Lager
↗ Lenggries, 679 m – Schloß Hohenburg – Hirschbachtal – Sulzersteig 2; Hirschbachtal – Hirschbachsattel 3; Schloß Hohenburg – Mühlbach – Grasleitensteig 2
→ Tegernseer Hütte am Roß- und Buchstein 2
△ Seekar, 1601 m, ¾; Spitz-, Auer- und Ochsenkampen, 1616 m, 2 - 4; Fockenstein, 1562 m, 2½
⛷ ↗ Hirschbachtal, Hirschbachsattel △ Seekar, Kampen, Fockenstein, Schönberg, Hochplatte
🚂 🚌 Lenggries
🚗 Schloß Hohenburg od. Mühlbach P, Lenggries südl. des Rathauses P

TK L 8334; TKU 18; Bergverlag Rother: AVF Bayerische Voralpen Ost, WF Isarwinkel

Mitteralm

K. III, 1200 m, erb. 1933
DAV-S. Bergbund Rosenheim
Am Gereut 5
D-83115 Neubeuern

Heinz Schauer

Mitteralm am Wendelstein
D-83098 Brannenburg
✆ Hütte 08034/2760
✗ gj. bew.
🛏 9 ⊓ 56
220 V ~
↗ Brannenburg-Bahnhof – St. Margarethen 2½
→ Aiblinger Hütte 1¼; Breitenberghütte 1; Arzmoos – Sudelfeld 1½
△ Wendelstein, 1838 m, 2; Hochsalwand, 1625 m, 1; Wildalpjoch, 1720 m, 1½; Schweinsberg – Breitenstein, 1622 m, 2½
direkt an der Wendelsteinabfahrt nach Brannenburg
Brannenburg
Bahnh. Wendelsteinbahn P
St. Margarethen P
Wendelsteinbahn bis Mittelstation Mitteralm

TK L 8338; TKU 12; Bergverlag Rother: AVF Bayerische Voralpen Ost, WF Tegernseer und Schlierseer Berge

Neulandhütte

K. seH, 1235 m, erb. 1931
DAV-S. Neuland
Oberaudorfer Str. 5
D-81549 München

Elmar Werner
Lerchenstr. 344
D-84435 Lengdorf
✆ 08083/8404
✗ SV, Sa./So./Fe. meist beaufsichtigt, Anfragen bei
⊓ 25
↗ Arzbach-Dudlau, 1½
→ Tutzinger Hütte 2; Brauneck-Gipfelhaus 2½
△ Probstenwand, 1618 m, 1½; Latschenkopf, 1712 m, 2; Achselköpfe, 1707 m, 2; Brauneck, 1555 m, 2½; Kirchstein, 1670 m, 2½; Benediktenwand, 1801 m, 2½
Latschenkopf, Achselköpfe
Lenggries
Arzbachtal P

TK L 8334; TKU 18; Bergverlag Rother: WF Isarwinkel

Rotwandhaus

K. I, 1737 m, erb. 1906
DAV-S. Turner-Alpenkränzchen
Preysingstr. 71
D-81667 München

- 🚶 Peter Weihrer
  Rotwandhaus
  D-83727 Schliersee
- ✆ Hütte 08026/7683
- ✕ gj. bew., Nov. bis Mitte Dez. geschlossen
- 🛏 36 ⌐ 90
- ⚡ 110 V =
- ↗ Spitzingsee-Wurzhütte, 1083 m, 2½; Spitzingsattel, 1128 m – Schönfeldalmen – Taubensteinsattel 3 - 3½; Taubensteinsattel 1½; Spitzingsee – Straße nach Valepp – Waitzinger Alm, 943 m – Pfanngraben 3 - 4
- → Kirchsteinsattel – Lempersberg – Taubensteinhaus 1½ oder Kümpflscharte – Gr. Tiefental – Miesingsattel – Taubensteinhaus 2 - 2½; Kümpflscharte – Auerspitze – Soiensee – Gr. Tiefental – Rotwandhaus 4
- △ Rotwand, 1885 m, ½; Auerspitze, 1811 m, 1; Ruchenköpfe, 1805 m; Miesing, 1883 m, 2½
- ⛷ ↗ Spitzingsee, Geitau → Kümpflscharte – Auerschneid – Gr. Tiefental – Miesingsattel – Taubensteinhaus – Oberer u. Unterer Lochgraben – Spitzingsee ca. 3 - 4 △ Rotwand
- 🚂 Fischhausen-Neuhaus
- 🚌 🚗 Spitzingsee P
- 🚡 Spitzingsee – Taubensteinsattel

TK L 8336; TKU 12; Bergverlag Rother: AVF Bayerische Voralpen Ost, WF Tegernseer und Schlierseer Berge

Schönfeldhütte

K. seH, 1410 m, erb. 1949
DAV-S. München
Goethestr. 21
D-80336 München

- 🚶 Renate Thalhauser
  Schönfeldhütte
  D-83727 Schliersee
- ✆ Hütte 08026/7496
- ✕ ganzj. (Urlaubszeiten anfragen)
- 🛏 15 ⌐ 22
- ⚡ 220 V ~ ♨
  SV-Raum ⌐ 16, nur für AV-Mitglieder; die Buchung des SV-Raumes erfolgt über die Service-Stelle der

DAV-S. München, ✆ 089/555051, Fax 089/5503755
↗ Spitzingsee (Wurzhütte), 1083 m, 1½; Spitzingsattel 1, im Winter Abfahrt mit Ski vom Taubensteinsattel zur Hütte
→ Taubensteinhaus ¾; Rotwandhaus 2
△ Jägerkamp, 1746 m, 1; Aiplspitze, 1758 m, 1; Taubenstein, 1693 m, ¾; Rotwand, 1885 m, 2
Rotwand, Miesing; Pistenskilauf Rauhkopf, Lochgraben
Fischhausen-Neuhaus
Spitzingsee P
Spitzingsee – Taubensteinsattel

TK L 8336; TKU 12; Bergverlag Rother: AVF Bayerische Voralpen Ost, WF Tegernseer und Schlierseer Berge

Taubensteinhaus

K. II, 1567 m, erb. 1936
DAV-S. Bergbund
Scharnitzstr. 10
bei Engl
D-81377 München

Werner Gruber
Taubensteinhaus
D-83727 Schliersee
✆ Hütte 08026/7070
gj. bew., 5.11. bis 10.12. geschlossen
6 ⊓ 52
220 V ~
↗ Spitzingsee-Wurzhütte, 1083 m, 1½; Spitzingsattel, 1128 m – Schönfeldalmen 1½ - 2; Geitau, 790 m, 2; Taubensteinsattel ¼
→ Rotwandhaus 1½; Rauhkopf, 1691 m – Schönfeldalmen 1
△ Taubenstein, 1693 m, ½; Miesing, 1883 m, 1½; Aiplspitze, 1758 m, 1½; Jägerkamp, 1746 m, 1½; Rotwand, 1885 m, 2
↗ Wurzhütte, Taubensteinsattel → Rotwandhaus △ Miesing, Rauhkopf
Fischhausen-Neuhaus
Spitzingsee P; Spitzingsee – Taubensteinsattel

TK L 8336; TKU 12; Bergverlag Rother: AVF Bayerische Voralpen Ost, WF Tegernseer und Schlierseer Berge

Tegernseer Hütte

K. I, 1650 m, erb. 1968
DAV-S. Tegernsee
Postfach 175
D-83700 Rottach-Egern

Michael Ludwig

Postfach 24, D-83708 Kreuth
✆ Hütte 0161/1836381
✗ Mitte Mai bis Mitte Okt.
⊓ 30
↗ Kreuth, Haltestelle Klamm – Schwarztenn-Alm, 929 m, 2½; Haltestelle Bayerwald, 823 m, 2½; Lenggries-Fleck, 800 m – Röhrlmoos-alm 4
→ Lenggrieser Hütte 2; Gratwanderung Auerkamp – Ochsenkamp – Hirschtalsattel – Söllbachtal 4
△ Roßstein, 1698 m, ¼; Buchstein, 1701 m, ¼
Tegernsee
Klamm; Bayerwald P
TK L 8336; TKU 12; Bergverlag Rother: AVF Bayerische Voralpen Ost, WF Tegernseer und Schlierseer Berge

Tutzinger Hütte

K. I, 1327 m, erb. 1908
DAV-S. Tutzing
Postfach 1146
D-82323 Tutzing

Elfi Kobinger
Wurzweg 9
D-83671 Benediktbeuern
✆ Hütte 08857/210
während der Nichtbew.:
Urtlmühlweg 7
D-83661 Lenggries
✆ Tal 08042/4529
✗ Ende April bis Anfang Nov., 26. Dez. bis 6. Jan., Karfreitag bis Ostermontag
24 ⊓ 78; kein
110 V =
↗ Benediktbeuern, 617 m, 2½; Lenggries, 680 m, 5; Kochel, 604 m, 5; Jachenau, 790 m, 4
→ Probstalm, 1380 m – Brauneck 2½ - 3; Kirchsteinhütte, 1050 m, 2
△ Benediktenwand, 1801 m, 1½; Achselköpfe, 1707 m; Probstenwand, 1618 m; Latschenkopf, 1712 m
↗ Benediktbeuern, Lenggries → Probstalm – Brauneck △ Benediktenwand
Benediktbeuern
Benediktbeuern – Kochel
Schwimmbad o. Maria Brunn in Benediktbeuern P
TK L 8334; TKU 18; Bergverlag Rother: WF Isarwinkel

Wank-Haus (Alois-Huber-Haus)

K. III, 1780 m, erb. 1911
DAV-S. Garmisch-Partenkirchen
Hindenburgstr. 38
D-82467 Garmisch-Partenkirchen

- 🚹 Georg Vogl, Wankhaus D-82467 Garmisch-Partenk.
- ✆ Hütte 08821/56201
- ✕ 20.12. bis 2. Sonntag nach Ostern, Anfang Mai bis Mitte Nov.; keine Nächtigung mögl.
- ↗ Garmisch-Partenkirchen, 700 m – Eckenalm 2½ - 3; Daxkapelle – Esterbergalm 3; Farchant, 671 m, 3
- → Weilheimer Hütte 2 - 2½
- △ Fricken, 1940 m, 1½ - 2; Bischof, 2033 m, 2 - 2½; Krottenkopf, 2086 m, 2½ - 3
- ⛷ ↗ Garmisch-Partenkirchen → Weilheimer Hütte △ Fricken, Bischof, Krottenkopf, Pistenskilauf, 6 Skilifte
- 🚆 🚌 🚗 Garmisch-Partenkirchen P
- 🚡 Wankbahn zur Hütte

FB 322; TK L 8532; TKU 5; Bergverlag Rother: WF Isarwinkel

Weilheimer Hütte

(Krottenkopfhaus)
K. I, 1955 m, erb. 1884
DAV-S. Weilheim
Bärenmühlweg 37
D-82362 Weilheim

- 🚹 Klaus Kögler Pointweg 6 D-82441 Ohlstadt
- ✆ Hütte 0161/1821236
- ✆ Tal 08841/7009
- ✕ Pfingsten bis Kirchweihsonntag
- 🛏 8 ⊓ 67 ⊔ 20
- ❄ 8; 🔑
- ↗ Wank, 1780 m – Esterbergalm, 1262 m, 2¾; Garmisch-Partenkirchen, 700 m, 4 - 4½; Oberau, 651 m, 3; Farchant, 671 m, 4; Eschenlohe – Pustertalalm 4½ - 5; Wallgau, 868 m – Neulänger Alm – Kühalpe 5; Krün, 875 m, 5
- △ Krottenkopf, 2086 m, ½; Oberer Rißkopf, 2050 m, ¼; Henneneck, 1965 m, ½; Bischof, 2033 m, 1; Hoher Fricken, 1940 m, 1½
- ⛷ ↗ Garmisch-Partenkirchen – Esterbergalm
- 🚆 Eschenlohe, Oberau, Farchant, Garmisch-Partenkirchen od. Kaltenbrunn

wie , ferner Wallgau und Krün
Garmisch-Partenkirchen – Wank

FB 322; TK L 8532; TKU 5, WF Isarwinkel

Hütten anderer alpiner Vereine und Privathütten

Bayernhütte 1360 m, Brauneckgebiet, privat, 30 20, Lenggries 2½ +½, gj. bew., Nov. und April geschlossen, 08042/8973

Breitenberghaus 1050 m, am Südhang des Breitenbergs, TVN, 12 35, Degerndorf ½ Brannenburg Degerndorf St. Margarethen oder Posterholungsheim Brannenburg 2 km vor dem Haus, bew. 20.2. - 17.1., Dienstag Ruhetag, 08034/8663

Buchsteinhütte 1240 m, an der Nordseite von Roß- und Buchstein, 30 20, Schwarzentenn-Alm 1 Tegernsee Wildbad Kreuth, bew. Anfang Dez. bis Mitte Nov., 08029/244

Erzherzog-Johann-Klause 824 m, im oberen Brandenberger Tal, privat, 10, Kramsach 6, Spitzingsee 3; Fischhausen-Neuhaus Spitzingsee, gj. bew., 0663/58336

Firstalm, Obere 1375 m, auf dem Freudenreichsattel, privat, 30 30, Spitzingsattel ¾; Fischhausen-Neuhaus 2 Fischhausen-Neuhaus Spitzingsattel, gj. bew., Frühjahr u. Herbst je 2 Wochen geschlossen, 08026/7302

Florianshütte 1350 m, Brauneckgebiet, 40, Wegscheid 2, Lenggries 2½, Lenggries, +½, gj. bew., Nov. geschlossen, 08042/8900

Herzogstandhäuser 1575 m, auf der Südseite des Herzogstands, privat, , Kesselberg 2, Walchensee 2½ Kochel Walchensee am Sessellift in Kochel zum Haus, bew. Anfang Jan. bis Ende Okt., 08851/234

Hirschberghaus 1544 m, am Hirschberg, 30 25, Bad Wiessee 2 Tegernsee Bad Wiessee, gj. bew., 20.-26.12. und 3 Wochen im April geschlossen, 08029/465

Idealhanghütte 1550 m, S-Hang des Vord. Kirchsteins, privat, 10 10, Lenggries 2½, +½, gj. bew., Nov. und Mai geschlossen, 08042/4102

Kesselalm 1278 m, am Breitenstein, privat, 50, Birkenstein 1, Marbach 2, bew. während der Sommermonate, im Winter nur Sa./So., 08028/896 (Café Seidl, Birkenstein)

Kirchsteinhütte 1050 m, im Längental, privat, 41, Lenggries 2; Arzbach 1½, Lenggries Arzbach, gj. bew., 08041/9743 u. 0161/2835212

Krottentaler Alm 1437 m, auf der Südseite der Aiplspitze, TVN, 9 38, Geitau 2½, Wurzhütte 2, Geitau, Fischhausen-Neuhaus Wurzhütte Geitau, Spitzingsee

🅿, unbew., Anfrage bei Hermann Kast, Rolf-Pinegger-Str. 34, D-80689 München, ✆ 089/7001101

Maxlrainer Alm, Obere 1500 m, am Fuße der Taubenstein-NW-Wand, privat, 🛏 40, ↗ Spitzingsee 2, Taubenstein-Bergstation 10 Min., 🚂 Fischhausen-Neuhaus 🚌 🚗 Spitzingsee, gj. bew., ✆ 08026/7382

Valepp-Forsthaus 872 m, Valepptal, privat, 🛏 15, ↗ Spitzingsee 1½, 🚂 Fischhausen-Neuhaus 🚌 🚗 Spitzingsee, gj. bew., Nov. bis Weihnachten geschlossen, ✆ 08026/71281

Wallberghaus 1512 m, im Sattel zwischen Wallberg und Setzberg, privat, 🛏 73, ↗ Talstation 1¾, Rottach-Egern 2, Wallbergbahn-Bergstation ½, 🚂 Tegernsee 🚌 Rottach-Egern 🚗 Mautstraße, gj. bew., Nov. bis Weihnachten geschlossen

8 Kaisergebirge

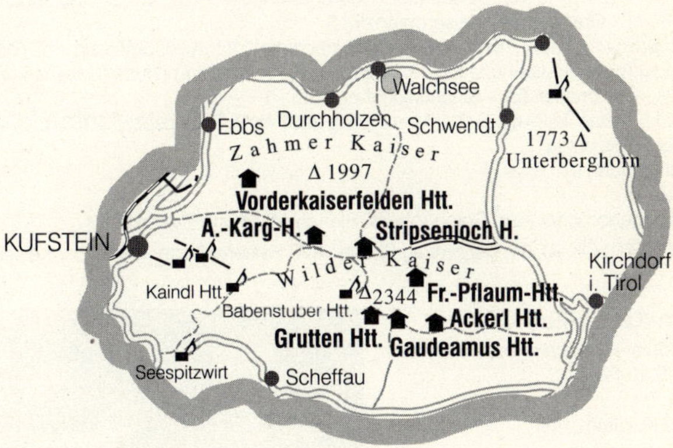

Umgrenzung

Jennbach – Achentaler Bach – Durchholzen – Walchensee – Weißenbach – Kössener Ache bis St. Johann i.T. – Reitner Ache – Ellmau – Weißache – Glemmache – Inn von Kufstein bis zur Einmündung des Jennbachs

Ackerlhütte

K. I, 1460 m, erb. 1957
OeAV-S. Kitzbühel
Unterbrunnweg 45
A-6370 Kitzbühel

- ♦ Georg Meikl
  Ehrenbachgasse 17
  A-6370 Kitzbühel
- ✆ Tal 05356/43933
- ✗ SV, Juni bis Sept. Sa/So beaufsichtigt
- ⊓ 15 ⚷ Wasserstelle 20 m oberhalb der Hütte (Wasser in Hütte Nov. – Mai abgesperrt)
- ↗ Going, 773 m – Regalm 1½; Ellmau, 812 m – Gaudeamushütte – Baumgartenköpfl – Regalm 2½; St. Johann i.T., 660 m – Grander Alm, Kaisermannalm 3
- → Baumgartenköpfl, 1572 m – Gaudeamushütte 1½; Jubiläumssteig od. Gaudeamushütte – Gruttenhütte 2½ - 3; Kleines Törl – Fritz-Pflaum-Hütte (Griesnerkarhütte) 3½ - 4; Ellmauer Tor – Stripsenjochhaus 4½ - 5
- △ Ackerlspitze, 2329 m, 3 - 3½; Maukspitze, 2231 m, 3; Regalpspitze, 2253 m, 3 - 3½
- ⛷ kein Stützpunkt
- 🚆 St. Johann i.T.
- 🚌 Going
- 🚗 Wochenbrunner Alm, Going (oberh. Stanglwirt) P und Prama P

AV 8; FB 301; ÖK 90, 91; Bergverlag Rother: AVF Kaisergebirge, WF Wilder Kaiser

Anton-Karg-Haus

K. I, 829 m, Hinterbärenbad, erb. 1899
OeAV-S. Kufstein
Kinkstr. 24
A-6330 Kufstein

- ♦ Helga Pavicic
  Anton-Karg-Haus
  A-6330 Kufstein
- ✆ Hütte 05372/62578
  während der Nichtbew.:
  A-6295 Grinzling 42
- ✆ Tal 05286/291
- ✗ Anfang Mai bis Ende Okt.
- 🛏 30 ⊓ 70
- ⊞ 10 ⚷, Schlüssel in Geschäftsstelle der Sektion
- ∿ 220 V ~
- ↗ Kufstein – Pfandlhof – Hinterbärenbad, 831 m 2½
- → Stripsenjochhaus, 1580 m, 1½; Vorderkaiserfeldenhütte, 1389 m, 2½; Kaindlhütte,

1318 m – Bettlersteig 2; Gruttenhütte, 1619 m – Kopftörl, 2058 m, etw. Übung erforderl., 4½ - 5
△ Sonneck, 2261 m, 4; Kleine Halt, 2119 m, 2 - 2½
kein Stützpunkt
Kufstein
Kufstein-Sparchen P

AV 8; FB 301; ÖK 90, 91; Bergverlag Rother: AVF Kaisergebirge, WF Rund um den Wilden Kaiser

Fritz-Pflaum-Hütte

K. I, 1865 m, erb. 1912
DAV-S. Bayerland
Roland Wankerl
Forstenrieder Allee 124
D-81476 München

Klaus Albrecht
Kufsteiner Str. 16a
D-83080 Oberaudorf
Tal 08033/4179
nicht bew., SV, Holz mitnehmen vom Holzplatz am Aufstiegsweg von der Griesner Alm
23; Größere Gruppen sollten sich beim anmelden.
↗ Griesner Alm, 989 m – Großes Griesner Tor 2; Latschenölbrennerei – Kleines Griesner Tor 2
→ Kleines Törl, 2102 m – Gaudeamushütte 3; Wildanger – Stripsenjochhaus 2
△ Mitterkaiser, 2007 m, ½ - ¾; Ackerlspitze, 2329 m, 2; Übergang zur Maukspitze, 2231 m, 1 - ½; Lärcheck, 2124 m, 2¼; Regalpspitze, 2249 m, 2
nur spätes Frühjahr ↗ Griesner Alm △ keine, nur Griesner Kar
St. Johann i.T.
Griesenau
Griesner Alm (Maut) P, Straße gesperrt vom 1.11. bis 15.4.

AV 8; FB 301; ÖK 90, 91; Bergverlag Rother: AVF Kaisergebirge, WF Rund um den Wilden Kaiser

Gaudeamushütte

K. I, 1267 m, erb. 1927
DAV-S. Berlin
Markgrafenstr. 11
D-10969 Berlin

Margarethe u. Hansjörg Hochfilzer
Sonnseite 19

A-6353 Going
✆ Hütte 05358/2262
✆ Tal 05358/2770
✗ Mitte Mai bis Mitte Okt. (wetterbedingt)
🛏 15 ⌐ 50 ⌙ 10
⊞ 10 (Nebengebäude)
⚷ SR
↗ Going, 780 m, u. Ellmau, 812 m, 1½; Parkplatz Wochenbrunner Alm ½
→ Ellmauer Tor, 1995 m – Stripsenjochhaus 4; Gruttenhütte 1¼; durchs »Klamml« 1; Kleines Törl, 2102 m – Griesner Kar (Fritz-Pflaum-Hütte) 2½ - 3; Ackerlhütte 1½
△ Hint. Goinger Halt, 2195 m, 2; Übergang z. Vord. Goinger Halt, 2243 m, ¾; Predigtstuhl, 2115 m, 4; Vord. Karspitze, 2260 m, 3½
⛷ kein Stützpunkt △ im Frühjahr Ellmauer Tor, Regalp-Südhang
🚆 St. Johann i.T., Kufstein
🚌 Going u. Ellmau
🚗 von Ellmau auf Mautstraße bis Wochenbrunner Alm P

AV 8; FB 301; ÖK 90, 91; Bergverlag Rother: AVF Kaisergebirge, WF Rund um den Wilden Kaiser

Gruttenhütte

K. I, 1619 m, erb. 1899/1900
DAV-S. Turner-Alpenkränzchen
Preysingstr. 71
D-81667 München

† Paula Erhart
A-6351 Scheffau/Tirol 130
✆ Hütte 05358/2242
✆ Tal 05358/8141
✗ Anfang Juni bis Mitte Okt.
🛏 50 ⌐ 100 ⌙ 20
⊞ 4 ⚷ keine Heizmöglichkeit
↗ Ellmau, 812 m, 2½; Scheffau, 752 m, 3; Going, 780 m, 3½; Parkplatz Wochenbrunner Alm 1½
→ Ellmauer Tor, 1995 m, oder Kopftörl, 2058 m – Stripsenjochhaus 3½; Kopftörl – Anton-Karg-Haus (Hinterbärenbad), 831 m, 3½; Gaudeamushütte 1; Scheffauer, 2113 m – Kaindlhütte, 1318 m, 6
△ Ellmauer Halt, 2344 m, 2½; Treffauer, 2305 m, und Tuxeck, 2226 m, 3½; Hint. Goinger Halt, 2195 m, 2½; Hint. u. Vord. Karlsitze, 2881 m, 3
⛷ kein Stützpunkt
🚆 St. Johann i.T., Kufstein
🚌 Ellmau
🚗 Wochenbrunner Alm (Maut) P, Ellmau, Scheffau P

AV 8; FB 301; ÖK 90, 91; Bergverlag Rother: AVF Kaisergebirge, WF Rund um den Wilden Kaiser

Stripsenjochhaus

K. I, 1577 m, erb. 1902
OeAV-S. Kufstein
Kinkstr. 24
A-6330 Kufstein

- Willi Fankhauser
Stripsenjochhaus
Postfach 43
A-6380 St. Johann i.T.
- Hütte 05372/62579
- Tal 05352/4517
- Mitte Mai bis Ende Okt.
- 50 ⌐ 130
- 4
- 220 V ~; OeAV-Ausbildungszentrum, Lehrsaal und Kletterwand
- ↗ Kufstein – Pfandlhof – Anton-Karg-Haus (Hinterbärenbad), 831 m – Stripsenjochhaus, 1580 m, 4½; St. Johann i.T. – Bus bis Griesenau, 727 m – Mautstr. bis Griesner Alm, 989 m; St. Johann i.T. von der Griesenau 3, von der Griesner Alm 1½
- → Vorderkaiserfeldenhütte, 1384 m, 3; Eggersteig durch die Steinerne Rinne zum Ellmauer Tor 2; Abstieg Gaudeamushütte, 1267 m, 1; über den Jubiläumssteig zur Gruttenhütte, 1619 m, 1; Stripsenkopf, 1809 m – Feldberg, 1813 m – Griesenau 3; Griesnerkarhütte, 1865 m, 2¼
- △ Stripsenkopf, 1809 m, 1; Totenkirchl, 2193 m, 4; Predigtstuhl, 2115 m; Kopftörlgrat (Gipfel Ellmauer Halt, 2344 m)
- ↗ Kufstein △ nur extreme Winterbergfahrten
- St. Johann i.T., Kufstein
- Griesenau, Kufstein-Sparchen
- P Griesner Alm, Maut, Straße gesperrt vom 1.11. – 15.4.; Kufstein, Sparchner Brücke P

AV 8; FB 301; ÖK 90, 91; Bergverlag Rother: AVF Kaisergebirge, WF Rund um den Wilden Kaiser

Vorderkaiserfeldenhütte

K. I, 1384 m, Ankauf 1900
DAV-S. Oberland
Tal 42
D-80331 München

- Helmut u. Ingrid Breitfuß
A-6330 Kufstein
- Hütte 05372/63482
- ganzjährig, in der Zeit vom 7.1. – 28.2. Dienstag Ruhetag
- 33 ⌐ 60
- 21 SR, Schlüssel beim , außerhalb der mit (Ö-Schilling-Mün-

zen nötig für Heizung)

🔌 220 V ~ ♨

↗ Sparchenmühle, 460 m, an Straße Kufstein - Ebbs 2½ - 3; Gasthaus »Zur Schanze« (Kufstein-Ebbs) – Hoaderer Hof – Steinbruch – Rietzalm 2½; Ebbs, 473 m – Gasteig – Abzweigung Reith 3

→ Höhenweg Hochalm – Feldalmsattel – Stripsenjochhaus 3; Hochleitenalm – Anton-Karg-Haus (Hinterbärenbad) 1¾; Pyramidenspitze – Winkelkar – Durchholzen, 684 m, 5

△ Naunspitze, 1635 m, ¾; Pyramidenspitze, 1999 m, 2½

⛷ ↗ Sparchen → Naunspitze – Peterköpfl – Hinterkaiserfeldenalm – Vorderkaiserfelden 2½ - 3 ♨ Pyramidenspitze

🚆 Kufstein

🚌 🚗 Kufstein-Sparchen P

AV 8; FB 301; ÖK 90, 91; Bergverlag Rother: AVF Kaisergebirge, WF Rund um den Wilden Kaiser

Hütten anderer alpiner Vereine und Privathütten

Aschenbrenner-Berghaus 1140 m, oberhalb Kufstein, privat, 🛏 21, ↗ Kufstein 1½ 🚆 🚌 Kufstein 🚗 Kufstein P an der Talstation des Kaiserlifts, gj. bew., ✆ 05372/62220

Babenstuber Hütte 2300 m, Neubau 1983, auf der Ellmauer Halt, DAV-S. Turner-Alpenkränzchen, ⊔ 1, ↗ Ellmau – Gruttenhütte – Ellmauer Halt 5, 🚆 Kufstein 🚌 Ellmau 🚗 Wochenbrunner Alm P (Maut)

Brentenjochhütte (Weinbergerhaus), 1273 m, am Kufsteiner Stadtberg, privat, 🛏 15 ⊓ 20, ↗ Kufstein 2½, 🚆 Kufstein 🚌 Kufstein-Sparchen 🚗 Sparchen, Lift zum Haus, gj. bew., ✆ 05372/65148

Griesner Alm 1006 m, im Kaiserbachtal, privat, 🛏 10 ⊓ 45, ↗ Griesenau 1, 🚆 St. Johann i.T. 🚌 Griesenau 🚗 zum Haus (Maut), bew. Dez. bis März und Anfang Mai bis Ende Okt.

Kaindlhütte 1318 m, nördl. des Scheffauers, privat, 🛏 40 ⊓ 45, ↗ Kufstein 2½ (mit Lift 1¼), 🚆 🚌 Kufstein 🚗 Talstation des Kaiserlifts Kufstein, gj. bew.

Kaisertal-Haus (Hans-Berger-Haus), 936 m im Kaisertal bei Hinterbärenbad, TVN, 🛏 29 ⊓ 45, ↗ Kufstein 3, Griesenau 4½, 🚆 Kufstein, St. Johann i.T. 🚌 🚗 Kufstein-Sparchen, Griesenau, bew. Mitte Mai bis Mitte Okt., ✆ 05372/62575

Pfandlhof 783 m, im Kaisertal, privat, 🛏 48, ↗ Kufstein-Sparchen 1½, 🚆 Kufstein 🚌 🚗 Kufstein-Sparchen, gj. bew., ✆ 05372/62118

Riedlhütte 1268 m, nordöstlich von Scheffau, privat, 🛏 12, ↗ Scheffau oder Ellmau 1½, 🚆 Kufstein, St. Johann i.T. 🚌 Scheffau, Ellmau 🚗 Wochenbrunner Alm, bew. Mitte Mai bis Ende Okt.

Steinberghaus 1200 m, privat, ⊓ 100, ↗ Kufstein 1½, Bergstation 🚡 »Wilder Kaiser«

½; 🚂 🚌 Kufstein 🚗 Talstation 🚡 »Wilder Kaiser«, gj. bew., ✆ 05372/65305

Wochenbrunn Alpengasthof 981 m, unter der Ellmauer Halt, privat, 🛏 60, ↗ Ellmau 1¼, 🚂 Kufstein, St. Johann i.T. 🚌 Scheffau, Ellmau 🚗 Wochenbrunn (Mautstraße), gj. bew., ✆ 05358/2263

Wochenbrunner Alm 1087 m, über Gasthaus Wochenbrunn, ⊓ 30, ↗ Ellmau 1¼, 🚂 Kufstein, St. Johann i.T. 🚌 Ellmau 🚗 Ellmau, Wochenbrunner Alm (Maut), gj. bew.

9 Loferer und Leoganger Steinberge

Umgrenzung

Erpfendorf – Griesbach – Waidring – Strubache – Saalach bis Einmündung Leoganger Ache – Hochfilzen – Rothache – Pillersee-Ache – St. Johann i.T. – Kössener Ache bis Erpfendorf

Höhlengaststätte

(Lamprechtsofen)
K. III, 664 m, erb. 1904
DAV-S. Passau
Ludwigstr. 8/IV
D-94032 Passau

- ♦ Rosa Ebser
  Höhlengaststätte
  Obsthurn 28
  A-5093 Weißbach über Lofer
- ✆ Hütte 06582/8343
- ✗ ganzjährig (keine Übernachtung)
- ↗ Bundesstraße Lofer – Saalfelden
- 🚂 Saalfelden
- 🚌 🚗 zur Höhlengaststätte P

AV 9; FB 101; ÖK 92, 124; Bergverlag Rother: AVF Loferer und Leoganger Steinberge, WF Hochkönig

Passauer Hütte

K. I, 2033 m, erb. 1892,
wiederaufgebaut 1956,
DAV-S. Passau
Ludwigstr. 8/VI
D-94032 Passau

- ♦ Anni Steiner
  Frohnwiese Nr. 18
  A-5093 Weißbach
- ✆ Hütte 0663/66702 o. 0664/3378529
  während der Nichtbew.:
  A-5771 Leogang Nr. 111
- ✆ Tal 06583/7240
- ✗ Mitte Juni bis Ende Sept.
- ⊓ 45
- ❄ 10 offen SR
- ↗ Leogang, 786 m, 2½ - 3; Diesbach 4½
- → Kuchelnieder – Ebersbergkar – Rammernsattel 6
- △ Birnhorn, 2634 m, 1½ - 2; Dürrkarhorn, 2287 m, 2; Kuchelhorn, 2500 m, 1 - 1½; Großes Rothorn, 2442 m, 3; Schaleithörner, 2461 m, 2½; Dreizinthörner, 2484 m, 4
- ⛷ nur Frühjahr ↗ von Diesbach △ Hochzint, Ebersbergkar von Weißbach
- 🚂 Leogang/Haltestelle Steinberge
- 🚌 Leogang, Ortsmitte
- 🚗 Leogang, Ortsteile Ullach u. Rosental P

AV 9; FB 101; ÖK 123, 124; Bergverlag Rother: AVF Loferer und Leoganger Steinberge, WF Hochkönig

v.Schmidt-Zabierow-Hütte

K. I, 1966 m, erb. 1899
DAV-S. Passau
Ludwigstr. 8/IV
D-94032 Passau

- Christl u. Peter Horngacher
  Moosbach 23
  A-6391 St. Jakob i. Haus
- ✆ Hütte 06588/7284
- ✆ Tal 05354/6680
- ✗ Anfang Juli bis Ende Sept.
- 11 ⊓ 56 ⊔ 8
- 8 offen, nicht heizbar
- ↗ Lofer, 629 m, 3½ - 4; Loferer Hochtal, ca. 900 m, 2½; St. Martin 4½; Maria Kirchental 4; Nurracher Höhenweg von St. Ulrich 10, von Waidring 5
- → Wehrgrubenjoch, 2216 m – St. Ulrich a. Pillersee 3 - 4 (Nr. 613); Waidringer Nieder, 2302 m – Griesbacher Steig n. Waidring 4; Maria Kirchental – St. Martin 4
- △ Hinterhorn, 2504 m, 2; Gr. Rothorn, 2409 m, 3½; Breithorn, 2413 m, 2; Gr. Reifhorn, 2487 m, 2½; Gr. Ochsenhorn, 2513 m, 2½
- nur spätes Frühjahr ↗ Loferer Hochtal, Kl. Wehrgrube △ Loferer Skihörndl, 2286 m
- Saalfelden
- Lofer
- Loferer Hochtal P

AV 9; FB 101; ÖK 92; Bergverlag Rother: AVF Loferer und Leoganger Steinberge, WF Hochkönig

Hütten anderer alpiner Vereine und Privathütten

Adlerspoint-Alpengasthaus 1425 m, auf dem Kalkstein, privat, 60, ↗ St. Johann i.T. 3, St. Johann i.T. St. Johann i.T. – Lengenreith, bew. Mitte April bis Anfang Nov., ✆ 05352/3169

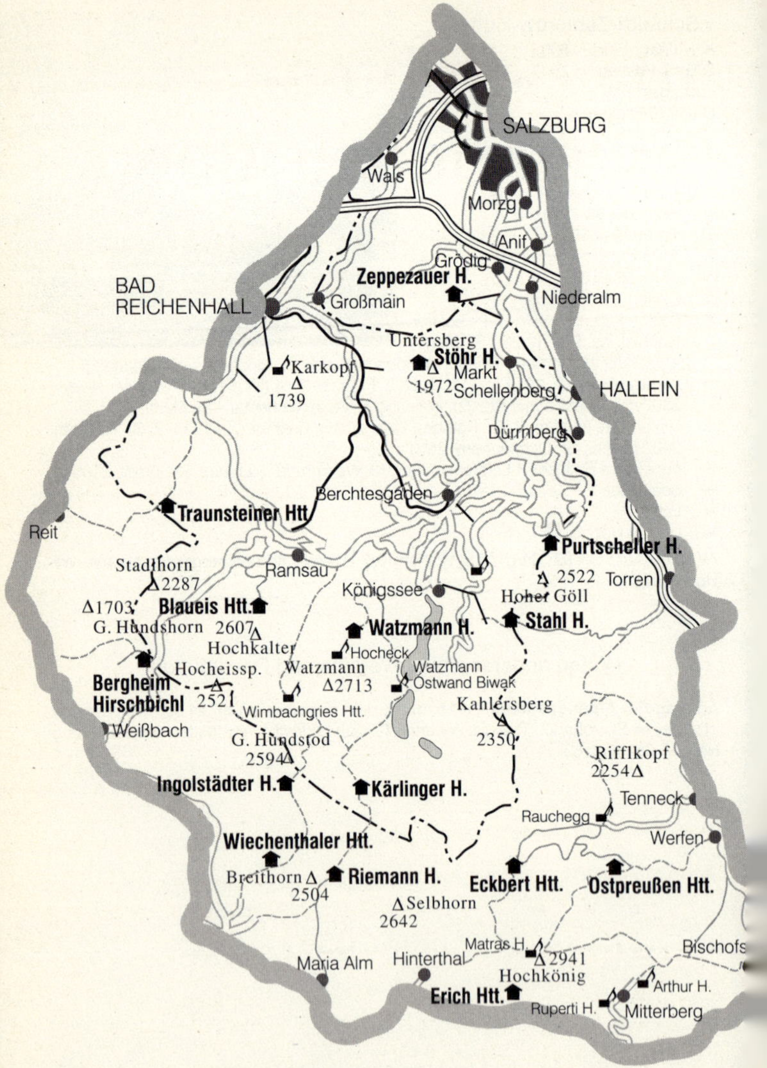

SALZBURG
Wals
Morzg
Anif
Grödig
Zeppezauer H.
Niederalm
BAD REICHENHALL
Großmain
Untersberg
Stöhr H.
Karkopf
1739
1972
Markt Schellenberg
HALLEIN
Dürrnberg
Berchtesgaden
Traunsteiner Htt
Reit
Purtscheller H.
Ramsau
Stadlhorn
2287
2522
Torren
Königssee
Hoher Göll
1703
Blaueis Htt.
Stahl H.
G. Hundshorn
2607
Watzmann H.
Hochkalter
Hocheck
Hocheissp.
Watzmann
Watzmann Ostwand Biwak
Bergheim Hirschbichl
2521
2713
Kahlersberg
Wimbachgries Htt.
Weißbach
G. Hundstod
2350
2594
Rifflkopf
2254
Ingolstädter H.
Kärlinger H.
Tenneck
Rauchegg
Wiechenthaler Htt.
Werfen
Breithorn
Riemann H.
Eckbert Htt.
Ostpreußen Htt.
2504
Selbhorn
2642
Matras H.
2941
Bischofs
Maria Alm
Hinterthal
Hochkönig
Arthur H.
Erich Htt.
Ruperti H.
Mitterberg

10 Berchtes-gadener Alpen

Umgrenzung

Salzach von Salzburg bis Bischofshofen – Mühlbach – Trockenbach – Dientner Sattel – Filzensattel – Hintertal – Urslau – Saalach bis Salzburg

Bergheim Hirschbichl

K. II, 1150 m, seit 1969
DAV-S. Burghausen
Robert-Koch-Str. 13
D-84489 Burghausen

- ✆ Hütte 06582/8354 (Österreich)
- Aufsicht: Maria Altacher
  Hintertal 8
  A-5093 Weißbach b. Lofer
- ✗ beaufsichtigt, SV (Gasthaus gegenüber), geöffnet Pfingsten bis Ende Sept., vorherige Anmeldung zweckmäßig
- 19 ⌐ 20; kein ⊠
- 220 V ~
- ↗ Hintersee, 790 m, 2 (mit Bus bis Engert-Hütte, dann ¾); Weißbach b. Lofer, 660 m, 2; P Hirschbichlstraße, 900 m, ¾
- → Ingolstädter Haus 5; Traunsteiner Hütte 5
- △ Hocheisspitze, 2523 m, 3; Kammerlinghorn, 2484 m, 3; Seehorn, 2321 m, 5; Hochkranz, 1957 m, 3½
- kein Skigelände
- Berchtesgaden
- Ramsau – Hintersee P Weißbach b. Lofer P oder Hirschbichlstraße
- von Weißbach b. Lofer zur Hütte (nicht Tagesgäste)

FB 101; TKU 4; ÖK 92; Bergverlag Rother: AVF Berchtesgadener Alpen, GF Berchtesgadener Alpen, WF Hochkönig

Blaueishütte

K. I, 1680 m, erb. 1959/60
DAV-S. Berchtesgaden
Am Kurgarten, Maximilianstr. 1
D-83471 Berchtesgaden

- Raphael u. Brigitte Hang
  Im Tal 106
  D-83486 Ramsau
- ✆ Hütte 08657/271
- ✆ Tal 08657/546
- ✗ Mitte Mai bis Mitte Okt.
- 28 ⌐ 52
- ↗ Ramsau, 670 m, Hintersee, 790 m, 2½
- △ Hochkalter, 2607 m, 3½; Schärtenspitze, 2150 m, 1½; Blaueisspitze, 2481 m, 2½; Steinberg, 2066 m, 1
- nur Frühjahr ↗ Ramsau, Hintersee △ Blaueisgletscher (mit Skiern bis unterhalb der Scharte), Blaueisspitze
- Berchtesgaden

🚌 🚗 Ramsau, Hintersee 🅿

FB 101, 102; ÖK 92, 93; TK L 8542; TKU 4; Bergverlag Rother: AVF Berchtesgadener Alpen, GF Berchtesgadener Alpen, WF Berchtesgadener Land

Eckberthütte

K. I, 1140 m, erb. 1926
OeAV-S. Salzburg
Nonntaler Hauptstr. 86
A-5020 Salzburg

- Anderl Brandstätter
  Enzersbergerstr. 21
  A-5303 Thalgau
- ✆ Tal 06235/7302
- ✕ nicht bewirtschaftet, SV, zugänglich von 15. Mai bis 15. Oktober, 🔑
- ⊓ 18
- ↗ Eisenwerk Konkordiahütte, 600 m – Fahrstraße Blühnbachtal 4
- → Ostpreußenhütte über Blühnteckalm 2; Riemannhaus über Tauchertal-Brandhorn; Matrashaus über Torscharte 5; Wasseralm über Mauerscharte 4; Schloßanger 4
- △ Hochsailer, 2793 m, 3½; Brandhorn, 2609 m; Großes und Kleines Teufelshorn, 2362 m bzw. 2283 m, 6 - 7; Hochkönig, 2941 m
- ⛷ nur im Frühjahr → Ostpreußenhütte △ Brandhorn
- 🚆 🚌 Tenneck
- 🚗 Tenneck 🅿

AV 10/2; FB 103; ÖK 124; Bergverlag Rother: AVF Berchtesgadener Alpen, GF Berchtesgadener Alpen, WF Hochkönig

Erichhütte

K. I, 1540 m, erb. 1908
OeAV-S. Lend-Dienten
A-5651 Lend 64

- Maria Bürgler
  Berg 26
  A-5652 Dienten
- ✆ Hütte 0663/66213
- ✆ Tal 06416/341
- ✕ Anfang Juni bis Mitte Okt.
- 🛏 6 ⊓ 16; kein ⊞, Propangas
- ↗ Dienten - Rohrmoos 2; Dienten/Hochkönig 1½; P. 1250 (hierher mit Pkw von Dienten oder von Mühlbach) ¾
- → Bertgenhütte, 1845 m, 2½; Wiedersbergalm Arthurhaus, 1502 m, 3 - 3½; Matras-

haus am Hochköniggipfel, 2941 m
△ Taghaube, 2159 m, 2; Hochkönig, 2941 m, 4½ - 5; Kollmannsegg, 1857 m, 2½; Kleinschneeberg, 1917 m, 3
⛷ kein Stützpunkt
🚆 Lend
🚌 Dachegg, in der Sommerhochsaison auch bis P. 1250
🚗 von Dienten 3 km in Richtung Dientner Sattel, P. 1250 🅿

AV 10/2; FB 103; ÖK 124; Bergverlag Rother: AVF Berchtesgadener Alpen, GF Berchtesgadener Alpen, WF Hochkönig

Ingolstädter Haus

K. I, 2119 m, erb. 1928
DAV-S. Ingolstadt
Am Mühlbach 14
D-85055 Ingolstadt

† Siegfried Lohninger
Griesbachwinkel 60
A-5761 Maria Alm
✆ Hütte 06582/8353
✆ Tal 06584/7272
✕ Mitte Juni bis Anfang Okt.
🛏 12 ⊓ 70 ⊔ 32
⊠ 12 offen SR
↗ Weißbach, 660 m, 6; Diesbach-Stausee, 1415 m, 3; Wimbachgrieshütte, 1327 m, 3½; Königssee – St. Bartholomä, 600 m, 6½; Diesbach, 676 m, 4½
→ Riemannhaus 3; Kärlingerhaus 2½; Weißbachscharte – Peter-Wiechenthaler-Hütte, 1752 m, 4
△ Großer Hundstod, 2594 m, 1½; Schindlkopf, 2357 m, 1
⛷ ↗ Weißbach (meist nicht möglich), Wimbachgries, Riemannhaus (bester Zugang) → Kärlingerhaus △ Schindlkopf
🚆 Saalfelden
🚌 Weißbach bei Lofer 🅿
🚗 Weißbach – Pürzlbach

AV 10/1; FB 102; ÖK 93; TK L 8542; TKU 4; Bergverlag Rother: AVF Berchtesgadener Alpen, GF Berchtesgadener Alpen, WF Hochkönig

Kärlingerhaus am Funtensee

K. I, 1631 m, erb. 1879
DAV-S. Berchtesgaden
Am Kurgarten, Maximilianstr. 1
D-83471 Berchtesgaden

† Josef u. Ella Amort
Am Tradenlehen 16

D-83471 Schönau am Königssee
✆ Hütte 08652/2995
✆ Tal 08652/61589
✗ Pfingsten bis Anfang Okt., Ostern für Skitouren
🛏 55 ⊓ 178
❄ 30 offen SR
↗ St. Bartholomä am Königssee, 600 m – Saugasse 4; Salet-Alm am Königssee – Sagereck – Grünsee 4½; Wimbachgrieshütte, 1326 m – Trischübel – Hundstodgatterl, 2188 m, 6
→ Riemannhaus 2 ½ - 3; Ingolstädter Haus 3; Wasseralm (Röth), 1400 m, 3½; Gotzenalm, 1685 m, 6; Hochbrunnsulzen – Brandhorn, 2610 m – Matrashaus am Hochkönig, 2941 m, 10
△ Funtenseetauern, 2578 m, 3; Schönfeldspitze, 2653 m, 3 - 4; Viehkogel, 2158 m, 1½ - 2; Großer Hundstod, 2594 m, 4½; Schottmalhorn, 2282 m
⛷ nur Frühjahr ↗ St. Bartholomä, Wimbachgrieshütte → Große Reib'n (Schneibstein – Röth – Kärlingerhaus – Loferer Seilergraben) △ Funtenseetauern, Viehkogel, Breithorn
🚂 Berchtesgaden
🚌 🚗 Königssee P, Schiff bis Bartholomä oder Salet

AV 10/1; FB 102; ÖK 93; TK L 8542; TKU 4; Bergverlag Rother: AVF Berchtesgadener Alpen, GF Berchtesgadener Alpen, WF Berchtesgadener Land, WF Hochkönig

Ostpreußenhütte

K. I, 1630 m, erb. 1928
DAV-S. Königsberg
Korbinianstr. 8
D-85737 Ismaning

🚹 Anneliese Fritzl
Postfach 15
A-5450 Werfen
während der Nichtbew.:
Wallhorn 14b
A-9974 Prägraten
✆ Hütte 06468/7146
✆ Tal 04877/5402
✗ 1. Mai bis 31. Okt.
🛏 20 ⊓ 40, ♨
❄ 8 offen
↗ Werfen, 547 m, 3½; Dielalm, 1100 m, 2; Pfarrwerfen, 540 m – Imlau – Sonneckhütte 3½; Tenneck – Dielalm 3½ oder Blühnbachtal – Blühnteck-Alm 4½
→ Matrashaus am Hochkönig, 2941 m, 4 - 5 (Abstiege: Arthurhaus 3 - 3½; Erichhütte

3 - 4; Riemannhaus 7 - 8)
△ Albleck, 2364 m, 2½; Floßkogel, 2437 m, 2½; Hochkönig, 2941 m, 4 - 5
⛷ ↗ Werfen – Dielalm → Hochkönig, Arthurhaus △ Hochkönig
🚂 🚌 Werfen
🚗 Dielalm 🅿
AV 10/2; FB 103; ÖK 125; Bergverlag Rother: AVF Berchtesgadener Alpen, GF Berchtesgadener Alpen, WF Hochkönig

Peter-Wiechenthaler-Hütte

K. I, 1752 m, erb. 1926
OeAV-S. Saalfelden
Sonnleitenweg 10
A-5760 Saalfelden

🚹 Gottfried u. Roswitha Jirkal
A-5760 Saalfelden
während der Nichtbew.:
Obsthurn Nr. 41
A-5092 St. Martin b. Lofer
✆ Hütte 06582/73489
✆ Tal 06588/227
✕ Anfang Juni bis Ende Sept., Mai und Okt. bei Schönwetter Sa./So.
🛏 14 ⌐ 33 ⌙ 23
❄ 6 ⚿, Wasserstelle 300 m unterhalb der Hütte (nordseitig)
⚡ 220 V ~
↗ Saalfelden, 744 m – Bachwinkel 3½; Saalfelden – Kalembach – Steinalpe 4½
→ Weißbachscharte, 2259 m – Riemannhaus, 2177 m, 3½; Weißbachscharte – Ingolstädter Haus, 2119 m, 3½; Weißbachscharte – Kärlingerhaus, 1631 m, 3½, und Königssee 5; Gratübergang Persailhorn, 2350 m – Mitterhorn, 2491 m – Breithorn, 2502 m – Riemannhaus, 2177 m, 5; Mitterhorn – Weißbachscharte, 1½
△ Persailhorn, 2350 m, 2 (Klettersteig); Mitterhorn, 2491 m, 3; Breithorn, 2504 m, 4; Schindlköpfe, 2357 m, 2
⛷ kein Stützpunkt
🚂 🚌 Saalfelden
🚗 Bachwinkel 🅿
🚡 Öfenbach/Bachwinkel
AV 10/1; FB 103; ÖK 124; Bergverlag Rother: AVF Berchtesgadener Alpen, GF Berchtesgadener Alpen, GF Loferer und Leoganger Steinberge, WF Hochkönig

Purtschellerhaus

K. I, 1692 m, erb. 1899/1900
DAV-S. Sonneberg
Wolfgang Gebhardt
Himmelsacker 56
D-96450 Coburg

- Christl Zembsch
  Silbergstr. 25
  D-83489 Strub
- Hütte 08652/2420
- Tal 08652/5371
- Pfingsten bis Mitte Okt. (nach Schneelage)
- 12 ⊓ 100
- ↗ Berchtesgaden, 540 m – Obersalzberg – Enzianhütte – Eckerleiten 3 - 3½; Enzianhütte 1½; Hallein, Kuchl und Golling – Eckersattel, 1414 m, 4 - 5; Oberahornkaser – Eckersattel 30 - 40 Min.
- → Hoher Göll – Hohes Brett – Stahlhaus am Torrener Joch 6 - 7; Mannlköpfe – Kehlsteinhaus (Klettersteig) 3 - 4
- △ Hoher Göll, 2522 m, 3; Hohes Brett, 2338 m, 5
- kein Stützpunkt
- Berchtesgaden, Kuchl, Hallein
- Roßfeldstraße – Oberahornkaser
- Oberahornkaser P (Maut)

FB 102; ÖK 93; TK L 8344; TKU 4; Bergverlag Rother: AVF Berchtesgadener Alpen, GF Berchtesgadener Alpen, WF Berchtesgadener Land, WF Salzburg

Riemannhaus

K. I, 2177 m, erb. 1885
DAV-S. Ingolstadt
Am Mühlbach 14
D-85055 Ingolstadt

- Manfred Gruber
  Pürstingerstr. 48
  A-5760 Saalfelden
- Y Hütte 06582/73300
- Tal 06582/72155
- Pfingsten, Mitte Juni bis Anf. Okt.
- 22 ⊓ 128 ⊔ 25
- 6 SR,
- ↗ Saalfelden, 744 m, 4; Maria Alm, 802 m, bis P Sanden, dann 2½
- → Ingolstädter Haus 2½; Kärlingerhaus 2½; Weißbachscharte – P.-Wiechenthaler-Hütte, 1752 m, 3½; Matrashaus am Hochkönig, 2941 m, nur für Geübte, 10 - 12
- △ Sommerstein, 2308 m, ½; Breithorn, 2504 m, 1; Schönfeldspitze, 2653 m, 2½; Selbhorn, 2654 m, 3½
- nur Frühjahr ↗ Saalfelden, Maria Alm → Ingolstädter Haus, Kärlingerhaus △ Sommerstein, Breithorn
- Saalfelden

Maria Alm
Griesbachwinkel bis Waldende (Weg steil, Aufstieg 2½) Maria Alm

AV 10/1; FB 103; ÖK 124; TK L 8542; TKU 4; Bergverlag Rother: AVF Berchtesgadener Alpen, GF Berchtesgadener Alpen, WF Hochkönig

Stahlhaus, (Carl v.-)

K. I, 1728 m, erb. 1921
OeAV-S. Salzburg
Nonntaler Hauptstr. 86
A-5020 Salzburg

Helmut Pfitzner
Torren 69
A-5440 Golling
Hütte 08652/2752 (BRD)
gj. bew.
24 ⊓ 70 ⊔ 10
220 V ~
Golling, 500 m – »Bärenwirt« – Fahrstraße Jochalm, 1220 m, 4; Königssee, 722 m – Königsbachalm, 1200 m, 3; Jennerbahn-Bergstation, 1780 m, ¾; Jennerbahn-Mittelstation bzw. Autoparkplatz Hinterbrand, 1100 m – Mitterkaser 1½ - 2
→ Hohes Brett, 2338 m, – Archenkopf, 2391 m – Hoher Göll, 2522 m – Purtschellerhaus, 1692 m, 5; Kleine Reib'n – Stahlhaus – Schneibstein, 2276 m – Windscharte – Roßfeld – Königsbachalm – Königssee 5 - 6; Große Reib'n – Stahlhaus – Schneibstein – Seeleinsee – Funtenseetauern – Kärlingerhaus – Hundstodgatterl – Wimbachgries-Au 2 - 3 Tage
△ Schneibstein, 2276 m, 1½; Hoher Göll, 2522 m, über Hohes Brett, 2338, und Archenkopf, 2391 m, 3 - 4; Hohes Brett, 2338, 1½
↗ Golling, Königssee, Jennerbahn-Bergstation, Jennerbahn-Mittelstation → Kleine Reib'n – Hohes Brett △ Schneibstein, Hoher Göll, Große Reib'n
Berchtesgaden/Golling
Golling/Königssee
Königssee, Jenner-Mittelstation, Brand, »Bärenwirt« von Golling P
Königssee – Jenner
Mitterkaser

AV 10/2; FB 102; ÖK 93; TK L 8544; TKU 4; Bergverlag Rother: AVF Berchtesgadener Alpen, GF Berchtesgadener Alpen, WF Salzburg

Stöhrhaus

auf dem Untersberg
K. I, 1894 m, erb. 1901
DAV-S. Berchtesgaden
Am Kurgarten, Maximilianstr. 1
D-83471 Berchtesgaden

- Rupert u. Robin Sommerauer
  Stöhrhaus, Maximilianstr. 1
  D-83471 Berchtesgaden
- Hütte 08652/7233
- Ende Mai bis Mitte Okt.
- 16 ⊓ 66 ⊔ 15
- 220 V ~
- ↗ Berchtesgaden – Maria Gern, 730 m, 4; Bischofswiesen-Hallthurm, 693 m – Zehnkaser oder Bischofswiesen-Reisenkaser 3½; Schellenberg, 480 m – Schellenberger Eishöhle – Mittagsscharte 6; Geiereck, 1806 m, 3
- → Mittagsscharte – Salzburger Hochthron – Zeppezauer Haus 3
- △ Berchtesgadener Hochthron, 1972 m, ¼
- kein Stützpunkt ↗ Bischofswiesen-Reisenkaser → Salzburger Hochthron
- Berchtesgaden
- Hintergern
- Maria Gern, Gasthaus Dürrlehen P
- Grödig b. Salzburg – Geiereck

FB 102; ÖK 93; TKU 4; Bergverlag Rother: AVF Berchtesgadener Alpen, GF Berchtesgadener Alpen, WF Berchtesgadener Land

Traunsteiner Hütte, Neue

(Karl-Merkenschlager-Haus)
K. I, 1560 m, erb. 1936/38
DAV-S. Traunstein
Postfach 1107
D-83261 Traunstein

- Hermann Votz
  Traunsteiner Hütte
  D-83458 Schneizlreuth
  während der Nichtbew.:
  Turnergasse 6
  D-83435 Bad Reichenhall
- Hütte 08651/1752
- Tal 08651/8448
- Anfang April (bzw. Ostern) bis Ende Okt.
- 38 ⊓ 130
- 16 offen, im Erdgeschoß, SR
- 220 V ~
- ↗ Oberjettenberg, 630 m – Schrecksattel, 1607 m, 4; Gasthaus Schwarzbachwacht, 868 m, 3 - 4; Reith, 577 m, 3½
- → Rossgasse od. Steinberggasse – Maierbergscharte, 2057 m, Gasthaus Obermeier-

berg 5; oder unter den S-Wänden der Stadlmauer zur Hirschbichler Landstraße und nach Hintersee 6; Steinberggasse – Böslsteig – Hintersee 5; Edelweißlahner – Steinberg-Kamm-Plattkopf – Steinberggasse 6 - 7

△ Gr. Häuselhorn, 2284 m, 2½; Wagendrischlhorn, 2251 m, 2½; Stadlhorn, 2286 m, 3¼; Edelweißlahner, 1955 m, 2; Weitschartenkopf, 1980 m, 1

↗ Oberjettenberg, Reith △ Gr. Häuselhorn, Wagendrischlhorn, Weitschartenkopf, 1980 m, 1

Bad Reichenhall

Oberjettenberg oder Schneizlreuth, Reith in Österreich

Oberjettenberg, Schwarzbachwacht, Reith P

FB 102; ÖK 93; TK L 8342; TKU 4; Bergverlag Rother: AVF Berchtesgadener Alpen, GF Berchtesgadener Alpen, WF Berchtesgadener Land

Watzmannhaus

K. I, 1930 m, erb. 1888
DAV-S. München
Goethestr. 21
D-80336 München

Roman Kurz
D-83486 Ramsau

✆ Hütte 08652/1310
während der Nichtbew.:
Ludwig-Ganghofer-Str. 30
D-83471 Berchtesgaden

✆ Tal 08652/61430

Pfingsten bis Anfang Okt.

45 ⌐ 130 ⌙ 25

12-15 offen

↗ Ramsau – Wimbachbrücke, 620 m, 3½ - 4; Ilsank, 620 m – Schapbach – Stubenalm 4; Königssee, 610 m – Kühroint, 1420 m, 4 - 4½; St. Bartholomä, 600m – Rinnkendlsteig Kühroint 4½ - 5

→ Bartholomä – Saugasse – Kärlingerhaus 6½ - 7; Sigeretplatte – Trischübel, 1789 m – Wimbachgrieshütte, 1327 m, 6½ - 7

△ Watzmann – Hocheck 2 – Mittelspitze 2½; – Südspitze 4 (Gratübergang teilw. gesichert, nur für Geübte) – Abstieg Wimbachtal 3

nur Frühjahr, hochalpin ↗ Wimbachbrücke, Ilsank

Berchtesgaden

Ramsau – Wimbachbrücke

Wimbachbrücke P

FB 102; ÖK 93; TK L 8542; TKU 4; Bergverlag Rother: AVF Berchtesgadener Alpen, GF Berchtesgadener Alpen, WF Berchtesgadener Land

Zeppezauerhaus

K. I, 1663 m, erb. 1914,
nach Brand, erste Hütte 1883
OeAV-S. Salzburg
Nonntaler Hauptstr. 86
A-5020 Salzburg

- Katharina Schneider
  Zeppezauerhaus
  A-5083 Gartenau
  während der Nichtbew.:
  Weiserhofstr. 10
  A-5020 Salzburg
- ✆ Hütte 0663/66035
- ✆ Tal 0662/886036
- Anfang Mai bis Ende Okt.
- 15 ⌐ 46 ⌙ 15
- 15 offen (keine Heizmöglichkeit)
- ↗ Reitsteig, Glanegg, Parkplatz Untere Rositten, 505 m, 2½; Dopplersteig, Glanegg 2½; Bergstation der Untersberg-Personenseilbahn, 1770 m, 10 Min. Abstieg
- → Stöhrhaus, 1894 m, Geiereck, 1806 m – Salzburger Hochthron, 1853 m – Mittagsscharte, 1600 m – Berchtesgadener Hochthron, 1972 m, 3; Schellenberger Hütte (auch Blausand-, Eishöhlen- oder Toni-Lenz-Hütte), 1551 m, wie zum Stöhrhaus bis Mittagsscharte, versicherter Abstieg zur Schellenberger Eishöhle 2; Schellenberger Hütte – Mittagscharte – Schellenberger Eishöhle – Schellenberger Sattel – Obere Rositten – Dopplersteig, bez. 4½
- △ Geiereck, 1806 m, Salzburger Hochthron, 1853 m, ¾
- ↗ Bergstation Untersbergbahn → Salzbg. Hochthron ↓ Fürstenbrunn, von da Bus zur Untersbergbahn-Talstation
- Salzburg
- Priv.-Bus Salzburg-Hbf. zur Untersbergbahn
- Untere Rositten in Glanegg P
- St. Leonhard – Untersbergbahn

FB 102; ÖK 93; TKU 4; Bergverlag Rother: AVF Berchtesgadener Alpen, GF Berchtesgadener Alpen, WF Berchtesgadener Land, WF Salzburg

Hütten anderer alpiner Vereine und Privathütten

Alpeltalhütte 1100 m, bei Vorderbrand, TVN, 20 22, Berchtesgaden-Hinterbrand 5 Min., Berchtesgaden Hinterbrand, im Sommer Obersalzbergstraße bis Vorderbrand, bew. 26. Dez. bis Ende Okt., Mi Ruhetag, 08652/63077

Arthurhaus 1503 m, oberhalb Mühlbach am Hochkönig, privat, 40 24, Mühlbach 1¾, Bischofshofen 3½, Bischofshofen Mühlbach zum Haus, bew. Anfang Dez. bis Ende April und Anfang Juni bis Ende Sept., 06467/7202

Bertgenhütte 1845 m, im Schneekar des Hochkönigs, ÖTK, 10, Alm bei Saalfelden 1, Saalfelden Maria Alm bis Hintertal, SV, offen

Birgkarhaus 1403 m, am Dientner Sattel, privat, 60, Bischofshofen 3, Dienten 1, Bischofshofen, Dienten Mühlbach zum Haus, gj. bew., 06467/7287

Dielalm-Gasthaus 1026 m, westlich Werfen, auf dem Weg zur Ostpreußenhütte, privat, 16, Werfen 1½, Werfen, bew. Mitte Dez. bis 20. Mai, Anfang Juli bis Ende Okt., 06468/7788

Dr.-Hugo-Beck-Haus 1260 m, Skiclub Berchtesgaden, am unteren Rand der Jennerfelder, 8 37, Berchtesgaden Königssee, ¼ von der Mittelstation Jenner, gj. bew., 08652/2727

Gotzenalm 1685 m, auf dem Gotzenplateau oberhalb des Königssees, privat, 15 65, Bootsstation Königssee-Kessel 2½, Berchtesgaden Königssee, bew. Pfingsten bis Anfang Okt., 08652/3642

Hocheck-Unterstandshütte 2653 m, auf dem Watzmann-Hocheck, DAV-S. München, offener Unterstand Watzmann, Berchtesgaden Königssee

Kührointhütte 1420 m, Königssee-Watzmannhaus, privat, 3 16, Königssee 2, Berchtesgaden Königssee, bew. Anfang Juni bis Anfang Okt., 08652/7339

Mandlwandhaus 1300 m, auf dem Mitterberg bei Mühlbach, privat, 20 40, Mühlbach am Hochkönig 1, Bischofshofen Mühlbach am Hochkönig, gj. bew., 06467/7206

Matras-Haus (Franz-Eduard-Haus), 2941 m, auf dem Gipfel des Hochkönigs, ÖTK, 20 122, Bischofshofen Mühlbach Arthurhaus, Arthurhaus 4 - 5; bew. Mitte Juni bzw. Ende Okt., März bis Juni an Wochenenden bei Schönwetter und ohne Lawinengefahr, 10 offen, 06467/7566

Mitterfeldalm 1670 m, an den Manndlwänden, privat, 10 82, Mühlbach 3, Arthurhaus ¾, Bischofshofen Mühlbach Arthurhaus, gj. bew., 0663/69943

Roßfeldhütte (Schellenberger Skihütte), 1461 m, am Obersalzberg, privat, keine Übernachtungsmöglichkeit, Berchtesgaden 3, Berchtesgaden Obersalzberg Obersalzberg zum Haus, gj. bew., 08652/948720

Schellenberger Eishöhlenhütte (Toni-Lenz-Hütte), 1551 m, unter den Ostabstürzen des Untersberg, Verein für Höhlenkunde, 12, Marktschellenberg 2¾, Berchtesgaden 🚌 🚗 Marktschellenberg, bew. Anfang Juni bis Mitte Okt., ✆ 08650/1249, ✆ Hütte 0161/1815987

Schneibsteinhaus 1668 m, auf dem Torrener Joch, TVN, 🛏 6 ⊓ 74, ↗ Berchtesgaden 3½, Königssee 3, 🚆 Berchtesgaden 🚌 Königssee 🚗 Hinterbrand, gj. bew., Anfang Nov. bis Weihnachten geschlossen, ✆ 08652/2596

Vorderbrand-Gasthof 1070 m, am Obersalzberg, privat, 🛏 12 ⊓ 22, ↗ Berchtesgaden 2, Königssee 1½, 🚆 Berchtesgaden 🚌 🚗 Obersalzberg, gj. bew., ✆ 08652/2059

Wasseralm in der Röth, 1423 m, nordwestlich der Teufelshörner, DAV-S. Berchtesgaden und Nationalparkverwaltung, ⊓ 40, ↗ Königssee-Obersee, Fischunkelalm 3 (nur für Geübte, umständlich erreichbar), 🚆 Berchtesgaden 🚌 🚗 Königssee, SV, gj. geöffnet, Küche im Sommer nur mit Schlüssel zugänglich, nur einmalige Nächtigung möglich

Watzmann-Ostwand-Biwakschachtel 2380 m, unter der Watzmann-Südspitze, DAV-S. Berchtesgaden, ⊓ 4, ↗ Zugang nur über eine der Ostwandrouten möglich, 🚆 Berchtesgaden 🚌 🚗 Königssee

Watzmann-Ostwand-Hütte in St. Bartholomä, 623 m, DAV-S. Berchtesgaden, ⊓ 20, Schlüssel beim Wirt von St. Bartholomä, der auch die Hütte beaufsichtigt; Anspruch auf Lager haben nur Watzmann-Ostwand-Begeher, 🚆 Berchtesgaden 🚌 🚗 Königssee, mit Linienschiff nach St. Bartholomä, SV, nur einmalige Nächtigung möglich

Wildalmkirchl-Biwakschachtel 2457 m, nordöstlich unterhalb des Wildalmkirchlgipfels, ÖTK, ⊓ 8, ↗ Kärlingerhaus 4½, Matrashaus 6, 🚆 🚌 🚗 Königssee oder Saalfelden – Maria Alm

Wimbachgrieshütte 1327 m, im Wimbachgries, TVN, 🛏 12 ⊓ 72, ↗ Wimbachbrücke 3, 🚆 Berchtesgaden 🚌 🚗 Au-Wimbachbrücke, ✆ 08657/344, bew. Mai bis Ende Oktober und auf Anfrage

Stephanskirchen
Prien
Riedering
Söllhuben
Lauterbach
Bernau
Rohrdorf
Frasdorf
Steinlingalm
Neubeuern
Kampenwand
1669
Aschau
Grassauer H.
Riesen Htt.
Hochries H.
1586
Hochplatte
Nußdorf
Spitzstein
1597
Schleching
Spitzstein H.
Sachrang
Priener Htt.
Erl
Niederndorf
Kössen

11 Chiemgauer Alpen

Umgrenzung

Voralpengebiet von Rosenheim über Chiemsee – Traunstein – Teisendorf bis Bad Reichenhall – Saalach bis Lofer – Strubache – Waidring – Griesbach – Erpfendorf – Kössener Ache bis Kössen – Weißenbach – Walchsee – Durchholzen – Achentaler Bach – Jennbach – Inn bis Rosenheim

Hochrieshaus

K. II, 1569 m, erb. 1913,
Neubau 1959
DAV-S. Rosenheim
Sporth. Ankirchner
Münchner Str. 9
D-83022 Rosenheim

- Monika u. Herwig Pietsch
  Hochrieshaus
  D-83122 Samerberg
- Hütte 08032/8210
- gj. bew., Do Ruhetag
- 18 40 6
- 220 V ~
- Grainbach, 684 m, 2; Frasdorf, 598 m, 3 - 3½; Wanderparkplatz Spatenau/Samerberg 2½; Aschau, 615 m – Hofalm – Riesenhütte 3½
- Aberg – Predigtstuhl – Klausenberg (Klausenhütte) – Zinnenberg, 1566 m, 2; Spitzstein, 1596 m – Spitzsteinhaus 4
- △ Karkopf, 1497 m, ¾ – Feichteck, 1514 m, 1½
- Abfahrt: Riesenhütte – Frasdorf △ Karkopf – Karalm; Predigtstuhl u. Klausenberg – Zinnenberg – Spitzstein
- Rosenheim
- Grainbach, Frasdorf, Aschau
- Grainbach – Hochriesbahn
- Ebenwaldalm, 8 Min. bis zur Hütte
- Grainbach – Ebenwaldalm

ÖK 90; TK L 8338; TKU 7; Bergverlag Rother: AVF Chiemgauer Alpen, WF Chiemgau

Priener Hütte

K. II, 1410 m, erb. 1925
DAV-S. Prien
Postfach 1223
D-83202 Prien

- Sabine u. Josef Daidzic
  Priener Hütte
  Postfach 1123
  D-83225 Sachrang
- Hütte 08057/428
- gj. bew., 1.4. – 30.4. geschlossen, jedoch Ostern geöffnet
- 55 85
- Duschraum
- 220 V ~
- Huben bei Sachrang, 750 m, 2 - 2½; Walchsee/Tirol, 600 m, 3 - 4; Ettenhausen, 650 m, üb. Wuhrsteinalm, 1½ oder mit links um den Breitenstein herum 1½ oder

üb. Keferlschneid 2 zur Hütte
→ Roßalm – Weitlahner – Dalsenalm – Kampenwand, 1669 m – Aschau 5 - 7 (gesperrt von 1.11. – 30.5., Naturschutzgebiet)
△ Geigelstein, 1808 m, 1½; Breitenstein, 1661 m, 1; Mühlhörndl, 1518 m, 1
↗ Huben; Ettenhausen Wuhrsteinalm – Wirtsalm, 1400 m – Skischarte, 1700 m – Geigelstein, 1808 m – Hütte 1½; △ Geigelstein, Breitenstein, Mühlhörndl
Prien – Bernau
Sachrang/Huben
Sachrang/Huben, Ettenhausen
Ettenhausen – Wuhrsteinalm

ÖK 90; TK L 8338; TKU 7; Bergverlag Rother: AVF Chiemgauer Alpen, WF Chiemgau

Reichenhaller Haus

auf dem Hochstaufen
K. I, 1750 m, erb. 1908
DAV-S. Bad Reichenhall
Postfach 2352
D-83425 Bad Reichenhall

Rudolf Klecker
Gebirgsjägerstr. 57
D-83489 Strub/Bischofswiesen
✆ Hütte 08651/5566
✆ Tal 08652/62812
Mitte Mai bis Mitte Okt.
6 ⌐ 24
↗ Nonn-Karlstein, 470 m – Autofahrtstraße bis Padinger Alm, 662 m; über »Bartlmahd« 3; üb. »Steinerne Jager« 3½; Piding-Mauthausen, 470 m – Fuderheuberg – »Steinerne Jager« 5; Anger oder Aufham, 500 m – Steineralm 4; Inzell, 650 m – Adlgaß 4
→ △ Klettersteig zum Zwiesel 3; »Bartlmahd« – Zwieselhaus – Zwiesel 3
kein Skigebiet
Bad Reichenhall
Nonn-Karlstein
Nonn-Karlstein, Padinger Alm P

TK L 8342; TKU 4; Bergverlag Rother: AVF Chiemgauer Alpen, WF Chiemgau

Riesenhütte

K. II, 1345 m, erb. 1913
DAV-S. Oberland
Tal 42
D-80331 München

Fam. Bachmann
Riesenhütte
D-83112 Frasdorf

Hütte 08052/2921
Tal 05373/8167
gj. bew., 14 Tage im Frühjahr u. im Nov. geschlossen
16 ⌐ 30
220 V ~ (nur abends)
Frasdorf, 600 m, 2½; Aschau, 600 m – Hof-Alm 2½; Grainbach, 684 m, 2½
Klausenberg, 1540 m – Spitzstein, 1596 m – Spitzsteinhaus 3½; Hochrieshaus ¾; Grozach (Bergwachthütte); Abereck, 1450 m – Laubenstein-Alm, 1320 m – Riesenhütte 2
△ Hochries, 1569 m, ¾; Riesenberg, 1444 m, ¼; Spielberg, 1433 m, ¼; Predigtstuhl, 1491 m, ¾
Frasdorf; Aschau △ Hochries, Riesenberg, Predigtstuhl
Rosenheim
Frasdorf
Frasdorf-Lederstube (Holzlagerplatz) P

TKU 7; Bergverlag Rother: AVF Chiemgauer Alpen, WF Chiemgau

Spitzsteinhaus

K. II, 1335 m, erb. 1905,
Neubau nach Brand 1980/81
DAV-S. Spitzstein
St.-Rochus-Str. 44
D-85716 Unterschleißheim

Adelheid Daxauer
Erlberg Nr. 51
A-6343 Erl
Hütte 05373/8330
Tal 05373/8167
26.12. bis 28.2. und 1.4. bis Wochenende nach 1.11.
20 ⌐ 50
220 V ~
Sachrang, 738, 1½; Innerwald, 730 m, 1½; Erlerberg, ca. 1000 m, 1
Klausenberg, 1566 m – Hochrieshaus 4 - 5; Klausenhütte – Hohenaschau 3 - 4
△ Spitzstein, 1596 m, ¾
↗ Sachrang, Erlerberg → Hochries △ Spitzstein
Oberaudorf, Aschau/Chiemgau
Sachrang u. Innerwald P, Erl, Erlerberg P

ÖK 90; TK L 8338; TKU 7; Bergverlag Rother: AVF Chiemgauer Alpen, WF Chiemgau

Straubinger Haus

K. II, 1600 m, erworben 1926,
Neubau 1976/77
DAV-S. Straubing
Fraunhoferstr. 10/I
D-94315 Straubing

- Winfried Moroder
  Straubinger Haus
  Eggenalm 1A
  A-6345 Kössen
- Hütte 05375/6429
- Tal 05375/6468
- Mitte Mai bis Anfang Nov., Weihnachtsferien und Mitte Feb. bis Mitte März, ohne Übernachtung
- 16 ⊓ 65 ⊔ 20
- 220 V ~
- ↗ Reit im Winkl – Blindau, 711 m – Hindenburghütte, 1200 m, 2½; Seegatterlhütte, 736 m, 2¾; Hagerbrücke (zwischen Kössen und Erpfendorf) 2¾; Erpfendorf – Gernkopf 3 - 3½; Blindau – Klausenbergalm – Weißenstein – Neualm 4; Ghs. Steinplatte 2
- → Brennh., 1413 m – Steinplatte, 1869 m – Winklmoosalm 3½; – Traunsteiner Skihütte 4
- △ Fellhorn, 1765 m, ½
- ↗ Blindau → Winklmoosalm △ Fellhorn, Langlaufloipe im Bereich der Hütte
- Ruhpolding
- Reit im Winkl, Kössen
- Blindau, Seegatterl, Hagerbrücke P, Ghs. Steinplatte, Maut

FB 301; ÖK 90; TK L 8338; TKU 7; Bergverlag Rother: AVF Chiemgauer Alpen, WF Chiemgau

Traunsteiner Skihütte

K. II, 1160 m, erworben 1925
DAV-S. Traunstein
Unter den Arkaden
D-83278 Traunstein

- Engelbert Lichtmanegger
  Traunsteiner Hütte
  Dürrnbachhornweg 14
  D-83242 Reit im Winkl
- Hütte 08640/8140
- gj. bew., Nov. geschlossen
- 4 ⊓ 32
- 220 V ~

↗ Seegatterl, 763 m, 1¼; Haltestelle Winklmoosalm ¼
→ Heutal (Berggasth., 1100 m) 2; Möseralm (Berggasth., 1274 m) 1 – Steinplatte (Gasthaus, ca. 1350 m) 2; Straubinger Haus 4
△ Dürrnbachhorn, 1776 m, 1½ – Wildalphorn, 1669 m, 2; Kammerköhr, 1869 m, 3½; Steinplatte, 1869 m – Fellhorn, 1765 m, 5; Heutal – Sonntagshorn, 1961 m, 5
⛷ ↗ Seegatterl → Heutal, Möseralm, Steinplatte, Straubinger Haus △ Dürrnbachhorn – Wildalphorn, Kammerköhr, Fellhorn, Sonntagshorn; Pistenskilauf Kammerköhr, Steinplatte, Langlaufloipen im Hüttenbereich
🚂 Ruhpolding
🚌 Reit im Winkl – Seegatterl – Winklmoosalm
🚗 im Sommer zur Hütte, im Winter bis Seegatterl P

FB 301; ÖK 90; TK L 8338; TKU 7; Bergverlag Rother: AVF Chiemgauer Alpen, WF Chiemgau

Hütten anderer alpiner Vereine und Privathütten

Frasdorfer Berghaus 1100 m, am Fuße des Hochries, privat, ⌐ 70, ↗ Niederaschau ¾, 🚂 🚌 Niederaschau 🚗 Weidach, Auskunft ✆ 08052/4418

Gertrud in der Sonne, Haus 1560 m, auf der Loferer Alm, privat, 🛏 50, ↗ Lofer 2½, 🚂 Saalfelde, 🚌 Lofer 🚙 ab Lofer zum Haus, gj. bew., ✆ 06588/7303

Hochgernhaus 1510 m, unterhalb des Lerchecks, 🛏 10 ⌐ 20, ↗ Marquartstein 2½, 🚂 🚌 🚗 Marquartstein, ganzj. bew., ✆ 08641/61919

Paul-Gruber-Haus 950 m, auf der Kugelbachalm, TVN, 🛏 9 ⌐ 33, ↗ Kaitl 1¼, 🚂 Bad Reichenhall-Kirchbberg 🚌 Karlstein-Kaitl 🚗 Karlstein-Kaitl P, SV, zugänglich Mai - Okt., ✆ Hütte 08651/66775

Schlechtenbergalm 1500 m, an der Kampenwand, privat, ⌐ 20, ↗ Aschau, Schleching 3, 🚂 Aschau 🚌 🚗 Hohenaschau oder Schleching

Steinlingalm 1550 m, nördlich der Kampenwand, privat, 🛏 25 ⌐ 70, ↗ Aschau 2½ (oder Lift ¾), 🚂 🚌 Aschau 🚗 Talstation Kampenwandlift, ✆ 08052/2962, gj. bew., Übernachtung nur Mai - Okt. Di. - Do. und Sa.

Steinplatte-Alpengasthaus 1360 m, auf der Steinplatte, privat, 🛏 35, ↗ Waidring 2, 🚂 St. Johann in Tirol 🚌 Waidring 🚗 Waidring zum Haus, bew. Mitte Dez. bis Mitte April und Mitte Mai bis Mitte Okt., ✆ 05353/231

Zwieselhaus 1386 m, am Südhang der Zwiesel, privat, 🛏 30, ↗ Bad Reichenhall 3¼, 🚂 🚌 Bad Reichenhall 🚗 Bad Reichenhall bis Listwirt, bew. Mitte Mai bis Mitte Okt., ✆ 08651/3107

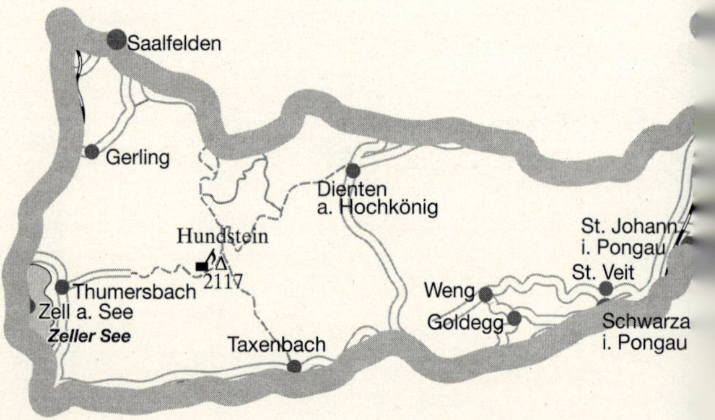
Saalfelden
Gerling
Dienten
a. Hochkönig
Hundstein
2117
St. Johann
i. Pongau
St. Veit
Thumersbach
Weng
Zell a. See
Goldegg
Schwarza
i. Pongau
Zeller See
Taxenbach

12 Salzburger Schieferalpen

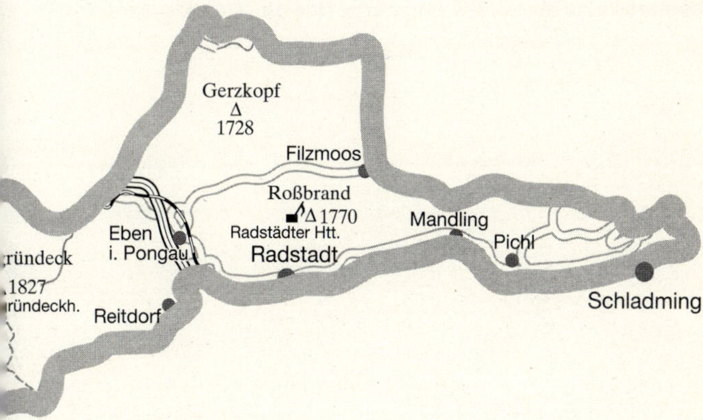

Umgrenzung

Saalfelden – Urslau – Hintertal – Filzensattel – Dientner Sattel – Trockenbach – Mühlbach – Salzach bis Einmündung Fritzbach – Fritzbach – Martinsbach – St. Martin – Karbach – Lungötz – Neubach – Linbach – Fritzbach – Marcheggsattel – Warme Mandling – Kalte Mandling – Schildlehenbach – Ramsaubach – Weißenbach – Enns bis Einmündung Litzlingbach – Litzlingbach – Wagrainer Höhe – Wagrainer Bach – Salzach bis Bruck – Zeller See – Saalach bis Saalfelden

Hütten anderer alpiner Vereine und Privathütten

Radstädter Hütte 1770 m, privat, 🛏 80, gj. bew., ↗ Roßbrandstraße ½, 🚂 Radstadt, Altenmarkt 🚌 Radstadt, Filzmoos 🚗 Radstadt – Roßbrandstraße

Roßbrandhütte 1720 m, TVN, nördlich unterhalb des Roßbrandes, 🛏 10 ⌐ 15, ↗ Filzmoos 2½, Radstadt 3, vom P auf der Roßbrand-Mautstraße ½, 🚂 Radstadt 🚌 Radstadt, Filzmoos 🚗 P Roßbrand-Mautstraße, SV, Voranmeldung bei Johann Kocher, Dörfl 20, A-5550 Radstadt, ✆ 06452/61572

Saalfeldner Hütte 1460 m, am Aberg, TVN, 🛏 4 ⌐ 14, ↗ Maria Alm 2, 🚂 🚌 🚗 Saalfelden (dazu mehrere Lifte im Winter), SV, Voranmeldung bei Herbert Breitfuß, Bergstr. 7, A-5760 Saalfelden, ✆ 06582/29862

Statzerhaus 2117 m, auf dem Hundsteingipfel, ÖTK, 🛏 6 ⌐ 27, ↗ Maria Alm 4, 🚂 🚌 🚗 Saalfelden oder Zell am See, bew. Pfingsten bis Mitte Okt., ✆ 06542/4438

13 Tennengebirge

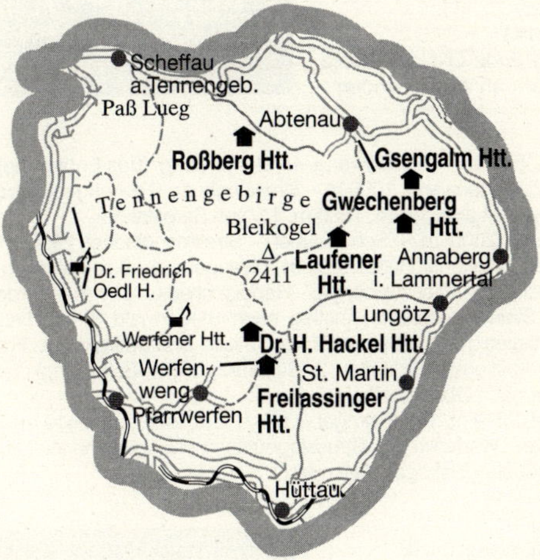

Umgrenzung

Golling – Lammer bis Lungötz – Karbach – St. Martin – Martinsbach – Fritzbach – Salzach bis Golling

Dr.-Heinrich-Hackel-Hütte

(Söldenhütte)
K. I, 1531 m, erb. 1913
OeAV-S. Salzburg
Nonntaler Hauptstr. 86
A-5020 Salzburg

- Christian u. Helga Gerstgraser
  A-5453 Werfenweng
- © Hütte 0664/3429114
  während der Nichtbew.:
  Stegenweg 3
  A-5661 Rauris
- © Tal 06544/7143
- Anf. Mai bis Ende Okt., Anf. März bis Anfang Mai an Wochenenden
- 7 ⊓ 40
- 220 V ~
- ↗ Pfarrwerfen, 500 m – Werfenweng 4; Werfenweng (Bus-Endstation), 1000 m – Wengerau 2; Werfenweng, 1000 m – Strussinghütte (Tennengebirgsbahn), 1530 m – Prokschhaus – Laubichlalm, 1500 m, 1½ von Bergstation
- → Tauernscharte, 2000 m – Schubbühel – Streitmandlhöhe, 2300 m, 5; Abstieg Hochthrontal – Werfener Hütte, 1968 m – Wengerau 6 - 8 o. Mahdegg – Werten 7 - 9; Wengerscharte – Pitschenbergtal - Happischhaus, 1914 m – Vordere Pitschenbergalm – Steinerne Stiege, Abstieg nach Stegenwald 8 - 9; Laufener Hütte, 1726 m, Abstieg nach Abtenau 8; Jochriedl, Brandbergköpfe, Frommerkogel, 1882 m, 3; Abstieg nach Hüttau 2; Scheiblingbühel, Scheiblingkogel 4; Abstieg über Schwer nach Oberscheffau 8
- △ Tauernkogel, 2249 m, 1½; Eiskogel, 2321 m, 2½; Bleikogel, 2410 m, 4
- ↗ Pfarrwerfen, Werfenweng, Strussinghütte → Wengerscharte, Laufener Hütte, Scheiblingbühel △ Eiskogel, Bleikogel
- Pfarrwerfen
- Werfenweng
- Werfenweng, Wengerau P

ÖK 125; Bergverlag Rother: AVF Tennengebirge, WF Hochkönig

Freilassinger Hütte

K. I, 1550 m, erb. 1934-38
DAV-S. Freilassing
Reichenhaller Str. 17
D-83395 Freilassing

- Ludwig Mühlbauer
  Petersweg 15
  D-83395 Freilassing
- © Tal 08654/63296
- nicht bew., beaufsichtigt Sa./So.

von Weihnachten bis Ostern und Anfang Aug. bis Ende Sept.
⊓ 31
220 V ~
↗ Werfenweng, 800 m – Zaglau – Strussing-Alm 1½
→ Dr.-Heinrich-Hackel-Hütte 1; Laufener Hütte üb. Tauernscharte, 2114 m – Schubbühel – Bleikogel 7, od. üb. Lammertal – Scharfer Steig – Edelweißkogel, 2030 m, 5; Eiskögel, 2321 m, 2½ - 3; Tauernkogel, 2249 m
↗ Werfenweng → Dr.-Heinrich-Hackel-Hütte, Laufener Hütte △ Eiskögel
Pfarrwerfen
Werfenweng P
zur Strussing-Alm bis Bischlinghöhe
ÖK 125; Bergverlag Rother: AVF Tennengebirge

Gsengalmhütte

K. I, 1447 m, erb. 1971
OeAV-S. Lammertal
Heinrich Rettenbacher
Markt 48
A-5441 Abtenau

Melitta Reschreiter
A-5441 Abtenau
✆ Hütte 0664/3575153
✆ Tal 06243/4239
✕ Mitte Mai bis Mitte Okt.
⊓ 10 ⊔ 15
↗ Abtenau, 712 m – Fischbach 2½; Niedernfritz – St. Martin – Annaberg
→ Gwechenberghütte, 1372 m, 1; Laufener Hütte, 1726 m – Obere Gwechenbergalm – Tagweide, 2128 m, 3; – Hochkarfelderköpfe – Edelweißkogel – Laufener Hütte od. Scharfer Steig ins Lammertal nach Lungötz, Rundwanderweg Karalm – Wandalm – First, 1820 m – Gsengalm – Karalm 3
△ Schober, 1810 m, 1; Großer Traunstein, 1943 m
Abtenau △ Schober
Golling
Abtenau-Fischbach P
ÖK 126; Bergverlag Rother: AVF Tennengebirge, WF Salzburg

Gwechenberghütte

K. I, 1372 m, erb. 1933
OeAV-S. Salzburg
Nonntaler Hauptstr. 86
A-5020 Salzburg

Wolf Weissenböck
Fichtenstr. 20

A-5110 Oberndorf
© Tal 06272/5147
✗ nicht bew., beaufsichtigt
⊓ 22
bei der Sektion
↗ Leitenhausen, 700 m, 2; Annaberg, 777 m, 2½; Abtenau – Gsengalm – Gsengsattelhütte, 715 m, 3½
→ Gsengsattel – Gsengalm 1; Tagweide Pfannstiel – Laufener Hütte, 1726 m, 3½; Sonntagskogel, 2046 m – Hochkarfelderkopf, 2219 m – Laufener Hütte 4 - 5; Tagweide – Laufener Hütte – Bleikogel, 2412 m – Hackelhütte, 1526 m, 9; First – Tagweide – Sonntagskogel – Königswand – Gappenalm – Lungötz 5 - 6
△ Schober, 1810 m, 1; Traunstein, 1943 m, 2½; Tagweide, 2128 m, 2; Sonntagskogel, 2046 m, 2
↗ Leitenhausen oder Annaberg, Abtenau über Gsengalm △ Sonntagskogel 2; Hochkarfelderkopf 4 → Sonntagskogel – Hochkarfelderkopf – Lungötz 2; oder Hochkarfelderkopf – Laufener Hütte, First 1½
Golling-Abtenau
Leitenhausen, Abtenau
Gwechenbergbauer, 854 m, P

ÖK 95, 126; Bergverlag Rother: AVF Tennengebirge

Laufener Hütte

K. I, 1726 m, erb. 1925/26
DAV-S. Laufen/Obb.
Postfach 1103
D-83405 Laufen

Heidemarie Höfer
Mayerhofen 40
D-83410 Laufen
© Tal 08682/364
SV, Juli bis 1. Okt.-Woche durchgehend beaufsichtigt, sonst Sa/so, aber nachfragen bei
13 ⊓ 90
12 SR, bitte Holz mitbringen (Vorrat liegt am Weg)!, kein Wasser
↗ Abtenau, 715 m, 3½; Lungötz, 840 m, 4½
→ Tennengebirgsplateau – Bleikogel, 2412 m: Dr.-Heinrich-Hackel-Hütte 4½; Happisch-Haus 6½; Tagweide: Gwechenberghütte 3 oder Gsengalm 3½
△ Fritzerkogel, 2363 m, Edelweißkogel, 2030 m, 1; Hochkarfelderkopf, 2219 m, 2; Tagweide, 2128 m, 1¾; Grieskogel, 1999 m, 1; Bleikogel, 2412 m, 3

⛷ ↗ Abtenau → Dr.-Heinrich-Hackel-Hütte △ Fritzerkogel, Edelweißkogel, Bleikogel
🚂 Golling
🚌 Abtenau
🚗 Abtenau und Karalm (nur Sommer) P
ÖK 94, 95; Bergverlag Rother: AVF Tennengebirge, WF Salzburg

Roßberghütte

(Jugendhütte)
K. I, 1000 m, erb. 1949
DAV-S. Salzburg
Nonntaler Hauptstr. 86
A-5020 Salzburg

🕴 Leopold Wimmer
Eugenbach 12
A-5301 Eugenbach
✆ Tal 06225/8245
✕ nicht bew.
⊓ 15 ⊔ 4
⚷ beim 🕴
↗ Oberscheffau/Lammer 1 - 1½
→ Schwer – Scheiblingkogel, 2290 m – Wengerscharte – Schubbühel, 2334 m – Tauernscharte – Dr.-Heinrich-Hackel-Hütte, 1526 m, 8; Schwer – Scheiblingkogel – Bleikogel, 2411 m – Laufener Hütte, 1726 m, 5 (nur Winter)
△ Scheiblingkogel, 2290 m, 3; Wieswand, 2017 m, über Schwer und Südgrat 3½; Schwerwand, 2212 m, 3
⛷ ↗ Oberscheffau → Schwer △ Scheiblingkogel, Wieswand
🚂 Golling
🚌 Scheffau
🚗 Forststraße bis Schranke P
ÖK 95; Bergverlag Rother: AVF Tennengebirge

Hütten anderer alpiner Vereine und Privathütten

Anton-Proksch-Haus (Ladenberghütte), 1630 m, auf der Ladenbergalm-Bischlinghöhe, TVN, 🛏 16 ⊓ 52, ↗ Werfenweng 2, Hüttau 2½, 🚂 Werfen 🚌 Werfenweng, gj. bew., ✆ 0663/68331

Dr.-Friedrich-Ödl-Haus 1573 m, am Eingang der Werfener Rieseneishöhle, Eisriesenwelt GmbH, 🛏 24 ⊓ 34, ↗ Werfen 3 oder Lift in Hausnähe, 🚂 🚌 Werfen 🚗 bis in halbe Höhe, bew. Anfang Mai bis Ende Okt, ✆ 06468/248

Edelweißerhütte 2349 m, am Gipfelkamm des Mittleren Streitmandl, Edelweißklub Salzburg, ↗ Mahdegg 3, 🚂 Werfen 🚌 Werfenweng 🚗 Mahdegg, SV, Sa./So. beaufsichtigt, 🕴 Fritz Wintersteller, Hochkogelweg 7, A-5020 Salzburg

Leopold-Happisch-Haus 1914 m, auf dem Windischriedl, TVN, 🛏 10 ⊓ 110, ↗ Golling 5½, Dr.-Friedrich-Ödl-Haus 3, Sulzau 4½, 🚂 🚌 🚗 Golling oder Sulzau, bew. Mitte Juni bis Mitte Sept, offener Winterraum, ✆ 0663/863579

Stefan-Schatzl-Hütte 1356 m, auf der Nesselbergalm, TVN ⊓ 30, ↗ Golling 4½, Vorderscheffau 3, 🚂 🚌 Golling 🚗 Vorderscheffau, SV, Voranmeldung und Schlüssel bei Landesleitung Salzburg, Ignaz-Harrer-Str. 9, A-5020 Salzburg, ✆ 0662/31635

Werfener Hütte 1969 m, am Südfuß des Hochthrons, ÖTK, 🛏 6 ⊓ 40, ↗ Werfenweng 3, Werfen 4, Mahdegg (Maut), 1½, 🚂 Werfen 🚌 Werfenweng 🚗 Werfen-Frommerbauer, Wengerau, bew. Silvester bis Allerheiligen, ✆ 0663/864828

Gosau
Zwieselalmhaus
Gablonzer Htt.
Annaberg
Seidel-
Th. Körner Htt.
Hofpürgl-Htt.

14 Dachstein-gebirge

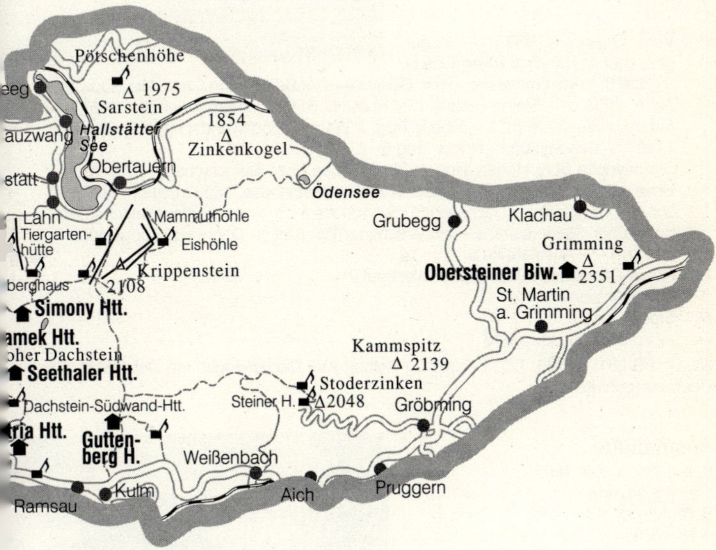

Umgrenzung

Rußbach – Paß Gschütt – Gosau – Gosaubach – Hallstätter See – Pötschenhöhe – Bad Aussee – Kainisch-Traun – Bad Mitterndorf – Klachau – Grimmingbach – Enns bis Einmündung Weißenbach – Ramsaubach – Schildlehenbach – Kalte Mandling – Warme Mandling – Marcheggsattel – Fritzbach – Linbach – Neubach – Lungötz – Lammer bis Einmündung Rußbach

Adamekhütte

K. I, 2196 m, erb. 1908
OeAV-S. Austria
Rotenturmstr. 14
A-1010 Wien

🚶 Johann Gapp
A-4824 Gosau 508
✆ Hütte 06136/8567
✆ Tal 06136/8808
✗ Anfang Juni bis Ende Sept.
🛏 27 ⌐ 68 ⌙ 6
❄ 10 ⚷
~
↗ Vord. Gosausee, 933 m – Gosaugletscher 4; Bahnhof Steeg/Gosau – Hütte 9; Vord. Gosausee – Hint. Gosausee 1½; Bergstation Dachstein-Südwandbahn, 2698 m – Steinerscharte 2½; Hallstatt, 511 m – Tiergartenhütte, 1457 m – Simonyhütte, 2206 m, 5 – Hoher Trog, 2354 m – Hochwandscharte 9; Gjaidalm, 1732 m – Simonyhütte – Hoher Trog 6 - 7
→ Simonyhütte über Hohen Trog 4; Simonyhütte über Steinerscharte, 2721 m, 3½; Hofpürglhütte, 1705 m, über Linzer Weg 3½; Austriahütte, 1638 m, über Windlegerscharte – Bachlalm – Dachstein-Südwandhütte 4 - 5; Austriahütte: Gletscherbegehung über Steinerscharte – Hunerscharte (Bergstation Dachstein-Südwandbahn, 2698 m) 4; – Austriahütte 5
△ Hoher Dachstein, 2993 m, über Westgrat 2½
⛷ kein Stützpunkt
🚂 Steeg/Gosau
🚌 🚗 Vorderer Gosausee P

AV 14; FB 281; ÖK 96, 127; Bergverlag Rother: AVF Dachsteingebirge Ost / West, GF Dachsteingebirge

Austriahütte

K. II, 1638 m, erb. 1880
OeAV-S. Austria
Rotenturmstr. 14
A-1010 Wien

🚶 Alois Huber
Austriahütte
A-8972 Ramsau
✆ Hütte 03687/81522
✆ Tal 03687/81871
✗ Weihnachten bis Ostern einfach bew., Mai bis Okt. voll bew.
🛏 26 ⌐ 29, 🚿, kein ❄
~ 220 V ~ 50 Hz ♨
“Alpinmuseum-Dachstein” in

mehreren Schauräumen in der Hütte zu besichtigen.

↗ Parkplatz Türlwandhütte (Bus) 20 Min.; Ramsau – Dachsteinwirt (bis hier im Sommer Kfz-Zufahrt) 2½

→ Dachstein-Südwandhütte, 1871 m, 1; Guttenberghaus, 2146 m – Edelgrießhöhe, 2505 m – Gruberscharte 4½; Simonyhütte, 2206 m, über Hunerscharte 5; Adamekhütte, 2196 m, über Windlegerscharte 5; Hofprüglhütte, 1705 m, über Sulzenhals 5 - 6; Adamekhütte, 2196 m, über Südwandhütte – Sulzenhals – Reißgangscharte 5 - 6; Adamekhütte, 2196 m, über Edelgrieß – Austriascharte – Gjaidsteinsattel – Simonyhütte, 2206 m, 4 - 5; Gjaidsteinsattel – Steinerscharte – Adamekhütte 6½ - 7

△ Brandriedl, 1725 m, 20 Min.; Rötelstein (Rettenstein, 2247 m) 3 - 4; Hoher Gjaidstein, 2794 m, 4 - 5; Rauch-Eck, 2192 m 3 - 4; Hoher Dachstein, 2993 m, über die Hunerscharte 5 - 6

↗ Türlwandhütte, Ramsau → Dachstein-Südwandhütte, Guttenberghaus, Hofpürglhütte △ Brandriedl, 1725 m, Rötelstein

Schladming

Parkplatz Dachstein-Südwandbahn

Türlwandhütte, Maut, (Dachsteinstraße) P

Dachstein-Südwandbahn

AV 14, 45/2; FB 281; ÖK 127; Bergverlag Rother: AVF Dachsteingebirge Ost, AVF Dachsteingebirge West, GF Dachsteingebirge, WF Dachstein-Tauern-Region

Dr.-Obersteiner-Biwak

K. I, ca. 2300 m, erb. 1950/1992
OeAV-S. Stainach
A-8950 Stainach
etwa 50 Höhenmeter unterhalb des Grimminggipfels in der Mulde des Ausstiegs des Klachauer Weges, frei zugänglicher Unterstand

4

↗ Grimminghütte, 1015 m, über Multereck 3½; Grimminghütte, 1015 m, über SO-Grat 3; Klachau, Gasthaus Kulm, 362 m, 3; Krungl, 818 m, 3¾; Trautenfels, 645 m, 4½; Niederstuttern, 649 m, 4½

→ Grimming-Überschreitung

△ Grimming, 2351 m, ¼

Stainach-Irdning, Klachau – Tauplitz

Trautenfels, Niederstuttern, Klachau, Krungl

Trautenfels, Klachau, Gasthaus Pötsch-Paul P

ÖK 97, 128; Bergverlag Rother: AVF Dachsteingebirge Ost / West, GF Dachsteingebirge

Ernst-Seidel-Haus

K. II, 760 m, gek. 1988
OeAV-S. Linz
Hauptplatz 23
A-4020 Linz

- ✕ SV, gj. zugänglich, Anmeldung und Schlüssel bei Sektion (✆ 0732 / 773295)
- 8, eingerichtete Küche
- 220 V ~
- ↗ Gosau – Hintertal
- → Adamekhütte 4; Hofpürglhütte 4; Gablonzer Hütte 1½
- △ Hoher Dachstein, 2993 m, 6½
- Steeg/Hallstätter See
- Gosau – Hintertal
- bis zum Haus

AV 14; Bergverlag Rother: AVF Dachsteingebirge Ost, AVF Dachsteingebirge West, GF Dachsteingebirge

Gablonzer Hütte

K. II, 1550 m, erb. 1933/34
DAV-S. Gablonz/Kaufbeuren und
OeAV-S. Neugablonz/Enns
Neugablonz 6
A-4470 Enns

- Franz Posch
  A-4824 Gosau Nr. 528
- ✆ Hütte 06136/8465
- ✆ Tal 06136/8256
- ✕ Pfingsten bis Mitte Okt., Mitte Dez. bis Sonntag nach Ostern
- 30 ⌐ 42
- 220 V ~
- ↗ Gosaukammbahn-Bergstation, ca. 300 m / 50 Höhenmeter von der Hütte entfernt; Gosausee, 932 m, 1½; Gosauschmied (Winterweg) 2½; Annaberg, 777 m, 2½
- → Zwieselalmhöhe, 1585 m, ¼; – Zwieselalmhaus ½; Austriaweg zur Theodor-Körner-Hütte 1½; – Hofpürglhütte 2½
- △ Gr. Donnerkogel, 2054 m, 1½; Gosaukamm
- ↗ Seilbahn oder Gosauschmied Pistenskilauf
- Steeg/Gosau
- Gosausee P
- Gosausee – Schnapfenkogel

AV 14; FB 281; ÖK 95, 126; Bergverlag Rother: AVF Dachsteingebirge Ost/West

Guttenberghaus

K. I, 2137 m, erb. 1912-14
OeAV-S. Austria
Rotenturmstr. 14
A-1010 Wien

- 🚶 Eduard Perhab
  A-8972 Ramsau 25b
- ✆ Hütte 03687/22753
- ✆ Tal 03687/81287
- ✗ Anfang Juni bis Mitte Okt.
- 🛏 31 ⊓ 45 ⊔ 10
- ❄ 10 ⊾ (30 m unterhalb der Hütte)
- ↗ Kulm (Ramsau) – Feisterer – Anton-Baum-Weg 3½
- → Feisterscharte – Grafenbergalm – Brünner Hütte, 1747 m, 4½; Gjaidalm – Brünner Hütte 5 – Obertauern 6 - 7; Feisterscharte – Edelgrieß – Austriahütte, 1638 m, 3 - 4; Feisterscharte – Schladminger Gletscher – Seethalerhütte, 2740 m, 4; Feisterscharte – Gjaidsteinsattel – Steinerscharte – Adamekhütte, 2196 m, 6½; Feisterscharte – Gjaidsteinsattel – Hallstätter Gletscher – Simonyhütte, 2203 m, 5
- △ Sinabell, 2340 m, 50 Min.; Eselstein, 2550 m, 1½; Landfriedstein, 2540 m, 2; Scheichenspitz, 2662 m, 2½ - 3; Gjaidsteine, 2792 m, 3½ - 4
- ⛷ kein Stützpunkt △ Sinabell, Scheidenspitz
- 🚂 Schladming
- 🚌 🚗 Kulm Feisterer, Kulm Ramsau P

AV 14; FB 281; ÖK 127; Bergverlag Rother: AVF Dachsteingebirge Ost, AVF Dachsteingebirge West, GF Dachsteingebirge, WF Dachstein-Tauern-Region

Hofpürglhütte

K. I, 1705 m, Alpines Ausbildungszentrum, erb. 1902
OeAV-S. Linz
Hauptplatz 23
A-4020 Linz

- 🚶 Katharina Steiner
  Hofpürglhütte
  A-5532 Filzmoos
- ✆ Hütte 06453/304
  während der Nichtbew.:
  Vorberg 356
  A-8972 Ramsau
- ✆ Tal 03687/81323
- ✗ Pfingsten bis Mitte Okt.
- 🛏 60 ⊓ 70 ⊔ 24
- 🚰 Wasserleitung in Waschräumen
- ❄ 8 SR offen

220 V ~
Filzmoos, 1057 m, über Marchegg-Sattel und Aualm 2½; ab Aualm, 1366 m, ¾, Pkw, Maut; Lungötz, 828 m, über Arzbergalm 3½; Vord. Gosausee, 933 m, über Steiglpaß 4
über den Durchgang zur Theodor-Körner-Hütte, 1460 m, 2½; zur Mahdalmhütte 1½; über Sulzenhals, 1825 m, zur Austriahütte, 1630 m, 5 - 6; über Reißgangsattel - Torsteineck zur Adamekhütte, 2196 m, 5½; über Steiglpaß und Scharwandhütte zur Gablonzer Hütte, 1550 m, 3½
Gr. und Kl. Bischofsmütze (nur Klettertouren); Gosaukamm; eigener Klettergarten in Hüttennähe (bis Schwierigkeitsgrad IX)
kein Stützpunkt
Mandling o. Eben i. P.
Filzmoos
Aualm (Maut) P u. Hofalm (Maut)

AV 14; FB 281; ÖK 126, 127; Bergverlag Rother: AVF Dachsteingebirge Ost, AVF Dachsteingebirge West, GF Dachsteingebirge, WF Dachstein-Tauern-Region

Seethalerhütte

(früher: Dachsteinwartehütte)
K. I, 2740 m, erb. 1929
OeAV-S. Austria
Rotenturmstr. 14
A-1010 Wien

Peter Reitmann
A-8972 Ramsau
während der Nichtbew.:
Katzenburgweg 558/2
A-8970 Schladming
Hütte 03687/81036
Anfang Juni bis Ende Sept. einfach bew.
8 (nur im Notfall)
Hunerkogel (Bergstation Dachstein-Südwandbahn, 2698 m), Gletscherweg, 40 Min.; Hallstatt, Gletscherweg 8; Gjaidalm (Schilcherhaus) 4; Seilbahnstation Krippenstein 4½; Talstation der Südwandbahn, 1710 m, über Hunerscharte 4
Adamekhütte, 2196 m, über Steinerscharte 2; Simonyhütte, 2203 m, über Hallstätter Gletscher 1 - 1½; Guttenberghaus, 2137 m, über Schladminger Gletscher - Feisterscharte 3; Südwandhütte, 1910 m, über Hunerscharte 3; Austriahütte, 1638 m, über Gjaidsteinsattel - Hunerscharte 4
Hoher Dachstein, 2993 m, 1; Hoher Gjaidstein, 2792 m, Gletscherbegehung 1½
kein Stützpunkt
Schladming bzw. Hallstatt
Türlwandhütte, Hallstatt P
Türlwandhütte - Hunerkogel

AV 14; FB 281; ÖK 126, 127; Bergverlag Rother: AVF Dachsteingebirge Ost/West, WF Dachstein-Tauern-Region

Simonyhütte

K. I, 2203 m, erb. 1878/79
OeAV-S. Austria
Rotenturmstr. 14
A-1010 Wien

- Toni Rosifka
  Kogl 17
  A-4822 Bad Goisern
- ✆ Hütte 03622/52322
- ✆ Tal 06135/8808
- ✗ Weihnachten bis 6. Jan. und Ende Jan. bis Mitte Okt.
- 18 ┌┐ 88 └┘ 20
- ❄ 5
- 220 V ~
  Ausbildungsstützpunkt
- ↗ Hallstatt, 511 m, 6; Seilbahnstation Gjaidalm, 1732 m, 3½; Echerntal 5½; Bergstation Hunerkogel, 2700 m, der Südwandbahn 1½; Bergstation Oberfeld 2½
- → Seethalerhütte, 2740 m, 2½; Adamekhütte, 2196 m, über Hallstätter Gletscher und Steinerscharte 3½; Adamekhütte über Hohen Trog-Sattel 4 - 5; Austriahütte über Austriascharte 4 - 5; Guttenberghaus, 2137 m, über Feisterscharte 5 - 6; Wiesberghaus, 1882 m, 1½; Dachstein-Südwandhütte, 1871 m, über Gjaidsteinsattel – Hunerscharte 4; weiter zur Türlwandhütte ½; Austriahütte ¼
- △ Hoher Dachstein, 2993 m, 1; Hoher Gjaidstein, 2792 m, 2½; Schöberl, 2422 m, ¾
- Hoher Dachstein, Schöberl
- Hallstatt, Obertraun
- Obertraun
- Echerntal P

AV 14; FB 281; ÖK 95, 96; Bergverlag Rother: AVF Dachsteingebirge Ost, AVF Dachsteingebirge West, GF Dachsteingebirge

Theodor-Körner-Hütte

K. I, 1466 m, erb. 1924
OeAV Akademische S. Wien
Maria-Theresien-Str. 3
A-1090 Wien 9

- Dorothea Rettenegger
  Lammertal 160
  A-5524 Annaberg
- ✆ Hütte 0663/9163750
- ✆ Tal 06463/8534
- ✗ Mitte Juni bis Anfang Okt.
- 6 ┌┐ 30 └┘ 10
- ↗ Annaberg im Lammertal, 777 m, 2½, über Pommerbauer, 980 m (bis hierher Fahrstraße) 2½); über

neue Forststraße 1¼
→ Gablonzer Hütte, 1550 m, auf der Zwieselalm 1½; Hofpürglhütte, 1705 m, 2
△ sämtl. Gipfel des Gosaukammes (auch Bischofsmütze)
🚆 Golling-Abtenau
🚌 Annaberg im Lammertal
🚗 über Astaubauer bis Ⓟ der ÖBF vor Pommerbauer

AV 14, 14b; FB 281; ÖK 95; Bergverlag Rother: AVF Dachsteingebirge Ost, AVF Dachsteingebirge West, GF Dachsteingebirge, WF Dachstein-Tauern-Region

Hütten anderer alpiner Vereine und Privathütten

Bachlalm 1500 m, am Südfuß des Torsteins, privat, 🛏 16 ⊓ 32, ↗ Mandling 3½, 🚆 Mandling 🚌 Filzmoos 🚗 Filzmoos-Mühleben, bew. Mai bis Okt., Winter teilweise, ✆ 03687/81439

Brünner Hütte 1737 m, nordwestlich des Stoderzinkens, privat, 🛏 28 ⊓ 14, ↗ Gröbming 4, Gasthof Steiner ½, 🚆 🚌 Gröbming 🚗 Gasthaus Steiner, bew. Mitte Dez. bis Mitte Jan., Mitte Febr. bis Mitte April, Mitte Juni bis Anfang Okt., ✆ 03685/2656 (Steinerhaus)

Dachsteinhöhlenhaus (Schönberghaus), 1337 m, an der Dachstein-Nordseite, Staat 🛏 15 ⊓ 50, ↗ Obertraun 2½, Hallstatt 3½, 🚆 Obertraun 🚌 🚗 Hallstatt, dann Personalseilbahn zum Haus, bew. Anfang Juni bis Mitte Sept.

Dachstein-Südwandhütte 1910 m, oberhalb Ramsau, privat, 🛏 15 ⊓ 48, ↗ Ramsau 2, 🚆 Schladming 🚌 Ramsau 🚗 Ramsau (Maut), bew. Mitte Mai bis Anfang Nov., ✆ 03687/81509

Gjaidalm-Schutzhütte (Schilcherhaus), 1739 m, auf dem Dachsteinplateau, privat, 🛏 57 ⊓ 30, ↗ Obertraun 4, 🚆 🚌 🚗 Obertraun, dann Personalseilbahn zum Haus, bew. Weihnachten bis Mitte Okt., ✆ 06131/596

Grimminghütte 1015 m, in der Hochaignerau, TVN, ⊓ 30, ↗ Trautenfels 1, Untergrimming 1, 🚆 🚌 🚗 Trautenfels, bew. Anfang Juni bis Ende Sept, im Mai Sa./So., ✆ 0663/838430

Krippenstein-Berghotel 2074 m, auf dem Dachsteinplateau, privat, 🛏 100, ↗ Ramsau Dachsteinseilbahn, Station Hoher Krippenstein, 🚆 Schladming 🚌 Ramsau 🚗 Ramsau (Maut), bew. Mitte Mai bis Ende Sept. und Mitte Dez. bis Mitte April, ✆ 06134/527

Mahdalmhütte 1520 m, unterhalb des Cosecks, privat, 🛏 12 ⊓ 21, ↗ Annaberg 2, Lungötz 2½, 🚆 Niedernfritz, St. Martin 🚌 🚗 Annaberg, gj. bew.

Sarsteinhütte 1650 m, auf der Vorderen Sarsteinalpe, TVN, 🛏 4 ⊓ 13, ↗ Dachsteinhöhlen 3, Steeg oder Aussee 6, 🚆 🚌 🚗 Steeg, Aussee, Obertraun, SV, Schlüssel bei Franz Kysely, A-4831 Obertraun 42, ✆ 06134/201

Stuhlalmhütte 1450 m, TVN, ⊓ 20, ↗ Annaberg 1; von Gablonzer Hütte über Austriaweg 1½, SV, Schlüssel bei Wolfgang Buchegger, Au 75, A-5441 Abtenau,

✆ 06243/2563 oder 2369

Wiesberghaus 1884 m, auf der Wiesberghöhe, TVN, 🛏 44 ⌐ 95, ↗ Hallstatt 4 - 5, Obertraun 5½ ab Simonyhütte 1, 🚂 🚌 🚗 Hallstatt, Obertraun, mit Krippensteinbahn 2½ im Sommer, gj. bew., ✆ 06134/591

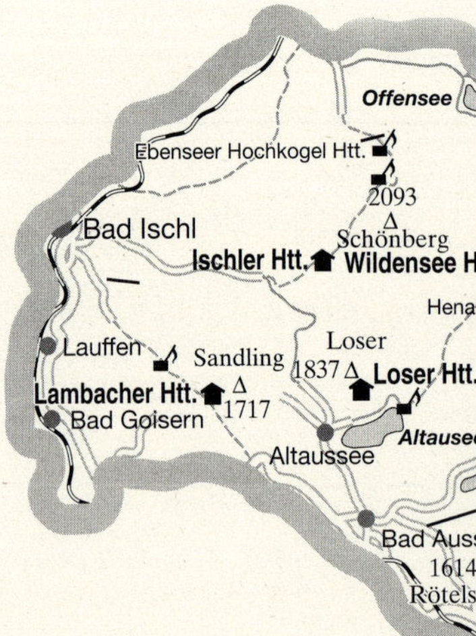
Offensee
Ebenseer Hochkogel Htt.
2093
Bad Ischl
Schönberg
Ischler Htt.
Wildensee H
Lauffen
Sandling
Loser
1837
Loser Htt.
Lambacher Htt.
1717
Bad Goisern
Altaussee
Bad Auss
1614
Rötels

15 Totes Gebirge

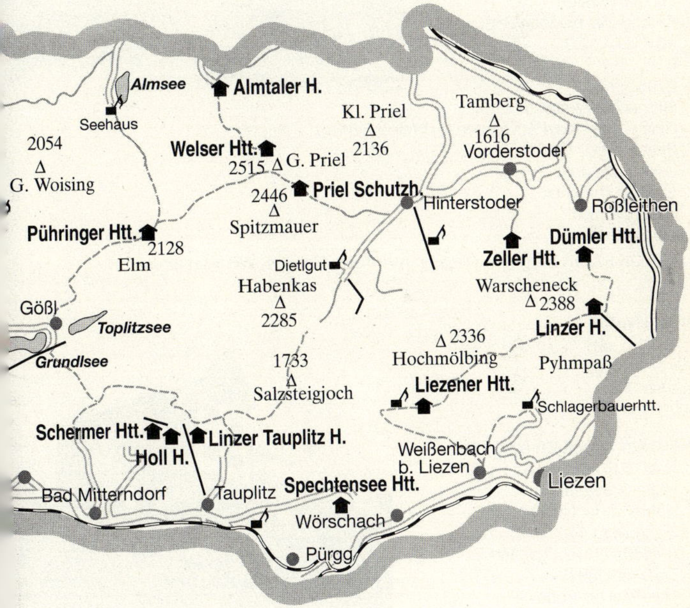

Umgrenzung

Offenseebach – Grießeneckbach – Moosau – Habernau – Hetzau – Ödseen – Bernerau – Weißenbach bis Einmündung in die Steyr – Steyr bis Einmündung Teichl – Teichl – Pyhrnpaß – Enns von Liezen bis Trautenfels – Klachau – Bad Mitterndorf – Kainisch-Traun – Bad Aussee – Pötschenhöhe – Bad Goisern – Traun bis Einmündung Offenseebach

Almtalerhaus

K. II, 714 m, erb. 1872, gepachtet 1921, erw. 1946
OeAV-S. Wels
Bahnhofstr. 64
A-4600 Wels

- Herbert Hackl
  A-4645 Grünau Nr. 625
- Hütte 0663/079071
- Tal 07616/8606
- Anfang Mai bis Mitte Sept.
- 26 ⊓ 50 ⊔ 20
- 6
- 220 V ~
- ↗ Grünau im Almtal, 527 m
- → Ring – Steyrling 4½; Ödseen ½; Welser Hütte 3
- △ Erlachkogel, 1915 m, 5
- kein Stützpunkt
- Grünau im Almtal
- Jägersimmerl
- bis Hütte P

AV 15/2; ÖK 67, 97; Bergverlag Rother: AVF Totes Gebirge, WF Salzkammergut

Dümlerhütte

K. I, 1495 m, erb. 1894
OeAV-S. TK-Linz
Herrenstr. 7
A-4020 Linz

- Lisbeth Weber, Dümlerhütte,
  A-4575 Roßleithen 58
- Hütte 07562/8603
  während der Nichtbew.:
  Gartenweg 447
  A-4580 Windischgarsten
- Tal 07562/8945
- Mitte Mai bis Ende Okt.
- 8 ⊓ 60
- 12 offen SR
- ↗ Roßleithen, 591 m, 2½; Windischgarsten, 613 m, 3½; Gleinkersee 2; Spital a. P., 658 m, 3½
- → Linzer Haus, 1371 m, über Halssattel 1½; Zellerhütte, 1575 m, 5
- △ Warscheneck, 2388 m, 3; Rote Wand, 1847 m, 1½; Toter Mann, 2133 m, 2½
- ↗ Roßleithen △ Warscheneck, Stubwieswipfel, Rote Wand
- Roßleithen oder Windischgarsten
- Ort Roßleithen
- Werkgasthof Roßleithen P

AV 15/3; ÖK 98; Bergverlag Rother: AVF Totes Gebirge

Ischler Hütte

K. I, 1365 m, erb. 1925,
Ersatzbau 1982-84
OeAV-S. Bad Ischl
Radau 49
A-5351 Algen-Voglhub

- Dietmar Gruber
  Lichtersberg
  A-8992 Alt-Aussee
- Hütte 0663/77234
- Tal 03622/54679
- Anfang Juni bis Ende Sept., im Okt. Sa/So
- 16 ⊓ 32 ⊔ 12
- 16 SR
- 220 V ~
- Bad Ischl mit Pkw bis Rettenbachalm 2; Bad Aussee mit Kfz Altaussee – Blaa-Alm 2; Ebensee mit Kfz Offensee Hochkogelhütte – Ischler Hütte 2; im Winter über Loserhütte
- Ischler Hütte – Hochkogelhütte, Ischler Hütte – Schönberg – Wildensee – Appelhaus – Pühringer Hütte – Großer Priel; Klopfsteinsattel Altaussee – Appelhaus; Ischler Hütte – Nöstler – Gamskopf – Mitteralm (nur Winter) – Bad Ischl; Ischler Hütte – Wildensee (nur im Winter) – Weißhorn – Offensee (nur im Winter), Raucherkarhöhle; Schönberg – Rinnerkogel – Rinnerkogelhütte; Rauchfang Offensee
- △ Schönberg (Wildenkogel), 2093 m; Vord. Rauher, 1785 m, 1; Feichterkogel, 1784 m, 1; Möslerhorn, Gr. und Kl. Wildkogel, 1992 m, 2½
- nur im Frühjahr; Rettenbachalm, Loserhütte
- Bad Ischl
- Bad Ischl
- Rettenbachalm und Blaa-Alm, nur im Sommer P

AV 15/1; FB 281; ÖK 96; Bergverlag Rother: AVF Totes Gebirge

Lambacher Hütte

K. I, 1436 m, erb. 1924/25
OeAV-S. Lambach
Marktplatz 4/II
A-4650 Lambach

- Max Heitzinger
  Sperr 8
  A-4650 Lambach
- Hütte 03622/54882

✆ Tal 07245/32781
✗ Pfingsten bis Ende Okt. Sa./So./Fe. beaufsichtigt, SV, nur Getränke
⊓ 58 ⊔ 14
⊞ 14 ⚷
↗ Jodschwefelbad Goisern – Wurmsteinlift – Hütteneckalm – Raschberg 2 - 3; Bad Goisern – Lasern – Kriemoosalm – Raschberg 3 - 4; Oberlupitsch – Usinning Kirra – Vord. Sandlingalm 2; Altaussee – Ausseer Salzbergwerk – Ausseer Sandlingalm – Vord. Sandlingalm 3; Loserhütte über Blasalm – Fludergraben – Ausseer Sandlingalm – Vord. Sandlingalm 3 - 4; Bad Ischl – Pichlern – Hütteneckalm – Raschberg 4 - 5; mit 🚗 St.-Agatha-Gemeindestraße Richtung Halleralm bis Abzw. Hütteneck – Raschberg, von dort 1½ zur Hütte
→ Weitwanderweg 201, nächste Hütte: Loserhütte, weiterer Verlauf im Toten Gebirge; zur Ischler Hütte 4 - 5; rund um den Sandling 3 - 4
△ Sandling, 1717 m, 1
⛷ Jodschwefelbad Goisern, Bad Goisern, Oberlupitsch, Loserhütte, Ischler Hütte, Sandling-Rundweg
🚂 Bad Goisern
🚌 Oberlupitsch an der Pöschenstraße
🚗 bis Abzweigung Hütteneck – Raschberg
🅿 bei Abzweigung Hütteneck – Raschberg
🚡 Wurmsteinlift (Anfragen beim Gemeindeamt Bad Goisern)

AV 15/1; FB 281; ÖK 96; Bergverlag Rother: AVF Totes Gebirge

Liezener Hütte

K. I, 1767 m, erb. 1924
OeAV-S. Liezen
Rathausplatz 6
A-8940 Liezen

† Ferdinand Hanus
Tausing 63
A-8940 Liezen
✆ Hütte 0663/9235902
✆ Tal 03622/26650
✗ nicht bew., Anfang Juni bis Ende Okt. Sa./So. beaufsichtigt, Anmeldung immer erforderlich beim †
⊓ 30
⊞ 2 offen
↗ Weißenbach 3; Liezen 3; Wörschach 3½; Schönmoos 2
→ Stoder – Steirersee – Hochmölbing – Zeller- und Dümlerhütte
△ Warscheneck, 2388 m; Reidling, 1911 m; Hochmölbing, 2341 m; Hochanger
🚂 Wörschach
🚌 Wörschach oder Weißenbach
🚗 Schönmoos

AV 15/2, 15/3; ÖK 98; Bergverlag Rother: AVF Totes Gebirge

Linzer Haus/Wurzeralm

K. II, 1371 m, erb. 1932
OeAV-S. Linz
Hauptplatz 23
A-4020 Linz

- Maria Danklmaier
  Linzer Haus
  A-4582 Spital a.P.
- ✆ Hütte 07563/237
- gj. bew., 2 Wochen nach Ostern u. 2 Wochen im Nov. geschlossen
- 55 ⊓ 50
- 220 V ~ 50 Hz
- ↗ Bahnstation Spital a. P. 3; Bahnstation »Linzer Haus« 2; mit Pkw zum Pflegerteich, von dort 1½; ehem. Gasthof Kalkofen – Hintersteineralm – Pflegerteich – Wurzeralm (nur im Sommer), im Winter von Hintersteineralm – Gscheid Riegel; Bergstation der Wurzeralm-Seilbahn 5 Min.
- → Dümler Hütte, 1495 m, 2; Abstieg über Gleinkersee – Windischgarsten 2½; Liezener Hütte, 1767 m – Luckerhütte (verf.) – Brunnalm; Hochmölbinghütte, 1684 m, von der Liezener Hütte westlich ½; Leistalmhütte, 1640 m, über Liezener- und Hochmölbinghütte 9; Linzer Tauplitzhaus von Leistalm 1½; Angerkogel, 2113 m, ¾
- △ Stubwieswipfel, 1786 m, 1½; Warscheneck, 2388 m, 3; Ramesch, 2119 m, 3
- ↗ Spital, Linzer Haus, Pflegerteich, Bergstation der Wurzeralm-Seilbahn → Dümler Hütte, Liezener Hütte, Hochmölbinghütte, Leistalmhütte, Linzer Tauplitzhaus △ Stubwieswipfel, Warscheneck
- Spital (Bedarfshaltestelle Linzer Haus)
- Talstation der Wurzeralm-Seilbahn
- Pflegerteich P
- Pyhrnpaßstr. – Wurzeralm, Schrägaufzug
- Haulgrabenlift, Schwarzecklift, Frauenkarlift
- Bergstation Wurzeralm-Seilbahn – Hüttenseilbahn, Seilbahntelefon
- 2 Hüttenlifte

AV 15/3; ÖK 98; Bergverlag Rother: AVF Totes Gebirge

Linzer Tauplitzhaus

K. II, 1645 m, erb. 1954
OeAV-S. Linz
Hauptplatz 23
A-4020 Linz

- Uli Schubert
  A-8982 Tauplitzalm 36
- ✆ Hütte 03688/2315
- ✆ Tal 03688/2785

✗ 1.12. bis Sonntag nach Ostern, 10.6. bis 15.10.
60 ⌐ 25 ⌙ 20
220 V ~ 50 Hz
↗ Klachau – Tauplitz, Mautstraße bis P; Sesselliftstation Tauplitz; Autobusverkehr von Mitterndorf zur Tauplitzalm, zu Fuß von Tauplitz 2½ - 3
→ Liezener Hütte 4; Salzsteigjoch – Hinterstoder 6; Überquerung Totes Gebirge – Wurzeralm – Linzer Haus – Spital a. P. 8 - 10; Th.-K.-Holl-Haus ¾
△ Die Traweng, 1945/1984 m; Lawinenstein, 1964 m; Sturzhahn, 2031 m; Almkogel, 2122 m; Roßkogel, 1893 m; Großer Tragl, 2184 m
Tauplitz, Mitterndorf – Skigebiet
Tauplitz
Tauplitzalm, Mautstraße bis P
Tauplitz – Tauplitzalm
Hüttenlift

AV 15/2; ÖK 97; Bergverlag Rother: AVF Totes Gebirge

Loserhütte

K. II, 1504 m, erb. 1882
OeAV-S. Bad Aussee
Johann Raudaschl
Schmiedgutstr. 92
A-8990 Bad Aussee

Helmut König
Loserhütte, Fischerndorf 81
A-8992 Altaussee
Hütte 03622/71202
Tal 03622/71535 o. 0664/1603415
✗ gj. bew., 5.11. – 15.12. geschl.
25 ⌐ 75
220 V ~
↗ Altausee 1½
→ Wildenseehütte 4; Appelhaus 5; Pühringerhütte 8
△ Loser, 1838 m; Hochanger, 1837 m; Bräuning-Zinken, 1899 m
Losergebiet, Hochanger
Bad Aussee
Postamt Altaussee
2 Min. von der Hütte (Mautstraße) P, im Winter ist die Hütte mit immer erreichbar
Loser

AV 15/1; FB 281; ÖK 96; Bergverlag Rother: AVF Totes Gebirge, WF Salzkammergut

Prielschutzhaus

K. I, 1420 m, erb. 1884
OeAV-S. TK-Linz
Herrenstr. 7
A-4020 Linz

♦ Andreas Frech
Prielschutzhaus
A-4573 Hinterstoder 11
während der Nichtbew.:
Mitterstoder 45
A-4573 Hinterstoder

✆ Hütte 07564/5347
✆ Tal 07562/5307
✕ Anfang April bis Ende Okt.
56 ⊓ 125 ⊔ 30
10 offen SR
220 V ~ 50 Hz
↗ Hinterstoder, 505 m – Johannishof, ab Hinterstoder Bahnhof Bundesbahn-Autobus, 14 km, 3
→ Pühringerhütte, 1638 m, 5½; Welser Hütte, 1815 m, über den Großen Priel 4½
△ Großer Priel, 2515 m, 3; Spitzmauer, 2442 m, 4; Brotfall, 2380 m, 3; Temlberg, 2327 m, 3; Schermberg, 2396 m, 3½
↗ Hinterstoder → Pühringerhütte △ Schermberg, Dietlhölle
Hinterstoder
Hinterstoder – Johannishof
Johannishof oder Ghs. Polsterlucke P

AV 15/2; ÖK 98; Bergverlag Rother: AVF Totes Gebirge

Pühringerhütte

K. I, 1638 m, erb. 1924-27
OeAV-S. Wels
Bahnhofstr. 64
A-4600 Wels

♦ Johann Sandner
Mosern 47
A-8993 Grundlsee

✆ Hütte 0663/833241
✆ Tal 03622/53029
✕ Anfang Juni bis Ende Sept. bzw. Mitte Okt. bei schönem Wetter
30 ⊓ 48 ⊔ 20
10 ⚷
↗ Seehaus am Almsee, 589 m, über Grünau, über Sepp-Huber-Steig und Röllsattel 4; über Grießkarscharte und Elmgrube, 1621 m, 5½; Schachen am Grundlsee, 732 m, 3½; über Gössler Alm, 1585 m, 6 - 7
→ Welser Hütte, 1815 m, über Rotkögelsattel, 2040 m, und Fleischbanksattel, 2120 m, 4½; Prielschutzhaus, 1420 m, über Temlbergsattel und Klinserscharte, 1805 m, Albert-Appel-Haus, 1660 m, über Elmgrube, Abblaser, 1837 m, 4
△ Elm, 2129 m, 1½; Hochkogel, 2094 m, 1; Rotgschirr, 2246 m, 3; Großer Priel,

2515 m, 5
nur im Frühjahr ↗ Schachen am Grundlsee, Almsee
Grünau im Almtal, Bad Aussee
Almsee und Schachen
Almtalerhaus – Almsee und Schachen am Grundlsee P

AV 15/2; ÖK 97; Bergverlag Rother: AVF Totes Gebirge

Schermerhütte

K. I, 1560 m, gepachtet seit 1954
OeAV-S. Graz
Schörgelgasse 28a
A-8010 Graz

SV, Benutzung nur gegen schriftl. oder telef. (✆ 0316/ 822266, Fax 0316/81247415) Anmeldung in der AV-Geschäftsstelle Graz
SV
16
220 V ~ 50 Hz
nur mit Bewilligung der Sektion bei der Mautstelle Tauplitzalm – Alpenstraße
↗ Parkplatz Tauplitzalm, 1572 m, 10 Min.; Sessellift-Bergstation, 1660 m, 25 Min.
→ Theodor-Karl-Holl-Haus, 1605 m, 10 Min; Linzer Tauplitzhaus, 1645 m, ¾
△ Lawinenstein, 1966 m; 1; Traweng, 1984 m, 1½; Großes Tragl, 2184 m, 3
↗ Tauplitzalm, Sessellift-Bergstation → Theodor-Karl-Holl-Haus, Linzer Tauplitzhaus △ Lawinenstein, Traweng, Großes Tragl
Bad Mitterndorf, Tauplitz
Theodor-Karl-Holl-Haus oder Tauplitz, Lift-Talstation
Mautstraße Bad Mitterndorf – Tauplitzalm P
Theodor-Karl-Holl-Haus – Lawinenstein, Tauplitz – Tauplitzalm
zahlreiche Lifte in Hüttennähe

AV 15/2; ÖK 97; Bergverlag Rother: AVF Totes Gebirge

Spechtenseehütte

K. II, 1045 m, erb. 1960 bzw. 1968
OeAV-S. Stainach
A-8950 Stainach Hs.-Nr. 280

Herbert Binderberger
Wörschachwald
A-8982 Tauplitz
✆ Hütte 03682/2666 o. 03688/2552
während der Nichtbew.:

Badgasse 335
A-8950 Stainach
Tal 03688/23190
Mitte Mai bis Mitte Okt.
6 ⊓ 15 ⊔ 10

220 V ~
↗ Tauplitz mit Pkw, Wörschach
→ Hochmölbinghütte, Liezener Hütte, Höhenweg Tauplitz, Weitwanderweg 9, Wörschachklamm
△ Hochmölbing, 2341 m; Hochtausing, 1618 m; Reidling, 1905 m, Sonnwendköpfe, 1740 m, Hechelstein, 1717 m, Noyer, 1485 m, Leistenstein, 1494 m
Tauplitzalm, Wörschachwald
Bei der Hütte der Spechtensee (Naturschutzgebiet, Moorsee mit Seerosen, Fischereimöglichkeit)
Tauplitz
Tauplitz-Klachau
zum Haus P

AV 15/2; ÖK 97; Bergverlag Rother: AVF Totes Gebirge

Theodor-Karl-Holl-Haus

K. II, 1621 m, erb. 1924/25
OeAV-S. Austria
Rotenturmstr. 14
A-1010 Wien

Ing. Klaus Hüttner
A-8982 Tauplitzalm 1
Hütte 03688/2302
gj. bew., Mai und Okt. geschlossen
64 ⊓ 8

220 V ~ 50 Hz
↗ Parkplatz Tauplitzalm 5 Min.; Sessellift-Bergstation Tauplitzalm 20 Min.; Zauchen 2½
→ Linzer Tauplitzhaus, 1645 m, ¾; Liezener Hütte, 1767 m, über Steyrersee-Leistalm 4½; Hochmölbinghütte, 1684 m, 5½ - 6; Pühringerhütte, 1638 m, über Steyrersee 8 - 10; Prielschutzhaus, 1420 m, 8; Welser Hütte, 1815 m, 8
△ Lawinenstein, 1966 m, 1½; Schneiderkogel, 1767 m, 1½; Traweng, 1984 m, 1½; Almkogel, 2122 m, 4; Roßkogel, 1893 m, 3; Skiberg; Gr. Tragl, 2184 m, 3½, Skiberg
↗ Parkplatz Tauplitzalm, Sessellift-Bergstation Tauplitzalm, Zauchen → Steyrersee – Lienzener Hütte, Steyrerseehütte – Pühringerhütte
Bad Mittendorf
Parkplatz Tauplitzalm P (Mautstraße)
2 Sessellifte, 12 Schlepplifte

AV 15/2; ÖK 97; Bergverlag Rother: AVF Totes Gebirge

Welser Hütte

am Großen Priel,
K. I, 1815 m, erb. 1971
OeAV-S. Wels
Bahnhofstr. 64
A-4600 Wels

- ♦ Christine Wallner
  A-4645 Grünau i.A.
  Hs.-Nr. 376
- ✆ Hütte 07616/8088
- ✆ Tal 07616/8078
- ✕ Anfang Juni bis Mitte Sept.
- 🛏 28 ⊓ 80 ⊔ 40
- ❄ 20 offen SR
- ↗ Almtalerhaus in der Hetzau 3
- → Prielschutzhaus über Brotfallscharte 3½; über Klinserscharte 3½; über Arzlochscharte 3½; Pühringerhütte 4, über Fleischbanksattel und Rotkögelsattel
- △ Großer Priel, 2515 m, 2; Kreuz, 2180 m, 1½; Zwillingskogel, 2187 m, 2; Brotfall, 2380 m, 2½; Schermberg, 2396 m, 2; Temlberg, 2327 m, 1
- ⛷ △ Schermberg
- 🚂 Grünau im Almtal
- 🚌 Jägersimmerl
- 🚗 Almtalerhaus

AV 15/2; ÖK 97; Bergverlag Rother: AVF Totes Gebirge

Wildenseehütte

K. I, 1521 m, erb. 1920
OeAV-S. Bad Aussee
Johann Raudaschl
Schmiedgutstr. 92
A-8990 Bad Aussee

- ♦ Alfred Schlacher
  Ischlbergstr. 49A
  A-8990 Bad Aussee
- ✆ Tal 03622/54815
- ✕ SV, teilweise beaufsichtigt
- ⊓ 20 ⊔ 5
- 🔑
- ↗ Altaussee oder Grundlsee 5; Offensee 4½
- → Loserhütte 4; Appelhaus ½; Pühringer Hütte, 4; Ischler Hütte, Wildenkogel 8
- △ Rinnerkogel, 2012 m; Woising, 2061 m, Redender Stein, 1900 m
- ⛷ nur im Frühjahr ↗ Altaussee, Grundlsee → Pühringer Hütte △ Offensee, Weißhorn
- 🚂 Bad Aussee
- 🚌 Post Altaussee, Gasthof Ladner, Grundlsee
- 🚗 Altaussee/Loserrestaurant P

Grundlsee – Appelhaus, von dort ½ zur Hütte

AV 15/1; FB 281; ÖK 97; Bergverlag Rother: AVF Totes Gebirge

Zellerhütte

K. I, 1575 m, erb. 1901
OeAV-S. TK. Windischgarsten
A-4580 Windischgarsten 80

- Hans-Joachim Pelzer
  Zellerhütte
  A-4575 Roßleithen
- Hütte 07562/8424
  während der Nichtbew.:
  A-4720 Kalcham 91
- Tal 0663/9773820
- Anfang Juni bis Ende Sept., Mai u. Okt. an Sa./So./Fe.
- 8 ⌐ 34 ⌙ 30
- 8 offen
- Bhf. Pließling – Vorderstoder, 810 m – Gasthaus Bankler 3½; Vorderstoder – Schafferteich 2½; Bhf. Roßleithen od. Windischgarten, 601 m – Roßleithen – Windhagersee 3; Ghs. Schoiswohl – Paulnboden 2½
- Roßarsch – Wetterluke – Loigistal – Elm – Schrocken – Hutterer – Höß, Liezener Hütte, Hochmölbinghütte-Wörschach – Tauplitz (Leistalm); Toter Mann – Dümlerhütte – Roßleithen – Gleinkersee 5; Toter Mann – Brunnsteiner See – Linzer Haus – Spital a. P. – mit zur Linzer-Haus-Talstation 4; Warscheneck – Roßarsch – Wetterluke – Vorderstoder
  im Winter Bergstation Frauenkar – Wiederlechnerstein – Wetterluke – Loigistal – Vorderstoder
- Warscheneck, 2388 m, 2; Lagersberg, 2014 m
- nur im Frühjahr ↗ Bahnhof Pließling – Vorderstoder – Warscheneck, 2388 m – Loigistal – Schafferteich – Vorderstoder od. Schoiswohl
- Pließling-Vorderstoder oder Roßleithen
- Vorderstoder, Gasthaus Schoiswohl od. Roßleithen
- Schafferteich, Binder, Lindbichler, Vorderstoder od. Mitterhauser

AV 15/3; ÖK 98; Bergverlag Rother: AVF Totes Gebirge

Hütten anderer alpiner Vereine und Privathütten

Albert-Appel-Haus 1660 m, am Gr. Woising, ÖTV, 34 85, Altaussee 4, Grundlsee 4, Bad Aussee Grundlsee, bew. Ende Mai bis Ende Sept., offen

Ebenseer Hochkogelhaus 1558 m, am Hochkogel, TVN, 70, Steinkogel 4, Schwarzenbach 2½, Steinkogel Schwarzenbach P, bew. Mitte Mai bis Mitte Sept., sonst nur fallweise an Sa./So., 06133/5324

Henaralm 1660 m, auf der Henarwiesalm, TVN 20, Grundlsee 4, Altaussee 5, Bad Aussee 5, Bad Aussee Grundlsee Altaussee, Bad Aussee, Grundlsee, SV, Voranmeldung bei Franz Stöckl, Eselsbach 52, A-8990 Bad Aussee, 06152/3494

Hochmölbinghütte 1684 m, auf der Niederhüttenalm (Warscheneck), ÖTK, 14 44 17, Liezen oder Wörschach 3½, Liezen, Wörschach-Schwefelbad, bew. Ende Juni bis Ende Sept., 0316/951845

Hößhaus 1400 m, auf den Huttererböden, privat, 16 13, Hinterstoder 1½, Preißegg, Dirnbach Hinterstoder

Huttererbödenhütte 1380 m, auf gleichnamiger Alm, privat, 70, Hinterstoder 1½, Preißegg Hinterstoder, 07564/324

Raschberghütte 1358 m, auf der Raschbergalpe, TVN, 15, St. Agatha 3, Hütteneck 1½, Steeg St. Agatha bis unter die Hütte im Sommer; bis Haller Alm im Winter; SV, Voranmeldung bei Walter Pramesberger, St. Agatha 49, A-4823 Steeg, 06135/73113

Rinnerkogelhütte 1473 m, nördlich des Wildensees, privat, (Bergsteigerbund Ebensee) 35, Offensee 3, Bad Aussee Offensee, bew. Mitte Juli bis Mitte Sept., Mai und Juni nur Sa./So., 06133/8620

Sturzhahnhütte (Steyrerseehütte), 1550 m, nahe dem Steyrersee, 14, Klachau-Tauplitz 3, Mittendorf-Zauchen, Tauplitzalmlift ½, Klachau-Tauplitz oder Mittendorf-Zauchen, SV, 0222/5650 u. 5039

Tauplitzalm (Petzhütte), 1620 m, TVN, 21, Klachau-Tauplitz 2½, 5 Min., SV, Schlüssel bei August Pürkl, Rennerring 8, A-8940 Liezen, 03612/22005

Tauplitzhaus 1620 m, auf der Tauplitzalm, TVN, 59, Klachau-Tauplitz 2½, Tauplitzalmlift ¼, Klachau-Tauplitz Bad Mittendorf – Mautstraße Tauplitzalm, gj. bew., Mai u. Nov. geschlossen, 03688/2295

Winklerhütte 1600 m, auf der Tauplitzalm, TVN, 12, Klachau-Tauplitz 2½, Tauplitzalmlift ¼, Klachau-Tauplitz Bad Mittendorf – Mautstraße Tauplitzalm, SV, Voranmeldung bei OGr. Wien, Fachgruppe Ostbahn XI, Grillgasse 48, A-1110 Wien, 0222/5650/5965

Wurzeralm 1407 m, auf der gleichnamigen Alm, TVN, 40, Talstation Wurzeralm-Standseilbahn 1½, Bergstation 5 Min., Bahnstation Linzer Haus, Spital am Pyhrnpaß, Pyhrnpaß, SV, Voranmeldung bei Kurt Fehringer, Franz-Aigner-Str. 3, A-4560 Kirchdorf, 07582/37113, Hütte 07563/621

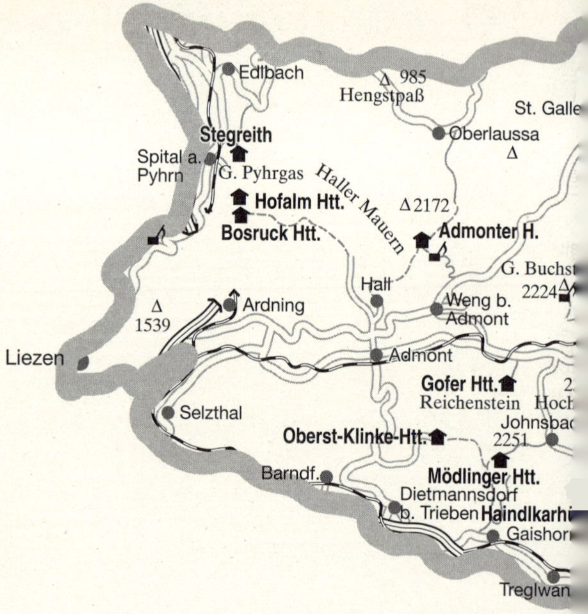
Edlbach
985
Hengstpaß
St. Galle
Stegreith
Oberlaussa
Spital a.
Pyhrn
G. Pyhrgas
Haller Mauern
Hofalm Htt.
2172
Bosruck Htt.
Admonter H.
G. Buchst
Hall
2224
1539
Ardning
Weng b.
Admont
Liezen
Admont
Gofer Htt.
Reichenstein
Selzthal
Johnsba
Oberst-Klinke-Htt.
2251
Barndf.
Mödlinger Htt.
Dietmannsdorf
b. Trieben
Gaishor
Treglwan

16 Ennstaler Alpen

Umgrenzung

Windischgarsten – Dambach – Hengstpaß – Laussa – Enns bis Hieflau – Erzbach – Präbichl – Vordernberger Bach – Mur von Leoben bis St. Michael – Liesing/Paltental bis Einmündung Enns – Liezen – Pyhrnpaß – Windischgarsten

Admonter Haus

K. I, 1725 m, erb. 1895,
ren. 1979-82
OeAV-S. Admont
A-8911 Admont

🚹 Stefan Günther
Hall 25
A-8911 Admont
✆ Hütte 03613/3552
✆ Tal 03613/2989
✗ Pfingsten bis Ende Okt.
⊓ 42
❄ 4-6, ⚷
↗ Admont – Weng – Buchau – Grabneralm, 1395 m, 4; Hall – Pitzalm, 937 m, 3; Oberlaussa – Unterer Seeboden, 1312 m – Oberer Seeboden, 1427 m; Buchauer Sattel 2½
→ Grabneralmhaus ¾; Altenmarkt durch Laussatal bis Weg Nr. 633, 5½
△ Admonter Warte, 1804 m, ¼; Natterriegel, 2065 m, 1; Hexenturm (Bärenkarmauer), 2170 m, 1¾; Hallermauern-Überquerung 10 - 12; Grabnerstein, 1847 m, 1 (Klettersteig)
⛷ ↗ Admont, Oberlaussa → Grabneralmhaus, Altenmarkt △ Natterriegel
🚂 Admont
🚌 Buchauer Sattel
🚗 Buchau 🅿

AV 16; ÖK 99; Bergverlag Rother: AVF Gesäuseberge, GF Gesäuse, WF Gesäuse

Bosruckhütte

K. I, 1036 m, erb. 1941
OeAV-S. Spital/Pyhrn
Helmut Hackl
Ederackerstr. 5
A-4060 Leonding

🚹 Josef Prenter
A-4582 Spital/Pyhrn 406
✆ Hütte 07563/666
✆ Tal 07563/529
✗ gj. bew., Osterdienstag bis Ende April u. Nov. bis Mitte Dez. geschlossen
🛏 17 ⊓ 55
⚡ 220 V ~ ♨
↗ Spital – Gasthaus Grünau 1¾; Gasthaus Grünau – Dr.-Vogelgesang-Klamm 1¼
→ Rohrauer Haus, 1348 m, ¾; Rohrauer Haus – Hofalm, 1335 m, 1½; Abstieg nach Spital möglich
△ Großer Pyhrgas, 2244 m, 3; Scheiblingstein, 2197 m, 3¾; Bosruck, 2009 m

⛷ ↗ Spital → Rohrauer Haus △ Großer Pyhrgas, Scheiblingstein
🚂 Spital/Pyhrn, 20 Min. vom Ort
🚌 Spital/Pyhrn
🚗 bis 5 Min. vor Hütte
🅿 Gasthaus Grünau
Bosruckhütte
ÖK 99; Bergverlag Rother: AVF Gesäuseberge, GF Gesäuse, WF Gesäuse

Ennstaler Hütte

K. I, 1543 m, erb. 1885
OeAV-S. Steyr
Michaelerplatz 7
A-4400 Steyr

Helmut Kern
Ennstaler Hütte
A-8913 Gstatterboden
Y Hütte 03611/22196
während der Nichtbew.:
Wörschachwald 135
A-8982 Tauplitz
✕ Mitte Mai bis Ende Okt.
🛏 14 ⌐ 50 ⌴ 10
↗ Gstatterboden, 564 m, 3; Großreifling über Bärensattel 3½; Hieflau, 517 m – Tamischbachturm, 2035 m, 5; St. Gallen, 513 m, 5
→ Abstiege zu verschiedenen Talorten
△ Tamischbachturm (Aussichtsberg), 2035 m, 1½; Tieflimauer, 1814 m, 1½; Kleiner Buchstein, 1994 m, 5
⛷ nur im Frühjahr, wenn keine Lawinengefahr mehr besteht ↗ Gstatterboden, △ Tamischbachturm
🚂 Gstatterboden, Großreifling
🚗 Gstatterboden 🅿, Großreifling-Hakkerschmiede 🅿

AV 16; ÖK 100; Bergverlag Rother: AVF Gesäuseberge, GF Gesäuse, WF Gesäuse

Goferhütte

K. I, 1012 m, erb. 1929
OeAV-S. ÖGV
Lerchenfelder Str. 28
A-1080 Wien

✕ SV ⚷, Auskunft bei der Sektion
© 0222/4052657
⌐ 20 ⌴ 5

❄ 5 offen
↗ Gesäuse-Eingang, 659 m, 1½
△ Admonter Reichenstein, 2251 m; Sparafeld, 2247 m
Bahn: Gesäuse-Eingang
Bus: Auto: Gofergraben
AV 16; ÖK 99; Bergverlag Rother: AVF Gesäuseberge, GF Gesäuse, WF Gesäuse

Haindlkarhütte

K. I, 1121 m, erb. 1960
OeAV-S. Reichenstein
Rahlgasse 6/14
A-1060 Wien VI

Maria Schausberger
A-8913 Gstatterboden
während der Nichtbew.:
Kematenstr. 357
A-8911 Admont
Y Hütte 03611/22115
✆ Tal 03613/3266
✕ Mitte Mai bis Mitte Okt.
12 ⊓ 40 ⊔ 10
220 V ~
↗ Gstatterboden, 579 m, Straße bis P, dann bez. Weg Nr. 658 zur Hütte 1½; Johnsbach Hst., 589 m, Straße bis P, dann bez. Weg zur Hütte 1½; od. bez. Weg Nr. 658 vom Gasthaus Bachbrücke über die Gsengscharte zur Hütte, 2½
→ zur Heßhütte über Peternscharte, 2045 m, 5 (nur für Geübte); ins Johnsbachtal über Gsengscharte, 1220 m, auf bez. Weg Nr. 658, 1½
△ Planspitze, 2114 m, 4½; Hochtor, 2365 m, 6
Ski: kein Stützpunkt
Bahn: Gstatterboden
Bus: Haindlkar (nur So., Fe. v. 10.7. bis 10.9.)
Auto: Gesäusestraße P
AV 16; ÖK 100; Bergverlag Rother: AVF/GF Gesäuse, WF Gesäuse

Heßhütte

K. I, 1687 m, erb. 1893
OeAV-S. Austria
Rotenturmstr. 14
A-1010 Wien

Reinhard Reichenfelser
Hall 468
A-8911 Admont
✆ Hütte 0663/039888

✆ Tal 03613/3263
✕ Ende Mai bis Ende Okt.
🛏 45 ⊓ 90 ⊔ 20
❄ 10 offen
↗ Kummerbrücke (Gstatterboden) – Wasserfallweg 3½ - 4; Johnsbach (»Kölblwirt«) 3; Hieflau – Hartlesgraben – Sulzkarhund 5 - 6
→ Hartlesgraben – Hieflau 4; Haindlkarhütte über Peternscharte 5
△ Zinödl, 2191 m, 1½ - 2; Planspitze, 2114 m, 2½ - 3; Hochtor, 2365 m, 2½
⛷ kein Stützpunkt
🚂 Gstatterboden
🚌 🚗 Gstatterboden, Johnsbach P »Kölblwirt«

AV 16; ÖK 100; Bergverlag Rother: AVF Gesäuseberge, GF Gesäuse, WF Gesäuse

Hofalm

K. I, 1335 m, erb. 1890
OeAV-S. Spital/Pyhrn, H. Hackl
Ederackerstr. 5
A-4060 Leonding

🯅 Jürgen Schwaiger
Einsiedlstr. 13
A-4481 Asten
✕ Ende Mai bis Mitte Sept.
🛏 8 ⊓ 30
❄ 10 ⚷ (als Notunterkunft, keine Heizmöglichkeit im Lager)
↗ Spital am Pyhrn, 650 m, 1¾
→ Hofalm – Rohrauer Haus, 1348 m – Admont 4½; Hofalm – Rohrauer Haus, 1348 m – Bosruckhütte 1½
△ Gr. Pyhrgas, 2244 m, 2½
⛷ kein Stützpunkt ↗ Spital → Rohrauer Haus △ Gr. Pyhrgas; Scheiblingstein
🚂 Spital/Pyhrn, 20 Min. vor Ort, 🚌 Spital/Pyhrn
🚗 P Gasthaus Grünau

ÖK 99; Bergverlag Rother: AVF Gesäuseberge, WF Gesäuse

Mödlinger Hütte

K. I, 1523 m, erb. 1914
OeAV-S. Mödling
Brühlerstr. 2
A-2340 Mödling

🯅 Helga Traxler

Postfach 7
A-8783 Gaishorn
✆ Hütte 03611/265
✕ Mitte Mai bis Ende Okt.
🛏 13 ⊓ 50
❄ 4 offen
~ 220 V ~ 50 Hz
↗ Gaishorn, 722 m – Mautstraße oder Fliezenschlucht 2½; Johnsbach (»Donnerwirt«), 753 m, 2½; Admont, 641 m, über Oberst-Klinke-Hütte, 1486 m, 5
→ Oberst-Klinke-Hütte, 1486 m, über Fliezenalm, 1200 m – Kalblinggatterl, 1542 m, 2; Heßhütte, 1687 m, über Johnsbach, 5
△ Admonter Reichenstein, 2247 m, 3; Totenköpfl, 2178 m, 3; Pfarrmauer, 1962 m, 1½; Spielkogel, 1731 m, 1; Leobner, 2036 m, 6
⛷ ↗ Gaishorn, Johnsbach → Spielkogel, Leobner △ Oberst-Klinke-Hütte
🚆 🚌 Gaishorn, Johnsbach
🚗 Mautstraße, 30 Min. unterh. der Hütte P

AV 16; ÖK 99, 130; Bergverlag Rother: AVF Eisenerzer Alpen, AVF Gesäuseberge, GF Gesäuse, WF Gesäuse

Oberst-Klinke-Hütte

K. II, 1486 m, erb. 1941
OeAV-S. Admont
A-8911 Admont

† Harry u. Andrea van de Caerin
Oberst-Klinke-Hütte
A-8911 Admont
✆ Hütte 03613/2601
✕ gj. bew., Nov. geschlossen
🛏 30 ⊓ 115
~ 220/380 V ~ , teilweise
↗ Admont – Kaiserau, 1100 m, Schloß Kaiserau – Kalkofen 3; Admont – Siegelalm, 1130 m, 2½; Bärndorf/Büschendorf üb. Kaiserau 2¾; Trieben üb. Kaiserau 3½
→ Mödlinger Hütte üb. Kalblinggatterl, 1534 m – Flitzenalm, 1200 m, 2; Kalblinggatterl, 1543 m – Riffel, 2175 m, Kreuzkogel, 2025 m – Scheiblegger-Hochalm, 1672 m – Kematen – Admont
△ Kalbling, 2196 m, 2; Sparafeld, 2245 m, 1; Riffel, 2175 m, 2; Kreuzkogel, 2025 m, 1; Lahngangkogel, 1779 m
⛷ ↗ Admont – Kaiserau; Admont – Siegelalm, Bärndorf/Büschendorf, Trieben → Mödlinger Hütte, Kalblinggatterl △ Kalbling, Sparafeld, Riffel, Lahngangkogel
🚆 🚌 Admont
🚗 Kaiserau, ab d. Mautstraße – Hütte P (im Winter mautfrei)
⛷ Skilift bei der Hütte

AV 16; ÖK 99, 130; Bergverlag Rother: AVF Eisenerzer Alpen, AVF Gesäuseberge, GF Gesäuse, WF Gesäuse

Reichensteinhütte

K. I, 2128 m, erb. 1898,
Neubau 1980, 1989
OeAV-S. Leoben
Hauptplatz 3/II
A-8700 Leoben

- Monika Albl
  A-8794 Vordernberg
- ✆ Hütte 0633/836164
  während der Nichtbew.:
  Seizerstr. 64
  A-8793 Trofaiach
- ✆ Tal 03847/3590
- ✗ Ende Mai bis Mitte Okt.
- 16 ⊓ 33 ⊔ 12
- 4 offen, nicht heizbar, keine Kochstelle
- ~
- ↗ Vordernberg 3½; Präbichl (Gasthaus Lanner) 2; Eisenerz 5
- → Mödlinger Hütte, Theklasteig – Wildfeld – Mautern 9
- △ Eisenerzer Reichenstein, 2166 m, ¼; Wildfeld, 2044, 4; Vordernberger Mauer, 1971 m, 1½
- Vordernberg
- Präbichl
- Gasthaus Lanner od. Vordernberg P

ÖK 101; Bergverlag Rother: AVF Eisenerzer Alpen, AVF Gesäuseberge, WF Gesäuse

Stegreith, Talherberge

K. seH, 700 m, erb. 1819, renov. 1991
OeAV-S. Linz
Hauptplatz 23
A-4020 Linz
Fax 0732/778551

- ✆ 0732/773295
- ✗ SV, Reservierung bei der Sektion
- 13 ⊓ 12
- 220 V ~
- ↗ vom südl. Ortsausgang der Pyhrnpaßstraße
- → Bosruckhütte, 1036 m
- △ Gr. Pyhrgas, 2244 m, 3; Scheiblingstein, 2197 m, 4
- Scheiblingstein, Kl. Pyhrgas
- Spital a. P.
- bis Hütte P

ÖK 99; Bergverlag Rother: AVF Gesäuseberge, GF Gesäuse, WF Gesäuse

Hütten anderer alpiner Vereine und Privathütten

Buchsteinhaus 1571 m, am Großen Buchstein, TVN, 🛏 20 ⌐ 70, ↗ Gstatterboden 2½, 🚂 🚌 🚗 Gstatterboden, bew. Anfang Mai bis Mitte Okt., ✆ 03611/213

Rohrauer Haus 1348 m, am Pyhrgasgatterl, TVN, 🛏 32 ⌐ 80, ↗ Spital 2½, Admont 3½, Bosruckhütte ¾, 🚂 🚌 Spital am Pyhrn 🚗 bis Bosruckhütte, bew. Ostern bis Ende Okt., ✆ Hütte 07563/660, ❄ 🔑 bei OG Linz, ✆ 0732/272661

Rudolf-Hamburger-Hütte 1050 m, im Haindlkar (Gesäuse), OeAV-nur Diensthütte d. BW, 🚂 🚌 🚗 Gstatterboden

Sonnrißhütte 1030 m, am Sonnriß an der Bodenwies, TVN, 🛏 32, ↗ Kleinreifling 1½, Bst. Schönau 2½; Altenmarkt, Bst. Weißenbach je 3½, SV, 🔑 bei Albert Plattner, Preinsbacherstr. 5, A-3330 Amstetten, ✆ 07472/61821

St.-Michael-Naturfreundehütte 1100 m, in Wald am Schoberpaß, TVN, 🛏 13 ⌐ 12, ↗ Wald am Schoberpaß ½, 🚂 🚌 Trieben, Wald am Schoberpaß 🚗 zur Hütte, SV, Voranmeldung und 🔑 bei Paul Rieger, Fressenberg 4, A-8770 St. Michael i. O., ✆ 03843/2370

17a Salzkammergut-

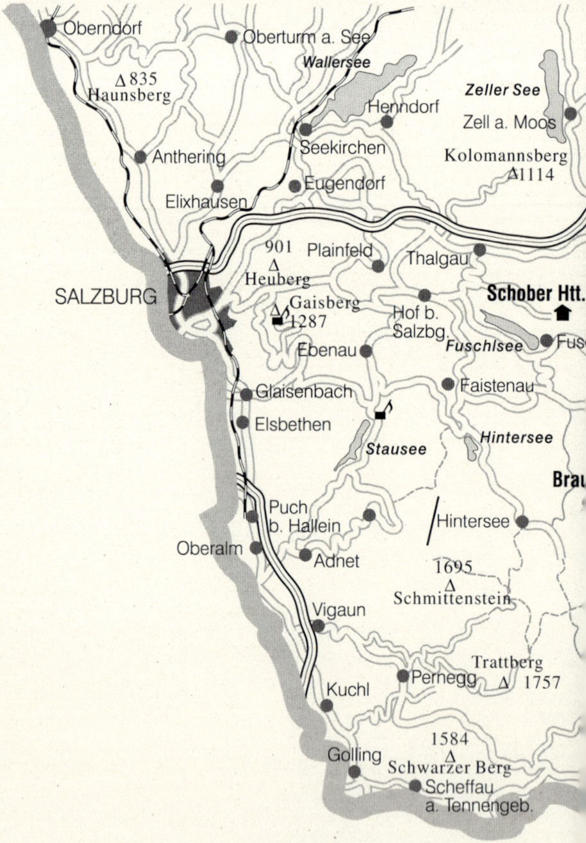

Berge

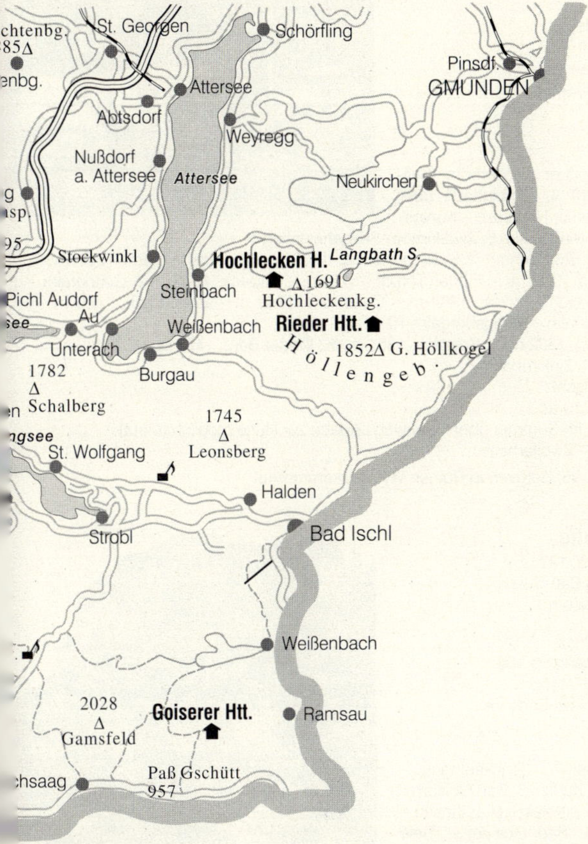

Umgrenzung

Alpenvorland von Salzburg bis Gmunden – Traunsee – Traun bis Hallstätter See – Gosaubach bis Gosau – Paß Gschütt – Rußbach – Lammer – Salzach bis Salzburg

Braunauer Hütte

K. I, 1300 m, erw. 1952
OeAV-S. Braunau
Postfach 358
A-5280 Braunau

- 🚶 Josef Haslinger
  Jubiläumstr. 14
  A-5280 Braunau
- ✆ Tal 07722/63459
- ✕ SV
- 🛏 22 ⌐ 16
- ❄ 6 SR ⚷
- ↗ St. Gilgen über Zwölferhorn (Seilbahnstation) 4; Zinkenbach über Steingraben 3; Hintersee – Königsbergalm – Illinger Alm 5; Zwölferhorn-Seilbahnstation ¾
- → Spitzeck – Zwölferhorn 2½; Illinger Berg, 1479 m – Königsbergalm, 1212 m – Königsberg, 1621 m – Hoher Thron, 1572 m – Holzeck, 1603 m – Genneralm, 1326 m – Hohe Zinken, 1764 m – Osterhorn, 1749 m – Zinkenzeck, 1460 m – Königsbachalm – Königsbergalm 10
- △ Zwölferhorn, 1522 m, 1; Spitzeck, 1351 m, ½; Illinger Berg, 1479 m, ¾
- ⛷ St. Gilgen – Zinkenbach
- 🚂 Salzburg, Ischl
- 🚌 Brunn, Gschwand
- 🚗 St. Gilgen, im Sommer über Güterweg, Zufahrt zur Hütte möglich (Maut)
- 🚡 St. Gilgen – Zwölferhorn

FB 282; ÖK 65, 95; Bergverlag Rother: WF Salzkammergut

Goiserer Hütte

K. I, 1592 m, erb. 1933
OeAV-S.-Zweig Bad Goisern
A-4822 Bad Goisern

- 🚶 Friedrich Platzl
  A-4831 Obertraun 168
- ✆ Hütte 0663/74105
- ✕ Anfang Mai bis Ende Okt.
- ⌐ 30
- ❄ 10 ⚷
- ↗ Bad Goisern – Trockenthann – Nied. Scharteralm 3; Bad Goisern – Hochmuth – Kniekogel 4; Gosau – Iglmoos 3; Bad Goisern – Tiefe Scharte – Nied. und Hoher Kalmberg 6; Rußbach – Gamsfeld 8
- △ Hoher Kalmberg,1833 m, 1; Gamsfeld, 2028 m, 4
- ⛷ kein Stützpunkt

🚂 Bad Goisern
🚌 🚗 Bad Goisern, Gosau P

FB 281; ÖK 65, 95

Hochleckenhaus

K. I, 1572 m, erb. 1925
OeAV-S. Vöcklabruck
Dr.-A.-Bruckner-Str. 33
A-4840 Vöcklabruck

- 🚶 Herta Tranninger
  A-4814 Neukirchen/Altmünster
  Hs.-Nr. 353
- ✆ Hütte 07666/7588
  während der Nichtbew.:
  Schoberpaß-Bundesstr. 29
  A-8784 Trieben
- ✆ Tal 03615/3683
- ✗ Sonntag vor Ostern bis Ende Okt.
- 🛏 32 ⊓ 62 ⊔ 13
- ✳ 10 offen
- ⚡ 220 V ~
- ↗ Taferlklause bei Großalm, Neukirchen/Altmünster, 800 m, 2; Kienklause/Steinbach a. Attersee, 750 m, 2½; Hinterer Langbethsee/Ebensee, 700 m – Schafluckensteig 4
- → Riederhütte – Feuerkogel 8, Weitwanderweg 04 (E 4)
- △ Brunnkogel, 1708 m, 1; Hochleckenkogel, 1691 m, 1
- ⛷ nur im Frühjahr, ↗ Taferlklause → Ebensee, Feuerkogel, 3 - 4
- 🚂 Altmünster
- 🚌 Großalm, Steinbach a. Attersee
- 🚗 Taferlklause, Kienklause P

FB 282; ÖK 66

Rieder Hütte

K. I, 1765 m, erb. 1975/76
OeAV-S. Ried
Dr.-Fr.-Berger-Str. 12
A-4910 Ried im Innkreis

- 🚶 Engelbert Sternbauer
  Rieder Hütte
  A-4802 Ebensee;
- ✆ Hütte 0663/71246
  während der Nichtbew.:
  Dr.-Fr.-Berger-Str. 12
  A-4910 Ried im Innkreis
- ✆ Tal 07752/81808

✗ von Pfingsten bis 26. Okt., Silvester und von Anfang Feb. bis Ostern jeweils Sa./So./Fe. einfach bew., im Sommer bei Schönwetter ab Freitag abend
⊓ 45
⊠ 8 SR
↗ Ebensee – Bergstation der Feuerkogel-Seilbahn, 1594 m, 1½ - 2; Langwies, 450 m, oder Steinkogel, 450 m, über die Vordere Spitzalm – Haselwaldgasse 4 - 5
→ Hochleckenhaus, 1572 m, 4 - 5
△ Großer Höllkogel, 1862 m, ¾; Kleiner Höllkogel, 1790 m, ¼; Eiblgupf, 1813 m, 1
↗ Ebensee, Langwies → Hochleckenhaus △ Großer Höllkogel, Kleiner Höllkogel, Eiblgupf
Ebensee
Seilbahnstation Ebensee P
Ebensee – Feuerkogel

FB 282; ÖK 66

Schoberhütte

K. I, 1329 m, erb. 1995, restauriert 1954
OeAV-S. Salzburg, OG Thalgau
Nonntaler Hauptstr. 86
A-5020 Salzburg

Andreas Brandstätter jun.
Enzersbergerstr. 21
A-5303 Thalgau
✆ Tal 06235/6619
offene Unterstandshütte, keine Schlafmöglichkeit
↗ Mondsee 2½; Teufelsmühle 1½; Thalgau 2; Fuschl 1½; Gasthaus Wartenfels ¾
→ Schobergipfel, Zufahrt mit Pkw bis Gasthaus Wartenfels, 940 m, über Thalgau od. Fuschl; Überquerung der Drachenwand nicht ratsam
△ Schober, Frauenkopf
kein Stützpunkt
Salzburg
Teufelsmühle
Gasthaus Wartenfels P

FB 282; ÖK 65

Hütten anderer alpiner Vereine und Privathütten

Bleckwandhütte 1340 m, auf der oberen Bleckwandalpe, TVN, 🛏 14 ⊓ 20, ↗ Illegalm ½, Autobushalt Landauer 2½, 🚂 Strobl, St. Wolfgang, 🚌 Landauer 🚗 Landauer-Illegalm (Maut) ½, Anfang Juli bis Mitte Okt. voll bew., Rest Okt. nur Sa./So., ✆ 06138/2736

Feuerkogelhaus 1550 m, am Kranabethsattel (Höllengebirge), TVN, 🛏 54, ↗ Ebensee 3, Feuerkogellift ½, 🚂 🚌 🚗 Steinkogel, Ebensee, Steinkogel 3, gj. bew., Mai und Nov. geschlossen, ✆ 06133/5482

Halleiner Haus 1150 m, am Schlenken bei Hallein, TVN, 🛏 40 ⊓ 11, ↗ Gaißau 1½, Adnet 2½, Krispl 1, 🚂 Hallein 🚌 Krispl (im Sommer), Gaißau (im Winter), Pkw bis 300 m vor das Haus, gj. bew., ✆ 06240/415

Katrinalm 1480 m, auf der gleichnamigen Alm, privat, 🛏 3 ⊓ 36, ↗ Ischl 3, Lauffen 2½ 🚂 🚌 🚗 Bad Ischl

Leo-Roedel-Haus 960 m, am Westhang des Schwarzenberges, TVN, 🛏 18 ⊓ 6, ↗ Golling 1½, Kuchl 1½, 🚂 🚌 Golling 🚗 Golling zum Haus (🅿 beschränkt), SV, gj. zugänglich, Anmeldung bei Josef Sindelka, Obergäu 113, A-5540 Golling, ✆ 06244/530

Paul-Preuß-Hütte 1560 m, auf der Hohen Schartenalm, TVN, ⊓ 16 , ↗ Bad Goisern 3½, Gosau 3, 🚂 🚌 Bad Goisern 🚗 Gosau, SV, Anmeldung und Schlüssel bei Hermine Peer, Gschwand 48, A-4822 Bad Goisern, ✆ 06135/8371

Rauchenbühelhütte 975 m, am Rauchenbühel des Gaisberges bei Salzburg, TVN, 🛏 4 ⊓ 4, ↗ Bst. Salzburg-Aigen oder Salzburg-Parsch 1½, Zufahrt über Gaisbergstraße bis zur Straßenabzweigung zum Mitteregg, gj. Sa./So./Fe. bew., ✆ 0662/31635

Rettenkogelhütte 1177, auf der Sonntagskaralm, TVN, 🛏 8, ↗ Wacht, Weinbach oder Weißenbach, je 2, 🚂 Bad Ischl 🚌 🚗 Wacht, Weinbach oder Weißenbach, SV, Anmeldung bei Alois Bruckschlögl, Heidenweg 5, A-4820 Bad Ischl-Pfandl, ✆ 06132/46964

Welser Hütte 1165 m, auf der Postalm, Vereinshütte, ⊓ 40, ↗ Weißenbach 3, Liembachalm ½, 🚂 🚌 Weißenbach 🚗 Forststraße Liembachalm, bew. Anfang Dez. bis Anfang April und Anfang Juni bis Anfang Okt.

17b Oberösterreichi-

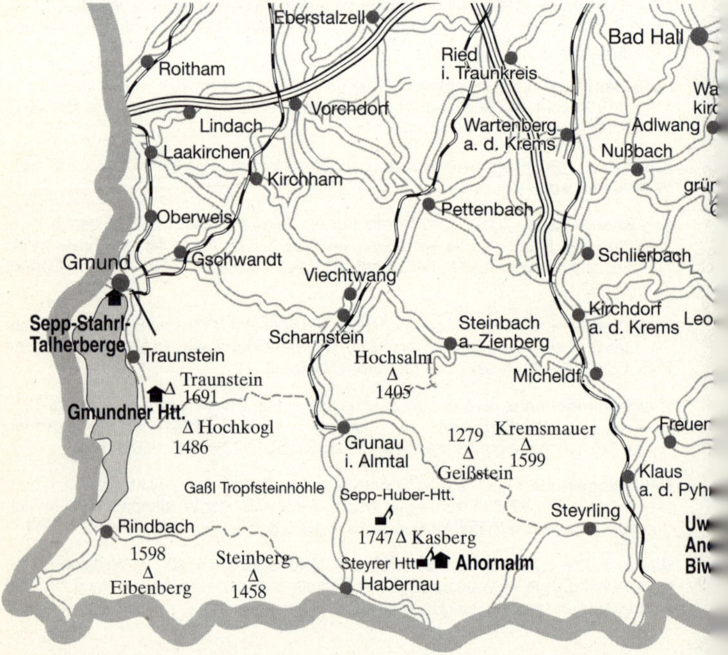

sche Voralpen

Umgrenzung

Alpenvorland von Gmunden bis Waidhofen a. d. Ybbs – Gaflenz – Enns bis Altenmarkt – Laussa – Hengstpaß – Dambach – Windischgarsten – Teichl – Steyr – Weißenbach – Bernerau – Ödseen – Heztau – Habernau – Moosau – Grießeneckbach – Offenseebach – Traun – Traunsee

Ahornalmhütte

(Kirchdorfer Hütte)
K. I, 1336 m, erb. 1937/38
OeAV-S. Kirchdorf/Krems
Jörgerstr. 6
A-4560 Kirchdorf/Krems

- Oskar Schäfer
  Seebach 60
  A-4560 Kirchdorf
- ✆ 07582/4096
- ✕ SV
- ⊓ 34
- bei Sektion Kirchdorf und
- ↗ Bhf. Steyrling, 493 m – Steyrling – Sägewerk im Brunnental 2 (= Aufstiegszeit vom Sägewerk Brunnental)
- → Steyrerhütte, 1400 m, 20 Min.; Sepp-Huber-Hütte, 1506 m, über Steyrerhütte und Kasberggipfel, 1747 m, 2½
- △ Kasberg, 1747 m, 1½; Schwalbenmauer, 1620 m, ¾
- ↗ Steyrling → Steyrerhütte △ Kasberg, Schwalbenmauer
- Steyrling
- Ort Steyrling
- Sägewerk Brunnental P

ÖK 67

Anton-Schosser-Hütte

K. I, 1157 m, erb. 1926
OeAV-S. Steyr
Michaelerplatz 7
A-4400 Steyr

- Manfred Blasl
  Anton-Schosser-Hütte
  A-4462 Reichraming
- ✆ Hütte 0663/9272683
  während der Nichtbew.:
  Dirnstr. 9
  A-4462 Losenstein
- ✆ Tal 07255/4446
- ✕ gj. bew., Nov. geschlossen
- 24 ⊓ 60 ⊔ 10;
- ↗ Losenstein, 350 m, 2½; Bahnstation Trattenbach – Wendbachgraben – Hintersteinergut 3½
- → Mösern – Wendbachgraben – Trattenbach 3; Mösern – Innere Breitenau – Welchau – Feichtauhütte 8
- △ Hohe Dirn, 1157 m, ½; Sonnenkogel, 1120 m, ½; Mösern – Schneeberg, 1248 m – Reichraming 4

- prächtiges Skigebiet mit mehreren Abfahrten 4 Lifte
- Losenstein
- 30 Min. unter der Hütte P

ÖK 69

Feichtauhütte

K. I, 1360 m, erb. 1900
(Naturschutzgebiet)
OeAV-S. Steyr
Michaelerplatz 7
A-4400 Steyr

- Franz Mayr
  Kollergasse 6
  A-4400 Steyr
- Tal 07252/45171
- SV, 15.9. bis 30.4. mit Sonderschloß (bei); übrige Zeit mit ; während der Jagdzeit 15.9.–10.10. keine Nächtigungsmöglichkeit
- 34
- Molln, 442 m – Ramsau – Hopfing – Feichtau, 1360 m; Parkplatz Hopfing 2½ - 3 (Durchgang d. Schießplatz Hopfing: Sa./So. frei, sonst 4.00 - 7.30, 12.00 - 13.00 und 17.00 - 19.00 Uhr); Parkplatz Welchau 3½
- Hoher Nock, 1963 m – St. Pankraz 6; Hoher Nock, 1963 m – Redtenbachtal P 5; Sengsengebirge, Längsüberschreitung 12 (bis Uwe-Anderle-Biwak 6)
- △ Hoher Nock, 1963 m, 2
- Zugang lawinengefährdet, nur erfahrenen Skibergsteigern anzuraten
- Klaus oder Windischgarsten
- Molln
- Hopfing P; Welchau P

ÖK 68, 69

Gmundner Hütte

K. I, 1666 m, erb. 1907
OeAV-S. Gmunden
Schlösselgasse 20
A-4810 Gmunden

- Herbert Leithner
  Gmundner Hütte
  A-4810 Gmunden
- Hütte 0663/9176168
  während der Nichtbew.:
  Mitterberg 22
  A-4663 Laakirchen
- Tal 07613/3745

✕ Anfang Juli bis Ende Sept. bew.; Mai, Juni und Okt. nur Sa./So./Fe.
🛏 2 ⌐ 48 ⌴ 15, kein ⊞
↗ Gmunden – Gasthaus Hoisn, 422 m – Hernlersteig 3; Naturfreundesteig 3½; Mairalmsteig 3½
△ Pyramidenkogel, 1691 m, ¼
⛷ kein Stützpunkt
🚆 🚌 Gmunden
🚗 Traunsteinstraße 0,5 km vor Umkehrplatz P
FB 282; ÖK 66

Grünburger Hütte

K. I, 1080 m, erb. 1927
OeAV-S. Grünburg
Untergrünburg 352
A-4594 Grünburg

† Karin Lumplecker
Forstau 30
A-4593 Obergrünburg
✆ Hütte 07257/8300
während der Nichtbew.:
Laussastr. 26
A-4460 Losenstein
✆ Tal 07255/321 oder 218
✕ Anfang Mai bis Ende Okt., 26.12. – 6.1.; 2.11. – 30.4. Sa/So/Fe; 24./25.12. geschlossen
⌐ 30 ⌴ 10
⊞ 10 🔑
↗ Parkplatz Rieserberg, 800 m, 1½; Haunoldmühle, 450 m, 2; Dorngraben, 500 m, 1½; Trattenbach, 500 m, 2; Seebachergut in Forstau, 600 m, 1½
→ zur Schobersteinhütte 1½
△ Hochbuchberg, 1273 m, ½; Gaisberg, 1262 m, 1; Kruckenbrettl, 1020 m, 1¼
⛷ kein Stützpunkt
🚌 Haunoldmühle
🚗 Rieserberg P; Dorngraben P
ÖK 68

Sepp-Stahrl-Talherberge

K. III, 425 m, erb. 1952
OeAV-S. Gmunden
Schlösselgasse 20
A-4810 Gmunden

† Erika Zahler
Traunsteinstr. 259
A-4810 Gmunden

✆ Hütte 07612/3060
✆ Tal 06135/6308
✗ Anfang Mai bis Ende Okt.
⊓ 12
∿ 220 V ~ 50 Hz; Badeplatzbenützung für Nächtigungsgäste möglich
↗ Traunsteinstraße zwischen Gasthaus Ramsau und Hoisn, 4 km von Gmunden
△ Traunstein, 1691 m, Hernlersteig 3; Naturfreundesteig 3½
kein Stützpunkt
Gmunden, Hptbhf.
Gmunden – Traundorf
bis Hütte P
FB 282; ÖK 66

Uwe-Anderle-Biwak

(auch: Hochsengs-Biwak)
K. I, 1583 m, erb. 1976
OeAV-S. Molln-Steyrtal
Postfach 32
A-4591 Molln 496

✗ offen, nicht bew., 20 Decken
⊓ 6 ⊔ 3
Strom für Licht durch Photovoltaikanlage, 12 V ═
↗ Höhenweg von Klaus 6; oder Windischgarsten (Roßleithen) zum Biwak 7
→ Feichtauhütte 6
△ Kamm Sperring – Hoher Nock, Vollnaturschutzgebiet
↓ Notabstieg (unmarkiert) über Kogleralm-Jht.-St. Pankraz (z.T. markiert) oder Langergraben – Bhf. Hinterstoder (ab Teufelskirche markiert)
Hinterstoder-St. Pankraz; Klaus a. d. Pyhrnbahn; Windischgarsten; Roßleithen
Klaus-Sperringbauer P
ÖK 69

Hütten anderer alpiner Vereine und Privathütten

Anlaufalm 982 m, im Reichraminger Hintergebirge, privat, 🛏 12 ⊓ 20 ⊔ 20, ↗ Brunnbach 2, Reichraming 6, Großraming 5 → Ebenforstalm, Mitte Juni bis Mitte Sept. bew., Mai u. Okt. an Wochenenden

Ebenforstalm 1105 m, im Reichraminger Hintergebirge, privat, ⊓ 14, ↗ Bodinggraben 2, Reichraming 5, → 5 △ Trämpl 1, Alpstein 1½, Größtenberg 4, Anfang Juni bis Mitte Sept. bew.

Ennser Schutzhaus 1290 m, nordöstlich des Großen Alpkogels (Prennalm), TVN, 🛏 10 ⊓ 40, ↗ Großraming 3, Bamacher 1, 🚂 🚌 Großraming (Steyr) 🚗 Haus Bamacher, SV, vom 20.9. bis 10.10. Jagdsperre, Voranmeldung bei Walter Plöderl, Steingassse 7; A-4470 Ennsdorf, ✆ 07223/33754

Gschwendtalm 954 m, im Reichraminger Hintergebirge, privat, 🛏 10 ⊓ 20, ↗ Brennhöhe 1, 🚂 Großraming 🚗 Brennhöhe, bew. Mitte Mai bis Mitte Okt., ✆ 07254/7166

Schobersteinhaus 1260, am Schoberstein, TVN, 🛏 24 ⊓ 90, ↗ Trattenbach 3, Molln 3½, Gasthaus Klausriegler 1½, Koglerbauer 1½, 🚂 🚌 Trattenbach oder Molln 🚗 Gasthaus Klausriegler, Koglerbauer, gj. bew., ✆ 07584/2035

Sepp-Huber-Hütte 1506 m, am Grünauer Kasberg, privat, 🛏 34 ⊓ 80, ↗ Grünau im Almtal 3½, Kasbergstraße (Maut) bis 5 Min. vor Hütte, 🚂 🚌 Grünau 🚗 zur Hütte, gj. bew., Jagdsperre ca. Mitte Sept. bis Mitte Okt.

Stallburgalm 1100 m, auf dem Großen Alpkogel, TVN, 🛏 6 ⊓ 45, ↗ Küpfern 1, Weyer 2½, Kleinreifling 3½, 🚂 Weyer oder Kleinreifling 🚌 🚗 Küpfern, SV (nur Getränke), vom 1.4. bis 15.11. Sa./So./Fe., sonst Voranmeldung bei Engelbert Knotz, A-3335 Weyer, ✆ 07447/7683

Steyrer Hütte 1400 m, am Kasberg, TVN, 🛏 5 ⊓ 60, ↗ Steyrling 3½, Grünau 5, 🚂 🚌 Steyrling, Grünau 🚗 im Sommer über Mautstraße bis Farrenauhütte, dann 2, gj. bew., 20.9. bis 10.10. Jagdsperre, ✆ Hütte 0663/72742

Traunsteinhaus 1580 m, auf dem Traunkirchner Kogel, TVN, 🛏 10 ⊓ 60, ↗ Hoisn am Traunsee 3, 🚂 🚌 Gmunden 🚗 Hoisn, bew. Ostern bis Ende Okt. Sa./So. (ab Freitag Nachmittag), Schulferien (OÖ) durchgehend, Biwakraum ⊓ 6, ✆ 07612/5010

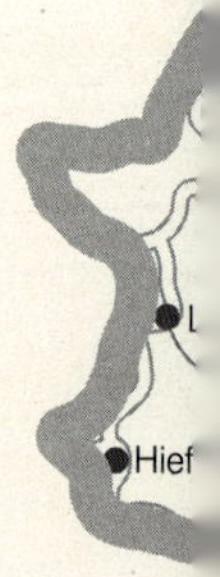
Hief

18 Hochschwab-gruppe

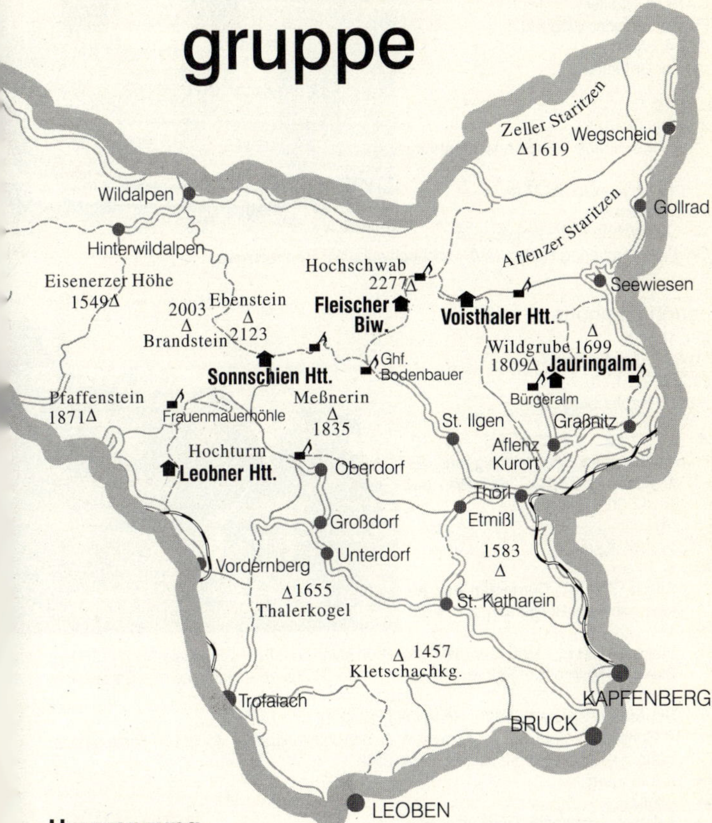

Umgrenzung

Großreifling – Salza – Gußwerk – Wegscheid – Seebergsattel – Seegraben – Stübmingbach – Thörlbach bis Einmündung Mürz – Mürz bis Einmündung Mur – Mur bis Leoben – Vordernberger Bach – Präbichl – Erzbach – Hieflau – Enns bis Großreifling

Fleischer-Biwak

K. I, 2153 m, erb. 1966
OeAV-S. Alpine Gesellschaft »Voisthaler«
Dr. Ferd. Streller
Friedrich-Lieder-Weg 6/9
A-1140 Wien
offener Unterstand

⊔ 10
↗ Buchberg 3
→ Schiestlhaus 1, Sonnschienhütte 2½
△ Hochschwab, 2277 m, ½
Bahn: Kapfenberg
Bus: Auto: Buchberg-Bodenbauer P
ÖK 102; Bergverlag Rother: AVF Hochschwab, WF Hochschwab

Jauringalmhütte

K. I, 1550 m
OeAV-S. Kapfenberg
Grazer Str. 1 - 3
A-8605 Kapfenberg

✗ SV, 1.12.- 1.4. und 1.5. - 31.10. beaufsichtigt, Anmeldung bei der Sektion, ✆ 03862/23818 (Mi. und Fr. 17.30 - 18.30)
⊓ 25 ⊔ 4
Warmluft,
6
↗ Aflenz, 763 m – Bürgeralm 2½; Aflenz mit Lift bis Bürgeralm, zur Hütte ½
→ Zlaken, 1738 m – Mitteralm, 1978 m – Fölzsattel, 1631 m – Voisthalerhütte, 1660 m; Zlaken – Mitteralm – Fölzalm, 1472 m – Aflenz; Zlaken – Hackenalm – Seewiesen, 968 m
△ Schönleitenspitze, 1810 m; Höchstein, 1740 m
Ski: ↗ Bürgeralm, Jauringalm; Mitteralm △ Schönleitenspitze, Höchstein-Dreiersesselbahn zur Schönleitenspitze, 5 Schlepplifte
Bahn: Kapfenberg
Bus: Aflenz
Auto: Talstation Bergbahn Bürgeralm P
Lift: Aflenz-Bürgergraben (Talstation) – Bürgeralm-Doppelsessellift
ÖK 102; Bergverlag Rother: AVF Hochschwab, WF Hochschwab

Leobner Hütte

K. I, 1550 m, erb. 1880
OeAV-S. Leoben
Hauptplatz 3/II
A-8700 Leoben

- Herbert Ogris
  Laufstr. 66
  A-8794 Vordernberg
  während der Nichtbew.:
  Bachgasse 10
  A-8792 St. Peter-Freienstein
- Hütte 03849/246
- Tal 03842/27679
- Anfang März bis Mitte Sept. und Mitte Okt. bis 6. Jan.; 6. Jan. bis Ende Febr. nur Sa./So.
- 25 5
- Präbichl 1¼, Eisenerz 2½, Vordernberg 2, Tragöß 3
- Sonnschienhütte 4
- Griesmauer, 2033 m; TAC-Spitze, 2019 m; Trenchtling, 1926 m; Hochturm, 2081 m; Polster, 1910 m; Leobner Mauer, 1870 m; Frauenmauer, 1828 m; Frauenmauerhöhle (Höhlenführer kann durch besorgt werden)
- Polster-Osthang, Grießmauer-Südhang, Gsoll – alles für Tourenfahrer; Pistenskilauf: Präbichl, Grübl und Polster
- Vordernberg
- Präbichl
- Ende Laufstraße/Präbichl
- auf den Polster

ÖK 101; Bergverlag Rother: AVF Hochschwab, WF Hochschwab

Sonnschienhütte

K. I, 1526 m, erb. 1914
OeAV-S. Alpine Gesellschaft »Voisthaler«
Dr. Ferd. Streller
Friedrich-Lieder-Weg 6/9
A-1140 Wien

- Franz Illia
  Sonnschienhütte
  A-8612 Tragöß-Oberort
- Hütte 031605/68057
- Anfang März bis 6. Jan., Jan. und Feb. Sa/So nach Vereinbarung
- 25 65 20
- 6
- 220 V ~ 50 Hz

↗ Tragöß-Oberort, 780 m – Jassing-Russenstraße 3, Tragöß-Oberort – Klamm 2½; Wildalpen, Schafhalssattel 4; Bodenbauer – Häuslalm – Sackwiesensee 3; Eisenerz – Gsollalm – Neuwaldeggsattel – Dr.-Kotek-Steig 5½

→ Spitzboden – Schafhalssattel, 1537 m – Androthalm, 1556 m – Fobiestörl, 1594 m – Pfaffingalm, 1569 m – Frauenmauerhöhle (Durchgang nur mit Führer), ca. 1600 m, ¾; Abzw. Neuwaldeggsattel – Leobner Hütte 2½; Gsollalm – Eisenerz 5½; Hörndlalm – Kulmalm – Dr.-Kotek-Steig – Frauenmauer, Schafhalssattel – Wildalpen 4; Nord-Süd-Wanderweg (Kontrollstelle); Ost-West-Wanderweg (Kontrollstelle)

△ Ebenstein, 2133 m, 2½; Brandstein, 2003 m; Großer Grießstein, 2023 m, 3

↗ Tragöß – Jassing, Tragöß – Klamm → Spitzboden, Hörndlalm △ Ebenstein, Brandstein, Grießstein

Bruck/Mur

Tragöß-Oberort

Jassing, Grüner See P
Jassing P

ÖK 101; Bergverlag Rother: AVF Hochschwab, WF Hochschwab

Voisthalerhütte

K. I, 1660 m, erb. 1898
OeAV-S. Alpine Gesellschaft »Voisthaler«, Dr. Ferd. Streller
Friedrich-Lieder-Weg 6/9
A-1140 Wien

Hans Winkler
A-8636 Seewiesen
während der Nichtbew.:
Mürzgrabenstr. 3
A-8644 Mürzhofen

✆ Hütte 0663/33097

✆ Tal 03864/2692

Anfang März bis Ende Okt.

25 ⌐ 80 ⌙ 20

6

220 V ~ 50 Hz

↗ Seewiesen, 950 m, ob. Höllkampel 2½; Aflenz – Fölzalm – Ochsensteig 3; Aflenz – Bürgeralm (Sessellift) – Mitteralm – Ochsensteig 4; Bodenbauer – Trawiessattel 3½; Wegscheid – Graualpe – Staritzen

→ Schiestlhaus, 2153 m, 1½ – Hochschwabgipfel, 2277 m – Fleischer-Biwak, 2153 m, ½; Hochfläche – Häuslalm, 1526 m – Sonnschienhütte, 1526 m, 4

△ Hochschwabgipfel, 2277 m, 2 - 2½; Ringkamp, 2153 m, 2½; Mitteralm, 1900 m, 1½; Karlhochkogel, 2096 m, 2

↗ Seewiesen Fölzalm △ Hochschwabgipfel, Ringkamp → Schiestlhaus

Bruck/Mur, Kapfenberg

Seewiesen

Seewiesen P (begrenzt)

ÖK 102; Bergverlag Rother: AVF Hochschwab, WF Hochschwab

Hütten anderer alpiner Vereine und Privathütten

Naturfreundehaus Aflenz/Bürgeralm 1510 m, auf der gleichnamigen Alm (Hochschwab), TVN, 96, Aflenz 2, Bürgeralm 5 Min., Aflenz Zufahrt bis Sessellift P, bew. Mitte Juni bis Ende Sept. und Mitte Dez. bis Mitte April, Voranmeldung: ✆ 03862/22093, ✆ Hütte 03861/2455

Florl-Hütte 1295 m, in der Unteren Dullwitz, privat, P Seewiesen 1½, bew. Anfang Juli bis Mitte Sept., sonst nur Sa./So.

Fölzlalm-Hütten 1472 m, auf der Fölzalm, 14, zwischen Winkelkogel und Fölzstein, Thörl 2½, Gasthaus Schwabenbartl 1½, private einfache Alpengasthäuser, im Sommer bew.

Grasserhütte 1484 m, auf der Fölzalm, privat, 30, ↗ Ghs. »Schwabenbartl« 2, Aflenz, Thörl, Ghs. »Schwabenbartl«, bew. Mai bis Okt., Winter Sa./So., ✆ 03861/3622

Häuslalm 1528 m, auf der Schwabenhochfläche, privat, 16 20, ↗ Bodenbauer 2, Kapfenberg Bodenbauer, Thörl, bew. Anfang Juni bis Ende Okt.

Schiestlhaus 2153 m, auf der Hochschwab-Hochfläche, ÖTK, 34 100 36, ↗ Bodenbauer 3½, Seewiesen 4½, Kapfenberg Bodenbauer, Seewiesen; bew. Anfang Mai bis Ende Okt. durchgehend, ✆ 0663/33666, 8 offen ohne Heizung

Obersberg
1467
Gippel
Δ
1669
Goller
Δ1766
Lahnsattel
Tarz
1015
Singerin
Hinternaßwald
Frein a. d. März
P.-Moser-Htt.
Hinteralm H.
1699
Δ
Tonion
Schneealpen H.
Niederalpl
Krampen
Kutatsch Htt.
Aschbach
Mürzsteg
Neuberg
Veitsch
1981
Graf-Meran-H.
Veitschalmhtt.
Kapellen
Δ1253
Seebergsattel
1720
Δ
Rauschkogel
Roßkogel
Δ
1479
Kaarl Htt.
Stübming
Au
Veitsch
Troiseck
Δ 1466
Turnau
Kindberg
Mürzhofen
Parschlug
St. Marein
Hafendorf
KAPFENBERG

19 Mürzsteger Alpen

Umgrenzung

Mariazell – Halltal – Terz – Knollenhals – Kernhof – St. Ägyd am Neuwalde – Seebach – Wassertal – Trauchbach – Tiefentalerbach – Schwarza bis Singerin – Naßbach – Naßkamm – Altenbergtal – Kapellen – Mürz bis Kapfenberg – Thörlbach – Stübmingbach – Seegraben – Seebergsattel – Wegscheid – Gußwerk – Salza – Mariazell

Hinteralmhaus

K. I, 1450 m, erb. 1928
OeAV-S. Wiener Lehrer
Josefsgasse 128
A-1080 Wien

- Beatrix Wienauer
  Mariazeller Str. 16
  A-8692 Neuberg a.d. Mürz
- ✆ Hütte 0663/41999
- ✆ Tal 03857/8286
- ✗ gj. bew., Mitte Sept. bis Mitte Okt. geschlossen
- 20 ⊓ 32 ⊔ 10
-
- 220 V ~ 50 Hz
- ↗ Neuberg a.d. Mürz, 732 m – Krampen 4; Scheiterboden/Frost, 800 m, 2; Frein, 865 m, 2½
- → Schneealpenhaus – Schauerkogel – Windberg, 1903 m, 4¾; Spielkogel, 1599 m – Roßkogel, 1524 m, 1½; Hochalpl, 1514 m, 1; Spaziergänge ins Naßköhr (Naturschutzgebiet)
- △ Spielkogel, 1602 m; Roßkogel, 1524 m; Hohes Waxeneck, 1603 m, 1; Kl. Waxeneck, 1695 m, über Tabersattel, 1434 m, 2½; Windberg, 1903 m, 5
- ↗ Neuberg, Scheiterboden → Spielkogel und Roßkogel, Hochalpl △ Kl. Waxeneck, Spielkogel, Roßkogel, Hohes Waxeneck, Kontrollstelle des Weitwanderweges 01 auf der Strecke Schneealpenhaus – Hinteralmhaus (Wiener Lehrer-Hütte) – Krampen
- Neuberg a.d. Mürz
- Scheiterboden, Frein
- Krampen, vor Schranken P

FB 022; ÖK 103, 104

Kaarlhütte

K. I, 1310 m, erb. 1931
OeAV-S. Mürzzuschlag
Johann Öffel
Ganztal 13
A-8680 Mürzzuschlag

- Franz Gaich
  Eichhorntal 4
  A-8680 Mürzzuschlag
- ✆ Tal 03852/5710
- ✗ SV, einfache Speisen und Getränke, gj. Sa./So./Fe., Juni und Juli geschlossen
- ⊓ 12
- bei

↗ Mürzzuschlag – Stürzer; Mürzzuschlag – Hochwiese 1½ - 2
△ Kreuzschober, 1410 m
⛷ Stürzer, Hochwiese
🚂 🚌 🚗 Mürzzuschlag P

FB 022; ÖK 104

Kutatschhütte

K. I, 1700 m, erb. 1929
OeAV-S. ÖGV
Lerchenfelder Str. 28
A-1080 Wien

✕ offene Unterstandshütte
↗ auf dem Kampel, am Zugang Kapellen-Schneealpenhaus, Kohlebnerstand ½
→ Schneealpenhaus ¾; Rinnhoferhütte 1
△ Rauhenstein, 1770 m, ¼; Windberg, 1903 m, 1¼
🚂 🚌 Kapellen oder Neuberg a.d. Mürz
🚗 Kohlebnerstand (Mautstraße)

FB 022; ÖK 103, 104

Peter-Moser-Hütte

(auf der Hinteralm)
K. I, 1450 m, erb. 1934
OeAV-S. Mürzzuschlag
Johann Öffel
Ganztal 13
A-8680 Mürzzuschlag

† Ferdinand Tangl
Schoellergasse 16
A-8682 Hönigsberg
✆ 03852/30585
✕ SV, Anfang Nov. bis Ende April, Sa./So./Fe. zeitweise beaufsichtigt
⊓ 19
🔑 bei †
↗ Krampen 3; Scheiterboden 2; Frein 2½
→ Hinteralm – Schneealpe 3 - 4
△ Spielkogel, 1602 m, 1; Roßkogel, 1525 m, 1
⛷ ↗ Krampen, Scheiterboden → Hinteralm △ Spielkogel, Roßkogel
🚂 Mürzzuschlag
🚌 Krampen, Mürzsteig, Scheiterboden

🚗 Neuberg/Krampen, Scheiterboden 🅿
ÖK 103

Schneealpenhaus

K. I, 1788 m, erb. 1925
OeAV-S. ÖGV
Lerchenfelder Str. 28
A-1080 Wien

† Otto Neubacher
A-8691 Kapellen/Mürz
während der Nichtbew.:
A-8691 Altenberg 26/1
✆ Hütte 03857/2190
✆ Tal 03857/2111
✕ Anfang April bis 15.11. und 20.12. bis 10.1.; März Sa/So
🛏 20 ⊓ 40 (ohne Heizung)
⊞ 6 offen
↗ Kapellen, 702 m, 3½; Pkw bis Kohlebnerstand, 1350 m, Maut, dann 1¼; Altenberg, 782 m, Blarergraben 2¼; Neuberg, 730, 3¼; Krampen, 752 m, Karlgraben 3½, Hinternaßwald, 711 m, Naßkamm 4¼
→ Hinteralmhaus, 1450 m, 3; Lurgbauerhütte, 1764 m, ¾; Habsburghaus, 1785 m, Naßkamm-Gamsecksteig 5½
△ Schauerkogel, 1788 m, auf dem Gipfel das Schneealpenhaus; Windberg, 1903 m, ¾; Mitterbergschneid, 1863 m, 1¼; Ameisbühel, 1828 m, 1
⛷ den ganzen Winter ↗ Kapellen △ Windberg, Ameisbühel
🚆 Kapellen/Mürz
🚌 Kapellen/Mürz, Altenberg Ort
🚗 Kohlebnerstand (Mautstraße)
FB 022; ÖK 104

Hütten anderer alpiner Vereine und Privathütten

Ebenhütte 1415 m, auf der östlichen Veitschalpe, ⊔ 10, ↗ Mürzsteg 3, Neuberg 3½, 🚆 Mitterndorf-Veitsch und Neuberg, 🚌 🚗 Mürzsteg, Groß- oder Kleinveitsch, bew. Mitte Juni, ✆ 03864/2415

Göllerhütte 1442 m, am Hohen Göller, TVN, ⊓ 60, ↗ Kernhof 2, Gschaid 3, Lahnsattel 1½, 🚆 Kernhof 🚌 Gschaid 🚗 Lahnsattel; ab Ostern bis Mitte Nov. Sa/So/Fe bew., Mitte Sept. bis Mitte Okt. Jagdsperre, ab Mitte Nov. geschlossen, ✆ 02742/3345

Graf-Meran-Haus 1836 m, an der Hohen Veitsch, ÖTK, 🛏 20 ⊓ 36, Großveitsch 3½, Radwirtshaus 3, Brunnalm 2, 🚆 Mitterndorf-Veitsch 🚌 Radwirtshaus 🚗 Brunnalm, bew. von Anfang Juni bis Mitte Okt. durchgehend, sonst Sa./So./Fe., ✆ 0663/34797

Grundbauernhütte 1451 m, auf der östlichen Veitschalpe, ⌐¬ 22, ↗ Mürzsteg 3, Neuberg 3½, 🚂 Mitterndorf-Veitsch und Neuberg 🚌 🚗 Mürzsteg, Groß- oder Kleinveitsch, bew. Pfingsten bis Mitte Sept., bis Mitte Okt. noch Sa./So., ✆ 03684/2608

Hundskopfhütte 1003 m, nahe dem Gipfel des Mehlstübl (Hundskopf), TVN, 🛏 4 ⌐¬ 20, ↗ Bst. Wartberg 1½, Bst. Mitterndorf-Veitsch 2, Veitsch 1½, Zöchling ½, 🚗 bis Gasthaus Zöchling (Scheibsgraben), bew. Ostern bis Anfang Nov. Sa/So, ✆ 03858/2945

Naturfreundehaus Hocheck 1063 m, am Hocheck, TVN, 🛏 2 ⌐¬ 10, ↗ St. Lorenzen im Mürztal 1½, SV, April bis Dez. benutzbar, 🔑 bei Heinz Leger, Alte Poststr. 88, A-8644 Mürzhofen, ✆ 03864/20915

Neuberger Hütte 1450 m, auf der Hinteralm, TVN, 🛏 7 ⌐¬ 25, ↗ Krampen 3½, Neuberg 4, Scheiterboden 1½, 🚂 Neuberg a.d. Mürz 🚌 🚗 Scheiterboden, SV, Voranmeldung bei Karl Leistentritt, Karlgraben, A-8692 Neuberg a.d. Mürz, ✆ 03857/8521

Tonionhütte 1487 m, auf dem Tonion-Alpenboden, TVN, ⌐¬ 22, ↗ Gußwerk 2¾, Niederalpl 2½, Mariazell 4½, 🚂 Gußwerk (Steiermark) 🚌 🚗 Wegscheid, SV, Sa/So/Fe Pfingsten bis Ende Sept., Getränke, Voranmeldung bei Helmut Ganser, Salza-Hammer 150e, A-8632 Gußwerk, ✆ 03882/34425

20 Rax und Schneeberggruppe

Umgrenzung

Naßkamm – Naßbach – Schwarza – Voisbach – Klostertaler Gscheid – Klausgraben – Mamauwiese – Sebastiansbach – Puchberg – Sierning – Ternitz – Schwarza bei Gloggnitz – Schottwien – Semmering – Mürzzuschlag – Mürz bei Kapellen – Altenbergtal – Naßkamm

Edelweißhütte

am Schneeberg
K. I, 1235 m, gekauft 1960
OeAV-S. Edelweiß
Walfischgasse 12
A-1010 Wien

- Christine Würcher
  A-2734 Puchberg-Losenheim
- Hütte 02636/220516
- gj. bew., Nov. geschlossen
- 10 ⊓ 40,
- Puchberg, 585 m, 2½; Losenheim, 730 m, 1½; Gutenstein, 482 m, 4½; Klostertaler Gscheid PA, 761, 1½
- → Fleischer-Gedenkstein, 1528 m – Kienthaler Hütte, 1380 m – Höllental, 550 m, 4; Mamauwiese, 949 m – Gutenstein, 482 m, 4; Schutzhütten des Schneebergs
- △ Schneeberg; Kaiserstein, 2061 m, 2½
- ↗ Losenheim, den ganzen Winter △ Schneeberg
- Puchberg am Schneeberg
- Losenheim
- Losenheim (Gasthaus Gscheider), Talstation Sessellift P
- Losenheim – Fadensattel

FB 022; ÖK 75; Bergverlag Rother: WF Wiener Hausberge

Gloggnitzer Hütte

K. I, 1584 m, erb. 1932
OeAV-S. ÖGV, Gruppe Gloggnitz
Horst Hoffmann
Hauptstr. 24
A-2640 Gloggnitz

- 02662/2511
- gj. Sa./So./Fe. ab 16 Uhr beaufsichtigt
- ⊓ 28
- ↗ Bergstation der Rax-Seilbahn (Gsolhirn, 1547 m) über Klobentörl, 1631 m, 2; Schwarzatal/Weichtalhaus (Gr. Kesselgraben), 563 m, 3½
- → Otto-Schutzhaus, 1644 m, 1½; Habsburghaus, 1785 m, 1¾
- △ Scheibwaldhöhe, 1944 m, 1
- den ganzen Winter ↗ Bergstation der Rax-Seilbahn, Schwarzatal → Otto-Schutzhaus, Habsburghaus △ Scheibwaldhöhe
- Payerbach – Reichenau
- Weichtal

- Weichtalhaus, Talstation Rax-Seilbahn
- Hirschwang – Gsolhirn

FB 022; ÖK 104; Bergverlag Rother: WF Wiener Hausberge

Habsburghaus

K. I, 1785 m, erb. 1899
OeAV-S. ÖGV
Lerchenfelderstr. 28
A-1080 Wien

- Michael Gerszi
  Graben 97
  A-2661 Naßwald
- Hütte 02665/219
  während der Nichtbew.:
  A-2073 Schrattenthal Nr. 126
- Tal 02946/8337
- Anfang Mai bis Ende Okt.
- 35 ⌐ 65 ⌙ 8
- 8 offen
- 220 V ~
- ↗ Gsolhirn, 1547 m (Bergstation) über Otto-Schutzhaus, 1644 m – Höllentaler Holzknechthütte (Neue Seehütte), 1648 m – Trinksteinsattel, 1850 m, 2½; Preiner Gscheid, 1070 m (Payerbach über Prein) üb. Carl-Ludwig-Haus, 1804 m, 3; Hinternaßwald, 742 m (Payerbach über Prein) – Steiger 4
- → Carl-Ludwig-Haus, 1804 m, 1; Trinksteinsattel, 1850 m – Höllentaler Holzknechthütte (Neue Seehütte), 1648 m – Otto-Schutzhaus, 1644 m, 2½; Gamseck, 1857 m – Gamseckstein – Naßkamm, 1210 m – Schneealpenhaus, 1782 m, 5½
- △ Scheibwaldhöhe, 1944 m, 1; Predigtstuhl, 1902 m, 1¼; Gamseck, 1857 m, 1½; Heukuppe, 2007 m, 1½
- den ganzen Winter ↗ Gsolhirn, Preiner Gscheid → Carl-Ludwig-Haus, Trinksteinsattel △ Scheibwaldhöhe, Predigtstuhl, Gamseck, Heukuppe
- Payerbach – Reichenau
- Preiner Gscheid, Hinternaßwald P
- Hirschwang – Gsolhirn
- Hinternaßwald-Hütte

FB 022; ÖK 104; Bergverlag Rother: WF Wiener Hausberge

Otto-Schutzhaus

K. I, 1650 m, erb. 1893
OeAV-S. Reichenau
Hauptstr. 96
A-2651 Reichenau

- Fritz Scharfegger

A-2651 Reichenau
✆ Hütte 02666/2402
während der Nichtbew.:
A-2654 Prein 24
✆ 02665/220
✕ Anfang April bis Anfang Nov.
🛏 36 ⌐ 30 ⌙ 30
⚡ 110 V = ▥
↗ Bergstation der Raxbahn, 1550 m, ½; Hirschwang, 502 m, 3; Höllental (Weichtal-H.) 🚌 über Wachtlhüttekamm 3; Reichenau, 490 m, über Knappenberg 3½
→ Carl-Ludwig-Haus über Seehütte – Trinksteinsattel 3½; Habsburghaus über Seehütte – Trinksteinsattel 3½; Seehütte – Seeweg – Otto-Schutzhaus ¾
△ Loswand, Klobenwand, Lechnermauer
⛷ bis Anfang Mai ↗ Hirschwang, Reichenau △ Preinerwald, Jakobskogel; 10 Min. von der Hütte »Törl Klettergarten«, bezeichnete Anstiege von I - V mit fixen Haken und »Kronich-Eisenweg«
🚂 Payerbach – Reichenau
🚌 Hirschwang, Prein
🚗 Knappenhof, Talstation-Hirschwang P
🚡 Hirschwang – Raxalpe

FB 022; ÖK 104; Bergverlag Rother: WF Wiener Hausberge

Scheibenhütte

K. I, 1473 m, erb. 1897
OeAV-S. Mürzzuschlag
Johann Öffel
Ganztal 13
A-8680 Mürzzuschlag

✝ Sepp Glaser
Pernreitgasse 6
A-8680 Mürzzuschlag
✆ Tal 03852/30014
✕ SV, beaufsichtigt 1. Mai bis 31. Okt. an Sa./So./Fe., sonst nur an So./Fe., Getränke vorhanden
⌐ 14
🔑 bei ✝
↗ Bhf. Mürzzuschlag – Scheibenweg 2 - 2½
→ Beeralpe – Kampalpe – Pinkenkogel – Semmering 5 - 7; Abstiegsmöglichkeiten nach Raxen zum Preiner Gscheid und mehrere Wege nach Spital und Steinhaus am Semmering; Abstieg nach Kapellen an der Mürz
⛷ kein Stützpunkt
🚂 🚌 Mürzzuschlag
🚗 Mürzzuschlag/Scheibenweg

FB 022; ÖK 104; Bergverlag Rother: WF Wiener Hausberge

Hütten anderer alpiner Vereine und Privathütten

Carl-Ludwig-Haus 1804 m, östlich der Heukuppe (Rax), ÖTK, 🛏 74 ⊓ 44, ↗ Payerbach-Reichenau oder Kapellen je 5, Preiner Gscheid 2, 🚂 Payerbach-Reichenau, Kapellen 🚌 🚗 Preiner Gscheid, gj. bew., ✆ 02665/359

Damböckhaus 1810 m, auf dem Ochsenboden (Schneeberg), ÖTK, 🛏 12 ⊓ 45, ↗ Puchberg, Payerbach-Reichenau je 4, Hochschneebergbahn ¼, 🚂 🚌 🚗 Puchberg, Payerbach-Reichenau, bew. Mitte März bis Ende Okt., im Winter meist Sa./So., ✆ 02636/2259

Fischerhütte 2049 m, auf dem Kaiserstein, ÖTK, 🛏 12 ⊓ 41, ↗ Hochschneeberg 1½, 🚂 🚌 🚗 Hochschneeberg, Anf. Mai bis 1. Nov. bew., ✆ 02636/2313

Friedrich-Haller-Haus 1250 m, auf der Knofelebene,TVN, 🛏 15 ⊓ 52, ↗ Payerbach oder Kaiserbrunn je 2½, 🚂 🚌 Payerbach 🚗 Kaiserbrunn, bew. Ostern bis Anfang Nov., ✆ 0222/831440-0

Grassinger Hütte (Ternitzer Hütte), 1199 m, am Schneeberg, TVN, 🛏 45, ↗ Puchberg 2½, Payerbach-Reichenau 3½, Ternitzer Hütte ¼, 🚂 🚌 Puchberg, Payerbach-Reichenau 🚗 Zahnradbahn-Talstation, SV, Sa./So. bew., in Ferien durchgehend, Voranmeldung bei Franz Martien, ✆ 02630/76263, ✆ Hütte 02636/2071

Hans-Nemcek-Hütte ca. 1600 m, auf der Rax, OeAV, Diensthütte des Österreichischen Bergrettungdienstes

Heinrich-Krempel-Hütte ca. 1600 m, am Schneegerg (Trenkwiesenschlucht), OeAV, Diensthütte des Österreichischen Bergrettungdienstes

Kienthalerhütte 1380 m, am Schneeberg, ÖTK, 🛏 7 ⊓ 23, ↗ Vois 3, Weichtalhaus 2½, 🚌 🚗 Schwarzatal (Weichtalhaus), ab Ostern bis Allerheiligen Sa/So/Fe bew., ✆ 02635/3111 oder 2265

Naturfreundehaus Losenheim 700 m, am Fuße des Schneebergs, TVN, 🛏 20, ↗ Puchberg am Schneeberg mit 🚌, Voranmeldung bei OG Wien, SV, ✆ 0222/831440

Naturfreundehaus Weichtal 563 m, im Höllental, TVN, 🛏 10 ⊓ 57, ↗ Bst. Payerbach-Reichenau, Busverkehr, bew. April bis Ende Okt., März, Nov. und Dez. Sa/So, ✆ 02666/3620

Pottschacher Hütte 914 m, am Hartriegel des Gahns, TVN, ⊓ 30, ↗ Bst. Pottschach 1½ Bst. Gloggnitz 1¾, bew. Anfang April bis Anfang Nov. Sa./So., ✆ 02630/5142

Sparbacher Hütte 1248 m, am Fadenkogel, Alp. Ges. Sparbacher, 🛏 25 ⊓ 80, ↗ Puchberg 2½, Gutenstein 1½, 🚂 Puchberg, Gutenstein 🚌 🚗 Losenheim, gj. bew., ✆ 02636/220512

Speckbacher Hütte 1089 m, Semmering-Kreuzberg, Alp. Ges. Speckbacher, 🛏 24 ⊓ 6, ↗ Breitenstein ¾, 🚂 Breitenstein 🚌 Prein a. d. Rax 🚗 zum Haus, gj. bew., ✆ 02664/426

Waxriegelhaus 1360 m, am Waxriegel, TVN, 🛏 25, ⊓ 38, ↗ Preiner Gscheid ¾, Prein

1½, Kapellen 2½, 🚂 Kapellen 🚌 🚗 Preiner Gscheid, gj. bew., ✆ 02665/237

Wimpassinger Hütte 1200 m, auf der Kaltwasserwiese, TVN, ⊓ 15, ↗ Puchberg 2½, Payerbach-Reichenau 3½, Zahnradbahn-Talstation Ternitzer Hütte ¼, 🚂 🚌 Puchberg, Payerbach-Reichenau 🚗 Zahnradbahn-Talstation Ternitzer Hütte, SV Sa./So. von Anfang Mai bis Ende Okt., Getränke

AMSTETTEN
Ferschnitz
Euratsfeld
Ulmerfeld
Neuhofen
Steinakchn.
Weng
Hochbira
727 Δ
Randegg
Allhartsbg.
Sonntagberg
St. Leonhard
Gresten
Ybbsitz
Waidhofen
Prochenberg Htt.
Prochenbg.
Gaming
1134
Δ
Amstettner Htt.
Opponitz
St. Georgen-
a. Reith
Lunz a. See
Weyer Markt
Schneekogel
Δ
1373
Ybbstaler
Wasserkopf
1442 Δ
Hollenstein
1452
Δ
Königsberg
Göstling
1878
Δ
Voralm
Δ 1770
Lassing
Altenmarkt
Palfau
Hochkar Schutzh.
1808
Δ
Hochkar

21 Ybbstaler Alpen

Umgrenzung

Alpenvorland von Amstetten bis Wieselburg – Erlauf bis Mariazell – Gußwerk – Salza bis Einmündung Enns – Enns bis Kastenreith – Gaflenzbach – Waidhofenbach – Waidhofen a.d. Ybbs – Ybbs bis Amstetten

Amstettner Hütte

K. III, 1005 m, erb. 1960
OeAV-S. Amstetten
Wiener Str. 34
A-300 Amstetten

- Walter Hillebrand
  Seeberg 19
  Forsteralm
  A-3340 Waidhofen/Y.
- ✕ gj., Nov. geschlossen
- ⊓ 40
- ↗ Bahnstation und Bus-Haltestelle Oberland, 600 m, 1¼; Gaflenz, Bst., Aut. P.T.F., 600 m, 1½; Seeberg, Bst. Opponitz 2¼
- → Höhenwanderweg Oberland – Amstettner Hütte – Hochseeberg – Opponitz; Gaflenz; Hochseeberg – Kreilhof
- △ Hirschkogel, 1078 m; Wetterkogel, 1115 m; Breiternauerberg, 1148 m
- ↗ Oberland → Hochseeberg △ Hirschkogel 6, Skigebiet Forsteralm
- Oberland
- 30 Min. unterhalb der Hütte (Holzplatz-Kasertal) P

ÖK 70

Prochenberghütte

K. I, 1123 m, erb. 1888
OeAV-S. Waidhofen/Ybbs
Amselweg 1b
A-3340 Waidhofen/Ybbs

- Karl Kößl
  Im Tredlhof 22
  A-3341 Ybbsitz
- ✆ Tal 07443/86458
- ✕ beaufsichtigt Anfang Mai bis Ende Okt. So./Fe., Juli, Aug. und Sept. auch Sa., Getränke und Imbiß
- ⊓ 23, Übernachtung an beaufsichtigten Tagen bzw. bei Voranmeldung
- 2 SR
- ↗ Ybbsitz, 404 m, über Haselstein 2¼; Ybbsitz über Noth-Mitterlehen 2¼; Ybbsitz – Haselsteinhof, 640 m, P, von hier 1½; Maria Sessel 2
- Haselstein, Hof Modelsberg
- Ybbsitz
- Ybbsitz, Haselsteinhof, Mitterlehen, Hof Modelsberg P

ÖK 71

Terzerhaus

K. I, 1626 m, erb. 1913
OeAV-S. ÖGV
Lerchenfelder Str. 28
A-1080 Wien

- Terzerhaus
  A-3224 Mitterbach
- ✆ Hütte 03882/3821
- ✗ z. Z. unbew., Anfrage unter ✆ 0222/4052657 bei der Sektion erforderlich
- 13 ⊓ 45
- 220 V ~
- ↗ Mitterbach, 801 m, 2½; Erlaufsee, 827 m, 2½; Mitterbach, 801 m, mit »Alpensesselbahn Gemeindealpe« bis Hausnähe; vom Zellerrain 1¾
- → Ötscher Schutzhaus, 1418 m, über »Eiserner Herrgott« 4
- △ Gemeindealpe, 1626 m, auf dem Gipfel das Terzerhaus
- den ganzen Winter ↗ von Mitterbach △ Gemeindealpe
- Mitterbach
- Talstation »Alpensesselbahn Gemeindealpe« P
- Mitterbach – Terzerhaus (z. Z. nicht in Betrieb, voraussichtlich bis 1998)

ÖK 72

Ybbstaler Hütte

K. I, 1343 m, erb. 1926
OeAV-S. Austria
Rotenturmstr. 14
A-1010 Wien

- Josef Forstner
  Markt 164
  A-3345 Göstling/Ybbs
- ✆ Hütte 0663/886801
- ✆ Tal 07484/2325
- ✗ Weihnachten, Semesterferien, Mai bis Anfang Nov.
- 4 ⊓ 30
- 5
- ↗ Lunz am See 4½ - 5; Stiegengraben 3½; Steinbachgraben (Kfz bis Jagdhaus) 2½; Göstling durch die Not 5; Kasten durch Lechnergraben – Gstettneralm 4
- → Dürrenstein, 1878 m – Seetal – Lunzer See – Lunz 7½; Kammweg über Dürrenstein – Hochkar – Hochkarschutzhaus, 1491 m, 10 - 12 (nur mit Bewilligung d. Bundesforste!)
- △ Dürrenstein, 1878 m, 2; Hirzeck, 1445 m, 20 Min.; Gr. Hühnerkogel, 1651 m, 1; Noten, 1635 m, 1

den ganzen Winter ↗ von Stiegengraben △ Dürrenstein, Hirzeck, Gr. Hühnerkogel
Lunz am See, Stiegengraben, Göstling
Stiegengraben
Stiegengraben, Steinbachgraben P
ÖK 71

Hütten anderer alpiner Vereine und Privathütten

Amstetter Hütte, Alte 1004, im Skigebiet Forsteralm, privat, 16, ↗ Oberland 1½, Oberland 20 Min., Auskünfte beim Herbert Forster, Oberland 17, A-3334 Gaflenz, ✆ 07446/236

Hochkarschutzhaus 1491 m, nordöstlich des Hochkars, ÖTK, 6 30, ↗ Göstling 3½, Göstling zum Haus zum Haus (Maut), bew., während der Skisaison täglich, Juli, Aug., Sept. täglich außer Do. u. Fr., übrige Zeit auf Anfrage bzw. Voranmeldung für Gruppen möglich, ✆ 07484/7203

Lackneralmhütte ca. 1000 m, am Südfuß des Gamssteins, TVN, 7 20, Hieflau Palfau, ↗ Palfau 1½; → Moaralmhütte, Obere Palfau, Niederscheibenberg, △ Gamsstein, SV, Mitte Mai bis Mitte Sept. Sa./So. beaufsichtigt, ✆ 03638/236

Ötscher Schutzhaus 1418 m, an der Westseite des Ötschers, ÖTK, 54 56 10, ↗ Kienberg-Gaming 2, Sessellift ab Lackenhof, Kienberg-Gaming Lackenhof, gj. bew., Nov. geschlossen, ✆ 07480/249, 12, offen

22 Türnitzer Alpen

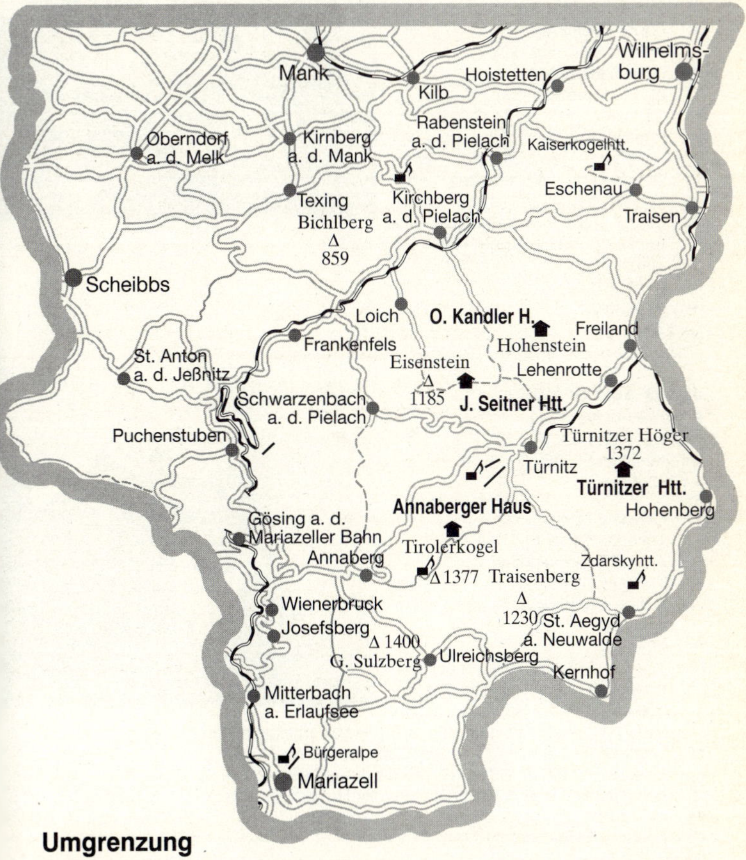

Umgrenzung

Alpenvorland von Wieselburg bis St. Pölten – Traisen bis Freiland – Unrecht-Traisen – St. Aegyd am Neuwalde – Keertal – Knollenhals – Halltal – Mariazell – Erlauf bis Wieselburg

Annaberger Haus

K. I, 1377 m, wiederaufgeb. 1987
OeAV-S. ÖGV
Lerchenfelder Str. 28
A-1080 Wien

- Gerda Leichtfried
  A-3222 Annaberg/NÖ 177
- ✆ Hütte 0663/9188411
- ✕ gj., Mo Ruhetag
- 🛏 16 ⌐ 40
- ↗ Annaberg 1½
- → Annaberg – Am Gscheid – Walsterursprung – Molterboden – Falkenschlucht – Dachsental – Annaberger Haus – Annaberg 5 - 6; Annaberg – Tiroler Kogel – Eibel – Türnitz 3½
- 🚂 Türnitz
- 🚌 Annaberg
- 🚗 Annaberg

ÖK 73

Julius-Seitner-Hütte

K. I, 1185 m, erb. 1910
OeAV-S. ÖGV
Lerchenfelder Str. 28
A-1080 Wien

- Christine Zotrin
  Theodor-Körner-Str. 1/1/6
  A-3200 Obergrafendorf
- ✆ Tal 02747/8845
- ✕ Ostern bis 1. Nov., fallweise auch im Winter
- 🛏 10 ⌐ 30
- ↗ Türnitz, 466 m, 2½ (Pkw bis Knedelhof, dann 1½); über Hochgraser 2½; Schwarzenbach, 510 m, 1¾; Loich/Bahnhof, 400 m, 3 (Pkw bis Übelbach, dann 1¾)
- → Otto-Kandler-Haus, 1182 m, über Gscheid, 868 m, 3
- △ Eisenstein, 1188 m, auf dem Gipfel die Julius-Seitner-Hütte
- ⛷ den ganzen Winter ↗ alle → Otto-Kandler-Haus △ Eisenstein
- 🚂 🚌 Türnitz
- 🚗 Knedelhof, Übelbach

ÖK 73

Otto-Kandler-Haus

K. I, 1192 m, erb. 1905
OeAV-S. St. Pölten
Landsbergerstr. 4
A-3100 St. Pölten

- Johannes Jansch
  Joetsustr. 4
  A-3180 Lilienfeld
- Tal 02762/54168
- SV, Anfang Mai bis Ende Okt. Sa./So./Fe., einfach bew. durch Sektionsmitglieder
- 25 ⌴ 10
- offen, keine Heizmöglichkeit
- Schrambach 3; Dickenau 3; Türnitz 3½; Kirchberg a. d. Pielach 3; Soisgraben (Riegelmühle) 2; Tradigist 4; Kfz von Schrambach; von Lehenrotte über Himmel 3¼
- → Eisenstein (Julius-Seitner-Hütte) 3½); Abstiege nach Türnitz oder Loich und Kirchberg; Himmel (Almwirtschaft) 1½; Abstieg nach Lehenrotte 1; nach Schrambach über Ratzeneck 1¼; nach Schrambach über Niederhof 1½
- △ Klettergarten, 3 Min. vor der Hütte
- nein
- Schrambach, Kirchberg a. d. Pielach, Tradigist
- Türnitz, Lilienfeld
- Niederhof, Sois (Riegelmühle) zw. Tradigist üb. Morigrabenh. P

ÖK 73

Türnitzer Hütte

K. I, 1372 m, erb. 1895
OeAV-S. ÖGV Gr. St. Pölten
Josefstr. 96/10/47
A-3100 St. Pölten

- Auskunft unter:
- 02742/76384
- SV, Anfang Mai bis Ende Okt. Sa./So./Fe. einfach bew. (Getränke, Suppen)
- 36
- von Türnitz, 466 m, über Hofbauer 4½ (Weg Nr. 34); mit Pkw bis Hofbauer, dann 2½ (Weg Nr. 34); durch den Scharbachgraben und über Geierstein, 885 m, 3½ (Weg Nr. 35); von Furthof, 466, durch Dachsgraben 2½ (Weg Nr. 31); von Hohenberg, 488 m, über Stadelbergkamm 3½ (Weg Nr. 32); durch Steinparztal und über Gschwendthütte, 1072 m, 4; von St. Aegyd, 588 m, über Zdarskyhütte, 1082, und Paulmauer, 1247 m, 4½ (Weg Nr. 33)

→ Gschwendthütte, 1072 m, 1¼; St. Aegyd, 588 m, über Zdarskyhütte, 1082 m, 3¼
△ Türnitz Höger, 1372 m, auf dem Gipfel die Türnitzer Hütte
den ganzen Winter ↗ Türnitz – Hofbauer – Högerbachgraben △ Türnitzer Höger
Türnitz
Hofbauer
ÖK 73

Hütten anderer alpiner Vereine und Privathütten

Gschwendthütte 1072 m, an der Grabneralpe, TVN, 12 90, ↗ Hohenberg 2, Steinparztal ½, Hohenberg Hohenberg – Steinparztal, gj. bew. Sa./So./Fe., Auskunft und Anmeldung: OG Hohenberg ✆ 02767/71582

Josef-Franz-Hütte 841 m, am Gaisbühel, TVN, 17, ↗ Rabenstein a. d. Pielach 1½, Bst. Tradigist 1, Paßhöhe Gaiseben 1, gj. bew., ✆ 02723/2149

Kaiserkogelhütte 716 m, auf dem Kaiserkogel, ÖTK, 7 18, ↗ Rothenau-Eschenau 1¾, St. Pölten Rothenau-Eschenau, gj. bew., ✆ 02746/7242

Zdarskyhütte 1080 m, auf dem Eibel, TVN, 15 20, ↗ St. Aegyd/Neuwald 1½, St. Aegyd/Neuwald, gj. Sa./So./Fe. bew., Juli und Aug. durchgehend, Montag Ruhetag, ✆ 02768/477 (Brandtner)

Lilienfeld
Lilienfelder Htt.
Schwarzwaldec
Traisner Htt.
1399
Reisalpe
Hegerb.
1179
Ghf.
Kalte Ku
Schwarza
i. Geb.

23 Gutensteiner Alpen

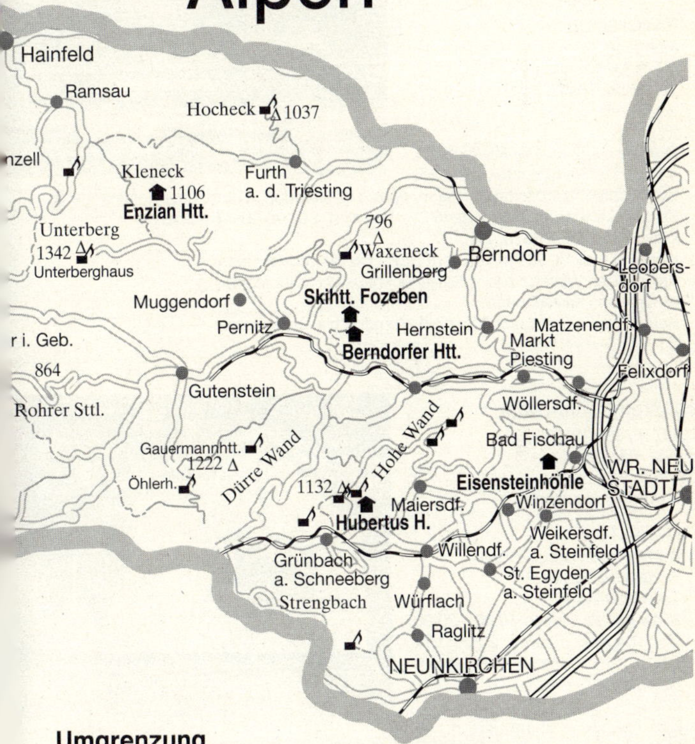

Umgrenzung

Gölsen – Hainfeld – Gerstbach – Kaumberg – Kaumbergbach – Triesting – Steinfeld – Neunkirchen – Ternitz – Sierning – Puchberg – Sebastiansbach – Mamauwiese – Klausgraben – Klostertaler Gscheid – Voisbach – Schwarza – Tiesentalerbach – Trauchbach – Wassertal – Seebach – St. Aegyd a. Neuwalde – Unrecht-Traisen – Traisen bis Einmündung Gölsen

Berndorfer Hütte

K. I, 967 m, erb. 1924
OeAV-S. ÖGV
Gruppe Baden bei Wien
Obmann Oskar König
Kornhäuselstr. 9
A-2500 Baden bei Wien

🚹 Renate Schütz
Mandling 24
A-2769 Miesenbach
✆ Tal 02252/76492
✕ Sa./So./Fe. gj.
🛏 21 ⊓ 15
↗ Ortmann, 422 m, 1½; Miesenbach, 401 m, 1½; Pernitz, 430 m, 2½; Kfz bis Feichtenbach/Martahof, 459 m, dann 1½; Berndorf, 314 m, über Rosenkogel 3; Kfz bis Grillenberg, 356 m, dann 2½; Berndorf, 314 m, über Fozeben 3
→ Waxeneckhaus, 785 m, 1¾
△ Hoher Mandling, 967 m, auf dem Gipfel die Berndorfer Hütte
⛷ den ganzen Winter ↗ alle → Waxeneckhaus △ Hoher Mandling
🚂 🚌 Ortmann, Miesenbach
🚗 Pernitz bis Feichtenbach/Martahof, Berndorf bis Grillenberg
ÖK 75

Eisensteinhöhle-Haus

K. I, 407 m, erb. 1969
OeAV-S. »Allzeit Getreu«
Lederergasse 5
A-2700 Wiener Neustadt

🚹 Michael Fink
A-2721 Bad Fischau-Brunn
✆ Hütte 0663/9197328
✆ Tal 02639/2491
✕ Mittwoch bis Freitag 10.00 - 20.00 Uhr, Sa./So. 10.00 - 21.00 Uhr bew., keine Übernachtungsmöglichkeit
⚡ 220 V ~
↗ Bad Fischau – Brunn, 281 m, 40 Min., direkter Weg; Brunn ½; Winzendorf, 327 m, 1¼; Muthmannsdorf, 380 m, über den Burgstallberg, 572 m, oder über den Größenberg, 606 m, 1¼
→ Dreistetten über Zweierwiese 1¾; Muthmannsdorf 1; Ruine Emmerberg über Größenberg, 606 m, 1¾
△ Malleiten, 559 m, 1; Größenberg, 606 m, ¾; Burgstall, Eisensteinhöhle, 575 m, 12; Engelsberg, 569 m, 1
⛷ ↗ alle △ alle

🚂 🚌 Bad Fischau – Brunn
🚗 Straßenende, 10 Min. v. d. Haus P
ÖK 76

Enzianhütte am Kieneck

K. I, 1107 m, erb. 1897
OeAV-S. Enzian
Hauptstr. 3
A-2371 Hinterbrühl

- Maria Kainz
  Zehnergürtel 49
  A-2700 Wiener Neustadt
- ✆ Hütte 0663/13624
- ✆ Tal 02622/61439
- ✗ Anfang April bis Mitte Nov.
- 🛏 14 ⊓ 26 ⊔ 4;
- ❄ 2-4 offen, nur Notunterkunft
- ↗ Bahnstation Pernitz-Muggendorf, Hainfeld, Kaumberg oder Weißenbach a. d. Tr. alle Aufstiege zur Hütte durchschnittlich 3½ - 4¼
- → Unterberg-Schutzhaus, 1170 m, 2¼; Hocheck-Schutzhaus, 1037 m, 3
- ⛷ kein Stützpunkt
- 🚂 Pernitz-Muggendorf
- 🚌 🚗 Pernitz bis Gasthaus Leitner im Tal P

ÖK 75, 76

Hubertushaus

K. I, 946 m, erb. 1923
OeAV-S. ÖGV
Lerchenfelder Str. 28
A-1080 Wien

- Herbert Mayerhofer
  Auf der Wand 8
  A-2724 Stollhof
  während der Nichtbew.:
  Ketzergasse 26/25/2
  A-1232 Wien
- ✆ Hütte 02620/2873
- ✆ Tal 0222/691710
- ✗ bew. Anfang März bis 7. Jan., Di/Mi Ruhetag
- 🛏 16 ⊓ 40
- ⚡ 220 V ~
- ↗ Unter-Höflein, 468 m, »Springlessteig«, 2; Grünbach, 549 m, 2
- → Wilhelm-Eichert-Hütte, 1052 m, ¼; Hochkogelhaus, 936 m, ¾; Wiener-Neustädter-

Haus, 1035 m, 1¼
△ Plackles, 1132 m, ¾
🚂 Unter-Höflein
🚌 🚗 Kleinkanzelhaus oder Zweiersdorf
ÖK 75

Lilienfelder Hütte

K. I, 956 m, erb. 1926
OeAV-S. ÖGV
Lerchenfelder Str. 28
A-1080 Wien

- Manfred Stewen
  Am Gschwendt 1
  A-3180 Lilienfeld
- ✆ Hütte 02762/53567
- ✕ gj. bew., 2 Wochen im Nov. geschlossen, Dienstag Ruhetag
- ⊓ 25
- ∿ 220 V ~
- ↗ Lilienfeld, 383 m – Glatzwiesensattel 1½; Lilienfeld, 383 m – Hölltal 1½; Lilienfeld – Fallgraben 1; Freiland, 402 m – Lilienfelder Hütte, 956 m, 2
- → Lilienfelder Hütte – Bergstation Sessellift, 1122 m – Muckenkogel, 1248 m – Traisner Hütte, 1313 m – Klosteralpe, 1100 m – Lilienfelder Hütte, 2; Lilienfelder Hütte – Muckenkogel, 1248 m – Traisner Hütte, 1313 m – Kandlhofalm, 1030 m – Reisalpen-Schutzhaus, 1390 m, 3½
- den ganzen Winter ↗ Lilienfeld – Glatzwiesensattel – Hütte, Lilienfeld – Hölltal – Hütte, Lilienfeld – Fallgraben – Hütte → Bergstation Sessellift – Muckenkogel, Schlepplift Kesselbogen △ Muckenkogel, Traisner Hütte
- 🚂 🚌 Lilienfeld
- 🚗 Auffahrt bis Schranken möglich
- Lilienfeld – Muckenkogel
- Kolm – Klosteralpe

ÖK 74

Schihütte Fozeben

(Mandling)
K. I, 735 m, erb. 1935
OeAV-S. Berndorf-Stadt
Essentherstr. 29
A-2560 Berndorf

- Klaus Burger
  Odlitzerstr. 25
  A-2560 Berndorf
- ✆ Tal 02672/5671

✕ SV, Getränke erhältlich, Anmeldung erforderlich So./Fe.
⊓ 30
beim
↗ Berndorf, 314 m, über Grillenberg 2½; Pottenstein, 326 m, über Geiersattel
→ Berndorfer Hütte auf der Hohen Mandling ½; Waxeneck-Schutzhaus über Geiersattel 1½
△ Hohe Mandling, 967 m, ½
△ Hohe Mandling
🚆 Ortmann
🚌 Berndorf, Grillenberg
🚗 Feichtenbach/Grillenberg/Ortmann P
ÖK 75

Hütten anderer alpiner Vereine und Privathütten

Almesbrunnberg-Touristenheim 690 m, Nähe des Kreuthsattels, ÖTK und privat, 🛏 24, ↗ Weißenbach 3½, Steinwandklamm 1½, Pernitz-Muggendorf 1½, 🚆 🚌 Pernitz-Muggendorf 🚗 Steinwandklamm, Mitte Juni bis Ende Sept. bew.

Rudolf-Fordinal-Haus (Alpenfreundehütte) am Gr. Kitzberg, 780 m, Alp. Ges. »Alpenfreunde«, 🛏 25 ⊓ 50, ↗ Pernitz 1½, Miesenbach 1½ , 🚆 🚌 Pernitz, Miesenbach 🚗 Weidmannsfeld, bew. Mitte Juni bis Ende Sept. Sa./So.

Araburg-Stüberl 799 m, im Eingangsturm der Burgruine Araburg bei Kaumberg am Triestingtal, ÖTK, keine Nächtigung, ↗ 🚆 🚌 Kaumberg, Gerichtsberg 🚗 Gerichtsberg-Kollmannhof, 1.4. - 31.10. an Werktagen 9 - 16 Uhr, Sa./So./Fe. bis Einbruch der Dunkelheit bew. (nur bei Schönwetter)

Hohe-Wand-Naturfreundehaus 1050 m, an der Hohen Wand (Gutensteiner Alpen), TVN, ⊓ 30, ↗ Grünbach am Schneeberg 1¼, 🚆 🚌 🚗 Grünbach am Schneeberg, SV, Schlüssel bei OG Wiener Neustadt, ✆ 02622/27996

Dr.-Ferdinand-Nagel-Haus 1040 m, Hohe Wand, ÖTK

Ebenwaldhaus 1035 m, auf der Ebenwaldhochfläche, 🛏 38 ⊓ 19, ↗ Kleinzell 1½, 🚆 St. Veit an der Gölsen 🚌 Kleinzell 🚗 Kleinzell-Straßenende (¼)

Gauermannhütte 1154 m, an der Dürren Wand, ÖTK, 🛏 9 ⊓ 20, ↗ Miesenbach 2½, 🚆 Öd 🚌 🚗 Miesenbach, Ostern bis Anfang Nov. Sa./So./Fe. einfach bew.

Hainfelder Hütte 924 m, am Kirchenberg, ÖTK, 🛏 5 ⊓ 20, ↗ Hainfeld 1½ → Liasnböndlhütte ¾, 🚆 🚌 🚗 Hainfeld, Sa./So./Fe. einfach bew.

Herrgottschnitzerhaus 826 m, auf dem Wandeck, privat (AG Herrgottschnitzer), 🛏 45 ⊓ 10, ↗ Waldegg 1½, 🚆 Waldegg 🚌 🚗 Dreistetten, gj. bew., ✆ 02638/8228

Himberger Haus 980 m, im Rohrbachgraben (Schneeberg), TVN, 🛏 44, ↗ Hengsthütte ¾, Rohrbach 1, Puchberg 2, Payerbach 3¼, 🚆 Puchberg, Schneeberg 🚌 🚗 Rohrbach im Graben 🚙 bis Hengsthütte, SV, Anfang Mai bis Ende Okt. Sa./So.

offen, Juli und Aug. durchgehend, Auskunft bei Franz Schuh, ✆ 02235/89800

Hocheck-Schutzhaus 1030 m, knapp unter dem Hocheckgipfel, ÖTK, 🛏 17 ⊓ 22, ↗ Altenmarkt-Thenneberg 2, 🚂 🚌 Altenmarkt-Thenneberg 🚗 zum Haus, ganzj. bew. (Mittwoch Ruhetag), ✆ 02673/2306

Hochkogelhaus 936 m, auf der Hohen Wand, 🛏 35 ⊓ 36, ↗ Winzendorf 2, 🚂 🚌 Winzendorf 🚗 zum Haus, bew. Mitte Juni bis Ende Sept.

Klein-Kanzel-Haus 1092 m, an der Hohen Wand, privat, 🛏 25 ⊓ 20, ↗ Waldegg 2, 🚂 🚌 Waldegg 🚗 zum Haus

Liasenböndlhütte 640 m, auf Kirchberg bei Hainfeld, TVN, ⊓ 35, ↗ Hainfeld ¾, SV, bew. Sa./So./Fe. von Anfang Juni bis Ende Sept. auch mittwochs, ✆ 02764/73972

Neunkirchner Naturfreundehaus 772 m,auf der Kranzstetten, westl. der Flatzerwand, TVN, 🛏 14 ⊓ 27, ↗ Neunkirchen 2, Ternitz 1½, Grünbach am Schneeberg 2½, Willendorf 2½, Flatz ¾, 🚂 Neunkirchen, Ternitz 🚌 Stixenstein 🚗 Flatz, gj. Sa./So./Fe., Juli und Aug. durchgehend bew., ✆ Hütte 06631/4871

Öhler Schutzhaus 1027 m, auf dem Öhler Sattel, TVN, 🛏 6 ⊓ 20, ↗ Puchberg 2, Gutenstein 2, 🚂 🚌 🚗 Puchberg, Schneeberg, Gutenstein, Ostern bis Ende Okt. Sa./So./Fe. bew., Voranmeldung bei Michael Knabl, Anton-Proksch-Gasse 6/1, A-2734 Puchberg, ✆ 02636/2505

Reisalpen-Schutzhaus 1390 m, auf der Reisalpe, ÖTK, 🛏 6 ⊓ 35, ↗ Hohenberg 3, Ebenwald 1½, 🚂 Hohenberg 🚌 Kleinzell 🚗 Kleinzell-Ebenwald, Pfingsten bis Ende Sept. durchgehend, Ostern bis Pfingsten und Ende Sept. bis Mitte Nov. nur Sa./So./Fe. bew., ✆ 0663/38952

Schwarzwaldeckhaus 1059 m, auf dem Schwarzwaldeck, privat, 🛏 30 ⊓ 12, ↗ Kleinzell 1¾, St. Veit 3, Ebenwald ¾, 🚂 St. Veit an der Gölsen 🚌 Kleinzell 🚗 Ebenwald

Staffhütte 652 m, 100 m nordöstlich vom Staffspitzgipfel, TVN, ↗ St. Veit an der Gölsen ¾, Wiesenfeld 1, 🚂 🚌 🚗 St. Veit, Wiesenfeld, SV, Ostern bis Ende Okt So./Fe. bew., ✆ 02763/27643

Traisner Hütte 1313 m, auf der Kloster-Hinteralpe, TVN, 🛏 9 ⊓ 40, ↗ Lilienfeld 2½, mit Lift ab Lilienfeld ¾, 🚂 🚌 🚗 Lilienfeld, gj. bew., ✆ 02762/3571

Unterberg-Schutzhaus 1190 m, unter dem Unterbergipfel, ÖTK, 🛏 19 ⊓ 30, ↗ Pernitz 3¾, Gutenstein 3, über Miratal zum Haus, 🚂 🚌 Pernitz, Gutenstein 🚗 Pernitz zum Haus, gj. bew., ✆ 02632/74190

Waxeneckhaus 785 m, am »Kar«, TVN, 🛏 25, ↗ Pernitz-Ortmann 1½, Berndorf-Stadt oder Pottenstein je 2, Hals ¼, 🚂 Pernitz-Ortmann, Berndorf-Stadt oder Pottenstein 🚌 Hals 🚗 zum Haus, gj. bew., Feb. geschlossen, ✆ 02632/3300

Wilhelm-Eichert-Hütte 1052 m, auf der Hohen Wand, ÖTK, 🛏 15 ⊓ 36, ↗ Grünbach oder Unterhöflein je 1½, ab Neusiedel-Lift zum Haus, 🚂 🚌 🚗 Grünbach, Neusiedel, gj. bew., ✆ 02637/2258

St. Andrä a. d. Tr.
Kapelln
Rottenbrunn
ST.PÖLTEN
Böheimkir
Stattersdorf
Harland
Pyhra
Kasten
b. Böheimkchn.
Wald
655
Hegerb.
Michelbach
Markt
Stockerhtt.
885
Gföhlb

24 Wienerwald

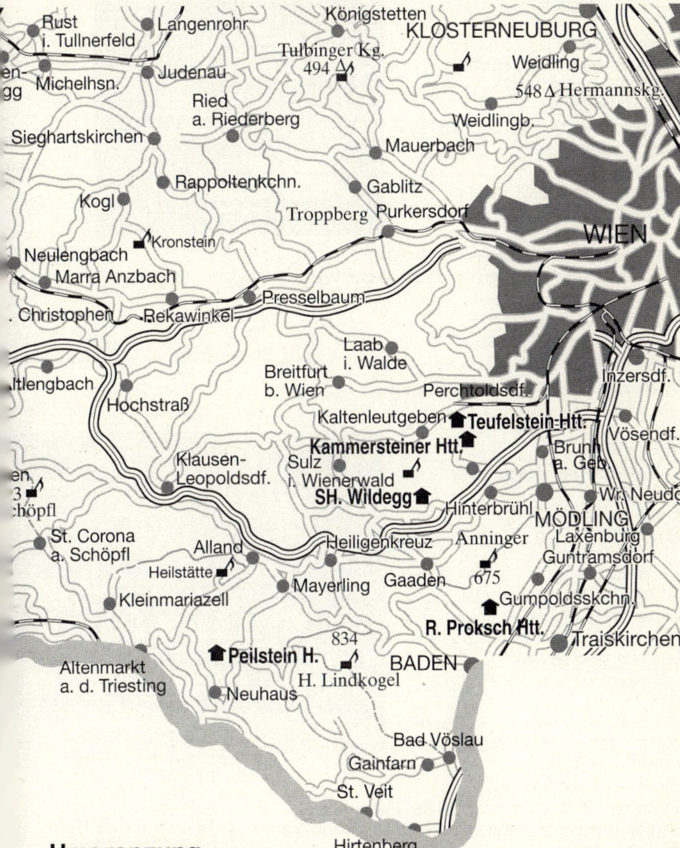

Umgrenzung

Donau von Traismauer bis Wien – Baden – Leobersdorf – Triesting – Kaumbergbach – Kaumberg – Gerstbach – Hainfeld – Gölsen bis Einmündung Traisen – Traisen bis Einmündung Donau

Kammersteinerhütte

K. III, 582 m, erb. 1912
OeAV-S. Liesing-Perchtoldsdorf
Postfach 1000
A-2380 Perchtoldsdorf

Herbert Thiel
Kammersteinerhütte, Postfach
A-2380 Perchtoldsdorf
Hütte 02238/7392
gj. bew., Mo/Di Ruhetag, August geschlossen; keine Übernachtungsmöglichkeit
↗ Perchtoldsdorf, 250 m, 1½; Rodaun 1½; Kaltenleutgeben 1½; Gießhübl Heide 1
→ Wienerwald-Ausflugsgebiet
△ Kletterschulen im Nahbereich; Mitzi-Langen-Wand, Gießwände, Waldmühle
↗ alle
Perchtoldsdorf
Perchtoldsdorf-Marktplatz
Gießhübl Heide P

ÖK 58; Bergverlag Rother: WF Rund um Wien

Peilsteinhaus

K. I, 716 m, erb. 1927, Neub. 1952
OeAV-S. ÖGV
Lerchenfelder Str. 28
A-1080 Wien

Peter Kühmayer
A-2565 Neuhaus/Triestingtal
Hütte 02674/87333
gj. bew., Di Ruhetag, letzte 2 Juliwochen geschlossen
14 ⊓ 65
220 V ~
↗ Schwarzensee, 530 m, ½; Raisenmarkt, 371 m, 1¼; Weißenbach, 362 m – Neuhaus 1½
→ Eisernes-Tor-Schutzhaus, 2½
△ Peilstein, 716 m, auf dem Gipfel das Peilsteinhaus
den ganzen Winter ↗ alle → Eisernes-Tor-Schutzhaus △ Peilstein
Weißenbach
Raisenmarkt
Schwarzensee

ÖK 57; Bergverlag Rother: WF Rund um Wien

Rudolf-Proksch-Hütte

K. III, 541 m, erb. 1930
OeAV-S. ÖGV
Gruppe Baden bei Wien
Kornhäuselstr. 9
A-2500 Baden bei Wien

- N.N. postlagernd A-2511 Pfaffstätten
- gj. bew., Fr. geschlossen (keine Übernachtungsmöglichkeit)
- Pfaffstätten, 218 m, 1; Baden, 232 m, 1½; Einöde ¾; Gumpoldskirchen, 260 m, 1¾
- Anninger Haus, 625 m, 1¼
- Pfaffstättner Kogel, 541 m, auf dem Gipfel die Rudolf-Proksch-Hütte mit Klesheimwarte
- Gumpoldskirchen – Pfaffstätten
- Pfaffstätten
- Einöde, 261 m

ÖK 58; Bergverlag Rother: WF Rund um Wien

Teufelsteinhütte

K. III, 547 m, erb. 1932
OeAV-S. Teufelstein-Perchtoldsdorf
Postfach 31
A-2380 Perchtoldsdorf

- von Sektionsmitgliedern bew.
- Mitte März bis Ende Juni, Anfang Sept. bis Ende Nov. Sa./ So./Fe., Juli und Aug. geschl.
- 20
- Perchtoldsdorf1; Gießhübl 1; Rodaun 1¼; Kaltenleutgeben 1½
- Kammersteinerhütte 20 Min.; Franz-Ferdinand-Schutzhaus 20 Min.; Höllensteinhaus 1½
- Parapluiberg, 530 m, Gießwände (Kletterschule), ca. 500 m, Waldmühle (Kletterschule), ca. 500 m, Mitzi-Langen-Wand (Kletterschule)
- den ganzen Winter ↗ alle
- Wien-Liesing und Perchtoldsdorf
- Perchtoldsdorf, Gießhübl
- Perchtoldsdorf, Heiderand
- P Gießhübl

ÖK 58; Bergverlag Rother: WF Rund um Wien

Schutzhaus Wildegg

K. III, 440 m, erb. 1935
OeAV-S. Austria
Rotenturmstr. 14
A-1010 Wien

- 🚹 Klaus Jäger
  A-2393 Sittendorf
- ✆ Hütte 02237/664
- ✕ gj. bew., Montag u. Freitag geschlossen, im Sommer 3 Wochen, im Winter 1 Woche geschlossen
- ⊓ 27
- ⚡ 220 V ~
- ↗ Sittendorf, ¼
- → Sparbacher Tiergarten, Heiligenkreuz, Alland, Kreuzsattel
- △ Hoher Lindkogel, 847 m; Peilstein, 716 m; Anninger, 674 m
- ⛷ Wienerwald
- 🚆 Mödling
- 🚌 Sittendorf, ¼ Std. bis Hütte
- 🚗 Hütte 🅿

ÖK 58; Bergverlag Rother: WF Rund um Wien

Hütten anderer alpiner Vereine und Privathütten

Eisernes-Tor-Schutzhaus 834 m, auf dem Gipfel des Hohen Lindkogel, ÖTK, 🛏 10 ⊓ 12, ↗ Baden 2½, Schwarzensee (Raisenbach) 3, 🚆 🚌 🚗 Baden, Vöslau, gj. bew., Montag Ruhetag, außer an einem Feiertag, 2. und 3. Juliwoche Urlaubssperre, ✆ 02252/48640

Falkensteinerhütte 642 m, am Hasenriegel, ÖTK, ↗ Eichgraben 2½, 🚆 Eichgraben 🚌 Altlengbach 🚗 zum Haus, bew. Anfang Mai bis Ende Okt.

Hans-Nemecek-Hütte 560 m, Grießwände, Alp. Ges. »Wr. Gebirgsfreunde«, 🛏 50, ↗ Mödling 1¾, Gießhübl ½, 🚆 Mödling, Hinterbrühl 🚗 zum Haus, gj. bew.

Höllensteinhaus 645 m, auf dem Höllenstein, TVN, 🛏 6 ⊓ 38, ↗ Rodaun 1¾, 🚆 Wien-Kammerstein 🚌 🚗 Kaltenleutgeben, gj. bew., Anmeldung: Edit Godor, Bahnzeile 18/3/27, A-2352 Gumpoldskirchen

Johann-Enzinger-Haus 651 m, am Hegerberg, ÖTK, 🛏 15 ⊓ 10, ↗ Kasten 1, 🚆 🚌 🚗 Kirchstetten, Böheimkirchen, gj. bew.

Peilsteinhaus 640 m, auf der Neuhauser Wiese, TVN, ⊓ 40, ↗ Schwarzsee 20 Min., Neuhaus 1½, 🚆 Weißenbach a. d. Triesting 🚌 🚗 Schwarzensee, bew. Freitagmittag bis Sonntagabend

Schöpfl-Schutzhaus 870 m, knapp unter dem Gipfel des Schöpfls, ÖTK, 🛏 10 ⌐ 10, ↗ St. Corona 1, 🚂 Eichgraben 🚌 🚗 St. Corona, gj. bew., Montag Ruhetag, außer an Feiertagen, ✆ 02673/8305, ❄ offen, Heizmöglichkeit

Stockerhütte 734 m, auf der Steinwandleiten im westl. Wienerwald, TVN, 🛏 9 ⌐ 16, ↗ Traisen 1½, 🚂 🚌 Traisen 🚗 zum Haus, gj. bew., Mittwoch Ruhetag, ✆ 02746/2727

Vöslauer Hütte 492 m, am Mariazeller Zwickel im Augustinerwald, TVN, 🛏 11 ⌐ 25, ↗ Bad Vöslau 1¼, 🚂 🚌 Bad Vöslau 🚗 zu Haus, gj. bew., ✆ 02252/79322

25 Rätikon

Umgrenzung

Ill von der Einmündung in den Rhein bis St. Gallenkirch – Gargellental – Valzifenzbach – Schlappiner Joch – Schlappinbach bis Einmündung in die Landquart – Landquart bis Einmündung in den Rhein – Rhein bis Einmündung der Ill

Douglasshütte

K. II, 1976 m, erb. 1960
OeAV-S. Vorarlberg
Hermann-Sander-Str. 12
A-6700 Bludenz

- Ernst Hämmerle jr.
  A-6708 Brand HNr. 69
  (Hotel Hämmerle)
- ✆ Hütte 05559/206
  Fax 05559/213-40
- ✆ Tal 05559/213
- Pfingsten bis Anfang/Mitte Okt.
- 56 ⌐ 84
- 20 offen, wird von Staumauerwärtern betreut
- 220 V
- ↗ Brand Talstation – Schattenlagant, ca. 1 ab Schattenlagant
- → Seerundgang 1½; über Saulajoch zur Heinrich-Hueter-Hütte 2; Totalphütte 1 - 1½; über Vera-Joch – Schweizer Tor – Lindauer Hütte 4; Cavell-Joch auf Schweizer Gebiet, zurück über Gamsluckensteig – Totalphütte zum Lünersee 4
- △ Schesaplana, 2965 m, 3
- nur im Frühjahr ↗ Brand-Schattenlagant
- Bludenz
- Schattenlagant/Talstation
- Schattenlagant/Talstation, Lünerseebahn P
- Schattenlagant – Douglasshütte

FB 371; LS 238; ÖK 141; Bergverlag Rother: AVF Rätikon, GF Rätikon

Heinrich-Hueter-Hütte

K. I, 1766 m, erb. 1909
OeAV-S. Vorarlberg
Hermann-Sander-Str. 12
A-6700 Bludenz

- Oswald u. Petra Erhart
  H.-Hueter-Hütte
  A-6773 Vandans
  während der Nichtbew.:
  Foppastr. 24
  A-6774 Tschagguns
- ✆ Hütte 05556/76570
- ✆ Tal 05556/76740 o 0663/9650612
- Mitte Juni bis Mitte Okt., Pfingsten auf Anfrage
- 20 ⌐ 90 ⌴ 14
- 18 offen
- 220 V ~

↗ Vandas, 648 m, 3 - 3½; Bergstation Golmerbahn, 1890 m, 3 - 4; Bergstation Lünerseebahn (Douglasshütte, 1979 m, 2½); Privatbus Vandans – Rellskapelle, von dort 1 (3x pro Tag, Auskunft Verkehrsamt Vandans)

→ Douglasshütte über das Saulajoch, 2065 m, 2 - 2½; Lindauer Hütte über den Öfapaß, 2291 m, 3½ - 4; Sarotlahütte über das Zimbajoch, 2387 m, 2½ - 3; Douglasshütte über die Lünerkrinne 2 - 2½

△ Zimba, 2643 m, 3; Saulakopf, 2516 m, 2½ - 3

kein Stützpunkt

Bludenz

Rellskapelle (Privatbus)

Vandas, Rellskapelle P

FB 371; LS 238; ÖK 141; Bergverlag Rother: AVF Rätikon, GF Rätikon

Lindauer Hütte

K. I, 1744 m, erb. 1899
DAV-S. Lindau
Holdereggenstr. 19
D-88131 Lindau

Irene u. Fritz Moosmann
Postfach 6
A-6774 Tschagguns
Im Zelfen

Tal 05556/72057

Anfang Juni bis Anfang Okt., 25. Dez. bis 6. Jan., eine Woche vor und eine Woche nach Ostern

40 ⊓ 120 ⊔ 20

20, 2 Räume, SR, 1 Küche offen

220 V ~

↗ Latschau, 995 m, durch Gauertal 2½; Bergstation Golmerbahn, 1880 m, (nur Sommer) 1½; Höhenweg über Geisspitze 3½

→ Öfapaß, 2291 m – Verajöchle, 2330 m – Douglasshütte oder Totalphütte 4; Bilkengratweg – Tilisunahütte 2½ - 3; Öfapaß – Schweizer Tor – Heinrich-Hueter-Hütte 3 - 4; Drusentor – Garschinahütte SAC 2½

△ Drei Türme, 2830 m, 3 - 4; Sulzfluh, 2818 m, 3½ - 4½; Geisspitze, 2334 m, 1½ - 2; Drusenfluh, 2827 m, 4

Drei Türme, Sulzfluh

Tschagguns/Montafon

Latschau-Kraftwerk

Latschau P

Latschau-Golmerbahn

FB 371, 373; LS 238; ÖK 142; Bergverlag Rother: AVF Rätikon, GF Rätikon, WF Montafon

Madrisahütte

K. I, 1660 m, erb. 1926
DAV-S. Karlsruhe
Willi-Egler-Str. 6
D-76189 Karlsruhe

✗ beaufsichtigt, SV
⊓ 15 ⊔ 5, Anmeldung bei der Sektion, ✆ 0721/575547
bei Lothar Marent
Kleines Hotel
A-6787 Gargellen
✆ 05557/6386
↗ Gargellen, 1424 m, ¾
→ Sarotlapaß, 2389 m, – Tilisunahütte 5; Vergaldner Joch, 2515 m – Tübinger Hütte 5; Schlappiner Joch, 2202 m, 1½; Grenzübergang Schweiz
△ Schlappiner Spitze, 2442 m, 2; Rotbühlspitze, 2853 m, 4; Ritzenspitzen, 2588 m, 2½ - 3
↗ Gargellen → Tübinger Hütte, Schlappiner Joch △ Rotbühlspitze
Schruns/Montafon
Gargellen P

FB 373; LS 238, 248; ÖK 142, 169; Bergverlag Rother: AVF Rätikon, GF Rätikon

Mannheimer Hütte (Straßburger Hütte)

K. I, 2679 m, erb. 1905
DAV-S. Mannheim
Niederfeldstr. 120
D-68199 Mannheim

Helmut Gasser
A-6708 Brand, postlagernd
✆ Hütte 0663/9652595
während der Nichtbew.:
Tobler Viehweide 10
A-6850 Dornbirn
✆ Tal 05572/24002
✗ Anfang Juli bis Mitte Sept.
30 ⊓ 150
14 offen
220 V ~
↗ Brand, 1050 m – Oberzalimhütte – Leibersteig 5; Brand – Oberzalimhütte – Spusagangscharte – Straußsteig 5½ - 6; Lünersee, 1970 m – Schesaplana – Brandner Gletscher 3½; Schesaplanahütte/Schweiz, 1930 m – Brandner Gletscher
→ Douglasshütte 3½ – Lindauer Hütte, 1764 m, 6 - 7; Brandner Gletscher – Südwandsteig – Totalphütte 2½; Pfälzer Hütte über Liechtensteiner Weg 4½

△ Schesaplana, 2965 m, 1½; Panüeler Kopf, 2859 m, 1; Wildberg, 2788 m, ½
Bludenz
Brand, Talstation Lünerseebahn P
Lünersee
FB 371; LS 238; ÖK 141; Bergverlag Rother: AVF Rätikon, GF Rätikon

Matschwitz, Haus

K. seH, im Montafon, 1500 m, erb. 1913
DAV-S. Tübingen
Am Stadtgraben 21
D-72070 Tübingen

Kurt u. Waltraud Amann
Batloggstr. 49
A-6780 Schruns
Hütte 05556/73700
Tal 05556/74827
Mitte Dez. bis Sonntag nach Ostern, Mitte Juni bis Mitte Okt.
32
220 V
Tschagguns, 687 m, 3; Latschau, 994 m, 2; Vandans, 648 m, 3
→ Lindauer Hütte über Latschätz-Alpe, 1744 m, 4; Heinrich-Hueter-Hütte, 1766 m, über Ausser Golm, 1817 m; Platzisalp, 1774 m; Rellstal, 1465 m; Matschwitz, 1500 m, Golm, 1817 m; Grüneck, 2124 m, Golmerjoch, 2261 m; Geisspitze, 2334 m, Lindauer Hütte, 1764 m, Gauer Tal bis Gauen, dann links aufsteigend zur Plazadels-Alpe – Matschwitz
△ Grüneck, 2124 m, und Höhengrat Golmer Joch zum Kreuzjoch, 2261 m, 3
den ganzen Winter ↗ Tschagguns, Latschau △ Grüneck, Golmer Joch, Kreuzjoch
Schruns
Sommer Latschau, Winter Vandans u. Latschau
Sommer Latschau, Winter Vandans
FB 371; LS 238; ÖK 142; Bergverlag Rother: AVF Rätikon

Oberzalimhütte (Georg-Orth-Hü tte)

K. I, 1889 m, erb. 1905
DAV-S. Mannheim
Niederfeldstr. 120
D-68199 Mannheim

Helmut Gasser (s. Mannheimer Hütte)

✗ Mitte Juni bis Ende Sept., evtl. Anfang Okt.
🛏 6 ⌐ 32 ⌴ 10; kein ❄
↗ Brand, 1050 m, 2½
→ Leibersteig – Mannheimer Hütte 2½
△ Schesaplana, 2965 m, 4; Panüeler Kopf, 2859 m, 3½; Oberzalimkopf, 2340 m, 1
⛷ kein Stützpunkt
🚆 Bludenz
🚌 🚗 Brand P

FB 371; LS 238; ÖK 141; Bergverlag Rother: AVF Rätikon, GF Rätikon

Sarotlahütte

K. I, 1645 m
OeAV-S. Vorarlberg
Hermann-Sander-Str. 12
A-6700 Bludenz

🚶 Andreas Hassler
Sarotlahütte, postlagernd
A-6707 Brand
✆ Hütte 0663/53492
während der Nichtbew.:
Fröstlbergweg 3
A-6561 Rauris
✆ Tal 06544/6680
✗ Ende Juni bis Anfang Okt.
⌐ 45 ⌴ 5
↗ Bludenz, 588 m, (Bürserberg)-Tschappina 2¼ - 2¾; Bürserberg, 871 m – Tschappina; Brand, 1038 m; Bürs, 570 m, Weitwanderweg 133
→ Heinrich-Hueter-Hütte – Zimbajochsteig, 2387 m, 3 - 3½; Bludenz, über Eisernes Törl – Nonnenalpe – Bürs 4½; Bludenz – Bürs über Eisernes Törl – Gavallinajoch, 2233 m, 4 - 5
△ Zimba, 2643 m, 1 - 2; Zwölferkopf, 2271 m; Gottvater-Spitze, 2438 m
⛷ kein Stützpunkt
🚆 Bludenz
🚌 🚗 Bürserberg/Brand, Tschappina P

FB 371; LS 238; ÖK 141, 142; Bergverlag Rother: AVF Rätikon, GF Rätikon

Schwabenhaus

auf der Tschengla
K. II, 1198 m, erb. ca. 1815
DAV-S. Schwaben
Senefelderstr. 1
D-70178 Stuttgart

🚶 Gertrud Paterno, Haus Furkla
A-6700 Bürserberg
✆ Hütte 05552/65686

Tal 05552/65685
SV, gj., Getränke vorhanden
34 ⌐ 5

220 V ~
Bürserberg, 895 m, 1; im Winter von Bergstation Einhornbahn ¼; ab Bürserberg Kleinbus-Verkehr
→ Rhonaalpe – Parfienzalpe – Burtschasattel – Burtschaalm – Schwabenhaus 5 - 6
△ Mondspitze 3; Schillerkopf 3 - 4; Rundtor; Klamperschrofen – Mondspitze – Schillerkopf, teils Gratwanderung, 5 - 6
↗ Einhornbahn, Tschengla, Bürserberg, Pistenskilauf, Langlauf
Bludenz
Bürserberg
zur Hütte
Einhornbahn (nur Winter)

FB 371; LS 238; ÖK 141; Bergverlag Rother: AVF Rätikon, GF Rätikon

Tilisunahütte

K. I, 2211 m, erb. 1879
OeAV-S. Vorarlberg
Hermann-Sander-Str. 12
A-6700 Bludenz

Helmut Fitsch
Postfach 50
A-6774 Tschagguns/Montafon
Hütte 0663/9652088
Tal 05556/75185
Mitte/Ende Juni bis Anfang Okt.
35 ⌐ 105 ⌊ 10
15 offen

Tschagguns mit Sessellift nach Grabs, weiter über Alpe Alpila-Tobelsee – Schwarzhornsattel 2½ - 3; durch das Gauertal – Bilkengrat – Schwarzerüfe 4 - 5; durch das Gampadelstal – Tilisuna-Alpe 4 - 5
→ über das Steinerne Meer – Rachen zur Lindauer Hütte 3 - 3½; Grubenpaß – Partnunsee – Partnun-Prätigau; Plaseggenpaß – Sarotla-Paß nach Gargellen 3 - 3½; über Bilkengrat zur Lindauer Hütte 2½ - 3
△ Steinernes Meer zur Sulzfluh, 2818 m; Weißplatte, 2630 m, 1½; Schwarzhorn und Seehorn, dann weiter der ganze Drusenstock mit den Drei Türmen und Drusenfluh sowie Kirchlispitzen

⛷ Die Sulzfluh ist das Glanzstück der Tschaggunser Hochtouren. Sie ist die klassische Skitour des Landes, 2000 m Abfahrt.
🚂 Schruns-Tschagguns
🚌 der Montafoner-Bahn Tschagguns
🚗 bis zum Anfang des Gampadelstales möglich
FB 371; LS 238; ÖK 142; Bergverlag Rother: AVF Rätikon, GF Rätikon, WF Montafon

Totalphütte

K. I, 2385 m, erb. 1960
OeAV-S. Vorarlberg
Hermann-Sander-Str. 12
A-6700 Bludenz

Thomas Beck
A-6708 Brand 12
✆ Hütte 0663/053128
✆ Tal 05559/582
✕ evtl. Pfingsten, sonst Ende Juni bis Anfang Okt.
85 ⊔ 10
10 offen
↗ Douglashütte, 1970 m, 1½
→ Heinrich-Hueter-Hütte über das Saulajoch 2½ - 3; Lindauer Hütte über das Vera-Joch und Ofenpaß ins Gauertal 3 - 4; Mannheimer/Straßburger Hütte über Schesaplana 3; Schesaplana-Hütte 3
△ Saulakopf, Schesaplana, Kirchlispitzen, Drusenfluh, Drei Türme, Sulzfluh, Seekopf, Zirmernkopf, Zimba
⛷ nur im Frühjahr
🚂 Bludenz
🚌 🚗 Talstation Lünerseebahn/Schattenlagant P
🚡 Schattenlagant – Lünersee/Douglasshütte
FB 371; LS 238; ÖK 141; Bergverlag Rother: AVF Rätikon, GF Rätikon

Hütten anderer alpiner Vereine und Privathütten

Enderlinhütte 1501 m, am Falknis-Südhang, SAC, ⊔ 44, ↗ Maienfeld oder Ragaz je 2½, Balzers 3, 🚂 🚌 Maienfeld, Ragaz 🚗 Luziensteig, SV, bewartet Anfang Juni bis Okt. Sa./So., Getränke erhältlich, ⊞ 21 offen, ✆ 077/816129

Feldkircher Hütte 1200 m, auf dem Vorderälpele, TVN, 🛏 20 ⊓ 15, ↗ Feldkirch 2, Frastanz 1¼, Amerlügen 1, 🚂 🚌 Feldkirch, Frastanz 🚗 Amerlügen, gj. bew., ✆ 05522/27979

Gafadura-Hütte 1428 m, Rätikon-Westflanke, AV Liechtenstein, ⊓ 45, ↗ Planken 1½, 🚂 Schaan 🚌 🚗 Planken, bew. Pfingsten bis Ende Sept., ✆ 075/32442

Garschina-Hütte 2236 m, an der Garschina-Furka, SAC, ⊓ 85, ↗ St. Antönien 2½, 🚂 Küblis 🚌 🚗 St. Antönien, bew. Mitte Juni bis Mitte Okt., ⊞ 20 offen, ✆ 020/7742797

Gauertalhütte 1250 m, im Gauertal, TVN, 🛏 10 ⊓ 20, ↗ Tschagguns 1¾, 🚂 🚌 Tschagguns 🚗 zum Haus, gj. bew., ✆ 05556/73109

Mattajochberghaus 1562 m, auf der äußeren Gampalpe, privat, 🛏 8 ⊓ 35, ↗ Wieslerrank 1½, 🚂 🚌 Nenzing, Frastanz 🚗 Beschlingberg bei Wieslerrank, bew. Anfang Juni bis Ende Okt. durchgehend, ansonsten nach Vereinbarung, ✆ 05525/20703

Pfälzer Hütte 2111 m, am Bettlerjoch, AV Liechtenstein, 🛏 17 ⊓ 100, ↗ Nenzing 5, Sücca 3, Malbun 2, 🚂 🚌 🚗 Schaan, Nenzing, bew. Mitte Juni bis Ende Sept., ✆ 075/23679

Rellstal-Gasthaus 1490 m, im Rellstal, privat, 🛏 25, ↗ Vadans, 🚂 🚌 Vadans 🚗 zum Haus, bew. Anfang Juni bis Mitte Okt., ✆ 05556/74176

Schesaplana-Hütte 1908 m, Schesaplana-Südseite, SAC, ⊓ 100, ↗ Seewis 4, 🚂 Landquart 🚌 🚗 Seewis, bew. Mitte Juni bis Anfang Okt., ⊞ 10 offen, ✆ 081/3251163

Sulzfluh-Hotel 1769 m, südlich des Scheienfluh, privat, 🛏 16 ⊓ 34, ↗ St. Antönien 1¼, 🚂 Küblis 🚌 St. Antönien 🚗 St. Antönien bis Gasthaus »Sunnirütli«, bew. Ostern bis Ende Okt., ✆ 081/3321213

Tschenglahütte 1500 m, nahe der Burtscha, TVN, ⊓ 10, ↗ Bludenz-Bürserberg, mit 🚌 🚗 zum Haus auf Mautstraße ab Tschengla, SV, Voranmeldung bei Peter Schragl, Wichnerstr. 20, A-6700 Bludenz, ✆ 05552/63221

26 Silvretta

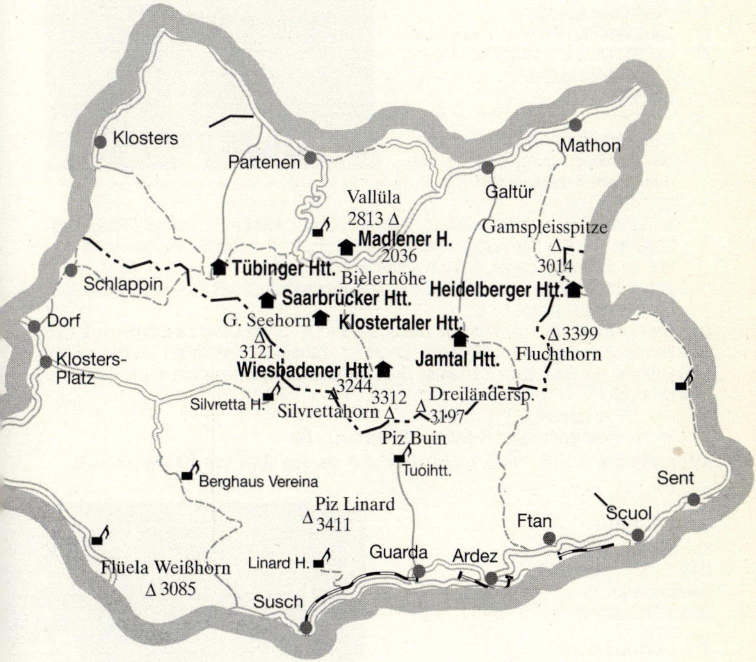

Umgrenzung

St. Gallenkirch – Ill bis Partenen – Zeinisjoch – Zeinisbach – Paznauntal bis Ischgl – Fimbertal – Fimberpaß – Val Chöglias – Val Sinestra – Inn von Einmündung des Branclabaches bis Einmündung der Susasca – Val Susasca – Flüelapaß – Davos – Wolfgang – Laretbach – Klosters – Schlappinbach – Schlappiner Joch – Valzifensbach – Gargellental – St. Gallenkirch

Heidelberger Hütte

K. II, 2264 m, erb. 1889
DAV-S. Heidelberg
Brückenstr. 30
D-69120 Heidelberg

- 🕴 Emil Zangerl
  A-6561 Ischgl/T.
- ✆ Hütte 05444/5418
- ✆ Tal 05444/5319 (Pension Bellevue)
- ✗ ca. 20. Dez. bis Mitte Mai, Anfang Juli bis Anfang Okt.
- 🛏 72 ⌐ 84
- 🚰
- ❄ 8 (außerhalb der ✗ offen, während der Bewirtschaftung nach Anmeldung beim 🕴 bedingt SR)
- ⚡ 220 V ~ ♨
- ↗ Ischgl, 1377 m, 4 - 5; Bodenalpe, 1842 m, 2; Galtür, 1584 m – Laraintal – Ritzenjoch, 2690 m, 4½ - 5; Samnaun, 1846 m – Zeblasjoch – Fuorcla da Val Gronda 4 - 5 ; Ramosch/Unterengadin, 1231 m – Val Chöglias 5 - 6
- → Zahnjoch, 2945 m – Jamtalhütte 3½ - 4½; Kronenjoch, 2947 m – Jamtalhütte 4½ - 5½; Berghaus Idalpe 5 - 6
- △ Breite Krone, 3079 m, 4 - 5; Piz Tasna, 3179 m, 4 - 5; Piz Davo Lais, 3079 m, 2 - 3
- ⛷ Winter ↗ Ischgl, vom Skigebiet Idalpe → Zahnjoch-Jamtalhütte △ Piz da Val Gronda, Piz Davo Lais, Piz Tasna, Breite Krone, Lareinfernerspitze, Piz Mottana
- 🚂 Landeck
- 🚌 Ischgl/Paznauntal
- 🚗 im Sommer Bodenalpe (Gasthaus Bodenhaus) P

AV 26; FB 373; ÖK 170; Bergverlag Rother: AVF Silvretta alpin, WF Arlberg-Paznaun

Jamtalhütte

K. I, 2164 m, erb. 1882
DAV-S. Schwaben
Senefelderstr. 1
D-70178 Stuttgart

- 🕴 Gottlieb Lorenz
  A-6563 Galtür, Haus Winkel
- ✆ Hütte 05443/8408
- ✆ Tal 05443/8394, Fax 05443/8584
- ✗ Mitte Feb. bis Mitte Mai, Ende Juni bis Ende Sept.
- 🛏 90 ⌐ 115 ⌙ 15
- ❄ 15 offen SR
- ⚡ 220 V ~ ♨ 🚰
- ↗ Galtür, 1584 m, 3 - 3½; Bielerhöhe, 1986 m, 4½; Guarda über Tuoi-Hütte – Jamjoch, 6

→ Heidelberger Hütte über Zahnjoch, 2945 m, 3½ - 4½; oder Kronenjoch, 2974 m, 5 - 6; Wiesbadener Hütte oder Obere Ochsenscharte, 2970 m, oder Tiroler Scharte, 2935 m, 3½ - 5; Scuol (Schuls) mit Bahn und Lift über Fuorcla Champatsch – Kronenjoch 4½
△ Dreiländerspitze, 3197 m, 3½ - 4; Augstenspitze 3½ - 4½; Gemsspitze, 3114 m, 3½ - 4½; Fluchthorn, 3399 m, (II-III) 4½; Jamspitzen,3178 m, 3
nur im Frühjahr ↗ Galtür → Ob. Ochsenscharte – Wiesbadener Hütte, Kronenjoch oder Zahnjoch – Heidelberger Hütte; Jamjoch – Tuoi-Hütte △ Hinter und Vordere Jamspitze, Dreiländerspitze und Haagspitze, Grenzeggkopf – Bischofsspitze – Breite Krone, Pfannknechtscharte, Augstenspitze, Gemsspitze, Chalausköpfe
Landeck
Galtür
im Sommer bis Scheibenalpe P (beschränkte Fahrzeit: bis 8.00 und ab 17.00) Galtür P

AV 26; FB 373; ÖK 170; Bergverlag Rother: AVF Silvretta alpin, WF Arlberg-Paznaun

Klostertaler Umwelthütte

K. I, 2362 m, erb. 1969 bzw. 1992
DAV Deutscher Alpenverein
Referat Hütten und Wege
von-Kahr-Str. 2 - 4
D-80997 München

SV, gj.
18 2
Notraum 2 offen
SV-Hütte, zugänglich mit
Teil der Hütte wird auch von ÖBRD genützt
↗ Bielerhöhe, 2021 m, 1½
→ Saarbrücker Hütte über Litznersattel, 2737 m, 2; Wiesbadener Hütte 2; Silvrettahütten über Rote Furka, 2688 m, 2½ - 3; über Klosterpaß 3
△ Silvrettahorn, 3244 m, 3½; Schneeglocke, 3223 m, 2½ - 3
Schneeglocke, Tälispitze, Knoten (Silvrettahorn)
Landeck
Bielerhöhe (Sommer), Galtür, Partenen (Winter)
Winterzugang: oder bis Partenen, mit Vermuntbahn (8.00 - 16.30) und Kleinbussen auf Bielerhöhe

AV 26; ÖK 169; Bergverlag Rother: AVF Silvretta alpin

Madlener Haus

K. II, 1986 m, erb. 1884
DAV-S. Wiesbaden
Philippsbergstr. 24
D-65195 Wiesbaden

🚶 Marlene Zangerl
Madlener Haus
Postfach 32
A-6563 Galtür
✆ Hütte 05558/4234
✆ Tal 05443/8490
✗ Weihnachten bis So. nach Ostern, Anfang Juni bis Ende Okt.
🛏 29 ⊓ 52 ⊔ 10
kein ⊠
~ 220 V ~
↗ an der Silvretta-Hochalpenstraße (befahrbar ca. Juni - Okt.)
→ Wiesbadener Hütte durch Ochsental 2½; durch Bieltal – Radsattel, 2652 m, 3½ - 4; Hochmaderer Joch, 2503 m – Tübinger Hütte 4 - 5; Tschiffarnella-Alpe – Saarbrücker Hütte 3 - 4; Getschnerscharte, 2839 m – Jamtalhütte 4 - 5
△ Bieler Spitze, 2545 m, 1½; Hohes Rad, 2934 m, 4 - 5; Vallüla, 2813 m, 3
⛷ ↗ Galtür, 1583 m, 3 - 4; Partenen, 1030 m – Vermuntbahn auf Tromenier, dann zur Bielerhöhe 2; → Saarbrücker Hütte, Wiesbadener Hütte △ gesamte Bieltalumrahmung, Schneeglocke
🚂 Landeck, Bludenz, Schruns
🚌 Bielerhöhe (Sommer) Galtür, Winterzugang: Bus oder Pkw bis Partenen, mit Vermuntbahn (8.00 - 16.30) und Kleinbussen auf Bielerhöhe
🚗 Madlener Haus (Sommer) P

AV 26; FB 373; ÖK 169; Bergverlag Rother: AVF Silvretta alpin, WF Montafon

Saarbrücker Hütte

K. I, 2538 m, erb. 1911 und 1932
DAV-S. Alpenverein u. Skicl. Saarbrücken
Rosenstr. 31
D-66111 Saarbrücken

🚶 P. und W. Weiskopf
A-6794 Partenen
während der Nichtbew.:
A-6551 Pians HNr. 38 A
✆ Hütte 05558/4235
✆ Tal 05442/2439
✗ Mitte März bis 10 Tage nach Ostern, Anfang Juli bis Ende Sept.
🛏 27 ⊓ 60
⊠ 12 an der Giebelseite zum Kleinlitzner, offen, keine Heizmöglichkeit
~ 220 V ~
↗ Partenen, 1027 m – Vermunt-Stausee, 1750 m, 2½ - 3; Bielerhöhe/Madlener Haus, 1986 m, Klosters/CH über Silvrettahütte (SAC) – Rotfurka – Litznersattel (Sommer-

weg) 6 - 8; oder über Sardascaalp – Seetalhütte (SAC) – Seegletscherlücke 5 - 7
→ Plattenjoch, 2728 m – Tübinger Hütte 2½ - 3; Klostertaler Hütte über Litznersattel 2; Wiesbadener Hütte über Litznersattel – Kloster- und Ochsental 3½ - 4½ oder Rotfurka – Silvrettapaß – Fuorcla dal Cunfin 5 - 7 und mehr
△ Kleinlitzner 1½; Gr. Seehorn 3; Kl. Seehorn 2½; Östl. Kromerspitze 1; Hochmaderer 3
nur im Frühjahr ↗ Kromertal △ Winterberg, Sonntagsspitze
Schruns
Sommer: Vermunt-Stausee oder Bielerhöhe, Winter: Partenen, 1732 m, ab Seilbahn mit Bus durch Tunnel bis Seespitze, dann Aufstieg 2½

AV 26; FB 373; ÖK 169; Bergverlag Rother: AVF Silvretta alpin, WF Montafon

Tübinger Hütte

K. I, 2191 m, erb. 1908
DAV-S. Tübingen
Am Stadtgraben 21
D-72070 Tübingen

Waltraud u. Thomas Amann
Batloggstr. 49
A-6780 Schruns
Hütte 0663/52019
Tal 05556/74827
Ende Juni bis Anfang Okt.
45 ⌐ 79 ⌴ 20
12 offen SR
220 V ~
↗ Gaschurn, 980 m, 4 - 5; Sessellift-Bergstation Versettlagrat, 1970 m – Madschunjoch – Vergaldner Joch 6; Vermunt-Stausee, 1750 m – Hochmadererjoch, 2505 m, 4; Gargellen, 1424 m – Vergaldner Joch, 2515 m, 4 - 4½; Klosters, 1194 m – Schlappin – Garnerajoch, 2485 m, 5 - 6
→ Saarbrücker Hütte 3 - 4; Hochmadererjoch – Madlener Haus 4 - 4½
△ Westl. Plattenspitze, 2883 m, 3; Kessispitze, 2833 m, 3½; Hochmaderer, 2823 m, 3
nur im Frühjahr ↗ Gaschurn, Versettlagrat → Saarbrücker Hütte △ Plattenjoch, Kl. Seehörner, Hinterberg
Schruns
Gaschurn
Gaschurn oder Vermunt-Stausee
Partenen – Tromenier, 1732 m
Versettlagrat

AV 26; FB 373; ÖK 169; Bergverlag Rother: AVF Silvretta alpin, WF Montafon

Wiesbadener Hütte

K. I, 2443 m, erb. 1898
DAV-S. Wiesbaden
Philippsbergstr. 24
D-65195 Wiesbaden

- Franz u. Herta Pejcl
  Wiesbadener Hütte
  postlagernd
  A-6563 Galtür
  während der Nichtbew.:
  Fangfweg 14
  A-6800 Feldkirch-Tisis
- © Hütte 05558/4233
- © Tal 05522/39473
- ✗ Ende Feb. bis Anfang Mai, Ende Juni bis Anfang Okt.
- 40 ⌐¬ 160
- 20 offen, Übungsklettergarten
- ↗ Bielerhöhe, 2021 m, 2 - 2½
- → Jamtalhütte über Obere Ochsenscharte, 2970 m, 3½ - 4; oder Getschnerscharte, 2839 m, 4; über Tiroler Scharte, 2935 m, 3 - 3½; Fuorcla dal Confin – Rotfurka – Winterlücke – Litznersattel – Saarbrücker Hütte 6 - 7; Vermuntpaß – Tuoi-Hütte (SAC) 2½ - 3
- △ Piz Buin, 3312 m, 3 - 4; Silvrettahorn, 3244 m, 3 - 3½; Dreiländerspitze, 3197 m, 2½ - 3
- Spätwinter, Frühjahr ↗ Galtür oder Partenen → Obere Ochsenscharte – Jamtalhütte; Saarbrücker Hütte über Ochsental – Klostertal – Litznersattel △ Ochsenkopf, Dreiländerspitze, Gr. Piz Buin, Silvrettahorn
- Landeck, Schruns
- Bielerhöhe (Sommer), Galtür, Partenen (Winter) P, Winterzugang: Bus oder Pkw bis Partenen, mit Vermuntbahn (8.00 - 16.30) und Kleinbussen auf Bielerhöhe

AV 26; FB 373; ÖK 169; Bergverlag Rother: AVF Silvretta alpin, WF Montafon

Hütten anderer alpiner Vereine und Privathütten

Bodenalpenhaus 1842 m, im Fimbertal, privat, 🛏 50 ⊓ 25, ↗ Ischgl 2, 🚂 Landeck 🚌 Ischgl 🚗 🚙 zum Haus, bew. Mitte Dez. bis Mitte Mai, Mitte Juni bis Mitte Okt., ✆ 05444/5285

Fergenhütte 2141 m, auf der Fergenalpe, SAC, ⊓ 27, ↗ Klosters 3, 🚂 🚌 Klosters 🚗 Klosters-Brücke – Schwendi, SV, Hütte offen, Winter nicht zugänglich

Linardhütte 2327 m, am Fuße des Piz Linard im Glimstal, SAC, ⊓ 41, ↗ Lavin 2½, 🚂 🚗 Lavin, SV, beaufsichtigt Mitte Juni bis Ende Okt. an Sa./So.

Seetalhütte 2065 m, im Seetal südwestl. des Großlitzners, SAC, ⊓ 12, ↗ Klosters 4½, Sardascaalp (Taxi) 1½, 🚂 🚌 🚗 Klosters, SV, Hütte offen

Silvrettahütte 2341 m, im Medjetäli, SAC, ⊓ 85, ↗ Klosters-Sardascaalp 4½, 🚂 Klosters 🚌 🚗 Sardascaalp, bew. Anfang Juli bis Mitte Sept., Mitte März bis Mitte Mai, ❄ 20 offen, ✆ 081/4221306

Silvrettahütte 1994 m, Bielerhöhe, TVN 🛏 7 ⊓ 9, 🚂 Landeck, 🚌 🚗 Bielerhöhe (Sommer), Galtür (Winter), SV, Schlüssel bei Rudolf Zeif, Oberdanau 16, A-6700 Bludenz, ✆ 05552/646863

Tuoi-Hütte 2250 m, im Val Tuoi, SAC, ⊓ 95, ↗ Guarda 2½, 🚂 🚌 🚗 Guarda, bew. Mitte Febr. bis 10. Mai, Anfang Juli bis 10. Okt., ❄ 12 offen, ✆ 081/8622322

Vereina-Berghaus 1943 m, im Vereinatal-Ausgang, privat, 🛏 12 ⊓ 50 ⊔ 10, ↗ Klosters 4, Süss 5, 🚂 🚌 Klosters Zubringerbus 6x täglich zur Hütte, bew. Anfang Juli bis Mitte Okt., ❄ 25 offen, ✆ 081/4221216

27 Samnaun-gruppe

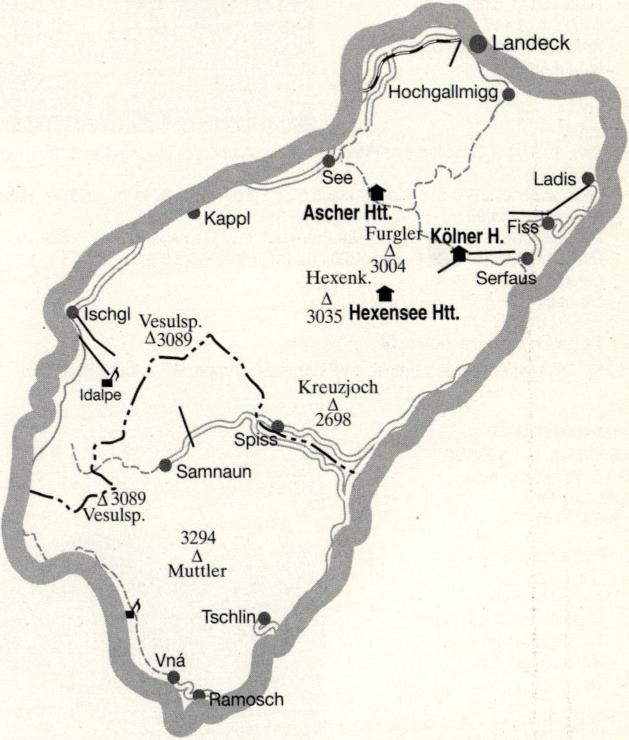

Umgrenzung

Paznauntal von Ischgl bis Wiesberg – Sanna bis Landeck – Inn bis Einmündung Brancla – Val Sinestra – Val Chöglias – Fimberpaß – Fimbertal – Ischgl

Ascher Hütte

K. I, 2256 m, erb. 1895
DAV-S. Asch
Eigenheimstr. 3
D-85764 Oberschleißheim

- Bruno Ladner
  Gande 100
  A-6553 See/Paznauntal
- ✆ Hütte 05441/8330
- ✆ Tal 05441/8445
- Anfang Juli bis Mitte Sept., im Winter auf Anfrage
- 40 ⊔ 10
- 10
- 220 V ~
- ↗ See, 1050 m – Schallertal 4; Pifang – Medrig-Alm 4 - 5; Medrig-Alm 2; Tobadill, 1136 m, 6
- → Glockscharte, 2770 m – Kölner Haus 3½; Furglerjoch, 2744 m – Kölner Haus 4; Masnerjoch, 2685 m – Hexenseehütte 3 - 3½
- △ Rotpleißkopf, 2936 m, 2; Kübelgrubenkopf 1½; Gamsbergspitze, 2839 m, 2½; Blankakopf, 2892 m, 2; Furgler, 3004 m, 2½; Hexenkopf 5½
- nur im Frühjahr ↗ See
- Landeck
- See/Paznaun
- Talstation Medrigjochbahn P

FB 253; ÖK 144; Bergverlag Rother: AVF Samnaungruppe, WF Arlberg-Paznaun

Hexenseehütte

K. I, 2585 m, erb. 1995/96
DAV-S. Rheinland-Köln
Gereonshof 49
D-50670 Köln

- Franz Althaler
  Haus Rätia
  A-6534 Serfaus
- Y Hütte über Kölner Haus
- ✆ Tal 05476/6454
- SV, beaufsichtigt
- 28
- 2, nur Notraum, offen, keine Heiz-, nur Kochmöglichkeit
- ↗ Serfaus über Kölner Haus – Scheid – Arrezjoch 5½
- → Arrezjoch – Kölner Haus 3; Masner Joch – Ascher Hütte 4
- △ Hexenkopf, 3035 m, 2
- Tourengebiet

Landeck
Serfaus P
Serfaus – Lazid im Winter Skilift
FB 253; ÖK 144; Bergverlag Rother: AVF Samnaungruppe

Kölner Haus

K. II, 1965 m, erb. 1927
DAV-S. Rheinland-Köln
Gereonshof 49
D-50670 Köln

Franz Althaler
Kölner Haus
A-6534 Serfaus 2
Hütte 05476/6214
Tal 05476/6454
Mitte Juni bis ca. 20. Sept., Mitte Dez. bis ca. 20. April
40 15
220 V ~
Serfaus, 1427 m, 1½
Arrezjoch – Hexenseehütte 3; Furglerjoch, 2744 m – Ascher Hütte 5; Glockscharte, 2770 m – Ascher Hütte 4
△ Furgler, 3004 m, 3 - 4; Sattelköpfe, 2670 m, 2 - 3; Hexenkopf, 3035 m, 5 - 6; Rotpleiskopf, 2936 m, 3 - 4
Serfaus △ Furgler, Hexenkopf, Pistenskilauf
Landeck
Serfaus P
Serfaus – Hütte
FB 253; ÖK 144; Bergverlag Rother: AVF Samnaungruppe, WF Kaunertal

Hütten anderer alpiner Vereine und Privathütten

Alp-Trida-Skihaus 2300 m, auf der gleichnamigen Alpe, privat, 44, Compatsch 2, Schuls oder Landeck Weinberg Compatsch-Laret, bew. Anfang Juli bis Mitte Okt., Anfang Dez. bis Mitte Mai, 081/8685642

Landecker Skihütte 1800 m, im Urgtal bei Landeck, Skiklub Landeck, 40, Landeck 3½, Hochgallmig 1½, Landeck Urgen Hochgallmig, Urgen, SV, und Auskunft: Josef Althaler, Prandtauer-Siedlung 32, A-6500 Landeck, 05442/63057

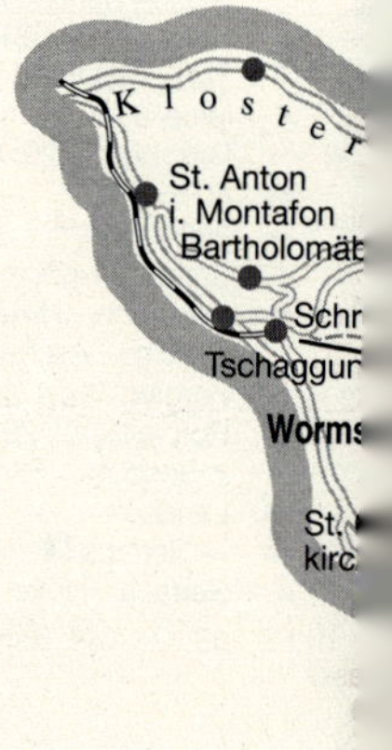

Kloster
St. Anton
i. Montafon
Tschaggun

28 Verwallgruppe

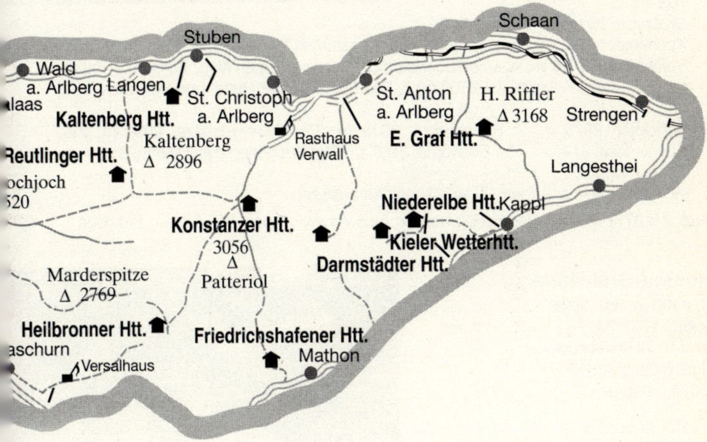

Umgrenzung

Bludenz – Klostertal – Stuben – Arlbergpaß – Stanzer Tal bis Wiesberg – Paznauntal – Zeinisbach – Zeinisjoch – Partenen – Ill bis Bludenz

Darmstädter Hütte

K. I, 2385 m, erb. 1889
DAV-S. Darmstadt
Jahnstr. 1-5 (Alpin-Laden)
D-64285 Darmstadt

- 🕴 Albert Weiskopf
  Darmstädter Hütte
  A-6580 St. Anton a. A.
  während der Nichtbew.:
  A-6551 Pians 76A
- ✆ Hütte 05446/3130
- ✆ Tal 05442/67525
- ✕ Anfang Juli bis Ende Sept.
- 🛏 15 ⊓ 46
- ❄ 10 offen SR
- ↗ St. Anton, 1304 m, 4; Ischgl 4 - 5
- → Kuchenjoch, Apothekerweg, 2806 m – Konstanzer Hütte 4; Niederelbehütte über Seßladjoch, 2738 m, 4; über Schneidjöchl, Hoppe-Seyler-Weg, 2841 m – Fatlarscharte (Kieler Wetterhütte, 2800 m) 5; Friedrichshafener Hütte, Ludwig-Dürr-Weg 5 - 6
- △ Scheibler, 2978 m, 2; Saumspitze, 3039 m, 2½; Faselfadspitze, 2993 m, 2½; Küchlspitze, 3147 m, 2½; Seeköpfe, 3061 m, 3½; Kuchenspitze, 3148 m, 3½
- ⛷ △ Saumspitze
- 🚂 🚌 🚗 St. Anton a. Arlberg 🅿, westliche Ortsausfahrt

AV 28; FB 372; ÖK 143; Bergverlag Rother: AVF Verwallgruppe, WF Arlberg-Paznaun

Edmund-Graf-Hütte

K. I, 2408 m, erb. 1885,
Neubau 1972/73
OeAV-S. Tk. Innsbruck
Wilhelm-Greil-Str. 15
A-6020 Innsbruck

- 🕴 Ursula Lorenz
  Strohsack 233
  A-6574 Pettneu a. A.
- ✆ Hütte 05448/555
- ✆ Tal 05448/338
- ✕ Ende Juni bis Ende Sept.
- 🛏 20 ⊓ 70 ⊔ 20
- ❄ 8 🔑
- ↗ Pettneu am Arlberg, 1122 m, 3; Kappl, Paznauntal, 1256 m, über Kapplerjoch, 2672 m, 4
- → Niederelbehütte, 2300 m, über Rifflerweg – Schmalzgrubenscharte, 2697 m – Kieler Weg
- △ Hoher Riffler, 3168 m, 2½; Blankahorn, 3129 m, 2½; Kapplerjochspitze, 2835 m, 2; Welskogel, 2880 m, über Schmalzgrubenscharte 2

⛷ ↗ Pettneu am Arlberg
🚂 St. Anton a. Arlberg
🚌 Kappl/Pettneu
🚗 Ortsteil Strohsack am Eingang des Malfontals, Malfontal gesperrt P

FB 372; ÖK 144; Bergverlag Rother: AVF Verwallgruppe, WF Arlberg-Paznaun

Friedrichshafener Hütte

K. I, 2138 m, erb. 1908
DAV-S. Friedrichshafen
Niederholzstr. 54
D-88045 Friedrichshafen

† Serafin Rudigier
A-6562 Mathon 91
während der Nichtbew.:
A-6555 Kappl 76
✆ Hütte 0664/3803809
✆ Tal 05445/6356
✕ Mitte Juni bis Ende Sept.
🛏 36 ⌐ 22 ⌙ 10
❄ 10 SR
🔑
~ 220 V ~
↗ Galtür, 1584 m, 2½ - 3; Mathon, 1500 m – Valzur 2 - 2½
→ Heilbronner Hütte 4; Konstanzer Hütte 4; Darmstädter Hütte 5 - 6
△ Hohe Köpfe, 2608 m, 1½; Gaisspitze, 2779 m, 2 - 2½; Vertinesberg, 2855 m, 3; Fädnerspitze, 2788 m, 3; Glatterberg, 2866 m, 2½, Rundwanderweg über Vertinespleiskopf 5
⛷ nur im Frühjahr ↗ Galtür, Mathon → Heilbronner Hütte
🚂 Landeck – Wiesberg
🚌 Mathon, Galtür (»Paznauner Hof«)
🚗 Galtür, Mathon – Valzur P

AV 28; FB 373; ÖK 143, 170; Bergverlag Rother: AVF Verwallgruppe, WF Arlberg-Paznaun

Heilbronner Hütte

K. I, 2320 m, erb. 1927
DAV-S. Heilbronn
Schwabenhaus
Badstr. 48
D-74072 Heilbronn

† Angelika u. Manfred Immler
A-6793 Gaschurn 3
✆ Hütte 05446/2954
✆ Tal 05558/8729 oder 8256

✗ Mitte Juni bis Ende Sept.
26 ⊓ 82
28 offen SR
220 V
↗ Zeinisjochhaus, 1822 m, 2½; Gaschurn, 980 m, 5; St. Anton, 1304 m – Konstanzer Hütte 6½
→ Friedrichshafener Hütte 3½; Konstanzer Hütte 2; über Wannenjöchl, 2684 m, 4; Wormser Hütte 8 - 9
△ Strittkopf, 2604 m, 2; Jöchligrat, 2626 m, 1¼; Gaisspitze, 2779 m, 2½; Östl. und Westl. Fluh, 2653 m, 2 - 2½; Fädnerspitze, 2788 m, 2
↗ Zeinisjoch, Gaschurn, St. Anton → Friedrichshafener Hütte, Konstanzer Hütte △ s. oben
Landeck, Schruns
Galtür
Galtür – Zeinisjoch P

AV 28; FB 373; ÖK 170; Bergverlag Rother: AVF Verwallgruppe

Kaltenberghütte

K. I, 2089 m, erb. 1928/29
DAV-S. Reutlingen
Postfach 1455
D-72704 Reutlingen

Renate Viehauser
Ulrich Rief
A-6761 Langen
während der Nichtbew.:
Unterhöfen 39
A-6675 Tannheim
✆ Hütte 05582/790
✆ Tal 05675/6326
✗ Mitte Juni bis Ende Sept.
30 ⊓ 50 ⊔ 16
16 SR
220 V ~
↗ Langen, 1228 m, 2 - 3; Stuben, 1407 m, 2 - 3; St. Christoph, Paßhöhe, 1796 m, 2 - 3
→ Krachenspitze – Gstansjoch, 2548 m – Konstanzer Hütte 6; Gamssteig – Neue Reutlinger Hütte 3
△ Kaltenberg, 2896 m, 3 - 4; Krachenspitze, 2686 m, 2; Albonakopf, 2653 m, 1½
↗ Langen, Stuben △ Kaltenberg, Pistenskilauf Albona
Langen/Arlberg
Langen, Stuben, St. Christoph
Langen P Stuben, St. Christoph P
Stuben – Albona, Mittel- oder Bergstation im Winter

AV 3/2; FB 372; ÖK 143; Bergverlag Rother: AVF Verwallgruppe, WF Arlberg-Paznaun

Kieler Wetterhütte

auf der Fatlarscharte,
K. I, 2809 m, erb. 1931,
neu aufgebaut 1959/60
DAV-S. Kiel
Elsa-Brandström-Str. 4a
D-24119 Kronshagen

- offene Unterstandshütte, betreut vom Wirt der Niederelbehütte
- bis 4
  Herd vorhanden, Holz muß von der Niederelbehütte mitgenommen werden
- → in der Mitte des Hoppe-Seyler-Weges, von der Darmstädter Hütte 3; von der Niederelbehütte 1¾
- △ Fatlarspitze, 2988 m, 1; Saumspitze, 3034 m, 2½
- kein Stützpunkt, Lawinengefahr!
- Landeck
- Kappl, Haltestelle Dias-Seilbahn P

AV 28; FB 372/373; ÖK 143; Bergverlag Rother: AVF Verwallgruppe

Konstanzer Hütte

K. I, 1688 m, erb. 1885,
Neubau 1989/90
DAV-S. Konstanz
Neugasse 25
D-78462 Konstanz

- Martin Tschol
  Im Moos 111
  A-6580 St. Anton am Arlberg
- © Hütte 0663/9158936
- © Tal 05446/2380
- Ende Juni bis Ende Sept.
- 90 ⌴ 10
- 14 SR
- 220 V ~
- St. Anton, 1304 m, durch die Rosanna-Schlucht 3; Hotel »Moserkreuz« 2½; Salzhütte im Verwalltal, 1540 m, 1¼
- → Darmstädter Hütte 4; Friedrichshafener Hütte 4; Heilbronner Hütte d. Schönferwall 4, über Wannenjöchl, 2684 m, 5½; Silbertaler Winterjöchl – Wormser Hütte 8; Kaltenberghütte 5½; Gafluna Winterjöchl – Reutlinger Hütte 3½
- △ Scheibler, 2978 m, 3; Kuchenspitze, 3148 m, 5; Küchlspitze, 3147 m, 5½; Karkopf, 2948 m, 4½; Patteriol, 3056 m, 5; Kaltenberg, 2900 m, 5; Hahnentrittkopf, 2636 m, 3; Droßberg, 2661 m, 4
- ↗ St. Anton → Darmstädter-, Friedrichshafener-, Heilbronner Hütte (d. Schönferwall)

△ Scheibler, Karkopf, Vertinesberg
🚂 🚌 St. Anton am Arlberg
🚗 Salzhüttle im Verwalltal P, zwischen 9.00 und 18.00 Uhr für Privat-Pkw gesperrt, aber stündlich Kleinbusse

AV 28; FB 372; ÖK 143; Bergverlag Rother: AVF Verwallgruppe, WF Arlberg-Paznaun

Niederelbehütte

K. I, 2300 m, erb. 1930/31
DAV-S. Niederelbe
Lange Reihe 29/III
D-20099 Hamburg

- B. u. H. Rudigier
  A-6555 Kappl-Nederle 15
- ✆ Hütte 0663/57542
- ✆ Tal 05445/6355
- ✕ Ende Juni bis Ende Sept.
- 🛏 35 ⌐ 51 ⌙ 20
- 10 offen SR
- 220 V ~
- ↗ Kappl, 1258 m, 3; über Alpengasthof Dias, 1850 m, 3½; Ulmich 3
- → Fatlarscharte (Kieler Wetterhütte, 2800 m) – Hoppe-Seyler-Weg – Schneidjöchl – Darmstädter Hütte 5; Seßladjoch, 2738 m – Moostal – St. Anton 4½; Schmalzgrubenscharte, 2753 m – Edmund-Graf-Hütte 4
- △ Fatlarspitze, 2986 m, 3; Rucklekopf, 2864 m, 2½; Seßladspitze, 2949 m, 2½; Madaunspitze, 2961 m, 3; Kreuzjochspitze, 2921 m, 2½
- 🚂 Wiesberg, Landeck
- 🚌 Kappl
- 🚗 Alpengasthof Dias P, Kappl P

AV 28; FB 372; ÖK 143; Bergverlag Rother: AVF Verwallgruppe, WF Arlberg-Paznaun

Reutlinger Hütte, Neue

auf der Wildebene,
K. I, 2395 m
DAV-S. Reutlingen
Postfach 1455
D-72704 Reutlingen

- ⌐ 24
- ✕ SV, Propangas
- ↗ Konstanzer Hütte 3; durch das Pfluntal 2; Langen am Arlberg 4; Kaltenberghütte 4; Silbertal/Montafon 3½
- → Heilbronner Hütte 5
- △ Pflunspitze, 2913 m, 2; Eisentaler

Spitzen, 2753 m, 1½
⛷ nur im Frühjahr bei guten Verhältnissen
🚂 Langen am Arlberg
🚌 🚗 Langen, Moser Kreuz b. St. Anton
AV 3/2, 28; FB 372; ÖK 143; Bergverlag Rother: AVF Verwallgruppe

Wormser Hütte

K. I, 2307 m, erb. 1906/07
DAV-S. Worms
Dr. Udo Rauch
Wildstr. 29
D-67550 Worms

- Werner Fleisch
  A-6774 Tschagguns 724
- © Tal 05556/73949 (Y zur Hütte)
- ✕ Mitte Juni bis Mitte Okt., Weihnachten bis Ostern
- 🛏 26 ⌐ 39
  kein ⊞
- 220 V ~
- ↗ Sennigrat, 2300 m, ¼; Bergstation Kapell, 1873 m, 1 - 1½; Schruns, 690 m, 5 - 6; St. Gallenkirch, 818 m, 6
- → Wormser Weg – Heilbronner Hütte (20 km) 9
- △ Kapelljoch, 20 Min.; Kreuzjoch ¾; Hochjoch 2½; Zamangspitze 1¼
- ⛷ Pistenskilauf, Sennigrat
- 🚂 🚌 Schruns/Montafon
- 🚗 Schruns Hochjochbahn P bzw. Zamangbahn P
- Hochjochbahn Schruns – Kapell
- Kapell – Sennigrat, 2300 m

FB 373; ÖK 142; Bergverlag Rother: AVF Verwallgruppe

Hütten anderer alpiner Vereine und Privathütten

Dias-Alpengasthof 1850 m, auf der Diasalm, privat, 🛏 10 ⌐ 28, ↗ Kappl 2, 🚂 Landeck, Wiesberg 🚌 Kappl 🚗 zum Haus, bew. Weihnachten bis Ende April, Mitte Juni bis Ende Sept., © 05445/260

Kristbergsattelhaus 1443 m, privat, ⌐ 25, ↗ Dalaas 1½, Schruns 1½, Bergbahn bis zur Hütte 🚗 Bartholomäberg, Silbertal, bew. Anfang Dez. bis Ende April und Mitte Mai bis Anfang Nov., © 05556/2290

Zeinisjochhaus 1850 m, westl. des Zeinisjoches, privat, ⌐ 80, ↗ Galtür 1½, Partenen 2½, 🚂 Schruns 🚗 Galtür, gj. bew., © 05443/8233

29 Sesvenna-gruppe

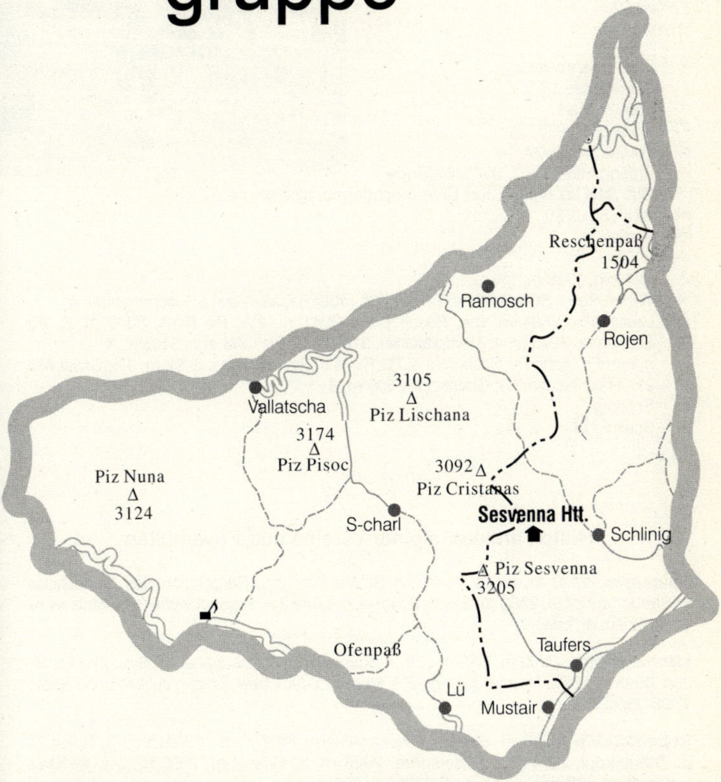

Umgrenzung

Inn von Susch bis Finstermünzpaß – Reschenpaß – Obervinschgau bis Glurns – Rambach – Taufers – Münstertal – Ofenpaß – Ova dal Fuorn – Spöl – Zernez – Inn bis Susch

Sesvennahütte

neben der ehem. Pforzheimer Hütte, 2256 m, erb. 1976 bis 1981
AVS-Sektionen Mals, Laas, Latsch, Prad, Schlanders, Untervinschgau und Lana
AVS-Sektion Mals
Schleis 62
I-39024 Mals

- Walter Sagmeister
  Schulgasse 1B
  I-39024 Mals
- © Hütte 0473/830234
- © Tal 0473/830509
- ✕ Anfang/Mitte März bis Mitte/Ende Okt. (Mai bis Anfang Juni Unterbrechungen, bitte anrufen)
- 28 ⊓ 50 ⊔ 20
- 6 offen
- 220 V
- ↗ Schlinig, 1738 m, 1½ - 2
- → Haider See – St. Valentin 4; Rojenhütte (über Rasaßspitze) 5; Lischanahütte 4
- △ Craist Alta, 2884 m, 2½; Rasaßspitze, 2941 m, 2½; Piz Rims, 3070 m, 3; Piz Sesvenna, 3205 m, 4; Montpitschen, 3162 m, 5; Piz Lischana, 3105 m, 4
- nur im Frühjahr, Piz Sesvenna 4; Piz Rims 3; Piz Cristanas, 3092 m, 3½; Craist Alta 2½; Rasaßspitze 2½; Grainkopf, 2896 m, 3
- Schlinig
- Schlinig P

LS 259

Hütten anderer alpiner Vereine und Privathütten

Haideralm 2120 m, privat, 20, ↗ St. Valentin 2¼, Bergstation des Gondelliftes △ Seebodenspitze, 2853 m, 2½ → Schönebenhütte 2¼, Rojenskihütte 3, Mals St. Valentin, gj. bew.

Lischanahütte 2500 m, SAC, ⊓ 38, ↗ Scuol 3½ △ Piz Lischana, 3105 m, 2¼; Piz St. Jon, 3093 m, 2; Piz Triazza, 3041 m, 2½, Scuol, bew. Anfang Juli bis Ende Sept., © 081/8649544

Rojenskihütte 2006 m, Skiklub Reschen-Graun, 7 ⊓ 5, ↗ Reschen 3, Rojen ¾ △ Zehnerkopf, 2674 m, 2; Elferspitze, 2925 m, 3; Griankopf, 2896 m, 3½, Mals Reschen Rojen, gj. bew., © 0336/521992

Schönebenhütte 2100 m, privat, 40, ↗ St. Valentin 2, von der Rojenhütte ½ △ Zwölferkopf, 2760 m, 2; Zehnerkopf, 2674 m, 2, bew. Mitte Dez. bis Ende April, Ende Juni bis Ende Sept.

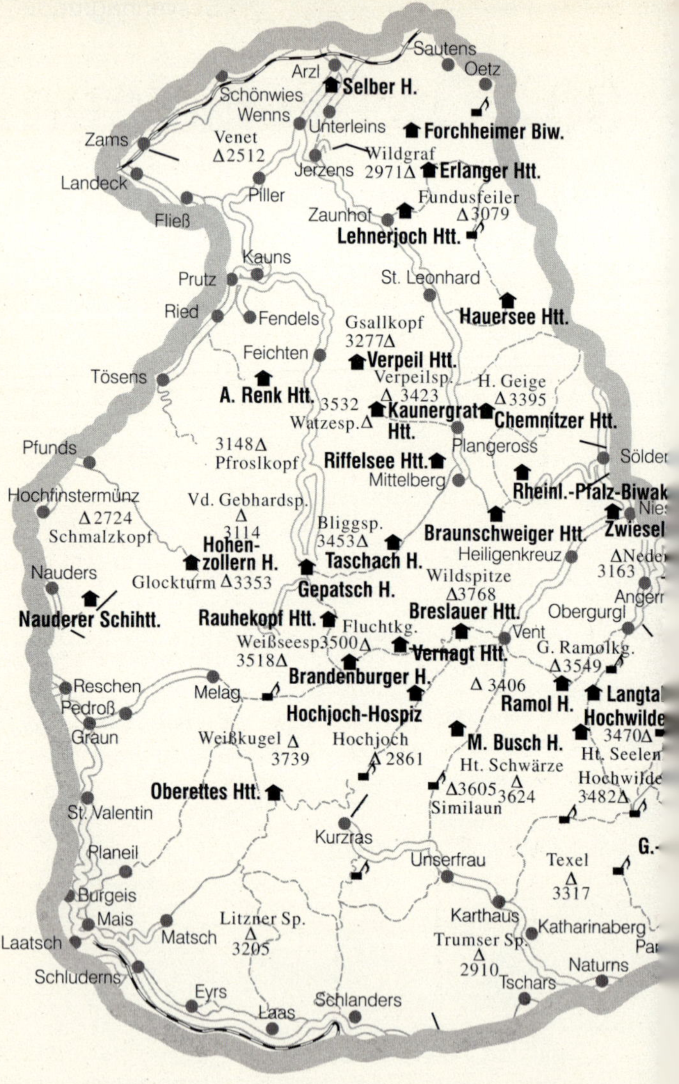
Sautens
Oetz
Arzl
Selber H.
Schönwies
Wenns
Unterleins
Forchheimer Biw.
Zams
Venet
Δ2512
Wildgraf
2971Δ
Erlanger Htt.
Jerzens
Landeck
Piller
Fundusfeiler
Δ3079
Zaunhof
Fließ
Lehnerjoch Htt.
Kauns
Prutz
St. Leonhard
Hauersee Htt.
Ried
Fendels
Gsallkopf
3277Δ
Feichten
Verpeil Htt.
Tösens
Verpeilsp.
Δ 3423
H. Geige
Δ3395
A. Renk Htt.
3532
Watzesp.Δ
Kaunergrat Htt.
Chemnitzer Htt.
Pfunds
3148Δ
Pfroslkopf
Riffelsee Htt.
Plangeross
Sölder
Mittelberg
Rheinl.-Pfalz-Biwak
Hochfinstermünz
Vd. Gebhardsp.
Δ
3114
Δ2724
Schmalzkopf
Bliggsp.
3453Δ
Braunschweiger Htt.
Zwiesel
Hohen-
zollern H.
Taschach H.
Heiligenkreuz
ΔNede
3163
Nauders
Glockturm Δ3353
Gepatsch H.
Wildspitze
Δ3768
Angern
Nauderer Schihtt.
Rauhekopf Htt.
Fluchtkg.
Breslauer Htt.
Obergurgl
Weißseesp3500Δ
3518Δ
Vernagt Htt.
Vent
G. Ramolkg.
Δ3549
Reschen
Brandenburger H.
Δ 3406
Melag
Ramol H.
Langtal
Pedroß
Hochjoch-Hospiz
Hochwilde
Graun
Weißkugel Δ
3739
Hochjoch
Δ2861
M. Busch H.
3470Δ
Ht. Seelen
Ht. Schwärze
Δ3605
Δ
3624
Similaun
Hochwilde
3482Δ
Oberettes Htt.
St. Valentin
Kurzras
Planeil
Unserfrau
Texel
Δ
3317
G.-
Burgeis
Mais
Litzner Sp.
Δ
3205
Karthaus
Katharinaberg
Laatsch
Matsch
Trumser Sp.
Δ
2910
Par
Schluderns
Naturns
Tschars
Eyrs
Laas
Schlanders

30 Ötztaler Alpen

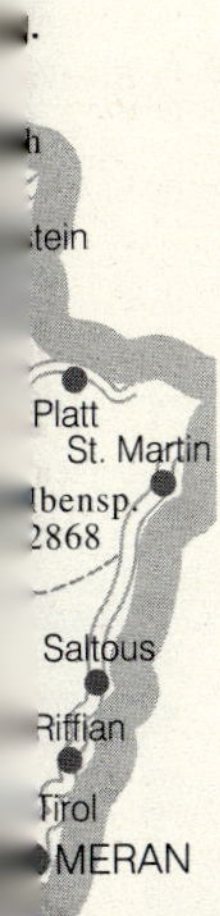

Umgrenzung

Inn von Landeck bis Einmündung Ötztaler Ache – Ötztal bis Zwieselstein – Gurgler Ache bis Einmündung Timmelsbach – Timmelsbach – Timmelsjoch – Schönauer Alm – Passeiertal bis Meran – Etschtal – Reschenpaß – Inn von Finstermünz bis Landeck

Anton-Renk-Hütte

K. I, 2261 m, erb. 1926
DAV-S. Aachen
Holzgraben 6
D-52062 Aachen

- Hermann Sailer
  A-6531 Ried 64
- Tal 05472/6278
- nicht bew. (Gruppenanmeldung rechtzeitig erforderlich)
- 20 ⊔ 2
  Brennholz nur bedingt vorhanden, trockenes Holz unterhalb des Stalanzer Wasserfalls auflesen und mitbringen, Licht über Solaranlage, Gruppenanmeldung bei Schuhhaus H. Sailer, A-6531 Ried, Hs.-Nr. 64
- Tal 05472/6278
- 16
- Ried, 877m – Stalanzer Alm 4; Fendels, 1356 m – Zirmesköpfl 3
- Rifenkarscharte – Fißland-Tal (Aachener Höhenweg) – Gepatschhaus 10; Kuppscharte, 2658 m – Feichten 5
- Pfroslkopf, 3148 m, 4; Zirmesspitze, 2945 m, 3; Äußere Rifenkarspitze, 3003 m, 3; Kuppkarlesspitze, 2992 m, 4; Alter Mann, 2883 m, 2; Feichtener Karlspitze, 2918 m, 2½
- nur bei sicherer Schneelage △ Pfroslkopf
- Landeck
- Ried oder Prutz (f. Fendels)
- Ried, Fendels P

AV 30/3; FB 253; ÖK 145; Bergverlag Rother: AVF Ötztaler Alpen, GF Ötztaler Alpen

Brandenburger Haus

K. I, 3272 m, erb. 1909
DAV-S. Berlin
Markgrafenstr. 11
D-10969 Berlin

- Gebhard Gstrein
  Postfach 15
  A-6456 Obergurgl
- Tal 05254/8108
- Anfang Juli bis Mitte/Ende Sept.
- 25 ⊓ 80
- 16 SR offen
- Vent, 1894 m – Hochjoch-Hospiz – Deloretteweg – Kesselwandferner 5 - 6; Gepatschhaus (Kaunertral) –

Rauhekopfhütte – Gepatschferner 5 - 6
→ Guslarjoch, 3311 m – Vernagthütte 2 - 3; Gepatschferner – Rauhekopfhütte 2½ - 3 – Gepatschhaus 6; Weißkugelhütte 2
△ Dahmannspitze, 3401 m, ½; Fluchtkogel, 3500 m, 1½; Kesselwandspitze, 3414 m, 1½; Mutspitze, 3257 m, 1½; Weißkugel, 3739 m, 5½; Weißseespitze, 3526 m, 2; Vordere, Mittlere Hintereisspitze, 3451 m, 1½; Hintere Hintereisspitze, 3486 m, 2
nur im Frühjahr ↗ Vent-Hochjoch-Hospiz → Vernagthütte, Rauhekopfhütte – Gepatschhaus △ Weißkugel, Hintereisspitzen, Hochvernagtwand
Ötztal-Bahnhof
Vent
Vent P
AV 30/2; FB WKS 2; ÖK 172; Bergverlag Rother: AVF Ötztaler Alpen, GF Ötztaler Alpen

Braunschweiger Hütte

K. I, 2759 m, erb. 1892
DAV-S. Braunschweig
Münzstraße 9
D-38100 Braunschweig

Franz Auer
Stillebach Nr. 81
A-6481 St. Leonhard
✆ Hütte 05413/8236
✆ Tal 05413/535
Mitte Juni bis Ende Sept.
45 ⊓ 80 ⊔ 25
11 offen SR
220 V ~
↗ Mittelberg, 1730 m, 3; Sölden, 1400 m, über Pitztaler Jöchl 1, Parkplatz Rettenbachferner, mit Sessellift zum Rettenbachjoch, dann ¾; von der Pitztaler Gletscherbahn 1
→ alle über Gletscher:Taschachhaus 4½; Mittelberg- und Mitterkarjoch – Breslauer Hütte 4 - 5; Taufkarjoch – Vent 5 - 6; Mittelberg- und Brochkogeljoch – Vernagthütte 5 - 6; Mainzer Höhenweg – Neue Chemnitzer Hütte 8 - 10; Europäischer Fernwanderweg E 5
△ Karleskogel, 3107 m, 2; Innere Schwarze Schneid, 3369 m, 3; Linker Fernerkogel, 3278 m, 2; Wildspitze, 3772 m, 5
nur im Frühjahr ↗ Mittelberg, Sölden – Hochsölden – Rotkogel 3½ → Taschachhaus, Vernagthütte △ fast alle im Bereich des Mittelbergferners und Wildspitze; Pistenskigebiet Mittelbergjoch; zur Bergstation 1 von der Hütte
Imst
Mittelberg, Sölden P
Sölden – P Rettenbachferner

AV 30/5, 30/6; FB 251; ÖK 173; Bergverlag Rother: AVF Ötztaler Alpen, GF Ötztaler Alpen, WF Pitztal

Breslauer Hütte

K. I, 2840 m, erb. 1882
DAV-S. Breslau
Heinrich-Ebner-Str. 17
D-70372 Stuttgart

- Christian u. Roswitha Scheiber
  A-6458 Vent Nr. 13, Ötztal
- Hütte 05254/8156
- Tal 05254/8153 (Alpenland)
- Ende Juni bis Ende Sept.
- 64 ⊓ 107 ⊔ 30
- 12 offen SR
- 220 V ~
- Vent, 1896 m, 3; Stablein 1¼
- Vernagthütte, Seuffertweg 2½; Braunschweiger Hütte (Gletschertour) 4; Taschachhaus (Gletschertour) 3 - 4
- △ Wildspitze, 3772 m, 3; Ötztaler Urkund, 3556 m, 2; Hinterer Brochkogel, 3635 m, 3; Wildes Männle über Rofenkar, 3008 m, 1½
- Frühjahr ↗ Vent Stablein △ Wildspitze
- Ötztal-Bahnhof
- Vent
- Vent P
- Vent – Stablein

AV 30/1, 30/6; FB 251; ÖK 173; Bergverlag Rother: AVF Ötztaler Alpen, GF Ötztaler Alpen, WF Ötztal

Chemnitzer Hütte, Neue

K. I, 2323 m, erb. 1926
DAV-S. Rüsselsheim
Postfach 1250
D-65402 Rüsselsheim

- Florian Kirschner
  Piösmes 67
  A-6481 St. Leonhard/Pitztal
- Hütte 0663/9259622
- Tal 05413/226
- Anfang Juli bis Mitte Sept.
- ⊓ 38 ⊔ 5
- 10 offen
- Plangeroß/Pitztal, 1617 m, 2; Huben/Ötztal, 1194 m – Breitlehnerjöchl, 2629 m, ca. 7
- Hauersee-Unterkunft 5 - 6; Mainzer Höhenweg – Braunschweiger Hütte 8 - 10
- △ Gahwinden (Gabinten), 2649 m, 1; Hohe Geige, 3395 m, 3 - 3½; Puitkogel, 3345 m; Silberschneide, 3343 m; Ampferkogel, 3186 m
- Imst/Tirol

- Plangeroß
- zum Anstieg zwischen Weißwald und Plangeroß P

AV 30/5; FB 251; ÖK 173; Bergverlag Rother: AVF Ötztaler Alpen, GF Ötztaler Alpen

Erlanger Hütte

K. I, 2550 m, erb. 1930/31
DAV-S. Erlangen
Henkestr. 71a
D-91052 Erlangen

- Astrid Schmid
  A-6441 Umhausen-Neudorf 262
- Hütte 0663/9255241
- Tal 05255/5721 oder 5369
- Ende Juni bis Mitte Sept.
- 8 ⌐ 40
- 4 offen SR
- 220 V ~
- Umhausen, 1050 m, 4½; Tumpen, 936 m, 5; Roppen/Inntal, 706 m – Forchheimer Weg (Biwakschachtel nach ca. 4½) 7 - 8
- → Lehnerjochhütte 3, über Wildgrat und Gemeindekopf 5; Feilerscharte (Fundusfeiler vor der Scharte ½) – Frischmannhütte 4; Wildgrat – Hochzeigerhaus 4½
- △ Wildgrat, 2974 m, 1½; Riegelkopf, 2936 m, 3; Kreuzjoch, 2676 m, 1; Fundusfeiler, 3080 m, 4
- kein Skigebiet
- Ötztal-Bahnhof
- Umhausen/Ötztal

FB 251; ÖK 146; Bergverlag Rother: AVF Ötztaler Alpen, GF Ötztaler Alpen, WF Ötztal

Forchheimer Biwak

K. I, 2443 m, erb. 1963
DAV-S. Forchheim
Karolingerstr. 7
D-91301 Forchheim

- offene Notunterkunft
- 6, kein Wasser in der Nähe!
- zw. Mutzeiger u. Hahnenkamm am Forchheimer Weg von Roppen im Inntal zur Erlanger Hütte 7 -8
- Roppen
- Roppen, Jerzens
- Roppen P

FB 252; ÖK 146; Bergverlag Rother: AVF Ötztaler Alpen, GF Ötztaler Alpen

Gepatschhaus

K. II, 1928 m, erb. 1873
DAV-S. Frankfurt a. M.
Homburger Landstr. 283
D-60433 Frankfurt a. M.

- P. u. J. Weiskopf
  Gepatschhaus
  A-6524 Feichten
  während der Nichtbew.:
  Margarethenweg 11
  A-6551 Pians/Landeck
- ✆ Hütte 05475/215
- ✆ Tal 05442/63814
- ✕ Mitte Juni bis Ende Sept., Pfingsten und nach Vereinbarung
- 35 ⌐ 43
- 8
- 220 V ~, Klettergarten am Ferner Gries ca. 15 Min. von Hütte
- ↗ Feichten, 1273 m, 4; Staudamm 1½; südl. See-Ende ½
- → Ölgrubenjoch, 3050 m – Taschachhaus 5; Rauhekopfhütte 3 – Brandenburger Haus 5½ - 6; Gepatschjoch, 3241 m – Vernagthütte 5½; Riffljoch, 3210 m – Hohenzollernhaus 8; Anton-Renk-Hütte (s. dort) 8
- △ Ochsenkopf, 2944 m, 3; Hintere Ölgrubenspitze, 3296 m, 4 - 4½; Vordere Ölgrubenspitze, 3456 m, 5; Weißseespitze, 3526 m, über Rauhekopfhütte 6; Glockturm, 3355 m, 5
- Frühjahr um Ostern ↗ entlang des Stausees → Rauhekopfhütte – Brandenburger Haus △ Ochsenkopf, Glockturm, Weißseespitze
- Landeck
- zum Haus (Haltestelle der Buslinie zum Sommerskigebiet)
- zum Haus (Mautstraße ab Feichten), Mautstraße führt vom Haus ins Sommerskigebiet weiter, Verkürzung der Anstiege dadurch auf Weißseespitze auf 2½, auf Glockturm auf 3½

AV 30/2; FB 253; ÖK 173; Bergverlag Rother: AVF Ötztaler Alpen, GF Ötztaler Alpen, WF Kaunertal

Guido-Lammer-Biwak

an der Milchseescharte
2707 m, erb. 1974
AVS-S. Meran
Galileo-Galilei-Str. 45
I-39012 Meran

- ⌐ 9 offen
- ↗ Partschins, 626 m, 6½; Leiteralm, 1522 m, 4½ (hierher mit Gondelbahn von Vellau)

→ Hochganghaus, 1834 m, 2½; Lodnerhütte, 2262 m, 3
△ Tschigat, 2998 m, 1½; Lazinser Rötelspitze, 3037 m, 1½
Bahn: Meran
Bus: Partschins
Auto: Partschins, Vellau
FB WKS 8; ÖK 174; Bergverlag Rother: AVF Ötztaler Alpen, GF Ötztaler Alpen

Hauerseehütte

(Selbstversorgerhütte)
K. I, 2383 m, erb. 1964 bis 1969 anstelle der zerstörten Hauerseehütte
DAV-S. Ludwigsburg
Postfach 304
D-71603 Ludwigsburg

✗ SV (Gaskartuschen Gaz 206S mitbringen). Ab 4. Juniwoche bis 30. Sept. durchgehend geöffnet und beaufsichtigt. Im Winter ist die Hütte wegen Lawinengefahr nicht zugänglich und deshalb gesperrt
⊓ 15 ⊔ 2
↗ Umhausen-Köfels, 1403 m, über Wurzberg-, Leck- und Innenbergalm – Woeckelwarte 4; Unterried, Oberried und Längenfeld 3½ - 4
→ Frischmannhütte 4; Neue Chemnitzer Hütte 7
△ Luibiskogel (Südl., 3112 m) 1¾; (Nördl., 3090 m) 2; Reiserkogel, 3090 m, 2; Hauerseekogel, 3059 m, 1½
Ski: kein Stützpunkt, Lawinengefahr!
Bahn: Ötztal-Bahnhof
Bus: Umhausen, Längenfeld
Auto: Köfels, Unterried, Oberried P
AV 30/5; FB 251; ÖK 146; Bergverlag Rother: AVF/GF Ötztaler Alpen

Hochjoch-Hospiz

K. I, 2413 m, erb. 1927,
DAV-S. Berlin
Markgrafenstr. 11
D-10969 Berlin

† Dietmar Wimmler
A-6458 Vent/T. Nr. 23
✆ Hütte 05254/8108
(Funk über Haus Stefani)
✆ Tal 05254/8151
✗ Ende Juni bis Ende Sept., z. Z.

keine Winterbew.
🛏 20 ⌐ 50 ⌙ 16,
⊠ 12 offen SR
↗ Vent, 1896 m – Rofenhöfe 2 - 3
→ Hauslabjoch, 3279 m – Martin-Busch-Hütte 5; Vernagthütte 2; Brandenburger Haus 2 - 3
△ Weißkugel, 3739 m, 5; Mutspitze, 3257 m, 2 - 3; Hintereisspitzen 4; Kreuzspitze, 3457 m, 3; Saykogel, 3360 m, 3; Finailspitze, 3516 m, 4
⛷ nur im Frühjahr ↗ Vent → Hauslabjoch – Martin-Busch-Hütte, Guslarspitzen – Vernagthütte △ Weißkugel
🚂 Ötztal-Bahnhof
🚌 Vent
🚗 Vent P

AV 30/2; FB 251, WKS 2; ÖK 172; Bergverlag Rother: AVF/GF Ötztaler Alpen, WF Ötztal

Hochwildehaus

K. I, 2883 m, erb. 1938/39
DAV-S. Karlsruhe
Willi-Egler-Str. 6
D-76189 Karlsruhe

† Sigmund Gufler
A-6456 Obergurgl
während der Nichtbew.:
Burgstein 60
A-6444 Längenfeld/Ötztal
✆ Hütte über Langtalereckhütte 05256/233
✆ Tal 05253/5396
✕ Anfang März bis Mitte Mai, Anfang Juli bis Mitte Sept.
🛏 22 ⌐ 70 ⌙ 20
⊠ 10 (Fidelitashütte neben dem Hochwildehaus) offen SR
↗ Obergurgl, 1927 m – Langtalereckhütte 4½
→ Ramolhaus 3; Martin-Busch-Hütte über Schalfkogeljoch, 3375 m, 6; Karlesspitze, 3465 m, 7; Schwärzenjoch, 3331 m – Langtalereckhütte 4; Gurgler Eisjoch – Stettiner Hütte 3
△ Hochwilde, 3482 m, 4; Annakogel, 3336 m, 3; Falschungspitze, 3363 m, 3½; Karlesspitze, 3465 m, 4; Schalfkogel, 3540 m, 3½
⛷ nur im Frühjahr ↗ Obergurgl – Langtalereckhütte → Schalfkogeljoch – Martin-Busch-Hütte, Schwärzenjoch – Langtalereckhütte △ Hochwilde, Annakogel, Falschungspitze, Karlesspitze, Schalfkogel
🚂 Ötztal-Bahnhof
🚌 🚗 Obergurgl P
⛡ Obergurgl – Gaißberg
🚡 von der Langtalereckhütte

AV 30/1; FB 251; ÖK 173; Bergverlag Rother: AVF/GF Ötztaler Alpen, WF Ötztal

Hohenzollernhaus

K. I, 2123 m, erb. 1924
DAV-S. Starnberg
Postfach 1252
D-82302 Starnberg

- Bernhard u. Silvia Stinig
  A-6460 Karres 94 / Imst
- Hütte 0663/9159988
- Tal 05412/63575
- Mitte Juni bis Mitte Sept.
- 6 ⌐ 40
- 12 offen, SR
- ↗ Pfunds, 971 m, 3½ - 4
- → Gepatschhaus über Hinterkarjoch (Rotschragenjoch) – Kaiserbergtal 6 oder über Riffljoch, 3149 m (vergletschert) 8; nach Nauders über Zaunla – Boden – Tscheyjoch – Goldseehütte, 6
- △ Glockturm, 3355 m, 4; Hennesiglspitze, 3144 m, 4; Nauderer Hennesiglspitze, 3045 m, 3; Rotschragenspitze, 3113 m, 3½ - 4; Rifflkarspitze, 3219 m, 3½; Riffljochturm, 3237 m, 3; Wildnörderer, 3015 m, 2½
- Spätwinter ↗ Pfunds → Gepatschhaus △ Glockturm, Nauderer Hennesiglspitze, Radurschelschartl
- Landeck
- Pfunds/T. P (beim Café Bambi)

AV 30/4; FB 253; ÖK 171, 172; Bergverlag Rother: AVF/GF Ötztaler Alpen, WF Kaunertal

Kaunergrathütte

K. I, 2817 m, erb. 1923
OeAV Akad.S. Graz
Sackstr. 16
A-8010 Graz

- Gerda Bratschko, Kaunergrathütte
  A-6481 St. Leonhard/Plangeroß
  während der Nichtbew.:
  Jagdhaus
  A-8982 Tauplitz
- Hütte 05413/8242
- Tal 03668/2365/2301
- Ende Juni bis Mitte Sept.
- 8 ⌐ 52
- 12 offen
- ↗ Plangeroß im Pitztal, 1617 m, 3½
- → zur Verpeilhütte, 2025 m, über Madatschjoch, 3010 m, 2½ - 3; zur Riffelseehütte, 2293 m, Cottbuser Höhenweg 3
- △ Watzespitze, 3533 m, 3½; Verpeilspitze, 3425 m, 2½; Schwabenkopf, 3379 m, 3; Seekarlesschneid, 3208 m, 3

⛷ bedingt nur im Frühjahr ↗ Plangeroß → Verpeilhütte, Riffelseehütte über Seekogelscharte und evtl. Rostizkogel △ Schwabenjoch, Madatschjoch
🚂 Imst
🚌 🚗 Plangeroß 🅿
AV 30/3, 30/5; FB 251; ÖK 145; Bergverlag Rother: AVF/GF Ötztaler Alpen

Langtalereckhütte

K. I, 2450 m, erb. 1929/30
DAV-S. Karlsruhe
Willi-Egler-Str. 6
D-76189 Karlsruhe

🚹 Sigmund Gufler
A-6456 Obergurgl
während der Nichtbew.:
Burgstein 60
A-6444 Längenfeld/Ötztal
✆ Hütte 05256/233
✆ Tal 05253/5396
🍴 Anfang März bis Anfang Mai, Ende Juni bis Ende Sept.
🛏 25 ⊓ 70
❄ 14 offen SR
⚡ 220 V ~
↗ Obergurgl, 1927 m – Schönwies-Hütte, 2270 m, 2½
→ Hochwildehaus 2; Ramolhaus 3; Ht. Seelenkogel – Zwickauer Hütte 5; Hochwildejoch – Stettiner Hütte 5
△ Vord.-, Mittl.- und Hint. Seelenkogel, 3472 m, 3 - 4; Hochebenkamm, 3166 m, 2; Hangerer Eisseekogel, 3021 m, 2½; Langtalerjochspitze, 3157 m, 3½
⛷ nur im Frühjahr ↗ Obergurgl → Hochwildehaus △ Seelenkögel, Hochebenkamm, Hangerer Eisseekogel 2½; Hochwilde 4½; Eiskögele
🚂 Ötztal-Bahnhof
🚌 🚗 Obergurgl 🅿
🚡 Obergurgl – Gaißberg
AV 30/1; FB 251; S 2; ÖK 173; Bergverlag Rother: AVF/GF Ötztaler Alpen, WF Ötztal

Lehnerjochhütte

K. I, 1935 m, erb. 1930,
erworben von S. Zwickau 1932, 1973 übergegangen an
DAV-S. Ludwigsburg
Postfach 304
D-71603 Ludwigsburg

🚹 Lydia Holzknecht
Zaunhof 70
A-6481 St. Leonhard
✆ Hütte 0663/054518

während der Nichtbew.:
Ritzenried 104
A-6474 Jerzens

✆ Tal 05414/87537

✗ Ende Juni bis Ende Sept., bei verbindl. Anmeldung von mind. 20 Personen kann die Hütte auch außerhalb der Saison bewirtschaftet werden

🛏 8 ⌐ 35

⊠ z. Z. keiner, Neubau 1997/98

↗ St. Leonhard – Zaunhof, 1265 m, P Moosbrücke o. Ortsteil Grüble (Materialseilbahn), bis zur Kapelle, Waldaufstieg oder Fahrstraße 2

→ Erlanger Hütte 4; Frischmannhütte 4½; Hoher Gemeindekopf, 2771 m – Hochzeigerhaus, 1876 m, 5

△ Schafhimmel, 2821 m, 3; Hoher Gemeindekopf, 2771 m, 2, Lehnerjoch 1¾, Funduspfeiler, 3080 m, 3½

⛷ ↗ Zaunhof-Ortsteil Grüble an der Kapelle rechts, Waldaufstieg △ Lehnerjoch, Funduspfeiler, Schafhimmel

🚆 Imst

🚌 Zaunhof-Moosbrücke

🚗 Zaunhof-Moosbrücke P o. Ortsteil Grüble

FB 251; ÖK 145; Bergverlag Rother: AVF/GF Ötztaler Alpen, WF Ötztal, WF Pitztal

Martin-Busch-Hütte

(Samoar-Hütte)
K. I, 2501 m, erb. 1938-52
DAV-S. Berlin
Markgrafenstr. 11
D-10969 Berlin

🚶 Johann u. Edeltraut Scheiber
A-6458 Vent
Haus-Nr. 34

✆ Tal 05254/8130

Y zur Hütte

✗ Ende Juni bis Ende Sept., Anfang März bis Mitte Mai, Pfingsten

🛏 49 ⌐ 72 ⌴ 40

⊠ 15 offen SR

⚡ 220 V ~ ♨ 🚰

↗ Vent, 1893 m, 2½ - 3

→ Hochjoch-Hospiz über Saykogel 4; über Hauslabkogel, 3279 m, 5; Schalfkogeljoch, 3375 m – Hochwildehaus 6; Similaunhütte 1½

△ Kreuzspitze, 3457 m, 2½ - 3; Similaun, 3606 m, 3½ - 4; Fineilspitze, 3516 m, 3½ - 4; Hintere Schwärze, 3628 m, 4½

⛷ Frühjahr ↗ Vent → Hauslabjoch – Hochjoch-Hospiz, Schalfkogeljoch – Hochwildehaus △ Similaun, Hintere Schwärze, Fineilspitze, Hauslabkogel
🚂 Ötztal-Bahnhof
🚌 Vent
🚗 Vent 🅿

AV 30/1, 30/2; FB 251, WKS 2; ÖK 173; Bergverlag Rother: AVF Ötztaler Alpen, GF Ötztaler Alpen, WF Ötztal

Nauderer Skihütte

K. I, 1913 m, erb. 1927
DAV-S. Bremen
Eduard-Grunow-Str. 30
D-28203 Bremen

🚹 Betreuer:
Alois Unterrainer
A-6543 Nauders 198
(Hotel »Regina«)
✆ Tal 05472/259 oder 357
✕ nicht bew., gj. zu benutzen, Anmeldung bei der Sektion (✆ 0421/72484, Di u. Do 16.00 - 18.00 Uhr)
⊓ 12
🔑 erhältlich bei 🚹, nach Anmeldung bei der Sektion
⚡ 220 V ~
↗ Nauders, 1363 m, 1½ - 2; über den Novelles- und Stables-Hof (nur Sommer) 2 - 2½
→ Tscheyjoch, 2601 m – Nauderer Tscheytal – Alpelalm, 2151 m – Höhenweg über die Nordabhänge des Wildnörderer – Hohenzollernhaus 4
△ Tscheyegg, 2666 m, 2; Gr. Schafkopf, 3000 m, 5; Mataunkopf, 2895 m, 4½ - 5; Piengerkopf, 2804 m, 2; Bergkastl-, Plamorder- und Klopaier Spitze, 2922 m, ab Goldseen ca. 1 - 1½
⛷ ↗ Nauders → Tscheytal – Radurscheltal – Hohenzollernhaus △ Waldafurnerkopf, Gr. Schafkopf, Mataunkopf, Piengerkopf, Pistenskilauf Tscheyegg
🚂 Landeck
🚌 Nauders
🚗 Nauders bis zur Kirche 🅿 bei der Post 🅿, im Sommer mit Pkw bis Goldseehütte, dann ¼

AV 30/4; FB 253; ÖK 171; Bergverlag Rother: AVF/GF Ötztaler Alpen, WF Kaunertal

Oberetteshütte

(ehem. Höllerhütte)
2670 m, erb. 1987/88
AVS-Sektion Mals
Schleis 62a
I-39024 Mals

♦ Hubert Wegmann
Andreas-Hofer-Str. 10
I-39030 Schluderns
✆ Hütte 0473/830280
✆ Tal 0473/615073
✗ Ende Juni bis Ende Sept.
⊓ 54 ⊔ 20
⊠ 10 offen
↗ Glieshof, 1820 m, 2½
→ Kurzras, 2000 m, über Bildstöckljoch 4; Hochjoch-Hospiz über Hintereisjoch, 3471 m, 6; Kurzras über Oberjettesjoch, 3244 m, 3½
△ Weißkugel, 3739 m, 4½; Quellspitze, 3385 m, 3; Schwemserspitze, 3456 m, 4; Saldurspitze, 3434 m, 3; Lagaunspitze, 3438 m, 3; Innerer und Äußerer Bärenbartkogel, 3557 m und 3475 m, 4; Freibrunner Spitze, 3355 m, 3½
⛷ nur im Frühjahr, Weißkugel, Innerer und Äußerer Bärenbartkogel
🚌 Matsch
🚗 Glieshof P

AV 30/2; FB WKS 2; Bergverlag Rother: AVF Ötztaler Alpen, GF Ötztaler Alpen

Ramolhaus

K. I, 3006 m, erb. 1881-83
DAV-S. Hamburg
Gerhofstr. 32
D-20354 Hamburg

♦ Erich Scheiber
A-6456 Obergurgl/Ötztal 19
✆ Tal 05256/223 und 224
Y zur Hütte
✗ ca. 10. Juli bis 20. Sept.
🛏 26 ⊓ 38
⊠ 10 offen SR
↗ Obergurgl, 1927 m, 4
→ Ramoljoch, 3186 m – Vent 3; Langtalereckhütte 2; Hochwildehaus 1½; Martin-Busch-Hütte 6
△ Ramolkögel, 3550 m, 2½ - 3; Hinterer Spiegelkogel, 3426 m, 2 - 2½; Firmisanschneide, 3491 m, 2 - 3; Schalfkogel, 3540 m, 3
⛷ kein Stützpunkt
🚆 Ötztal-Bahnhof
🚌 🚗 Obergurgl P, Vent P

AV 30/1; FB WKS 2; ÖK 173; Bergverlag Rother: AVF Ötztaler Alpen, GF Ötztaler Alpen, WF Ötztal

Rauhekopfhütte

K. I, 2731 m, erb. 1888
DAV-S. Frankfurt a. M.
Homburger Landstr. 283
D-60433 Frankfurt a. M.

✆ 069/549031
🚹 Vereinsmitglieder im Wechsel (Anmeldung außerhalb der Saison nur bei Sektion Frankfurt, sonst über Gepatschhaus)
Y über Gepatschhaus
✆ 05475/215
✕ 1. Juli bis 15. Sept. beaufsichtigt und einfachste Bewirtschaftung
⊓ 23
⊠ 12 offen
↗ Gepatschhaus 3
→ Brandenburger Haus 3; Wannetjoch, 3110 m – Taschachhaus 4½; Gepatschjoch, 3241 m – Vernagthütte 5
△ Gr. Rauher Kopf, 2980 m, 1; Weißseespitze, 3526 m, 2 - 3; Fluchtkogel, 3500 m, 3; Hochvernagtspitze, 3539 m (über Gepatschjoch), 3 - 4
⛷ nur im Frühjahr ↗ Brandenburger Haus; Feichten – Gepatschhaus △ Rauher Kopf, Weißseespitze
🚂 Landeck
🚌 🚗 Gepatschhaus (Mautstraße Sommerskigebiet) P

AV 30/2; FB 251, 253; ÖK 172; Bergverlag Rother: AVF Ötztaler Alpen, GF Ötztaler Alpen

Rheinland-Pfalz-Biwak

auf dem Wassertalkogel
K. I, 3247 m, erb. 1974
DAV-S. Mainz
Turmstr. 85
D-55120 Mainz

⊓ 9 ⊔ 2 offen
nur Notunterkunft am Mainzer Höhenweg
↗ Ausgangsort Plangeroß im Pitztal, Ausgangspunkt Chemnitzer Hütte, 2323 m, oder Braunschweiger Hütte, 2759 m
→ der Mainzer Höhenweg wird in der Regel von der Chemnitzer Hütte aus gegangen P – Chemnitzer Hütte 2 – Weißmaurachjoch 2 – Wassertalkogel 3 - 4 – Gschrappkogel – Wurmsitzkogel – Polleskogel – Pollesjoch – Pitztaler Jöchl – Braunschweiger Hütte 5
⛷ Rettenbachferner – Pollesjoch – Pollestal; Wassertalkogel (auch Puitkogel möglich),

Abfahrt nach Huben im Pitztal lawinengefährdet
- Imst
- Mittelberg/Pitztal, hält bei Bedarf auch bei P Chemnitzer Hütte
- Mittelberg/Plangeroß P

AV 30/3, 30/5; FB 251; ÖK 173; Bergverlag Rother: AVF Ötztaler Alpen, GF Ötztaler Alpen

Riffelseehütte

K. II, 2293 m, erb. 1939
DAV-S. Frankfurt a.M.
Homburger Landstr. 283
D-60433 Frankfurt a.M.

- Anita Waibl
  Riffelseehütte
  Mandarfen 39
  A-6481 St. Leonhard
  während der Nichtbew.:
  Piburger Str. 7
  A-6433 Ötz
- Hütte 05413/8235
- Tal 05252/6474
- Mitte Juni bis Mitte Sept. und Mitte Dez. bis Mitte April, für Gruppen nach Vereinbarung
- 12 ⊓ 45
- 10
- 220 V ~
- Mandarfen ¼ bis zur Hütte; Tieflehn, 1682 m, b. Mandarfen – Brücke über den Pitzbach – Hirschtal 2½; oder über Taschachalm – Seebachtal 2
- Taschachhaus 3 - 4; Kaunergrathütte über Cottbuser Höhenweg 3 - 4; Fuldaer Höhenweg zum Taschachhaus 3; Wurmtaler Joch 3 - 4
- △ Seekarlesschneid, 3208 m, 4; Seekogel, 3358 m, 4 - 5; Rostizkogel, 3392 m, 4; Löcherkogel, 3326 m, 4 - 5; Hapmesköpfe, 3241 m, 4; Wurmtaler Kopf, 3228 m, 4
- ↗ Mandarfen △ Wurmtaler Kopf, Rostizkogel
- Imst
- Mittelberg/Pitztal, Tieflehn oder Mandarfen
- Tieflehn, Mandarfen oder Mittelberg P

AV 30/3, 30/5; FB 251; ÖK 173; Bergverlag Rother: AVF Ötztaler Alpen, GF Ötztaler Alpen, WF Pitztal

Selber Haus

im Pitztal, Wald im Pitztal Nr. 79
K. II, 950 m, erb. 1952,
DAV-S. Selb
Carl-Netzsch-Str. 24
D-95100 Selb

✗ nicht bew., SV, gj. beaufsichtigt, Belegung nur bei schriftl. oder tel. Anmeldung bei Sektion
✆ 09287/68131
dann gegen Abgabe des Belegungsscheines bei Josef Schuler, Wald im Pitztal Nr. 53 (100 m vor dem Haus) (Kaution: DM 50,- oder ÖS 350,-), nichtangemeldete AV-Mitglieder können gegen Vorlage des AV-Ausweises zwei Nächte im Notlager übernachten (Kaution: DM 50,-)
19 ⌐ 8
220 V ~
↗ Arzl-Wald
→ Hochzeiger Haus 3; Erlanger Hütte (durch das Riegeltal) 3½; Lehnerjochhütte 4
△ Wildgrat, 2974 m, Hochzeiger, 2582 m; Forchheimer Höhenweg – Erlanger Hütte
Skigebiet Jerzens – Hochzeiger, Langlaufloipen und Skilift in Hausnähe
Imst
Arzl-Wald

FB 251; ÖK 145; Bergverlag Rother: AVF Ötztaler Alpen, GF Ötztaler Alpen

Taschachhaus

K. I, 2434 m, erb. alte H. 1874, neue H. 1899
DAV-S. Frankfurt a. M.
Homburger Landstr. 283
D-60433 Frankfurt a. M.

Bruno Füruter
Weißwald 41
A-6481 St. Leonhard
✆ Hütte 05413/8239
✆ Tal 05413/8205 oder 8220
✗ Mitte Juni bis Anfang Okt.
40 ⌐ 85
16 offen SR, Ausbildungsstützpunkt des DAV
↗ Mittelberg, 1740 m, 2½
→ Ölgrubenjoch – Gepatschhaus 4½; Riffelseehütte 3; Mittelbergjoch – Braunschweiger Hütte 4½; Brochkogel 5 oder Taschachjoch – Vernagthütte 6; Wildspitze – Mitterkarjoch – Breslauer Hütte 6; Wannetjoch – Rauhekopfhütte 5
△ Pitztaler Urkund, 3201 m, 2; Wildspitze, 3772 m, 4 - 5; Bliggspitze, 3454 m, 3½; Vord. Ölgrubenspitze, 3456 m, 3½; Hint. Ölgrubenspitze, 3296 m, 3
nur im Frühjahr ↗ Mittelberg → Braunschweiger Hütte und Vernagthütte △ Wildspitze, Hochvernagtwand, Sexegertenspitze, Hint. Ölgrubenspitze
Imst/Pitztal

🚌 Mittelberg oder Tieflehn
🚗 Mandarfen 🅿 oder Mittelberg 🅿
AV 30/2, 30/6; FB 251; ÖK 172; Bergverlag Rother: AVF Ötztaler Alpen, GF Ötztaler Alpen, WF Pitztal

Vernagthütte

(Würzburger Haus)
K. I, 2766 m, erb. 1901
DAV-S. Würzburg
Kaiserstr. 13
D-97070 Würzburg

🕴 Stefan u. Monika Fiegl
Wieshof 2
A-6458 Vent/Ötztal
✆ Hütte 05254/8128
während der Nichtbew.:
Hochwarthweg 5a
A-6430 Ötztal-Bahnhof
✆ Tal 05266/87506
Y zur Hütte
✗ Anfang März bis Mitte Mai, Pfingsten, Anfang Juli bis Ende Sept., bei Anmeldung größerer Gruppen auch zwischenzeitlich
🛏 50 ⌐ 81 ⌴ 20
⊠ 16 offen, SR, eigener Bau 30 m entfernt
~ 220 V ~ 🚰
↗ Vent, 1900 m, 3½
→ Breslauer Hütte 2; Hochjoch-Hospiz 2; Brandenburger Haus 2½; Taschachhaus 5; Braunschweiger Hütte 5½; Rauhekopfhütte – Gepatschhaus 6
△ Wildspitze, 3772 m, 4½; Hochvernagtspitze, 3539 m, 3 - 4; Fluchtkogel, 3500 m, 2½; Kesselwandspitze, 3414 m, 2; Guslarspitze, 3151 m, 2
⛷ nur im Frühjahr ↗ Vent → Brandenburger Haus, Hochjoch-Hospiz, Braunschweiger Hütte, Taschachhaus △ Wildspitze, Fluchtkogel, Hochvernagtspitze, Guslarspitzen
🚆 Ötztal-Bahnhof
🚌 Vent
🚗 Vent 🅿
AV 30/2; FB 251, WKS 2; ÖK 172; Bergverlag Rother: AVF Ötztaler Alpen, GF Ötztaler Alpen, WF Ötztal

Verpeilhütte

K. I, 2025 m, erb. 1906
DAV-S. Frankfurt a. M.
Homburger Landstr. 283
D-60433 Frankfurt a. M.

🕴 Hermine Hafele
Unterhäuser 46

A-6524 Feichten/Kaunertal
✆ Tal 05475/218
Y zur Hütte
✗ Ende Juni bis Mitte Sept. und nach Vereinbarung mit 🚹
🛏 4 ⊓ 45
❄ 8 ⚿
↗ Feichten, 1273 m, 1½ - 2
→ Madatschjoch, 3010 m – Kaunergrathütte 3; Verpeiljoch, 2829 m – Trenkwald/Pitztal 5 - 6
△ Schweikert, 2881 m, 2½; Hochrinneck, 3027 m, 3½; Rofelewand, 3354 m, 3½ - 4; Gsallkopf, 3278 m, 4; Schwabenkopf, 3379 m, 4; Madatschtürme, 2837 m, 3½ - 4
⛷ nur im Frühjahr ↗ Feichten → Kaunergrathütte △ Rofelewand, Mooskopf
🚂 Landeck
🚌 🚗 Feichten 🅿

AV 30/3; FB 251; ÖK 145; Bergverlag Rother: AVF Ötztaler Alpen, GF Ötztaler Alpen, WF Kaunertal

Zwieselstein, Talhütte

K. II, 1472 m, erb. 1925
DAV-S. Regensburg
Postfach 10 03 08
D-93003 Regensburg

Anmeldung bei der Sektion
✆ 0941/560159
✆ Hütte 05254/2763
✗ SV, beaufsichtigt, gj. zugänglich, eingerichtete Küche, Warmwasser
🛏 17 ⊓ 18
⚡ 220 V ~
↗ Fahrstraße bis Zwieselstein
△ Brunnenkogl, 2775 m, 4; Nörderkogl, 3163 m, 4 - 5
🚂 Ötztal-Bahnhof
🚌 Zwieselstein
🚗 zur Hütte 🅿

AV 31/1; FB 251; ÖK 173; Bergverlag Rother: AVF Ötztaler Alpen, GF Ötztaler Alpen, WF Ötztal

Hütten anderer alpiner Vereine und Privathütten

Bockerhütte 1717 m, im oberen Spronser Tal, privat (jedoch Vergünstigungen für AV-Mitglieder), 🛏 10 ⊓ 30, ↗ Dorf Tirol 3; Gasthof Hochmutte (Bergstation der Seilbahn von Dorf Tirol herauf) 2½ △ Mutspitze, 2295 m, 2; Wanderung um die neun Spronser Seen 2 → Hochganghaus 2½, 🚆 Meran 🚌 🚗 Dorf Tirol, bew. Mitte Mai bis Mitte Okt., ✆ 0473/945544 o. 933385

Fidelitashütte 2883 m, ⊞ des Hochwildhauses, siehe dort

Frischmannhütte 2192 m, im Fundustal, ÖTK, 🛏 13 ⊓ 40, ↗ Köfels 2½, Umhausen 4, im Winter unzugänglich, 🚆 Ötztal 🚌 🚗 Köfels, bew. 20. Juni bis 20. Sept, ✆ 0663/056370

Gaislachalm 1982 m, am Gaislachkogel, privat, 🛏 25 ⊓ 4, ↗ Sölden 2, Zwieselstein 1½, 🚆 Ötztal 🚌 Sölden 🚗 🚙 ab Sölden 🚡 bis Gaislachkogel-Mittelstation

Glieshof, Gasthof 1807 m, 🛏 54, ↗ 1¾ von Matsch, → Weißkugelhütte, Oberetteshütte, gj. bew., ✆ 0473/842622

Gnaid, Haus 540 m, im Dorf Tirol bei Meran, privat, 🛏 100, ↗ Meran 1, 🚆 Meran 🚌 🚗 Dorf Tirol, bew. Anfang März bis Ende Okt., ✆ 0473/93412

Hochfirst-Wirtshaus 1800 m, an der Timmelsjochstraße, privat, 🛏 38, ↗ Moos im Passeiertal, Ötztal, 🚆 Ötztal, Meran 🚌 🚗 zum Haus im Sommer, bew. Mitte Mai bis Mitte Okt., ✆ 0473/643532

Hochganghaus 1839 m, am Waldrand des Hochgangs, privat, ⊓ 30, ↗ Partschins 3; Leiteralm 1½, 🚆 Meran 🚌 Partschins 🚗 Vellau, 🚡 Leiteralm, bew. Mitte Mai bis Ende Okt., ✆ 0473/443310

Hochzeigerhaus 1876 m, Hochzeiger-Westhang, privat, 🛏 70 ⊓ 46, ↗ Jerzens 2½, 🚆 Imst 🚌 Jerzens 🚗 und 🚙 zum Haus, bew. Weihnachten bis Ende April und Mitte Juni bis Ende Sept., ✆ 05414/335

Kurzras-Alpengasthof 2011 m, im oberen Schnalstal, privat, 🛏 60, ↗ Unser-Frau 1½, Bhf. Schnalstal 6, 🚆 Meran-Schnalstal 🚌 🚗 zum Haus

Lodnerhütte (Cima Fiammante, Rifugio), 2259 m, unter dem Tschigat, CAI, 🛏 15 ⊓ 30 ⊔ 14, ↗ Partschins 4, Bauer Steiner 2½, 🚆 Meran 🚌 🚗 Partschins, bew. ca. 25. Juni bis Ende Sept., ⊞ 10 offen, ✆ 0473/967367

Melager Hütte 1925 m, oberhalb Melag im Langtauferer Tal, privat, 🛏 11, ↗ Melag ½ 🚌 🚗 Mals 🚗 Melag, bew. Anfang April bis Ende Okt., ✆ 0473/633144

Nassereithütte 1523 m, im Zieltal, privat, 🛏 6 ⊓ 20, ↗ Partschins, Seilbahn zum Steinerhof ½, 🚆 Schnals 🚌 🚗 Partschins, bew. 20. Mai bis 20. Okt., ✆ 0473/88085

Rettenbachalm 2138 m, im Rettenbachtal, privat, 🛏 18 ⊓ 3, ↗ Sölden 2, Hochsölden 1, 🚆 Ötztal 🚌 Sölden 🚗 bis Berglift Hochsölden

Schöne-Aussicht-Gasthof (Bella Vista, Albergo), 2842 m, über dem Schnalstal, privat, 🛏 42 ⊓ 20, ↗ Kurzras 2, Vent 5, 🚂 Schnalstal Bhf. 🚌 🚗 Unser Frau i. Schnalstal, Kurzras, Vent, bew. 1. Feb. bis Pfingsten, Ende Juni bis Allerheiligen, ✆ 0473/662140

Similaunhütte 3019 m, auf dem Niederjoch, privat, 🛏 40 ⊓ 30, ↗ Vent 4½, Vernagt 3½, Unser-Frau-Tisenhof 3½, 🚂 Schnalstal Bhf. 🚌 Unser Frau 🚗 Unser Frau, Tisenhof, Vent, bew. Ende Feb. bis Ende Mai und Mitte Juni bis Anfang Okt., ✆ 0473/669711

Stettiner Hütte (Eisjöchlhütte; Petrarca all'Altissimo, Rifugio), 2875 m, unter dem Eisjöchl, CAI, ⊓ 30, ↗ Pfelders 4, Karthaus 4, 🚂 Meran-Naturns 🚌 Karthaus 🚗 Pfelders, Vorderkaser im Pfossertal, bew. Anfang Juli bis Mitte Sept., ❄ offen, ✆ Tal 0473/643545 (Y zur Hütte)

Veneth-Hütte 1732 m, am Venetberg, oberhalb Zams, privat (Sp. V. Zams), 🛏 70 ⊓ 10, ↗ Zams, Mittelstation der Venetseilbahn, 🚂 Landeck, Zams 🚌 Zams 🚗 im Sommer zum Haus

Weißkugelhütte (Pio XI alla Palla Bianca, Rifugio), 2542 m, im obersten Langtauferertal, CAI, 🛏 4 ⊓ 40, ↗ Melag 2½, 🚂 Mals 🚌 Graun 🚗 Melag, bew. Anfang Juli bis Mitte Okt., 1. März bis 31. Mai Sa./So./Fe., für Gruppen ab 10 Pers. auch unter der Woche, ✆ 0473/633191

Zamser Schihütte 1770 m, privat, ↗ mit Venetseilbahn bis Hütte, gj. bew., ✆ 05442/2391

Zwickauer Hütte (Planfernerhütte), 2980 m, im Pfelderer Tal, am Rande des Planferners, CAI, 🛏 60 ⊓ 30, ↗ Pfelders 4, 🚂 Meran 🚌 🚗 Pfelders, bew. Anfang Juli bis Ende Sept., ✆ 0473/643545, ❄ 4 offen

Pfaffenhofen
Rietz
Stams
P. Anich Htt.
Inzing
Silz
Haiming
Oberperfuss
Kematen
Völs
Dortmunder Htt.
Roßkogel
2646
Axams
Wald
Mutte
Au
Haggen
Sellrain
Kühtai
Bielefelder Htt.
Oetz
St. Sigmund
i. Sellrain
Gries i. Sellrain
Saile
2403
3007
3016
Acherkg.
Sulzkogel
Kemater A.
A. Pichler Htt.
Telfe
Guben-Schweinfurter-Htt.
Pforzheimer Htt
Kalkkogel
2804
Potsdamer Htt.
Umhausen
2812
Schwarzhorn
Niederthai
Starkenburger H.
Westfalen H.
Oberiß Htt.
Breiter 3287
Grießkogel
Milders
F. Senn Htt.
Unt.-
Gries
Winnebachsee Htt.
Krößbach
Ob.-
Regensburger Htt.
Innsbrucker
Schrankogel
Huben
3474
3497
Ruderhofsp.
3277
Habicht
Amberger Htt.
Ranalt
Dresdner Htt.
Sulzenau Htt.
Bremer Htt.
Wilde Leck 3359
Hochstubai Htt.
Nürnberger Htt.
Hildesheimer Htt.
Magdeburger Htt.
Zuckerhütl
Teplitzer Htt.
Grohmann Htt.
Siegerland Htt.
Maiern
St. Martin
Flading
H. Kreuzsp.
2744
Moos
Walten

31 Stubaier Alpen

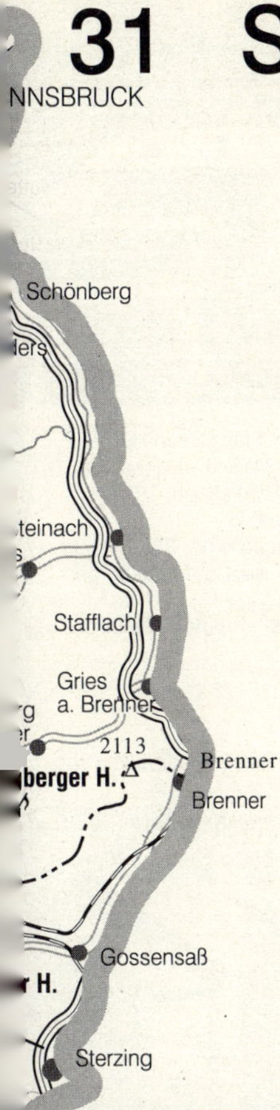

Umgrenzung

Inn von Einmündung Ötztaler Ache bis Innsbruck – Sill (Wipptal) – Brenner – Eisack bis Sterzing – Jaufental – Jaufenpaß – St. Leonhard – Passeiertal – Schönauer Alm – Timmelsjoch – Timmelsbach – Gurgler Ache – Ötztaler Ache bis Einmündung in den Inn

Amberger Hütte

K. I, 2135 m, erb. 1888
DAV-S. Amberg
Postfach 1346
D-92203 Amberg

- Herbert Schöpf
  Gries im Sulztal Nr. 41
  A-6444 Längenfeld/Ötztal
- Hütte 05253/5605
- Tal 05253/5106
- Mitte Feb. bis Mitte Mai, Anfang Juli bis Anfang Okt.
- 16 65 25
- 14 offen SR
- 220 V ~, teilweise
- Gries im Sulztal, 1573 m, 2½
- → Schwarzenbergjoch, 3104 m, oder Wildgratscharte, 3168 m – Franz-Senn-Hütte 6 - 7; Daunjoch, 3057 m – Dresdner Hütte 5 - 6; Wütenkarsattel, 3115 m – Hochstubaihütte 4; Längentaler Joch, 2991 m – Westfalenhaus 5 - 6; Atterkarjoch, 2970 m – Sölden 5 - 6; Gaislehnscharte, 3054 m – Winnebachseehütte 4 - 5
- △ Schrankogel, 3496 m, 4 - 5; Wilde Leck, 3361 m, 4½; Kuhscheibe, 3189 m, 3; Windacher Daunkogel, 3351 m, 4½; Hint. Daunkopf, 3225 m, 4½; Mutterberger Seespitze, 3305 m, 4½
- nur im Frühjahr ↗ Gries im Sulztal → Franz-Senn-Hütte, Dresdner Hütte △ Schrankogel, Kuhscheibe, Daunkögel, Hint. Daunkopf
- Ötztal-Bahnhof
- Längenfeld – Gries
- Gries im Sulztal P

AV 31/1; FB 241; ÖK 147; Bergverlag Rother: AVF Stubaier Alpen alpin, WF Ötztal

Bielefelder Hütte

K. II, 2150 m, erb. 1953/54
DAV-S. Bielefeld
Marktstr. 28
D-33602 Bielefeld

- Werner Schöpf
  A-6433 Oetz-Habichen 505
- Hütte 05252/6926
- Tal 05252/6101
- Mitte Juni bis Ende Sept., 20. Dez. bis Mitte April
- 36 22 4
- 220 V ~
- ↗ Oetz, 1068 m – Windegg oder Acherbergalm 3¼; in 2 Sektionen bis Bergstation, von dort ½; Ochsengarten, 1542 m, 2¼

→ Balbachalm – Iss-Alm – Dortmunder Hütte 3 - 4; Mittertaler Scharte, 2630 m – Dortmunder Hütte 4; Niederreichscharte, 2728 m – Hochreichscharte, 2912 m – Guben-Schweinfurter Hütte 7 - 8
△ Acherkogel, 3008 m, 3 - 4; Hochreichkopf, 3008 m, 5; Gr. Wechnerkogel, 2955 m, 5
↗ von Oetz über Windegg △ Roßkopf, Wetterkreuz
Ötztal-Bahnhof
Oetz
Talstation Acherkogelbahn, Ochsengarten P
Oetz – Hochoetz

FB 251; ÖK 146; Bergverlag Rother: AVF Stubaier Alpen alpin, WF Stubai, WF Ötztal

Bremer Hütte

K. I, 2413 m, erb. 1897
DAV-S. Bremen
Eduard-Grunow-Str. 30
D-28203 Bremen

Heinrich Pranger
A-6150 Gschnitz 71
✆ Hütte 0663/57545
✆ Tal 05276/292
Ende Juni bis Ende Sept.
25 ⊓ 30 ⊔ 10
8 offen
Waschraum
↗ Gschnitz, 1242 m, 4; Laponisalm, 1487 m, 2½
→ Pramarspitze, 2521 m – Innsbrucker Hütte 5 - 6; Simmingjöchl, 2764 m – Nürnberger Hütte 3 - 3½ (nur Sommer); Magdeburger Hütte (Schneespitzhütte)
△ Innere Wetterspitze 2½; Feuersteine, Östl. 4, Westl. 4; Schafkampspitze 3½
nur im Frühjahr ↗ von der Nürnberger Hütte über Nbg. Scharte, Gschnitz △ Aperer Feuerstein
Steinach am Brenner
Gschnitz Feuerstein P, von Gschnitz – Laponisalm Bedarfsbusverbindung

AV 31/1, 31/3; FB 241; ÖK 148; Bergverlag Rother: AVF Stubaier Alpen alpin, WF Stubai

Dortmunder Hütte

K. II, 1948 m, erb. 1931/32
DAV-S. Dortmund
Gutenbergstr. 68
D-44139 Dortmund

Fam. Kuen
A-6183 Kühtai/T.
✆ Hütte 05239/202 oder 224
Anfang Juni bis Ende Okt., Anfang Dez. bis Anfang Mai
35 ⊓ 40 ⊔ 5

220 V ~
Fahrstraße von Innsbruck und Oetz zur Hütte
→ Bielefelder Hütte über Mittertal 4½; Wörgeltal 4 oder Ochsengarten 3½; Finstertaler Scharte, 2719 m – Guben-Schweinfurter Hütte 4 - 5; Peter-Anich-Hütte 5½
△ Pirchkogel 2½ - 3; Gaißkogel 2½ - 3; Pockkogel 3; Sulzkogel 3½
↗ Innsbruck, Oetz → Wörgeltal – Bielefelder Hütte – Guben-Schweinfurter Hütte △ Sulzkogel, Pirchkogel, Neunerkogel, Pistenskilauf, Langlauf
Innsbruck, Ötztal-Bahnhof
Kühtai (v. Innsbruck und Oetz)
Kühtai P

AV 31/2; FB 251; ÖK 146; Bergverlag Rother: AVF Stubaier Alpen alpin, WF Stubai, WF Rund um Innsbruck, WF Ötztal

Dresdner Hütte

K. II, 2302 m, erb. 1875, Neubau 1887
DAV-S. Dresden
Wielandstr. 16
D-71032 Böblingen

H. u. E. Hofer
A-6167 Neustift
Hütte 05226/8112, Fax 05226/8113
Tal 05226/2717
gj., Juni geschlossen
80 ⌐ 100
220 V ~
↗ Mutterbergalm, 1728 m, 2
→ Sulzenauhütte (über Peiljoch), 2676 m, 2½; über Trögler 3; Daunjoch, 3057 m – Wütenkarsattel, 3115 m – Hochstubaihütte 5 - 6; Amberger Hütte 5½; Schaufelnieder – Hildesheimer Hütte 4; Grawagrubennieder, 2880 m – Neue Regensburger Hütte 6½
△ Trögler, 2902 m, 2; Hinterer Daunkopf, 3225 m, 3½; Schaufelspitze, 3333 m, 3½; Stubaier Wildspitze, 3340 m, 4; Zuckerhütl, 3505 m, und Wilder Pfaff, 3458 m, 4½
↗ Mutterbergalm – zur Hütte △ Hinterer Daunkopf, Schaufelspitze, Zuckerhütl, Wilder Pfaff; Pistenskilauf, Sommerskilauf; Stubaier Gletscherbahn: Mutterbergalm – Dresdner Hütte (I. Sektion)
Innsbruck oder Fulpmes (Stubaitalbahn)
Mutterbergalm P
Stubaier Gletscherbahn: Mutterbergalm – Dresdner Hütte (I. Sektion)

Stubaier Eisjoch, 3133 m

AV 31/1; FB 241, S 8; ÖK 173; Bergverlag Rother: AVF Stubaier Alpen alpin, WF Stubai

Franz-Senn-Hütte

K. I, 2147 m, erb. 1885
OeAV-Zweig Innsbruck
Wilhelm-Greil-Str. 15
A-6020 Innsbruck

Horst u. Klara Fankhauser
Postfach 17
A-6167 Neustift 712
Hütte 05226/2218
Tal 05226/2500
Mitte Feb. bis Mitte Mai, Mitte Juni bis Anfang Okt.
84 ⌐ 176
12 offen SR
220 V ~
↗ Neustift im Stubaital, 1000 m, 4½; Oberiss, 1700 m, 1½
→ Amberger Hütte über Wildgratscharte, 3168 m, vergletschert; Regensburger Hütte über Schrimmennieder, 2706 m; Adolf-Pichler-Hütte über Senderstaljoch, 2489 m; Starkenburger Hütte; Horndalerjoch – Lisens – Westfalenhaus
△ Sommerwand, 2677 m, 2; Rinnenspitze, 3003 m, 3; Ruderhofspitze, 3473 m, 5; Wildes Hinterbergl, 3288 m, 4; Östl. Seespitze, 3416 m, 4; Wilder Turm, 3294 m, 3
nur im Frühjahr ↗ Neustift → Amberger Hütte △ Ruderhofspitze, Wildes Hinterbergl, Östl. Seespitze
Fulpmes
Neustift
Oberissalpe, 1700 m (Maut, 50 öS)

AV 31/1, 31/2, 31/5; FB 241; ÖK 147; Bergverlag Rother: AVF Stubaier Alpen alpin, WF Stubai

Guben-Schweinfurter Hütte

K. I, 2034 m, erb. 1912
DAV-Sektionsgemeinschaft
Schweinfurt-Guben
Linsengasse 13
D-97421 Schweinfurt

Elfriede Kammerlander
Tumpen-Siedlung
A-6433 Oetz
Hütte 05255/5702
Tal 05255/5792
Mitte Juni bis Ende Sept., Ende Feb. bis Ende April

20 ⌐ 30 ⌙ 12
24 SR
220 V ~
↗ Umhausen – Niederthai, 1535 m, 2
→ Finstertaler Scharte, 2779 m – Dortmunder Hütte 5; Zwieselbachjoch, 2870 m – Winnebachseehütte 5; Gleirschjöchl, 2750 m – Pforzheimer Hütte 3 - 4; Hochreichscharte, 2912 m – Bielefelder Hütte 8
△ Kraspesspitze 3; Hoher Wasserfall 3½; Hochreichkopf 3½; Zwieselbacher Roßkopf 3 - 4; Strahlkogel 6; Larstinggrat 8; Breiter Grieskogel 4 - 5
nur im Frühjahr ↗ Niederthai → Dortmunder Hütte, Winnebachseehütte, Pforzheimer Hütte über Breite Scharte, 2780 m △ Kraspesspitze, Hoher Wasserfall, Hochreichkopf, Breiter Grieskogel
Ötztal-Bahnhof
Umhausen
Niederthai P

AV 31/2; FB 251; ÖK 146; Bergverlag Rother: AVF Stubaier Alpen alpin, WF Ötztal

Hildesheimer Hütte

K. I, 2899 m, erb. 1896
DAV-S. Hildesheim
Schuhstr. 33
D-31134 Hildesheim

Gustav Fiegl
Windau 608
A-6450 Sölden
Hütte 05254/2300
Tal 05254/2090
Ende Juni bis Ende Sept.
24 ⌐ 56 ⌙ ca. 25
12 offen SR
220 V ~
↗ Sölden, 1367 m, 5; Gasthaus Fiegl, 1959 m, 3
→ Dresdner Hütte über Schaufelnieder 2½ oder Bildstöckljoch, 3133 m, 3; Siegerlandhütte 4; Warenkarscharte, 3187 m – Hochstubaihütte 3½; Daunscharte, 3156 m – Amberger Hütte 6; Sulzenauhütte 4; Müllerhütte 4
△ Zuckerhütl, 3505 m, 3; Wilder Pfaff, 3458 m, 3; Schaufelspitze, 3333 m, 1½; Stubaier Wildspitze, 3340 m, 3; Schußgrubenkogel, 3211 m, 1½
nur im Frühjahr, nur ↗ Dresdner Hütte △ Schaufelspitze, Schußgrubenkogel, Östl. Daunkogel
Ötztal-Bahnhof
Sölden P

AV 31/1; FB 251, S 8; ÖK 173; Bergverlag Rother: AVF Stubaier Alpen alpin, WF Ötztal

Hochstubaihütte

K. I, 3173 m, erb. 1931-1933
DAV-S. Dresden
Wielandstr. 16
D-71032 Böblingen

- Antonia Falkner
  Windau-Neubau 658
  A-6450 Sölden
- ✆ Tal 05254/3240 (Y zur Hütte)
- ✗ Anfang Juli bis Mitte Sept.
- 8 ⌐ 37 ⌙ 10
- 6 offen SR
- ↗ Sölden, 1367 m – Klebaralm, 1985 m – Laubkar 5 - 6; über Gasthaus Fiegl, 1959 m – Seekar 5 - 6; Gries/Sulztal, 1572 m – Amberger Hütte – Wütenkarsattel, 3115 m, 7 - 8; Stubaier Gletscherbahn 3 - 3½
- → Amberger Hütte 3; Dresdner Hütte über Daunscharte, 3156 m, oder Warenkarscharte – Bildstöckljoch 4 - 5; Warenkarscharte – Hildesheimer Hütte 3 - 4
- △ Wilde Leck, 3361 m, 3½; Warenkarseitenspitze, 3345 m, 1; Windacher Daunkogel, 3351 m, 2 – Überscheitung des Daunkogelkammes 7 - 8; Hoher Nebelkogel, 3211 m, ¼; Stubaier Wildspitze, 3340 m, 3½; Östl. Daunkogel, 3332 m, 4
- nur im Frühjahr ↗ Amberger Hütte → Amberger-, Hildesheimer-, Dresdner Hütte △ Windacher Daunkogel, Warenkarseitenspitze, Hoher Nebelkogel
- Ötztal-Bahnhof
- Sölden P, Taxi bis Gasth. Fiegl o. Klebaralm

AV 31/1; FB 251, S 8; ÖK 173; Bergverlag Rother: AVF Stubaier Alpen alpin, WF Rund um Innsbruck, WF Ötztal

Innsbrucker Hütte

K. I, 2369 m, erb. 1884
OeAV-S. Touristenklub Innsbruck
Wilhelm-Greil-Str. 15
A-6020 Innsbruck

- Franz u. Marlene Egger
  A-6150 Gschnitz
  während der Nichtbew.:
  Dorf 561a
  A-6167 Neustift
- ✆ Hütte 05276/295
- ✆ Tal 05226/2930
- ✗ Ende Juni bis Ende Sept.
- 40 ⌐ 120 ⌙ 20
- 6 offen
- 220 V ~
- ↗ Neder bei Neustift, 964 m, 3 - 4; Gschnitz, 1243 m, 3; Gschnitz, Gasthof Feuer-

stein 3
→ Bremer Hütte, 2413 m, 5 - 6
△ Habicht, 3277 m, 3; Kalkwand, 2564 m, 1; Ilmspitze, 2690 m, 3; Klettersteig auf Ilmspitze 3 - 4
Fulpmes, Stubai, Steinach a. Brenner
Gschnitz/Neder
Gschnitz/Neustift/Neder P
Pinnistal gesperrt für Pkw, Jeep-Linienverkehr Neder – Pinnisalm

AV 31/3; FB 241; ÖK 147; Bergverlag Rother: AVF Stubaier Alpen alpin, WF Stubai, WF Rund um Innsbruck

Nürnberger Hütte

K. I, 2297 m, erb. 1886
DAV-S. Nürnberg
Kornmarkt 6
D-90402 Nürnberg

Ignaz Siller
Dorf Nr. 246
A-6167 Neustift
Hütte 05226/2492
Tal 05226/2539
Mitte Juni bis Anfang Okt.
50 ⊓ 86 ⊔ 2
10 offen
220 V ~
↗ Ranalt, 1300 m, 3
→ Niederl, 2680 m – Sulzenauhütte 2½; Mairspitze, 2781 m – Sulzenauhütte 3½; Simmingjöchl, 2764 m – Bremer Hütte 3½; Wilder Freiger, 3418 m – Becherhaus und Müllerhütte, 3143 m, 5
△ Wilder Freiger, 3418 m, 4; Feuersteine, 3268 m, 3½
Wilder Freiger, Östl. Feuerstein
Innsbruck, Fulpmes (Stubaitalbahn)
Mutterbergalm, Halt bei P Nürnberger Hütte – B'suchalm
Ranalt bis P Nürnberger Hütte – B'suchalm

AV 31/1, 31/3; FB 241; ÖK 147; Bergverlag Rother: AVF Stubaier Alpen alpin, WF Stubai

Peter-Anich-Hütte

K. I, 1909 m, erb. 1884
OeAV-S. Touristenklub Innsbruck
Wilhelm-Greil-Str. 15
A-6020 Innsbruck

Margit Perkofer
Länge 8
A-6421 Rietz/Tirol
Hütte 0663/57457

✆ Tal 05262/64995
✕ Mitte Juni bis Anfang Okt.
⊓ 12 ⊔ 10
↗ Rietz, 627 m, 3; Pfaffenhofen, 612 m, 3; Stams, 637 m, über Stamser Alm, 1873 m – Kreuzjoch, 2595 m, 5 - 6
→ Kühtai, Dortmunder Hütte, 1948 m, über Rietzer Grieskogel 5
△ Rietzer Grieskogel, 2884 m, 3; Hocheder, 2796 m, über Grieskogel 3½
⛷ nur im Frühjahr ↗ Rietz, Pfaffenhofen
🚂 Rietz, Telfs-Pfaffenhofen
🚌 🚗 Rietz oder Pfaffenhofen

FB 252; ÖK 116; Bergverlag Rother: AVF Stubaier Alpen alpin, WF Rund um Innsbruck

Rudolf-Pfeningberger-Haus

Jugendheim
1400 m, erb. 1965
OeAV-Zweig Innsbruck
Wilhelm-Greil-Str. 15
A-6020 Innsbruck

🚹 Cilli Waldner
Jugendheim Obernberg
A-6156 Obernberg a. Brenner
✆ Hütte 05274/87475
✆ Tal 05274/87463
✕ nur für Jugendgruppen: nach Vereinbarung ganzjährig; Nov. geschlossen
⊓ 80
⚡ 220 V
↗ Gries a. Br. 1½
→ Österr. Tribulaunhütte über Gstreinjöchl, 2600 m, 3 - 4
△ Kleiner Tribulaun, 2491 m – Obernberger Tribulaun, 2780 m, 4; Lichtsee – Leitnerberg, 2390 m, 2; Eggerberg, 2282 m – Nößlachjoch, 2231 m – Steinach oder Gries gesamt 6 - 7
⛷ den ganzen Winter und im Frühjahr △ Lichtsee-Leitnerberg, Muttekopf, Rötenspitze, Grabenkopf, Geierskragen, Hoher Lorenzberg
🚂 Gries a. Br.
🚌 Obernberg
🚗 beim Heim

AV 31/3; FB 241; ÖK 148; Bergverlag Rother: AVF Stubaier Alpen alpin, WF Stubai, WF Rund um Innsbruck

Pforzheimer Hütte, Neue

(Adolf-Witzenmann-Haus)
K. I, 2308 m, erb. 1926
DAV-S. Pforzheim
Witzenmann GmbH
Östl. Karl-Friedrich-Str. 134
D-75175 Pforzheim

- Helga u. Joachim Klausner A-6182 St. Sigmund
- ✆ Hütte 05236/8176 während der Nichtbew.: Höhenstr. 43f A-6020 Innsbruck
- ✆ Tal 0512/274547
- Mitte Feb. bis Anfang Mai, Mitte Juni bis Ende Sept.
- 28 ⊓ 20 ⊔ 10
- 8 SR
- 220 V ~
- ↗ St. Sigmund, 1516 m, 2½
- → Gleirschjöchl, 2736 m – Guben-Schweinfurter Hütte 4; Westfalenhaus über Satteljoch, 2700 m – Praxmar – Lisens 5; über Zischgenscharte, 2936 m, 4½ - 5
- △ Samerschlag, Metzgerstein, 2831 m, 2½; Zischgeles-Spitze, 3005 m, 3½; Zwieselbacher Roßkogel, 3082 m, 3; Rotgrubenspitze, 3040 m, 3; Vord. Grubenwand, 3165 m, 4½; Überschreitung Zwieselbacher Grieskogel – Sonnwandspitzen – Gleirscher Fernerkogel, 3194 m, 5
- nur im Frühjahr ↗ St. Sigmund → Guben-Schweinfurter Hütte △ Gleirscher Fernerkogel, Samerschlag, Zwieselb. Roßkogel, Rotgrubenspitze, Vord. Grubenwand über Zischgenferner
- Innsbruck
- St. Sigmund/Sellraintal
- St. Sigmund P

AV 31/2; FB 241; ÖK 146, 147; Bergverlag Rother: AVF Stubaier Alpen alpin

Potsdamer Hütte

K. I, 2012 m, erb. 1931/32
DAV-S. Potsdam-Dinkelsbühl
Segringer Str. 29
D-91550 Dinkelsbühl

- Alois Mungenast A-6181 Sellrain während der Nichtbew.: Dandlweg 4 A-6410 Telfs
- ✆ Hütte 05238/2060

✆ Tal 05262/66240
✗ Ende Jan. bis Sonntag nach Ostern, Mitte Juni bis Anfang Okt.
🛏 18 ⌐ 32
⊞ keiner
∼ 220 V ~
↗ Sellrain, 909 m, 3½; Fotscher Bergheim 1¾
→ Wildkopfscharte, 2598 m – Franz-Senn-Hütte 5 -7; Roter Kogel – Praxmar 5; Kreuzjöchl, 2410 m – Adolf-Pichler-Hütte 3 - 4; Hochgrafljoch, 2695 m – Lisens, 1639 m, 5
△ Roter Kogel, 2834 m, 2 - 3; Schwarzhorn, 2812 m, 3; Wildkopf, 2742 m, 2 - 3; Lisener Villerspitze, 3026 m, 4; Sömen, 2798 m, 2½ - 3; Hühnereggen, 2725 m, 2½ - 3; Gallwieser Mittergrat, 2841 m, 3
⛷ ↗ Sellrain △ Roter Kogel, Wildkopf, Sömen, Hühnereggen, Gallwieser Mittergrat, Schaflegerkogel, Fotscher Windegg
🚆 Innsbruck
🚌 Sellrain
🚗 Sommer: Bergheim Fotsch, 1520 m P, Winter: Sellrain P; bis Bergheim Fotsch nur mit Erlaubnis der Gemeinde Sellrain

AV 31/2, 31/5; FB 241; ÖK 147; Bergverlag Rother: AVF Stubaier Alpen alpin, WF Stubai

Regensburger Hütte, Neue

K. I, 2286 m, erb. 1930/31
DAV-S. Regensburg
Postfach 100308
D-93003 Regensburg

† Bgf. Lorenz Knoflach
A-6167 Neustift-Rain 571
✆ Hütte 05226/2520
✆ Tal 05226/2349
✗ Mitte Juni bis Ende Sept.
🛏 26 ⌐ 70
⊞ 5 🔑
∼ 220 V ~
↗ Falbeson, 1220 m, 2½; Neustift, 1100 m, über Milders und Kerachalm 5
→ Schrimmennieder, 2706 m – Franz-Senn-Hütte 4; Grawagrubennieder, 2880 m – Dresdner Hütte 6; Hochmoosscharte – Franz-Senn-Hütte 5
△ Ruderhofspitze, 3473 m, 4; Seespitze, 3416 m, 3½; Kräulspitze, 3303 m, 3 und Knotenspitze, 3233 m, 2; Nockwand, 3091 m, 4
⛷ nur im Frühjahr ⛷ Falbeson → Hochmoosscharte, Franz-Senn-Hütte △ Ruderhofspitze, Seespitzen
🚆 Fulpmes
🚌 🚗 Falbeson P

AV 31/1, 31/3, 31/5; FB 241; ÖK 147; Bergverlag Rother: AVF Stubaier Alpen alpin, WF Stubai

Siegerlandhütte

K. I, 2710 m, erb. 1930
DAV-S. Siegerland
Freudenberger Str. 281
D-57072 Siegen

- Hermann Fiegl
  Wohlfahrt 550
  A-6450 Sölden
- Y Hütte 05254/2142
- ✆ Tal 05254/2189
- ✕ Anfang Juli bis ca. 20. Sept.
- 26 ⊓ 37 ⊔ 9
- 6 offen SR
  bei der Hütte Klettergarten II-VI, 1-2 Seillängen
- ↗ Sölden, 1350 m – Gasthaus Fiegl, 1959 m, 5
- → Hildesheimer Hütte 3; Müller- und Becherhütte über Windachscharte, 2862 m
- △ Sonklarspitze, 3467 m, 2½ - 3; Zuckerhütl, 3505 m, 4; Schrakogel, 3135 m, 4; Schwarzwandspitze, 3358 m, 2½; Geißkogel, 3129 m, 2½ - 3; Scheiblehnkogel, 3060 m, 1½; Hint. Kitzkogel, 3063 m, 2½ - 3
- gutes Frühjahrsskigebiet ↗ Sölden △ Sonklarspitze, Scheiblehnkogel
- Ötztal-Bahnhof
- Sölden P

AV 31/1; FB WKS 8; ÖK 173; Bergverlag Rother: AVF Stubaier Alpen alpin, WF Rund um Innsbruck, WF Ötztal

Starkenburger Hütte

K. I, 2229 m, erb. 1900 bis 1905
DAV-S. Starkenburg
Postfach 110319
D-64218 Darmstadt

- Fridolin Hofer
  Ausserrain 573
  A-6167 Neustift
- ✆ Hütte 05226/2867
- ✆ Tal 05226/2683
- ✕ Anfang Juni bis Anfang Okt.
- 32 ⊓ 24 ⊔ 10
- 6
- ↗ Fulpmes, 935 m – Froneben, 1300 m – Fußweg ¾; Neustift, 993 m, 3¼; Froneben Fußweg über Galtalm – Kaserstattalm 2½; Neder b. Neustift, 990 m – Pfurtschellhöfe – Kaserstattalm 3½; Midlers/Bärenbad 3½; Kreuzjochlift-Höhenweg 1¼
- → Adolf-Pichler-Hütte 2; Franz-Senn-Hütte 6 - 7; Schlicker Scharte – Schlicker Alm – Froneben 4

△ Hoher Burgstall, 2611 m, 1 - 1½; Schlicker Seespitze, 2804 m, 3; Gamskogel, 2659 m, 2
⛷ kein Stützpunkt
🚆 Fulpmes
🚌 🚗 Fulpmes; Neustift, Bärenbad P
Fulpmes – Froneben, Kreuzjoch
AV 31/5; FB 241; ÖK 147, 148; Bergverlag Rother: AVF Stubaier Alpen alpin, WF Rund um Innsbruck

Sterzinger Haus

am Roßkopf
1930 m, erb. 1975
AVS-Sektion Sterzing
Postfach 73
I-39049 Sterzing

Reinhold Oberjakober
Sterzinger Haus
Roßkof oder Postfach 73
I-39049 Sterzing
✆ Hütte 0472/765301
✆ Tal 0472/764481
✗ 1.12. bis Ostern, 1.6. bis 15.10.
🛏 40 ⌐ 44 ⌴ 15
220 V ~
↗ Sterzing 2½; Gossensaß, 1098 m, 3½; Seilbahn-Bergstation 20 Min.
→ Pritscher Alm, 2160 m – Ridnaun 5½ (Ridnauner Höhenweg)
△ Roßkopf, 2189 m, 1; Telfer Weißen, 2588 m, 3½
⛷ Pistenskilauf am Roßkopf
🚆 🚌 Sterzing
🚗 Sterzing, Talstation Roßkopfbahn
🚡 bis 20 Min. vor Haus
AV 31/3; FB WKS 4; ÖK 175; Bergverlag Rother: AVF Stubaier Alpen alpin, WF Stubai

Sulzenauhütte

K. I, 2191 m, erb. 1926, zerstört 1975, Wiederaufbau 1976-78
DAV-S. Sulzenau, vormals Leipzig i. Mü.
Veldenstr. 18
D-85221 Dachau

Leo Schöpf
Kampl Nr. 625
A-6167 Neustift/Stubai
✆ Hütte 05226/2432

✆ Tal 05226/2455
✗ Anfang Juni bis Ende Sept., Ostern, Pfingsten nur beaufsichtigt
🛏 28 ⊓ 122
❄ 12 ⚷ SR
⚡ 220 V ~
↗ Grawa-Alm, 1533 m, 1½ - 2
→ Nürnberger Hütte über Niederl, 2680 m, 2½ - 3 oder Mairspitze 3½; Dresdner Hütte über Peiljoch, 2676 m, 2½ oder Trögler 3½; Müllerhütte über Pfaffennieder 3½
△ Mairspitze, 2781 m, 2½; Gr. Trögler, 2902 m, 2; Wilder Freiger, 3418 m, 4½; Wilder Pfaff, 3458 m, 4 - 4½; Zuckerhütl, 3505 m, 5
⛷ nur im Frühjahr ↗ nur über Dresdner Hütte – Lange Pfaffennieder △ Zuckerhütl, Wilder Pfaff, Wilder Freiger
🚂 Innsbruck, Fulpmes (Stubaitalbahn, nur Sommer)
🚌 🚗 Grawa-Alm P

AV 31/1; FB 241; ÖK 147; Bergverlag Rother: AVF Stubaier Alpen alpin, WF Stubai

Westfalenhaus

K. I, 2273 m, erb. 1908
DAV-S. Münster/Westfalen
Eifelstr. 41
D-48151 Münster

🧍 Rinaldo De Biasio
Westfalenhaus
A-6182 Gries/Sellrain
während der Nichtbew.:
In der Klamm 73a
A-6444 Längenfeld/Ötztal
✆ Hütte 05236/267
✆ Tal 05253/5350
✗ Mitte Febr. bis Anfang Mai, Mitte Juni bis Ende Sept.
🛏 15 ⊓ 50
❄ 10 offen SR
⚡ 220 V ~
↗ Lisens, 1639 m, 2½
→ Pforzheimer Hütte 4 - 5; Winnebachseehütte 3 - 4; Amberger Hütte 5 - 6
△ Winnebacher Weißkogel, 3185 m, 3; Grubenwand, 3175 m, 3½; Hoher Seeblaskogel, 3235 m, 3 - 4; Längentaler Weißer Kogel, 3218 m, 3; Schöntalspitze, 3008, 2 - 3
⛷ ↗ Lisens (Winterweg benützen) → Winnebachseehütte, Pforzheimer Hütte △ Winnebacher Weißkogel, Hoher Seeblaskogel, Längentaler Weißer Kogel, Lisenser Fernerkogel über Lisensalm, Schöntalspitze
🚂 Innsbruck
🚌 Praxmar
🚗 Lisens P

AV 31/1, 31/5; FB 241; ÖK 146; Bergverlag Rother: AVF Stubaier Alpen alpin, WF Stubai, WF Rund um Innsbruck

Winnebachseehütte

K. I, 2372 m, erb. 1901
DAV-S. Hof/Bayern
Friedrichstr. 25
D-95028 Hof

♦ Michael Riml
A-6444 Gries/Sulztal
Post Längenfeld/Ötztal
✆ Hütte 05253/5197
✆ Tal 05253/5966
✗ Mitte März bis Anfang Mai, Anfang Juli bis ca. 10. Okt., bei Anmeldung von Gruppen auch zwischenzeitlich möglich
[Betten] 8 ⌐ 33 ⌙ 12
⊞ 15 offen SR
[Strom] 220 V ~ [Dusche]
↗ Gries, 1572 m, 2
→ Winnebachjoch, 2788 m – Westfalenhaus 3½; Zwieselbachjoch, 2870 m – Guben-Schweinfurter Hütte 4½; Gaißlehnscharte, 3045 m – Amberger Hütte 5
△ Gänsekragen, 2902 m, 1½; Breiter Grieskogel, 3287 m, 3; Hoher Seeblaskogel, 3235 m, 3; Larstigspitze, 3173 m, 4; Bachfallenkopf, 3176 m, 3; Gaißlehnkogel, 3216 m, 4; Winnebacher Weißkogel, 3185 m, 3½; Hohe Winnebachspitze, 3155 m, 3½
[Ski] nur im Frühjahr ↗ Gries → Westfalenhaus, Gubener Hütte △ Breiter Grieskogel, Winnebacher Weißkogel, Bachfallenferner
[Bahn] Ötztal-Bahnhof
[Bus] Längenfeld/Ötztal
[Auto] Gries/Sulztal (i. Frühjahr Schneeketten erf.) P

AV 31/2; FB 241; ÖK 146; Bergverlag Rother: AVF Stubaier Alpen alpin, WF Ötztal

Hütten anderer alpiner Vereine und Privathütten

Adolf-Pichler-Hütte 1960 m, im Senderstal, westlich der Kalkkögel, Akad. Alpenklub Innsbruck, ♦ Ewald Fringer, Kirchstr. 25, A-6170 Zirl, ✆ Tal 05238/2289, [Betten] 25 ⌐ 50, ↗ Grinzens 3, Kemater Alm ¾, [Bahn] Kematen [Bus] Grinzens [Auto] Kemater Alm (nur Sommer), bew. Mitte Juni bis Anfang Okt., für angemeldete Gruppen auch Ostern, Pfingsten und Weihnachten; ✆ 05238/3194

Becherhaus (Gino Biasi alla Punta del Bicchiere, Rifugio), 3195 m, auf der Becherspitze, CAI, [Betten] 40 ⌐ 65, ↗ Schönau oder Moos 5½, [Bahn] Sterzing [Bus] Moos, Timmelsjochstraße [Auto] Moos oder Schönau, bew. Anfang Juli bis Ende Sept., ⊞ 6 [Schlüssel] bei ♦ Elisabeth u. Hermann Vantsch, ✆ Hütte 0472/656377, ✆ Tal 0472/656884

Birgitzköpflhütte 2098 m, in den Kalkkögeln, TVN, ⌐ 35, ↗ Axamer Lizum (Lift), [Bahn] Innsbruck, Axams [Bus] Schönberg [Auto] Axams, SV, Schlüssel bei TVN, ✆ 0512/584144

Birgitzköpflhaus, Neues 2098 m, in den Kalkkögeln, TVN, 34 16, Sessellift-Bergstation, Innsbruck, Axams Schönberg Axams, bew. Mitte Dez. bis Ende April, Anfang Juli bis Ende Sept., Hütte 05234/8100

Brunnenkogelhaus 2737 m, am Vord. Brunnenkogel, ÖTK, 8, Sölden 4, Ötztal Sölden, bis Fieglhütte, bew. Ende Juni bis Ende Sept., Hütte 0663/9154183, Tal 05254/2890

Elferhütte 2080 m, oberhalb von Neustift an der Bergstation des Elferlifts, privat, 52, Neustift, Innsbruck Neustift, gj. bew., 05226/2818

Fieglhütte 1959 m, im Windachtal bei Sölden, privat, 20 10, Sölden 2, Ötztal Sölden, bew. Anfang Juni bis Ende Sept.

Fotscher Skihütte (Bergheim in der Fotsch), 1520 m, privat im Fotscher Tal, 40 6, Sellrain 2, Innsbruck Sellrain zum Haus, gj. bew., 0663/57377

Grohmannhütte (Übertalfernerhütte), 2254 m, im oberst. Ridnauntal, CAI, 10, Ridnaun 3½, Sterzing Ridnaun, bew. Mitte Juni bis Ende Sept.

Haggen-Alpengasthof 1650 m, im oberst. Sellraintal, privat, 30 20, Kematen 5½, Gries 1½, Kematen St. Sigmund zum Haus, gj. bew., 05236/213

Jaufenhaus 1990 m, auf dem Jaufenpaß, privat, 58, Sterzing 3½, Sterzing zum Haus ab Sterzing oder Passeiertal, Mitte Mai bis Ende Nov., Weihnachten bis Ende April, 0472/66622

Lisens-Alpengasthof 1636 m, am Fuß d. Lisenser Ferner, privat, 48 25, Gries i. Sellraintal 2, Kematen Gries zum Haus, bew. Anfang Jan. bis Ende April, Anfang Juni bis Ende Okt. und Weihnachten, 05236/215

Magdeburger Hütte, Alte (Schneespitzhütte), 2422 m, im oberst. Pflerschtal, CAI, 36 36, Innerpflersch 3½, Gossensaß Pflersch Innerpflersch, bew. Mitte Juni bis Anfang Okt., 0472/632472

Maria-Waldrast-Alpengasthof 1641 m, östl. d. Serles, privat, 63 10, Matrei 2, Fulpmes 2½, Matrei oder Fulpmes, Fulpmes, Matrei Matrei – Maria Waldrast, gj. bew., 05273/6219

Müllerhütte (Pfaffenniederhütte), 3148 m, zwischen Wild. Freiger und Wild. Pfaff, CAI, 30 65, Timmelsjochstraße (WH, Hochfirst) 5 oder Mutterberger Tal, Meran, Fulpmes, Sterzing Ranalt, Passeiertal, Maiern (Ridnauntal), bew. Anfang Juli bis Mitte Sept., 20 offen, Hütte 0337/451384

Oberißalpe 1745 m, am Weg von Neustift zur Franz-Senn-Hütte, bei der Talstation des Materialaufzuges, Neustift im Stubaital 2¾

Padasterjochhaus 2232 m, an der Kirchdachspitze, TVN, 27 65, Steinach am Brenner 3½, Trins 3, Steinach Trins, bew. Anfang Juli bis Ende Sept., , Tal 05276/204

Poschhaus 2110 m, im hintersten Ridnauntal, privat, 25, Maiern, Bergwerksmuseum 2½, 🚂 Brenner 🚌 🚗 Maiern, im Winter bew., ✆ 0472/756884

Roßkogelhütte 1778 m, am Roßkogel, privat (Roßkogel-Lift-Ges.), 🛏 16 ⌐ 24, ↗ Kematen 2½, im Winter Lift zum Haus, 🚂 Kematen 🚌 Oberperfuß 🚗 Lift-Talstation, gj. bew., ✆ 05232/2561

Schlicker-Alm-Wirtshaus 1616 m, in der Schlick, privat, 🛏 53, ↗ Froneben 🚂 🚌 🚗 Fulpmes, Telfs, gj. bew., ✆ 05225/2409

Schneeberghütte 2355 m, zwisch. Lazacher- und Passeiertal, CAI, 🛏 18 ⌐ 40, ↗ Maiern im Ridnauntal 5, WH, Saltnus im Passeiertal 2, 🚂 Meran oder Sterzing 🚌 Ridnaun oder Moos 🚗 WH. Saltnus oder Maiern, bew. Anfang Juni bis Mitte Okt., ✆ 0473/643933

Teplitzer Hütte (Hangende-Fernerhütte, Feuersteinhütte), 2586 m, unter dem »Hangenden Ferner«, CAI, ⌴ 67, ↗ Maiern im Ridnauntal, 1417 m, 4, 🚂 Sterzing 🚌 🚗 Maiern, bew. Anfang Juli bis Ende Sept., ❄ 8 offen, ✆ 0472/766256 oder 766212

Tribulaunhütte 2064 m, im oberst. Gschnitztal, TVN, 🛏 8 ⌐ 60, ↗ Gschnitz 2½, Gries 5, 🚂 Steinach oder Gries am Brenner 🚌 Trins 🚗 Gries, bew. Anfang Juni bis Ende Sept., ❄, ✆ 05276/252

Tribulaunhütte (Cesare Calciati al Tribulaun, Rifugio), 2368 m, westl. d. Tribulaune, CAI, 🛏 30 ⌐ 26, ↗ Innerpflersch 3, 🚂 Gossensaß oder HSt Pflersch 🚌 Pflersch 🚗 Innerpflersch, bew. Anfang Juli bis Ende Sept., ❄ 9, ✆ 0472/762470

Elzenbaum
Stilfes
Penser Joch
Weißhorn
2705
St. Leonhard
2746
Hochwart
Pens
Weißenbach
2741
Jakobsspitze
Durnholz
2781
Hirzer Sp.
Aberstückel
Radl
Verdins
W.H.
24
Klausene
Schönna
Reinswald
Meraner Htt.
MERAN
Rotwand Htt.
Latzfons
Astfeld
2509
Villanders B.
St. Katharina
Sarnthein
Rittner Hn.
2259
Burgstall
Bundschen
Barbian
Vöran
Mölten
Flaas
Gargazon
Afing
Lengstein
Vilpian
Salten
1468
Jenesien
Terlan
Klobenstein
BOZEN

32 Sarntaler Alpen

Umgrenzung

St. Leonhard – Jaufenpaß – Jaufental – Sterzing – Eisack bis Einmündung in die Etsch – Etsch bis Meran – Passeiertal bis St. Leonhard

Meraner Hütte

(Hermann-Gritsch-Haus)
1960 m, erb. 1970
AVS-Sektion Meran
Galileo-Galilei-Str. 45
I-39012 Meran

🕴 Konrad Wiedmer
Meraner Hütte
I-39010 Hafling-Meran 2000
während der Nichtbew.:
Dorfstr. 44
I-39010 Mölten
✆ Hütte 0473/279405
✆ Tal 0471/668113
✕ gj., 1.5. bis 1.6. und 1.11. bis 20.12. geschlossen, im Winter Halbpension obligatorisch
🛏 38 ⌐ 12
∿ 220 V ~ ♨ 🚿, Jugendheim mit 24 ⌐ für AV-Jugendgruppen, mit Kochgelegenheit, WC, Aufenthaltsraum, Anmeldung bei der Sektion
↗ Sarnthein, 961 m, 3½; Aberstückl (im Sarntal), 1325 m, 4; Naif bei Meran Ifinger-Seilbahn
→ Hirzerhütte 4; Hafling über Haflinger Hochalmen 4; Stützpunkt des Europäischen Fernwanderweges E 5
△ Kleiner, 2552 m, und Großer, 2581 m, Ifinger 1½ - 2 (Klettersteig); Verdinser Plattenspitze, 2680 m, 2 (Klettersteig)
⛷ Pistenskilauf Meran 2000
🚂 Meran
🚌 🚗 Falzeben, Talstation Ifinger Bahn, Naif
🚡 Nähe Hütte, im Sommer nur die Ifinger 🚡 und der ⛷ Falzeben – Pfiffing

FB S 1; Bergverlag Rother: GF Sarntaler Alpen

Radlseehaus

2257 m, erb. 1956
AVS-Sektion Brixen
Domplatz 13
Kleines Kulturhaus
I-39042 Brixen

🕴 Paul Willeit
Vals 121
I-39037 Mühlbach
✆ Hütte 0472/855230
✆ Tal 0472/547215
✕ Anfang Juni bis Ende Okt.
🛏 17 ⌐ 40 ⌙ 6
❄ 6 offen
∿ 220 V ~

↗ Feldthurns, 851 m, 4, mit Pkw Fahrmöglichkeit bis 1150 m, dann 3; Brixen-Gereuth bis Perlungerhof, 1380 m, 🅿, dann 2½
→ Klausener Hütte 2; Schalders 3½
△ Königsangerspitze, 2439 m, ½; Hundskopf, 2354 m, 10 Min.
🚂 Brixen
🚌 Tils
🚗 🅿 1150 über Feldthurns – Perlungerhof

FB S 4; Bergverlag Rother: GF Sarntaler Alpen

Hütten anderer alpiner Vereine und Privathütten

Flaggerschartenhütte (Marburg-Siegener Hütte), 2481 m, am Flaggersee, CAI, 🛏 16 ⊓ 24, ↗ Mittewald 5 - 6; Durnholzer See 2½, 🚂 Mittewald 🚌 Durnholz 🚗 Durnholzer See, ❄ offen ⊔ 4, bew. Ende Juni bis Ende Sept., ✆ 0471/625251

Hirzerhütte 1938 m, auf der Tallner Alm, privat, 🛏 35, ↗ Saltaus mit Hirzer-Seilbahn 10 Min., 🚂 Meran 🚌 🚗 Saltaus, bew. Anfang Juni bis Ende Okt., ✆ 0473/645425

Ifingerhütte 1815 m, unter dem Ifinger, CAI, ⊓ 14, ↗ Schenna 2½, Gasthaus Taser (Bergstation der Seilbahn von Schenna) 1¼, 🚂 Meran 🚌 Schenna 🚗 Talstation Bergbahn, bew. Mitte Mai bis Ende Okt.

Klausener Hütte 1919 m, unter der Lorenzispitze, CAI, 🛏 11 ⊓ 30, ↗ Latzfons 2½, Durnholzer See 3, 🚂 🚌 Klausen 🚗 Latzfons, bew. Mitte Mai bis Ende Okt., übrige Zeit Sa./So., ❄ in der nebenliegenden Sennhütte, ⚲ dort ⊔ 9, ✆ 0472/55194

Latzfonser-Kreuz-Hütte 2300 m, privat, 🛏 4 ⊓ 28, ↗ Reinswald 3½, Durnholzer See 3, 🚂 Klausen 🚌 Latzfons 🚗 Reinswald, Durnholzer See, bew. Ende Juni bis Ende Sept., ✆ 0472/55186

Rittner-Horn-Haus 2260 m, auf dem Rittner Horn, CAI, 🛏 10 ⊓ 23, ↗ Pemmern am Ritten 2, Barbian 3½, 🚂 Klobenstein 🚌 Barbian 🚗 Barbian, Pemmern, bew. Anfang Juni bis Ende Sept. und während der Skisaison, ❄ 6, ✆ 0471/556207

Rotwandhütte 1817 m, auf der Haflinger Hochfläche, CAI, 🛏 21, ↗ Falzeben 1½, Bergstation Pfiffinger Köpfl 5 Min., 🚂 Meran 🚌 🚗 Naiftal (Talstation), gj. bew., ✆ 0473/99462

Sarner-Scharten-Hütte 2381 m, direkt an der Sarner Scharte, privat, Wetterschutzhütte, offen

INNSBRU

33 Tuxer Alpen

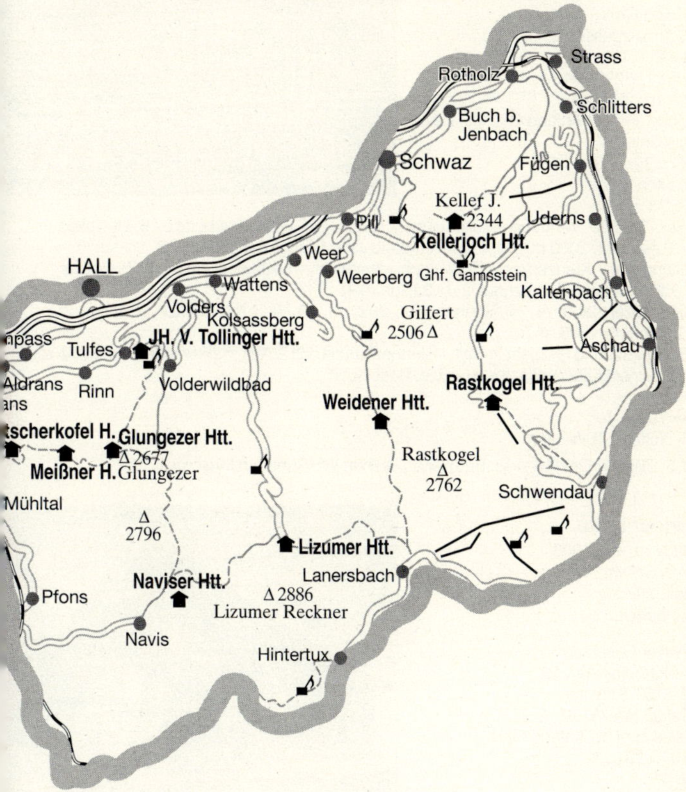

Umgrenzung

Inn von Innsbruck bis Einmündung Ziller – Zillertal bis Mayrhofen – Tuxer Tal bis Hintertux – Tuxer Joch – Kasererbach – Schmirnbach – Wipptal – Innsbruck

Glungezerhütte

K. I, 2610 m, erb. 1932
OeAV-S. Hall i. Tirol
Schulgasse 6, Postfach 50
A-6060 Hall i. Tirol

- Helga Gratl
  Schmalzgasse 32
  A-6060 Tulfes
- ✆ Hütte 05223/8018
- ✆ Tal 05223/8743
- ✗ Ende Juni bis Anfang Okt., 25. Dez. bis Ostern
- 8 ⌐ 30 ⌙ 20
- 8 offen SR
- 220 V ~
- ↗ Hall – Tulfes – Windegg – Tulfer Hütte – Tulfeinalm – Glungezerhütte 5 - 6; Lift Tulfes – Tulfeinalm, 2000 m, 1½; Patscherkofelbahn – Glungezerhütte 2½ - 3
- → Glungezer – Kreuzspitze – Rosenjoch – Navisjoch – Lizumer Hütte 5 - 6; Glungezer – Patscherkofel-Schutzhaus 2½ - 3 (Sommer)
- △ Glungezer, 2677 m, ¼; Sonnenspitz, 2639 m, 20 Min.; Kreuzspitze, 2746 m, 2; Rosenjoch, 2796 m, 3
- Spätwinter und Frühjahr ↗ Hall – Glungezerhütte, Lift Tulfes → (Frühjahr) Glungezer – Lizumer Hütte △ alle; Kreuzspitze, Rosenjoch
- Hall
- Tulfes
- Tulfes – Tulfeinalm

AV 31/5; FB 241; ÖK 118, 148; Bergverlag Rother: WF Rund um Innsbruck

Kellerjochhütte

K. I, 2237 m, erb. 1908
OeAV-S. Schwaz
Marktstr. 20
A-6130 Schwaz

- Walter Edelbauer
  Anton-Öfner-Str. 19
  A-6130 Schwaz
- ✆ Tal 05242/73750
- ✗ Mitte Juni bis Anfang Okt.
- 10 ⌐ 20 ⌙ 7
- 8
- Gas
- ↗ ab Kellerjochbahn 1; Spieljochbahn-Bergstation 2, Schwaz 4; Schellenberg 3
- → Rastkogelhütte 3; Gamssteinhaus 1
- △ Kellerjoch, 2344 m; Gilfert, 2506 m; Kuhmesser, 2264 m

↗ Kellerjoch → Hochfügen, Gamssteinhaus
Schwaz/Tirol
Grafenast
Kellerjochbahn Schwaz

AV 5/3; FB 151; ÖK 119; Bergverlag Rother: WF Zillertal

Lizumer Hütte

K. I, 2019 m, erb. 1912
OeAV-S. Hall i. Tirol
Schulgasse 6
A-6060 Hall i. Tirol

Reinhart Fröhlich
Lizumer Hütte,
postlagernd
A-6112 Wattens
während der Nichtbew.:
Moosanger 12
A-6094 Birgitz

Hütte 05224/52111
Tal 05234/32665
Weihnachten bis Ende April, Mitte Juni bis Anfang Okt.
22 ⊓ 40 ⊔ 28
10 offen SR
220 V ~
↗ Wattens – Wattental – Gasthof Walchen – Lizum 5; Lager Walchen 1½ - 2; Wattens, 500 m Fahrstraße; Lanersbach, 1250 m – Nasse Tux – Torjoch, 2391 m – Lizum 5 - 6; Matrei a.B., 1050 m – Navis, 1343 m – Klammjoch, 2351 m – Lizum, bis Navis Fahrstraße, 3½ ab Navis; Volders, 500 m – Voldertal – Navisjoch, 2479 m – Klammjoch, 2351 m – Lizumer Hütte 7 - 8
→ Lizum – Krowensjoch, 2530 m – Weidener Hütte 5; Lizum – Pluderlingsattel, 2743 m – Tote Böden – Gschützspitzsattel, 2657 m – Tuxerjochhaus, 2313 m, 6 -7; Lizum – Klammjoch, 2351 m – Naviser Jöchl, 2479 m – über Grafmartersp., 2715 m – Grünbergerspitze, 2790 m – Rosenjoch, 2796 m – Kreuzspitze, 2746 m – Glungezerhütte, 2610 m, 6 - 7
△ Geier, 2857 m, 3; Lizumer Reckner, 2886 m, 3½; Kalkwand, 2826 m, 2½; Tarntaler Köpfe, 2757 m, über Klammspitze, 2515 m; Torspitze, 2663 m, 2½
den ganzen Winter ↗ Wattens – Wattental – Lizum △ Geier, Torspitze
Fritzens-Wattens
Wattens
mit eig. Pkw bis Lager Walchen

AV 31/5; FB 151; ÖK 149; Bergverlag Rother: WF Rund um Innsbruck

Meißner Haus

K. I, 1720 m, erb. 1926
DAV-S. Ebersberg-Grafing
Rotter Str. 8
D-85567 Grafing

- Doris u. Wolfgang Hartmann
  Meißner Haus
  Mühltal Nr. 141
  A-6082 Ellbögen
- Hütte 0663/59756
- gj. bew., Anfang Nov. bis Mitte Dez. geschlossen
- 13 ⊓ 80
- 220 V ~
- Mühltal, 1039 m, 2; Patscherkofel-Bergstation, 1954 m, 1½
- Glungezerhütte über Wh. Boscheben 3 oder über Oberes Viggartal 3 - 3½
- △ Viggarspitze, 2307 m, 2; Morgenkogel, 2607 m, 3; Kreuzspitze, 2746 m, 3½ - 4; Glungezer, 2677 m, 3½
- ↗ Mühltal, Patscherkofel → Viggartal – Glungezerhütte △ Viggarspitze, Kreuzspitze, Morgenkogel
- Innsbruck
- Mühltal, Gem. Ellgbögen (von Innsbruck-Bhf. alle 30 Min.)
- Mühltal P
- Igls – Patscherkofelhaus
- zum Patscherkofelgipfel

AV 31/5; FB 241; ÖK 118, 148; Bergverlag Rother: WF Rund um Innsbruck

Naviser Hütte

K. II, 1787 m, erb. 1968 - 1974
Schranzberghaus (Nebengeb.)
OeAV-Akademische S. Innsbruck
Rechengasse 5
A-6020 Innsbruck

- Edeltraud Gillhoff
  Naviser Hütte
  A-6143 Navis
- Hütte 05278/6209
- gj. bew., April geschlossen
- 31 ⊓ 45, in der Nähe das Schranzberghaus als Gruppenunterkunft und SR ⊓ 45
- 220 V ~
- ↗ Naviser Gemeindeamt (neben der Kirche im Talschluß) führt der Schranzbergweg zum Schutzhaus 1½
- → über Klammjoch, 2359 m, ins Wattental (Lizumer Hütte); über Mölser Scharte,

2379 m, ins Mölstal und Wattental; über Naviser Jöchl, 2477 m, ins Voldertal, Hintertux (nur im Sommer); Wetterkreuz – Mislkopf Matrei a. Br.; Kreuzjöchl – Schafseitenspitze – Bendelstein – Mauern – Steinach a. Br. (nur im Sommer)

△ Kreuzjöchl, 2536 m, 2¼; Geier, 2857 m; Lizumer Reckner, 2886 m; Tarntaler Köpfe, 2757 m; Sonnenspitze, 2620 m; Grünbergspitze, 2790 m; Mislkopf, 2623 m; Schafseitenspitze, 2604 m; Bendelstein, 2436 m

den ganzen Winter und im Frühjahr ↗ vom Naviser Gemeindeamt → alle

Matrei a. Brenner

Navis

bis zum Gatter des Schranzbergweges P, Ortsende Navis P

AV 31/5; FB 241; ÖK 148; Bergverlag Rother: WF Rund um Innsbruck

Patscherkofelhaus

K. III, 1970 m, erb. 1885
OeAV-S. Touristenklub Innsbruck
Wilhelm-Greil-Str. 15
A-6020 Innsbruck

Dieter Scherfler
A-6080 Igls

✆ Hütte 0512/377196

✆ Tal 0512/377817

gj. bew., geschlossen bei Seilbahnüberholung

30 ⊓ 10

220 V ~

↗ Igls, 900 m, Seilbahn Patscherkofel, 1955 m, 2 Min.; Patsch, 998 m, 2½

→ Glungezerhütte 3; Meißner Haus 1½

△ Patscherkofel, 2247 m, Sessellift; Viggarspitze, 2307 m, 2; Glungezer, 2677 m, 2½

den ganzen Winter ↗ Igls, Seilbahn → Glungezerhütte

Innsbruck, Igls

Igls, Patsch

Igls – Patscherkofel

AV 31/5; FB 241, 333; ÖK 118, 148; Bergverlag Rother: WF Rund um Innsbruck

Rastkogelhütte

K. I, 2124 m, neu erb. 1955
DAV-S. Oberkochen
Zeppelinweg 39
D-73447 Oberkochen

Martin Wechselberger, Rastkogelhütte, postlagernd
A-6283 Hippach
während der Nichtbew.: A-6290 Mayrhofen-Hochsteg 580

✆ Hütte 05285/2145

✆ Tal 05285/4637
✗ Weihnachten bis Mitte Jan., Mitte Feb. bis So. nach Ostern, Anfang Juni bis Ende Sept.
🛏 30 ⊓ 58 ⊔ 10
❄ 4 offen
⚡ 220 V ~
↗ Möslwirt, 1500 m, 2½; Kehre der Hippacher Höhenstraße, 1900 m, 1; Hochfügen, 1500 m, 2
→ Loassattel (Gamssteinhaus) 3 – Kellerjochhütte 4; Rastkogel – Nurpenjoch – Weidener Hütte 5; Penkenhäuser 6
△ Rastkogel, 2761 m, 2; Roßkopf, 2573 m, 2; Marchkopf, 2500 m, 1½; Kraxentrager, 2408 m, 1; Kreuzjoch, 2290 m, ½; Arbiskopf, 2146 m, 1½
⛷ ↗ Sportalm, 1730 m, Hochfügen → Loassattel – Kellerjoch, Weidener Hütte △ Rastkogel, Roßkopf, Kraxentrager, Marchkopf, Schlepplift bei der Hütte
🚂 Hippach/Zillertal
🚌 🚗 Sportalm P
🚗 3. Kehre der Hippacher Höhenstraße, 1900 m, P (Sommer)

FB 151; ÖK 149; Bergverlag Rother: AVF Zillertaler Alpen

Vinzenz-Tollinger-Hütte

Jugendbergheim
1229 m, erb. 1932/33
OeAV-S. Hall i. Tirol
Schulgasse 6, Postfach 50
A-6060 Hall i. Tirol

✗ SV, nur Jugendgruppen mit Führer bzw. AV-Mitglieder nach Anmeldung bei Sektion
⊓ 20
⚡ 220 V ~ ♨
↗ Tulfes, 900 m, ¾
△ zur Glungezerhütte und Gipfel
⛷ den ganzen Winter
🚂 Hall i. Tirol
🚌 Tulfes
🚗 Tulfes

AV 31/5; FB 241; ÖK 118

Weidener Hütte

K. II, 1856 m, erb. 1927
DAV-S. Weiden/Oberpf.
Schönwerthstr. 6
D-92637 Weiden/Oberpf.

Else Schröck, Weidener Hütte
A-6133 Weerberg
während der Nichtbew.:
Freundsberg 21
A-6130 Schwaz

☎ Hütte 05224/68529
☎ Tal 05242/63711
✕ gj. bew., Nov. geschlossen
14 ⌐ 36 ⌙ 4
↗ Weerberg, 882 m, 4; Innerst, 1287 m, 2; Weer, 548 m, über Kolsaßberg 5; ab Jagerhof 4
→ Geiseljoch, 2291 m – Lanersbach 4; Rastkogel – Rastkogelhütte 5; Krovenzalm – Hippoldjoch, 2524 m – Lizumer Hütte 4½; Geiseljoch – Vallruckalm – Lizumer Hütte 4½; Rastkogel – Wanglspitze, 2420 m – Penkenjochhaus – Gschößwandhütte 6 (Seilbahn nach Mayrhofen)
△ Hobar, 2513 m, 2½; Hippoldspitze, 2643 m, 3½; Hirzer, 2725 m, 3; Halselspitze , 2579 m, 2¼; Rastkogel, 2761 m, 3½
↗ Weerberg – Innerst → Lanersbach, Rastkogelhütte, Lizumer Hütte, Gschößwandhütte △ Hobar, Hippoldspitze, Halselspitze, Rastkogel
Terfens – Weer
Weerberg
Pill – Weerberg – Innerst bzw. Teglau P; im Winter Innerst, evtl. Schneeketten erf. oder Weer – Ghf. Jagerhof

FB 151; ÖK 149; Bergverlag Rother: WF Rund um Innsbruck

Hütten anderer alpiner Vereine und Privathütten

Gamssteinhaus 1683 m, am Loassattel, privat, 28 ⌐ 30, zum Haus, gj. bew., ☎ 05242/71117

Gschößwandhaus 1784 m, auf dem Penken, privat, 35 ⌐ 18, ↗ Mayrhofen 3, Finkenberg 2, Mayrhofen (ab hier Penkenseilbahn) Finkenberg, gj. bew., ☎ 05285/2880

Patscherkofel-Naturfreundehaus 2000 m, am Patscherkofel, TVN, 10 (nur für Gruppen), ↗ Igls 3½, Patsch 3, ab Bergstation Patscherkofelbahn ½, Innsbruck Igls, Patsch, SV, Voranmeldung bei LL Wien, Diefenbachgasse 36, A-1150 Wien, ☎ 0222/831440

Voldertalhütte 1376 m, im Voldertal, TVN, 30, ↗ Hall 3, Volders 2½, Tulfes 2, Volders Tulfes, bew. Anfang Mai bis Ende Okt., ☎ Tal 05223/41281

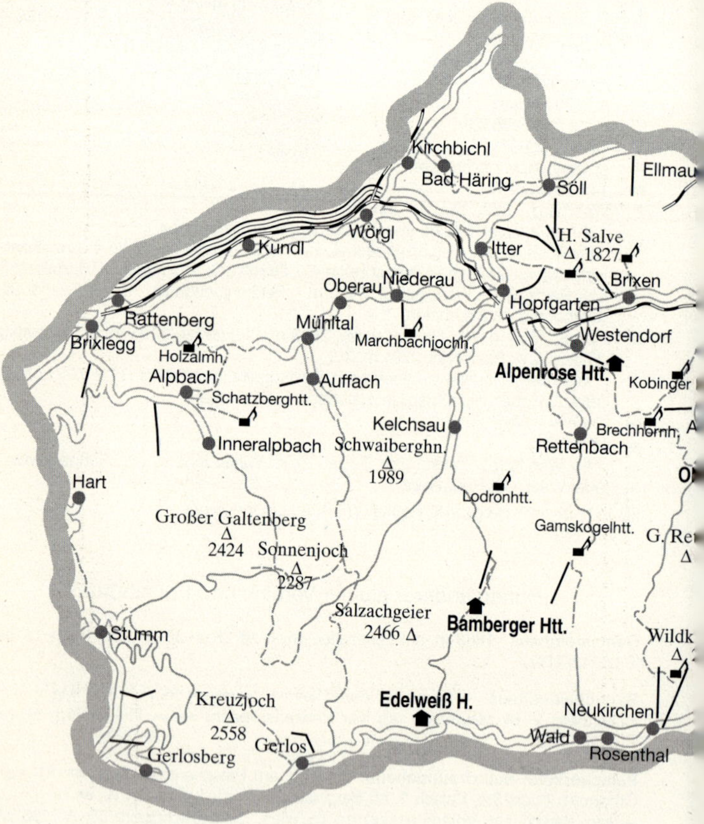
Kirchbichl
Bad Häring
Söll
Ellmau
Wörgl
Kundl
Itter
H. Salve
1827
Brixen
Oberau
Niederau
Hopfgarten
Rattenberg
Brixlegg
Mühltal
Marchbachjochh.
Westendorf
Holzalmh.
Alpbach
Auffach
Alpenrose Htt.
Kobinger
Schatzberghtt.
Kelchsau
Brechhornh.
Inneralpbach
Schwaiberghn.
1989
Rettenbach
Hart
Lodronhtt.
Großer Galtenberg
2424
Sonnenjoch
2287
Gamskogelhtt.
Salzachgeier
2466
Bamberger Htt.
Stumm
Kreuzjoch
2558
Edelweiß H.
Neukirchen
Wald
Rosenthal
Gerlos
Gerlosberg

34 Kitzbüheler Alpen

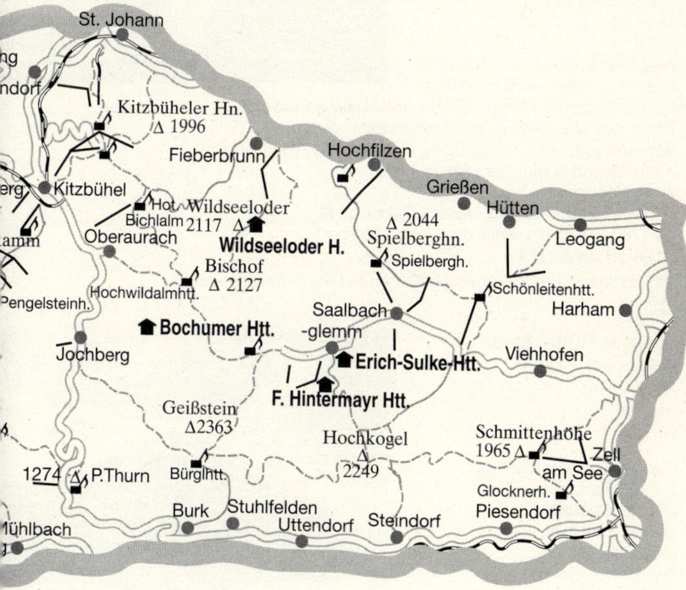

Umgrenzung

Inn von Einmündung Ziller bis Kufstein – Weißachgraben – Ellmau – St. Johann i.T. – Fieberbrunn – Hochfilzen – Saalfelden – Zell am See – Salzach – Gerlospaß – Gerlostal – Zell am Ziller – Ziller bis Einmündung in den Inn

Alpenrosehütte

K. II, 1534 m, erb. 1926
DAV-S. Schorndorf
Frankentobelweg 3
D-73614 Schorndorf

Josef Kurz, Alpenrosehütte
Nachsöllberg 1, Postfach 24
A-6363 Westendorf/Tirol
Hütte 05334/6488
Anfang Dez. bis Mitte April, Mitte Mai bis Ende Okt.
22 45 5
220 V ~
Westendorf, 785 m, 2½; Mayerhof, 1100, ¾; -Mittelstation, 1200 m, ¾; -Bergstation, 1780 m, 25 Min. und Liftstation Talkaser 20 Min. Abstieg
Brechhornhaus, 1660 m – Oberlandhütte 4 - 5
△ Nachsöllberg, 1884 m (Nazlberg) 1; Brechhorn, 2031 m, 3½
Westendorf △ wie oben; Pistenskilauf
Westendorf
im Sommer bis Mayerhof, sonst -Talstation P
bis 1780 m (fast am Gipfel des Nachsöllberges)
im Winter bis zur Hütte

AV 34/1; FB 381; ÖK 121; Bergverlag Rother: AVF Kitzbüheler Alpen

Bamberger Hütte, Neue

K. I, 1756 m, erb. 1925
DAV-S. Bamberg
Markusplatz 14
D-96047 Bamberg

Gabriela Fabbris, Kelchsau
A-6361 Hopfgarten i. T.
Y Hütte 0663/59849
während der Nichtbew.:
Brixentaler Str. 27
A-6361 Hopfgarten
Tal 05335/3052
26.12. bis 6.1., im Jan. Wochenende (ab Fr), 1. 2. bis So nach Ostern, 1.6. (frühest. Pfingsten) bis 10.10.
90
10
220 V ~
Gasthof Wegscheid, 1144 m, 1½ - 2; Alte Gerlosstraße zwischen Paß und Gasthof Ronach (nördlichste Schleife, ca. 1500 m) zum Salzachjoch, 1983 m, 2¼; Abstieg zur Hütte ½

→ Schafsiedl – Erlahütte 3½; Überlebenscharte, 2282 m – Alpengasthof Moderstock 4; Höhenweg Salzachgeier – Königsleiten geplant

△ Tristkopf, 2362 m, 2; Baumgartengeier, 2392 m, 2¾; Kröndlhorn, 2444 m, 2½; Schafsiedl, 2449 m, 2½; Salzachgeier, 2466 m, 2½ - 3

⛷ ↗ Wegscheid, Gerlos △ Tristkopf, Kröndlhorn, Schafsiedl, Salzachgeier

🚂 Hopfgarten/Brixental

🚌 Kelchsau

🚗 Ghs. Wegscheid P

AV 34/1; FB 381; ÖK 121; Bergverlag Rother: AVF Kitzbüheler Alpen

Bochumer Hütte (Kelchalm-Berghaus)

K. I, 1432 m, erb. 1832
DAV-S. Bochum
Josephinenstr. 67
D-44807 Bochum

† Gerhard Gandler
Einfangweg 76
A-6370 Kitzbühel

✆ Hütte 0663/56521

✆ Tal 05356/75475

✗ gj. bew.

🛏 22 ⌐ 48

⚡ 110 V = u. 220 V ~

↗ Hechenmoos, 826 m, 1½; im Sommer ab Ruine ½

→ Rauber – Saalkogel – Oberreiterjoch – Henlabjoch – Hochwildalmhütte 4, weiter zum Wildseeloderhaus 4; Tor, 1931 m – Bürglhütte 4; Laubkogel – Hahnenkampl – Rauber – Tristkogel – Tor – Oberkaser Alm 5; Tor – Torsee – Teufelssprung – Gamshag – Gr. Schütz – Niederkaser Alm 5

△ Rauber, 1973 m, 1½; Laubkogel, 1760 m, 1½; Saalkogel, 2007 m, 1¾; Tristkogel, 2095 m, 2; Gamshag, 2178 m, 2½; Gr. Schütz, 2069 m, 2½; Staffkogel, 2115 m, 3; Geißstein, 2363 m, 4

⛷ ↗ Hechenmoos → alle oben genannten △ Rauber, Saalkogel, Staffkogel, Laubkogel, Gamshag, Schütz, Übergang ins Hinterglemmtal

🚂 Kitzbühel

🚌 Hechenmoos (Weiler Wiesenegg)

🚗 Sommer: Wieseneggtal bis Ruine P, Winter: Kapelle P

AV 34/2; FB 382; ÖK 122; Bergverlag Rother: AVF Kitzbüheler Alpen, WF Pinzgau

Edelweißhaus – Königsleiten

K. II, 1635 m, erb. 1972
OeAV-S. Edelweiß
Walfischgasse 12
A-1010 Wien

- Erwin Hüttisch
  A-5742 Wald i. Pinzgau
- Hütte 06564/8297, Fax 06564/82974
- gj. bew., Mai und Nov. geschlossen
- 74 ⊓ 21
- 220 V ~
- ↗ Wald im Pinzgau, 884 m; Gerlos, 1246 m, Gerlospaß PA, 1507 m
- → Salzachjoch, 1983 m – Neue Bamberger Hütte, 1756 m, 3; Finkau, 1424 m – Wildgerlostal – Zittauer Hütte, 2329 m, 4
- △ Königsleiten, 2315 m, Falschriedel, 2420 m, 3; Ochsenkopf, 2470 m, 4
- den ganzen Winter, Pistenskilauf ↗ beide △ Königsleiten, Falschriedel, Ochsenkopf
- Krimml, Wald im Pinzgau, Zell am Ziller
- Sessellift Königsleiten
- bis zum Haus

AV 34/1; Bergverlag Rother: AVF Kitzbüheler Alpen

Erich-Sulke-Hütte

(früher Akademikerhütte)
K. II, 1100 m, erb. 1964
OeAV-Akademische S. Wien
Maria-Theresien-Str. 3
A-1090 Wien

- Fam. Embacher (nur Aufsicht)
  A-5754 Hinterglemm 126
- Hütte 06541/6520
- SV ganzjährig
- 2 ⊓ 36
- 220 V ~
- ↗ mit Pkw bis Hütte
- → nach Stuhlfelden/Oberpinzgau über Stoffenscharte, 2016 m – Scharte, 2129 m, 4½; Aurach-Kitzbühel über Saaljoch, 1876 m – Bochumer Hütte 6; Aurach-Kitzbühel über Henlabjoch, 1863 m, 6; Pfaffenschwendt über Bernkogel, 1740 m – Schanze, 1332 m, 5
- △ alle Gipfel der Umrahmung des Saalbach-Hinterglemmer Tales
- den ganzen Winter ↗ mit Pkw zur Hütte → alle △ alle
- Zell am See
- Hinterglemm-Auheim
- bis zur Hütte P

AV 34/2; FB 382; ÖK 123; Bergverlag Rother: AVF Kitzbüheler Alpen

Fritz-Hintermayr-Hütte

K. II, 1320 m, erb. 1959
DAV-S. Noris
Jakobstr.50
D-90402 Nürnberg

Maria u. Leonhard Gschwendtner
A-5754 Hinterglemm-Saalbach 172
Hütte 06541/6326
gj. bew., vom 10.10. bis 10.12. geschlossen
16 ⊓ 28
220 V
Hinterglemm, 1000 m, ½; Zwölferkogel-Mittelstation: Abstieg ¼
→ Pinzgauer Spaziergang zur Schmittenhöhe 5
△ Zwölferkogel, 1984 m, 1½; Hochkogel, 2249 m, 4; Schattberg, 2095 m, 3
↗ Hinterglemm → Pinzgauer Spaziergang △ Zwölferkogel, Hochkogel, Schattberg, Pistenskilauf
Zell am See
Hinterglemm
Brücke am Schwarzbachgraben P, Hinterglemm P
Zwölferkogel-Mittelstation

AV 34/2; FB 382; ÖK 123; Bergverlag Rother: AVF Kitzbüheler Alpen, WF Pinzgau

Oberlandhütte

K. II, 1014 m, erb. 1928
DAV-S. Oberland
Tal 42
D-80331 München

Franz Schurl, Oberlandhütte
Falkensteinweg 35
A-6365 Kirchberg
Hütte 05357/8113
gj. bew., ab So nach Ostern 3 Wochen u. im Nov. 3 Wochen geschlossen
34 ⊓ 39
220 V ~
↗ am Ortsrand von Aschau
→ Pengelsteinhaus oder Ehrenbachhöhe 3 - 3½; Trattenbachalm 3½; Wildkogelhaus über Geigenscharte, 2031 m, oder Stangenjoch, 1713 m, 5 - 6; Brechhornhaus 3; Kobinger Hütte 2
△ Gr. Rettenstein, 2384 m, 4; Kl. Rettenstein, 2217 m, 3½; Schwarzer Kogl, 2030 m, 3; Pengelstein, 1930 m, 4; Spießnägel, 1881 m, 2½; Brechhorn, 2031 m, 3; Floch, 2057 m, 4; Tanzkogel, 2100 m, 4

⛷ → Trattenbachalm, Wildkogelhaus, Brechhornhaus △ Schwarzer Kogl, Pengelstein, Spießnägel, Brechhorn, Floch, Tanzkogel; Pistenskilauf, Aschau, Kirchberg u. Kitzbühel
🚂 Kirchberg/Tirol
🚌 Aschau im Spertental
🚗 zur Hütte P
AV 34/1, 34/2; FB 381; ÖK 121, 122; Bergverlag Rother: AVF Kitzbüheler Alpen

Wildseeloderhaus

K. I, 1854 m, erb. 1892
OeAV-S. Fieberbrunn
Simon Trixl
Spielbergstr. 8
A-6391 Fieberbrunn

🕴 Stefan Hasenauer
Wildseeloderhaus
A-6391 Fieberbrunn
✆ Hütte 0664/3254583
während der Nichtbew.:
A-6345 Schwendt 37
✆ Tal 05375/2884
✕ 1. Wochenende Juni bis Mitte Okt.
⊓ 40
❄ 3 offen, nur Notraum, keine Heizmöglichkeit
↗ Lärchfilzhochalm 1¾; Bergstation Streuböden 1
→ Bochumer Hütte (Kelchalm) 5; Hochwildalm 3½
△ Wildseeloder, 2117 m
⛷ △ Wildseeloder, Hochhörndler (Henne)
🚂 🚌 Fieberbrunn
🚗 Pfaffenschwendt, Lärchfilzhochalm
🚡 Streuböden – Lärchfilzkogel
AV 34/2; FB 382; ÖK 122; Bergverlag Rother: AVF Kitzbüheler Alpen

Hütten anderer alpiner Vereine und Privathütten

Anton-Graf-Hütte 1450 m, TVN, 🛏 50 ⊓ 20, ↗ Niederau 1½, Bergstation Markbachjoch 20 Min., 🚆 Wörgl 🚌 🚗 Niederau, gj. bew., ✆ 05339/8314

Asitzhütte 1758 m, am Asitzkogel, privat, 🛏 45, ↗ Leogang 3, Hochfilzen 5, Berglift Saalbach 3, 🚆 🚌 Leogang 🚗 Leogang und Hütten (Lift), bew. Anfang Juni bis Mitte Okt. und Mitte Dez. bis Ende April, ✆ 06583/232

Brechhornhaus 1660 m, im Spertental, privat, 🛏 30 ⊓ 20, ↗ Spertental-Usterberg 3 (Alpenroselift 1½), 🚆 Kirchberg/Tirol 🚌 Spertental 🚗 Usterberg, bew. Mitte Dez. bis Ende Okt., ✆ 0663/59342

Breifußalm 1700 m, am Zwölferkogel, privat, 🛏 11 ⊓ 25, ↗ Saalbach 3, 🚆 Maishofen 🚌 Saalbach 🚗 Saalbach (Zwölferkogel), bew. Mitte Dez. bis Ende April

Bürglhütte 1699 m, südl. des Gaissteins, privat, 🛏 15 ⊓ 20, ↗ Mittersill 2½, 🚆 Mittersill oder Stuhlfelden 🚌 Stuhlfelden 🚗 Hütte, bew. Anfang Juni bis Mitte Okt., ✆ 06522/4526

Dr.-Karl-Renner-Haus 1105 m, in der Hinterglemm, TVN, 🛏 90, ↗ Saalbach 1¼, Busendstation ¼, 🚆 Maishofen 🚌 Hinterglemm 🚗 P kurz vor dem Haus, gj. bew., ✆ 06541/302

Erlahütte 1220 m, im Langen Grund, privat, ⊓ 5, ↗ Kelchsau 2½; Ghs. Moderstock 1, 🚆 Boden 🚌 Kelchsau 🚗 zur Hütte, im Sommer bew., ✆ 0663/56394

Gadenstätt-Almhütte 1361 m, TVN, ⊓ 10, ↗ Sausteigen bei Maishofen 20 Min., SV, Schlüssel bei Herbert Fersterer, Kirchham 228, A-5751 Maishofen, ✆ 06542/8319

Gamskogelhütte (ehem. Brennhütte), 1209 m, privat, 🛏 21, ↗ Westendorf 3, Rettenbach 1½, 🚆 Windau 🚌 Rettenbach ↗ zum Haus, bew. Mitte Mai bis Ende Sept.

Hochwildalmhütte 1557 m, auf der Hochwildalpe, TVN, ⊓ 10, ↗ Kitzbühel 3, Aurach 2, 🚆 Kitzbühel 🚌 🚗 Aurach, bew. Anfang Juni bis Ende Okt., ✆ 0663/53772

Holzalmhaus 1447 m, nördl. der Gratlspitze, privat, 🛏 30, ↗ Brixlegg 2½, 🚆 🚌 Brixlegg 🚗 bis zum Haus, bew. Anfang Mai bis Ende Okt., ✆ 05356/71171

Kobingerhütte 1532 m, auf d. Haarlosanger, privat, 🛏 20 ⊓ 14, ↗ Aschau 1½, Gaisberglift 1, 🚆 Kirchberg/Tirol 🚌 🚗 Aschau, gj. bew.

Marxtenalm-Gasthaus 1809 m, am Schattberg, privat, 🛏 ⊓ 40, ↗ Iglsberg, Saalbach (Schattberglift ½), 🚆 Maishofen 🚌 🚗 Saalbach

Münchner Haus 1456 m, am Wiedersberger Horn, TVN, 🛏 16 ⊓ 20, ↗ Alpbachtal-Bergbahn-Mittelstation 10 Min., 🚆 Brixlegg oder Fügen 🚌 🚗 Alpbachtal-Achenwirt, SV, Sa./So. bei Liftbetrieb beaufsichtigt, ✆ 05356/234

Pinzgauer Hütte 1695 m, südwestlich d. Schmittenhöhe, TVN, 🛏 24 ⊓ 25, ↗ Piesendorf 2, Zell am See 2¾, Bergstation ½, 🚆 Zell am See, Piesendorf 🚌 Piesendorf, Zell am See 🚗 Schmittenhöhe-Seilbahn, Talstation, gj. bew., ✆ 05649/7861

Schmittenhöhe-Alpengasthof 1968 m, auf der Schmittenhöhe, privat, 🛏 124, ↗ Zell am See 3¼, 🚂 🚌 Zell am See 🚗 und Lift z. Hs., bew. Mitte Dez. bis Mitte Okt., ✆ 06542/2489

Schönangeralm 1180 m, in der hinteren Wildschönau, 🛏 4 ⊓ 12, ↗ Auffach 1½, 🚂 Wörgl 🚌 Auffach 🚗 zum Haus, ganzj. bew., ✆ 05339/8944

Schönleitenhütte 1804 m, am Schönleitenkopf, privat, 🛏 40 ⊓ 40, ↗ Saalbach, Iglsberg 2 - 3, Kohlmaislift 1¼, 🚂 Maishofen 🚌 🚗 Saalbach, Iglsberg, Winter Abfahrt zur Hütte v. Asitz, bew. Dez. bis Mitte April, 20. Juni bis Mitte Okt., ✆ 06541/7229

Spielberghaus 1311 m, auf der Schanz, privat, 🛏 25 ⊓ 15, ↗ Saalbach 1½, Fieberbrunn 1½, 🚂 Maishofen, Hochfilzen 🚌 🚗 Saalbach, Fieberbrunn 🚗 zum Haus

Steinberghaus 889 m, in der Windau, privat, ⊓ 32, ↗ Westendorf 2, Rettenbach ½, 🚗 bis zum Haus, gj. bew., ✆ 05334/2534

Wiegenalm 1520 m, am Gampenkogel, privat, 🛏 10 ⊓ 15, ↗ Spertental, Aschau oder Lauterbach je 2, Gaisberglift 1, 🚂 🚌 🚗 Kirchberg/Tirol

Wildkogelhaus 2007 m, südl. des Wildkogels, privat, 🛏 45 ⊓ 21, ↗ Neukirchen a. Gr. Venediger, 856 m, 3; von der Bergstation ½, 🚂 🚌 🚗 Neukirchen a. Gr. Venediger, bew. Weihnachten bis Sonntag nach Ostern, Mitte Juni bis Anfang Okt., ✆ 06565/6672

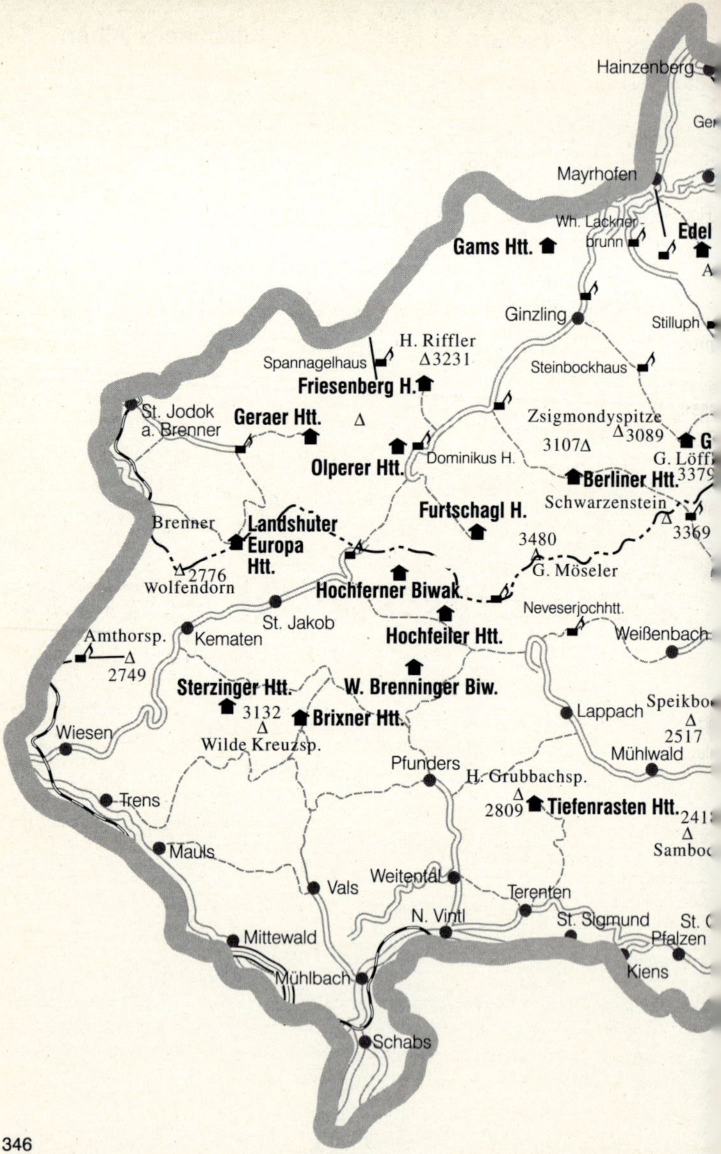
Hainzenberg
Mayrhofen
Wh. Lackner-brunn
Edel
Gams Htt.
Ginzling
Stilluph
H. Riffler
Δ3231
Spannagelhaus
Steinbockhaus
Friesenberg H.
St. Jodok a. Brenner
Geraer Htt.
Zsigmondyspitze
Δ3089
3107Δ
Olperer Htt.
Dominikus H.
Berliner Htt.
Schwarzenstein
Furtschagl H.
Brenner
Landshuter Europa Htt.
3480
G. Möseler
3369
2776
Wolfendorn
Hochferner Biwak
St. Jakob
Neveserjochhtt.
Amthorsp.
Kematen
Hochfeiler Htt.
Weißenbach
2749
Sterzinger Htt.
W. Brenninger Biw.
3132
Brixner Htt.
Lappach
Wiesen
Wilde Kreuzsp.
2517
Mühlwald
Pfunders
H. Grubbachsp.
Trens
2809
Tiefenrasten Htt.
Mauls
Weitental
Vals
Terenten
N. Vintl
St. Sigmund
Mittewald
Pfalzen
Kiens
Mühlbach
Schabs

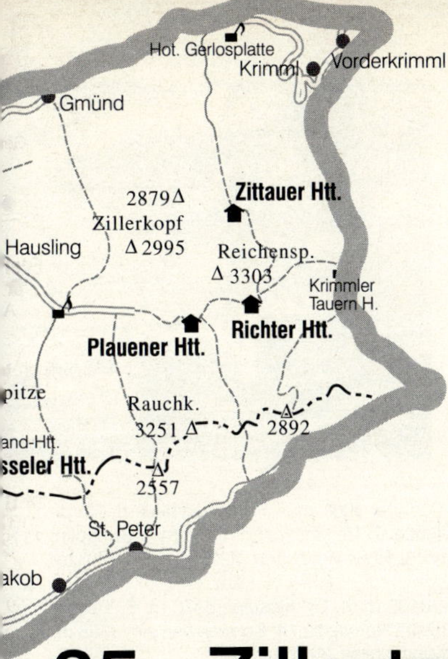

35 Zillertaler Alpen

Umgrenzung

Zell am Ziller – Gerlostal – Gerlospaß – Salzach bis Einmündung Krimmler Ache – Krimmler Tal – Birnlücke – Prettau – Ahrntal – Tauferer Tal – Bruneck – Rienz bis Einmündung in den Eisack – Eisack – Brenner – Wipptal bis Einmündung Schmirnbach – Schmirntal – Kasererbach – Tuxer Joch – Tuxer Tal bis Mayrhofen – Zillertal bis Zell a. Z.

Berliner Hütte

K. I, 2044 m, erb. 1879
DAV-S. Berlin
Markgrafenstr. 11
D-10969 Berlin

- Manfred Gruber
  A-6295 Ginzling
- Hütte 05286/223
  während der Nichtbew.:
  Pürstingerstr. 48
  A-5760 Saalfelden
- Tal 06582/3030
- Mitte Juni bis Ende Sept.
- 76 ⌐ 89 ⌙ 17
- 14 offen SR
- Breitlahner, 1251 m, 3
- Berliner Höhenweg – Schönbichler Scharte, 3081 m, – Furtschaglhaus 6; Nördl. Mörchenscharte, 2870 m – Greizer Hütte 6; Melkerscharte, 2812 m – Gunggltal (Jagdh. Maxhütte, 1445 m) – Ginzling 6; Roßruggscharte, 3229 m – Chemnitzer Hütte 5; Schwarzensteinhütte 5
- △ Schwarzsee 1½; Schönbichler Horn, 3133 m, 4; Gr. Möseler, 3478 m, 6; Turnerkamp, 3418 m, 6 - 7; Berliner Spitze (Dritte Hornspitze) 4; Schwarzenstein, 3368 m, 4 - 5; Gr. Mörchner, 3283 m, 4; Zsigmondyspitze, 3087 m, 3½
- nur im Frühjahr ↗ Breitlahner △ Möseler, Hornspitzen, Schwarzenstein, Mörchner
- Mayrhofen (Zillertalbahn) oder Jenbach
- Breitlahner
- Breitlahner P

AV 35/1, 35/2; FB 152; ÖK 149, 150; Bergverlag Rother: AVF Zillertaler Alpen, WF Zillertal

Brixner Hütte

2300 m, erb. 1973
AVS-S. Brixen
Domplatz 13
Kleines Kulturhaus
I-39042 Brixen

- Willi u. Martha Oberhofer
  Haus Schönblick 87
  I-39037 Mühlbach-Vals
- Y Hütte 0472/547131
- Tal 0472/547171
- Mitte Juni bis Mitte Okt.
- 8 ⌐ 35 ⌙ 5
- 4 offen
- 220 V ~
- Fanealm, 1739 m, 1½; Mühlbach, 837 m, 5
- Edelrauthütte (Pfunderer Höhenweg) 7; Sterzinger Hütte 3

△ Wilde Kreuzspitze, 3134 m, 2½; Wurmaulspitze, 3022 m, 2½ - 3; Grabspitze, 3058 m, 4½
⛷ nur im Frühjahr △ Wilde Kreuzspitze, Wurmaulspitze
🚌 Vals (Taxi-Bus bis Fanealm)
🚗 Fanealm
AV 31/3; FB WKS 4; ÖK 176; Bergverlag Rother: AVF Zillertaler Alpen

Edel-Hütte, Karl-von-

K. I, 2238 m, erb. 1889
DAV-S. Würzburg
Kaiserstr. 13
D-97070 Würzburg

Franz u. Anneliese Hauser
A-6290 Mayrhofen
während der Nichtbew.:
Dorf 177
A-6283 Hippach
✆ Hütte 0663/9154851
✆ Tal 05285/63114
✕ Mitte Juni bis Ende Sept.
🛏 12 ⊓ 70 ⊔ 10
↗ Mayrhofen, 650 m, über Ghs. Alpenrose 4; über Zillergrund – Ahornach-Alpe, 1549 m, 5; Hauserer Berg – Filzenalpe 5; über Stilluppgrund – »Eberlaste« – Filzenalpe 4; Ahornbahn: Mayrhofen – Filzenalpe, 1955 m, dann 1
→ Kasseler Hütte über Popbergnieder, 2448 m – Krummschnabelschneid, 2478 m – Sammerschartl, 2392 m – Nofertensmauer, 2277 m – Samerkarjöchl, 2094 m, 6 (= Aschaffenburger Höhensteig)
△ Ahornspitze, 2976 m, 3; Toreckenkopf ½; Popbergspitze, 2889 m, 3; Wilhelmer, 2938 m, 4; Mugler, 2955 m, 4½; Grundschartner, 3064 m, 5½
⛷ kein Stützpunkt
🚆 Mayrhofen (Zillertalbahn) oder Jenbach
🚌 🚗 Mayrhofen P
🚡 Ahornbahn Mayrhofen – Filzenalpe
AV 35/2; FB 152; ÖK 150; Bergverlag Rother: AVF Zillertaler Alpen, WF Zillertal

Friesenberghaus

K. I, 2498 m, erb. 1928 - 30
DAV-S. Berlin
Markgrafenstr. 11
D-10969 Berlin

Hubert Fritzenwallner
Friesenberghaus
A-6295 Ginzling
während der Nichtbew.:

Grublstr. 13
A-5621 St. Veit/Pongau
✆ Tal 06415/5031
✕ Mitte Juni bis Ende Sept.
🛏 11 ⊓ 30 ⊔ 15
↝ 220 V ~ 🚰
↗ Schlegeisspeicher, 1785 m – Friesenbergkar 2
→ Friesenbergscharte, 2904 m – Spannaglhaus 3 - 4; Olpererhütte 2; Berliner Höhenweg – Olpererhütte – Berliner Höhenweg – Gamshütte 7
△ Petersköpfl, 2677 m, ½; Hoher Riffler, 3228 m, 2½ - 3; Gefrorene Wandspitze, 3286 m, 3 - 4
⛷ kein Stützpunkt
🚂 Mayrhofen (Zillertalbahn) oder Jenbach
🚌 🚗 Schlegeisspeicher (Dominikushütte) P

AV 31/3, 35/1, 35/2; FB 152; ÖK 149; Bergverlag Rother: AVF Zillertaler Alpen

Furtschaglhaus

K. I, 2295 m, erb. 1889
DAV-S. Berlin
Markgrafenstr. 11
D-10969 Berlin

🚶 Johann Gratz
A-6295 Ginzling 123
während der Nichtbew.:
Hauptstr. 91a
A-5600 St. Johann/Pongau
✆ Tal 0664/2010607
✕ Mitte Juni bis Ende Sept.
⊓ 119 ⊔ 12
❄ 12 offen
↝ 220 V ~
↗ Schlegeisspeicher, 1785 m, 2½
→ Berliner Höhenweg – Schönbichler Scharte, 3081 m – Berliner Hütte 6 - 7; Schlegeisspeicher – Olpererhütte oder Friesenberghaus 4
△ Schönbichler Horn, 3133 m, 2½; Furtschaglspitze, 3188 m, 3½; Gr. Greiner, 3199 m, 4; Gr. Möseler, 3478 m, 4; Hoher Weißzint, 3371 m, 4½; Hochfeiler, 3510 m, 6 - 10
⛷ kein Stützpunkt
🚂 Mayrhofen (Zillertalbahn) oder Jenbach
🚌 🚗 Schlegeisstausee P

AV 35/1; FB 152; ÖK 149, 176; Bergverlag Rother: AVF Zillertaler Alpen, WF Zillertal

Gamshütte

K. I, 1916 m, erb. 1927
DAV-S. Otterfing
Johann Fischhaber
Hochstr. 4a
D-82024 Taufkirchen

🚹 Karin Weisiele
Dornau 361
A-6292 Finkenberg
✆ Hütte 0664/2403134
✆ Tal 05285/3870
✕ Mitte Juni bis Ende Sept.
⊓ 40 ⊔ 10
❄ keiner
↗ Finkenberg, 855 m, 3; Ginzling, Gasthaus Gamsgrube, 989 m, 3
→ Berliner Höhenweg – Oberböden (Gasthaus über Ginzling, 1500 m) 3; Friesenberghaus 7 - 8
△ Grinbergspitzen, 2884 m, Vordere 2, Mittlere 2½, Hintere 3
⛷ kein Stützpunkt
🚂 Mayrhofen (Zillertalbahn) oder Jenbach
🚌 🚗 Finkenberg P

AV 35/1, 35/2; FB 152; ÖK 149, 150; Bergverlag Rother: AVF Zillertaler Alpen, WF Zillertal

Geraer Hütte

K. I, 2324 m, erb. 1895
DAV-S. Landshut
Höfatsweg 1
D-84034 Landshut

🚹 Günther Hofmann
postlagernd
Geraer Hütte
A-6154 St. Jodok/Vals
während der Nichtbew.:
A-6156 Gries a. Brenner 53
✆ Hütte 0663/57466
✆ 05274/86102
✕ Mitte Juni bis Mitte Sept.
🛏 18 ⊓ 80 ⊔ 10
❄ 12 offen
⚡ 220 V ~
↗ St. Jodok am Brenner, 1129 m, durch das Valser Tal, 4; über Innerschmirn – Steinernes Lamm, 2430 m, 5 - 6; Gasth. Touristenrast 2½ - 3
→ Tuxer-Joch-Haus 4 - 5; Wildlahnerscharte, 3220 m – Olpererhütte oder Spannaglhaus 5 - 6; Alpeiner Scharte, 2957 m – Olpererhütte 4½; Schlegeisspeicher – Dominikushütte, 1684 m, 4½; Pfitscher Joch, 2250 m, 4½ – Landshuter Hütte 2½

△ Olperer, 3476 m; Fußstein, 3381 m, 3½ - 4½; Schrammacher, 3411 m, 6 - 7
⛷ ↗ St. Jodok – Valser Tal oder Schmirntal → Spannaglhaus △ Olperer
🚂 Steinach/Br.
🚌 🚗 Gasth. Touristenrast oder Innerschmirn 🅿
AV 31/3, 35/1; FB 152; ÖK 149; Bergverlag Rother: AVF Zillertaler Alpen, WF Zillertal

Greizer Hütte

K. I, 2226 m, erb. 1893
DAV-S. Greiz (Sitz Marktredwitz)
Walter Wenisch
Wildgartenstr. 19
D-95566 Mitterteich

🕴 Herbert Schneeberger
A-6283 Ramsau/Zillertal HNr. 100e
✆ Hütte 0663/56251
✆ Tal 05282/3211
✕ Ende Juni bis Ende Sept.
🛏 24 ⌐ 52 ⌙ 14
❄ 14 offen SR
⚡ 220 V ~
↗ Ginzling, 989 m, 4; Tristenbachalm, 1160 m, 3 - 3½
→ Kasseler Hütte 5; Grüne-Wand-Haus 3; Nördl. Mörchenscharte, 2870 m – Berliner Hütte 6; Floitenkees – Tribbachsattel – Schwarzenstein – Berliner Hütte 6 - 7; Schwarzensteinhütte 3½
△ Gr. Löffler, 3376 m, 3½; Gigalitz, 3002 m, 2; Westl. Floitenspitze, 3194 m, 3½; Schwarzenstein, 3368 m, 4; Gr. Mörchner, 3283 m, 4; Zsigmondyspitze (Feldkopf), 3087 m, 4
⛷ nur im Frühjahr ↗ Floitental (sehr lawinengefährlich!), besser über Berliner Hütte – Tribbenbachsattel – Floitenkees △ Gr. Löffler, Floitenspitze, Schwarzenstein, Mörchner
🚂 Mayrhofen (Zillertalbahn) oder Jenbach
🚌 Ginzling
🚗 Tristenbachalm 🅿
AV 35/2; FB 152; ÖK 150; Bergverlag Rother: AVF Zillertaler Alpen

Hochfeilerhütte

2710 m, erb. 1986 an der Stelle der ehem. Wiener Hütte
AVS-S. Sterzing
Weg in die Vill 4
I-39049 Sterzing

🕴 Annelies Mittermair
Weg in die Vill 30
I-39049 Sterzing
✆ Hütte 0472/646071

© Tal 0472/765824 o. 767402
✗ Ende Juni bis Anfang Okt.
70 ⌐ 25 ⌙ 20
6 offen
220 V ~
↗ 3. Kehre der Pfitscher-Joch-Straße, 1718 m, 3
→ Pfitscher-Joch-Haus, 2250 m, 5; Edelrauthütte, 2545 m, 2½
△ Hochfeiler, 3510 m, 2½; Hochferner, 3473 m, 3; Hoher Weißzint, 3371 m, 3
Sterzing
Sterzing – Pfitsch – St. Jakob
Pfitscher-Joch-Straße 3. Kehre

AV 31/3, 35/1; Bergverlag Rother: AVF Zillertaler Alpen

Hochferner-Biwak

(Günther-Messner-Biwak)
2429 m, erb. 1971
AVS-S. Sterzing
Weg in die Vill 4
I-39049 Sterzing

⌐ 9 offen
↗ 5. Kehre der Pfitscher-Joch-Straße 2½
→ Pfitscher-Joch-Haus 2
△ Haupenhöhe, 3040 m, 2; Hochfernerspitze, 3463 m, 6 -7; Hochsteller, 3097 m, 2
kein Skigebiet!
Sterzing
St. Jakob in Pfitsch
5. Kehre der Pfitscher-Joch-Straße

AV 31/3, 35/1; FB WKS 4; ÖK 176; Bergverlag Rother: AVF Zillertaler Alpen

Kasseler Hütte

K. I, 2177 m, erb. 1927
DAV-S. Kassel
Hohnemannstr. 79
D-34130 Kassel

Ingeborg Mair
Stilluppklamm 807
A-6290 Mayrhofen

- ✆ Hütte 0663/57795
- ✆ Tal 05285/8192
- ✕ Mitte Juni bis Mitte Sept.
- 🛏 30 ⌐ 78 ⌴ 10
- ❄ 6 offen SR
- ⚡ 220 V ~
- ↗ Mayrhofen, 628 m, 6; Grüne-Wand-Haus 2; über Eisenklamm 3
- → Lapenscharte, 2700 m – Greizer Hütte 4 - 5; Aschaffenburger Höhenweg, AV-Weg Nr. 519 – Edelhütte, ca. 15 km 8 - 10
- △ Wollbachspitze, 3210 m, und Hintere Stangenspitze, 3223 m, 3 - 4; Grüne Wand, 2946 m, 2½; Keilbachspitze, 3093 m, 3 - 4; Gr. Löffler, 3376 m, 6 - 8
- 🚂 Mayrhofen oder Jenbach
- 🚌 Grüne-Wand-Hütte
- 🚗 Stillupp-Stausee P

AV 35/2; FB 152; ÖK 150; Bergverlag Rother: AVF Zillertaler Alpen, WF Zillertal

Landshuter Europa Hütte

K. I, 2693 m, erb. 1889, gemeinsame Sanierung DAV/CAI 1987/88
DAV-S. Landshut und
CAI S. Sterzing
Höfatsweg 1
D-84034 Landshut

- 🚶 Helmut Holzer
  I-39040 St. Jakob/Pfitsch über Sterzing Nr.78
- ✆ Hütte 0472/646076
- ✆ Tal 0472/630156
- ✕ Mitte Juni bis Ende Sept.
- 🛏 28 ⌐ 60 ⌴ 10
- ❄ 10 offen
- ↗ Brennersee 4½; Ghf. Touristenrast im Valser Tal (Geistbeckweg) 5; Platz im Pfitscher Tal 3; Pfitscher Joch, 2277 m, 2½
- → Pfitscher Joch 2 (Landshuter Höhenweg) – Schlegeisstausee/Dominikushütte, 1684 m, 1½ – Furtschaglhaus 2 - 2½ oder Olpererhütte 2; Pfitscher Joch – Alpeiner Scharte, 2957 m – Geraer Hütte 5 - 6
- △ Kraxentrager, 2998 m, 1; Höhenwanderung Wildseespitze, 2733 m Wolfendorn, 2776 m – Flatschspitze, 2561 m – Rollspitze, 2800 m – Hühnerspiel (Amthorspitze), 2749 m
- ⛷ ↗ Brennersee → Pfitscher Joch △ Kraxentrager: hochalpine Tour, nur für geübte Fahrer

Brennersee, Brenner, Sterzing
St. Jakob, Pfitsch
Brennersee P, Brennersee, Ghf. Touristenrast P, Pfitscher Tal bis Joch P
AV 31/3; FB 152; ÖK 149; Bergverlag Rother: AVF Zillertaler Alpen, GF Südtirol 3

Olpererhütte

K. I, 2389 m, erb. 1881
DAV-S. Berlin
Markgrafenstr. 11
D-10969 Berlin

Georg Fanhauser
A-6295 Ginzling
Hütte 0663/55467
während der Nichtbew.:
Unterwaldstr. 7
A-6272 Stumm/Zillertal
05283/2844
Anfang Juni bis Anfang Okt. (wetterbedingt)
42 6
14 offen
(keine Heiz- und Kochmöglichkeit)
Schlegeisspeicher, 1785 m, 1½
Alpeiner Scharte, 2957 m – Geraer Hütte 4; Berliner Höhenweg – Friesenberghaus 2; Gamshütte 9; Riepensattel, 3056 m – Spannaglhaus 4 - 5; Berliner Höhenweg – Schlegeisgrund – Furtschaglhaus 4
Olperer, 3476 m, 3; Gefrorene Wandspitze, 3286 m, 2½; Fußstein, 3381 m, 4; Schrammacher, 3411 m, 6
kein Stützpunkt
Mayrhofen (Zillertalbahn) oder Jenbach
Schlegeisstausee P
AV 31/3, 35/1; FB 152; ÖK 149; Bergverlag Rother: AVF Zillertaler Alpen, WF Zillertal

Plauener Hütte

K. I, 2363 m, erb. 1898/99
DAV-S. Plauen-Vogtland
Günter Jähring
Stresemannstr. 17
D-08523 Plauen

Gisela Eiter
A-6426 Roppen Nr. 135
Hütte 0663/54459
Tal 05417/5167

- ✗ Mitte Juni bis Mitte Sept. (witterungsbedingt)
- 6 ⊓ 74
- 10 (im Winter offen)
- 220 V ~
- ↗ Ghf. Bärenbad – Staumauerkrone – Tunnel – Keesbach 2
- → Gamsscharte, 2991 m – Richterhütte 3; Zillerplattenscharte, 2874 m – Windbachtal – Krimmler Tauernhaus, 1622 m, 6; Heiliggeistjöchl – Kasern (Ahrntal) 4½; Birnlückenhütte 8
- △ Wildgerlosspitze, 3280 m, 4; Reichenspitze, 3303 m, 3½; Richterspitze, 3054 m, 2½; Spaten, 2956 m, 4; Zillerplattenspitze, 3147 m, 3½
- nur im Frühjahr ↗ Mayrhofen – Bärenbad △ Wildgerlosspitze, Reichenspitze, Zillerplattenspitze
- Mayrhofen (Zillertalbahn) oder Jenbach
- Mayrhofen, Bärenbad
- Mayrhofen, Bärenbad (Maut)

AV 35/3; FB 152; ÖK 150; Bergverlag Rother: AVF Zillertaler Alpen, WF Zillertal

Richterhütte

K. I, 2374 m, erb. 1927
DAV-S. Bergfreunde Rheydt
Heerstr. 84
D-41199 Mönchengladbach

- Notburga Bachmaier, A-5743 Krimml 72
- ✆ Tal 06564/328
- ✗ Mitte Juni bis Ende Sept.
- 18 ⊓ 36 ⊔ 16
- 8 offen SR
- 220 V ~
- ↗ Krimml, 1060 m – Krimmler Tauernhaus, 1631 m, 5 - 5½
- → Gamsscharte (Unterstandshütte), 2976 m – Plauener Hütte 4; Rheydter Höhenweg: Windbachscharte – Eissee – Zillerplattenscharte – Plauener Hütte 5 - 6; Roßkarscharte, 2687 m – Zittauer Hütte 3 - 4; Krimmler Tauern, 2634 m, 4½ - 5; Neugersdorfer Hütte (Ruine) – Lausitzer Höhenweg – Birnlücke – Birnlückenhütte
- △ Richterspitze, 3054 m, 2 - 2½; Reichenspitze, 3303 m, 4; Zillerspitze, 3091 m, 2½; Zillerplattenspitze, 3147 m, 4; Schwarze Wand (Südl.), 3045 m, 4; Spaten, 2956 m, Rheydterspitze (frühere Warze!), 2802 m, 2
- △ Reichenspitze, Rainbachspitze
- Krimml Bahnhof
- Krimml Ort
- Krimml P

AV 35/3; FB 152; ÖK 151; Bergverlag Rother: AVF Zillertaler Alpen, WF Zillertal

Sterzinger Hütte

2344 m, erb. 1888
AVS-S. Sterzing
Weg in die Vill 4
I-39049 Sterzing

- Hüttenwart: Walter Schölzhorn
  Weg in die Vill 4
  I-39049 Sterzing
- ✆ Hütte 0472/646074
- ✆ Tal 0472/764625
- Ende Juni bis Anfang Okt.
- 12 ⊔ 8
- ↗ Burgum im Pfitsch, 1374 m, 2½
- → Brixner Hütte, 3
- △ Wilde Kreuzspitze, 3132 m, 2½; Blickenspitze, 2985 m, 2
- Wilde Kreuzspitze
- Sterzing
- Burgum

AV 31/3; FB WKS 4; ÖK 175; Bergverlag Rother: AVF Zillertaler Alpen

Tiefenrastenhütte

(an Stelle der früh. Fritz-Walde-Hütte)
2312 m, erb. 1978
AVS-S. Brixen
Domplatz 13, Kleines Kulturhaus
I-39042 Brixen

- Oswald u. Regina Volgger
  Eggerseiterstr. 5
  I-39030 Pfunders-Vintl
- ✆ Hütte 0474/554999
- ✆ Tal 0472/549152
- Anfang Juni bis Mitte Okt.
- 11 ⊓ 30 ⊔ 10
- 4
- 220 V
- ↗ Ast bei Terenten, 1234 m, 3½; Alpeggeralm 2½
- → Edelrauthütte 6 -7 (nur für Geübte!); Stützpunkt des Pfunderer Höhenweges
- △ Hochgrubbachspitze, 2809 m, 1½; Kempspitze, 2704 m, 1; Eidechsspitze, 2738 m, 1½
- Nieder-Vintl
- Terenten
- Winnebachtal/Alpeggeralm, 1500 m P

FB WKS 3; ÖK 176; Bergverlag Rother: AVF Zillertaler Alpen

Walter Brenninger, Biwak

2150 m, erb. 1978
AVS-S. Brixen
Domplatz 13
Kleines Kulturhaus
I-39042 Brixen

- ⊓ 8 offen
- ↗ Brixner Hütte, 2300 m, 4½; Edelrauthütte, 2545 m, 2½
- → Stützpunkt a. Pfunderer Höhenweg
- Bahn: Nieder-Vintl
- Bus: Pfunders
- Auto: Pfunders

AV 31/3; FB WKS 4; ÖK 176; Bergverlag Rother: AVF Zillertaler Alpen

Zittauer Hütte

K. I, 2329 m, erb. 1901
OeAV-S. Warnsdorf/Krimml
Oberkrimml 47
A-5743 Krimml

- Wirt: Peter u. Gisela Kirchner
  Dorf 32
  A-5732 Mühlbach
- ✆ Hütte 06564/8262
- ✆ Tal 06566/474
- ✗ Mitte Juni bis Ende Sept.
- Betten: 6 ⊓ 55
- Winterraum: 14 offen SR
- Strom: 220 V ~
- ↗ Finkau-Alpe (Ghs., am Ende des Durlaßboden-Stausees), 1422 m, 3; Gerlos, 1253 m, 5
- → Richterhütte, 2374 m, über Roßkarscharte, 2690 m, 3 - 4; Krimmler Tauernhaus, 1622 m, im Krimmler Achental über Rainbachscharte, 2720 m (nur für Geübte!)
- △ Roßkopf, 2844 m; Reichenspitze, 3303 m, 4 - 5; Gabler (Gabelkopf), 3260 m, Wildgerlosspitze, 3280 m, 5
- Ski: kein Stützpunkt
- Bahn: Krimml im Pinzgau, Zell am Ziller
- Bus: Gerlos Ort bzw. Gerlos-Hochalpenstraße-Mautstelle
- Auto: Sommer: Finkau-Alpe (Ghs.)

AV 35/3; FB 152; ÖK 151; Bergverlag Rother: AVF Zillertaler Alpen, WF Zillertal

Hütten anderer alpiner Vereine und Privathütten

Alpenrose-Wirtshaus 1875 m, im Hinteren Zemmgrund, privat, 🛏 60 ⊓ 30, ↗ Ginzling 4, Breitlahner 2, 🚆 🚌 Mayrhofen 🚗 Breitlahner, bew. Anfang Juni bis Ende Sept., ✆ 05286/222

Birnlückenhütte 2441 m, im hinteren Ahrntal, CAI, 🛏 25 ⊓ 31, ↗ Kasern, 3, 🚆 Bruneck 🚌 🚗 Kasern, ⊠ 6 offen, bew. Anfang Juli bis Ende Sept., ✆ 0474/654140

Brandbergkolmhaus 1845 m, am Fuße des Brandberger Kolms, privat, 🛏 20, ↗ Brandberg 1½, 🚆 🚌 Mayrhofen 🚗 Brandberg, ✆ 05285/3175, bew. Ende Mai bis Anfang Okt.

Chemnitzer Hütte, Alte (Nevesjochhütte), 2419 m, am Nevessattel, CAI, 🛏 12 ⊓ 56, ↗ Luttach 4, Lappach 3, 🚆 Bruneck 🚌 🚗 Lappach oder Luttach, ⊠ 8, bew. Mitte Juni bis Mitte Okt., ✆ 0474/653244

Dominikushütte 1805 m, am Schlegeisstausee, privat, 🛏 13 ⊓ 11, ↗ Ginzling 4½, Breitlahner 2, 🚆🚌 Mayrhofen 🚌 Schlegeisstausee 🚗 z. Hs., bew. Mitte Mai bis Mitte Okt., ✆ 05286/216

Edelrauthütte (Eisbruggjochhütte), 2545 m, am Eisbruggjoch, CAI, 🛏 17 ⊓ 30, ↗ Pfunders 4½, Mühlwald-Lappach 4, 🚆 Nieder-Vintl oder Bruneck 🚌 🚗 Pfunders oder Lappach, ⊠, bew. Mitte Juni bis Anfang Okt., ✆ 0474/653230

Enzianhütte 1903 m, an der Zirogalm, privat, 🛏 36, ↗ Brennerbad 1½, 🚆 🚌 Brennerbad 🚗 z. Hs., bew. Dez. bis April, Juni bis Okt., ✆ 0472/761224

Filzstein-Alpengasthaus 1641 m, auf der Gerlosplatte, privat, 🛏 35 ⊓ 20, ↗ Krimml 2, Gerlos 3, 🚆 Vorderkrimml 🚌 Krimml 🚗 Gerlospaß, Krimml, gj. bew.

Gamsscharte, Unterstand in der 2976 m, DAV-S. Bergfreunde Rheydt, nur offener Unterstand, keine Lager, → Richterhütte 1½, Plauener Hütte 1½

Gerlosstein-Berggasthaus 1682 m, an der Gerlossteinwand, privat, 🛏 40, ↗ Ötschen 2, 🚆 Zell am Ziller 🛏 Ötschen (Personenseilbahn in Hüttennähe) 🚗 z. Hs., bew. Mitte Dez. bis Ende April, Mitte Mai bis Ende Okt., ✆ 05282/2419 oder 2501

Grawandhaus 1640 m, im Zemmgrund, privat, 🛏 25 ⊓ 10, ↗ Ginzling 5, Breitlahner 1½, 🚆 🚌 Mayrhofen 🚗 Breitlahner, bew. Mitte Juni bis Anfang Okt., ✆ 05286/213

Grünewandhütte 1438 m, im inn. Stillupptal, privat, 🛏 14 ⊓ 15, ↗ Mayrhofen 4, 🚆 🚌 Mayrhofen 🚗 z. Hs., bew. Mitte Mai bis Ende Sept., ✆ 05285/3423 o. 32112

Hühnerspielhütte 1868 m, auf der Hühnerspielalm, privat, 🛏 3 ⊓ 7, ↗ Gossensaß 2½, 🚆 🚌 Gossensaß 🚗 Gossensaß (Sessellift z. Hs.), bew. Mitte Juni bis Ende Sept., Wintersaison ✆ 0472/62398

In der Au, Gasthaus 1270 m, an der Mündung des Sondergrundes in den Zillergrund, privat, 🛏 6, ↗ Mayrhofen 3, 🚆 🚌 Mayrhofen 🚗 z. Hs., gj. bew., ✆ 05285/2444

Kasern-Wirtshaus 1625 m, im inn. Schmirntal, privat, 🛏 16, ↗ St. Jodok 3½, 🚆 St.

Jodok a. Brenner 🚌 Schmirn 🚗 Innerschmirn

Krimmler Tauernhaus 1631 m, im Krimmler Achental, privat, 🛏 23 ⊓ 36, ↗ Krimml 3 (ab Achenfälle Wegegeld), 🚂 🚌 Krimml 🚗 Hinterkrimml, gj. bew., ✆ 06564/8327

Pfitscher-Joch-Haus (Passo di Vizze, Rifugio), 2248 m, am Pfitscher Joch (Landesgrenze), privat, 🛏 30, ↗ St. Jakob (Pfitscher Tal) 1¾, Stein 1¼, 🚂 Sterzing 🚌 St. Jakob 🚗 z. Hs., bew. Anfang Juli bis Ende Sept., ✆ 0472/60119

Schwarzensteinhütte (Sasso Nero, Rifugio), 2922 m, Schwarzenstein-Osthang, CAI, 🛏 30 ⊓ 40, ↗ Luttach 5½, 🚂 Bruneck 🚌 🚗 Luttach oder St. Johann i. Ahrntal, bew. Anfang Juli bis Mitte Sept., ✆ 0474/671160

Spannaglhaus 2531 m, auf dem Tuxer Ferner, ÖTK, 🛏 20 ⊓ 27, ↗ Hintertux 3½, Bergstation 10 Min, 🚂 Mayrhofen 🚌 🚗 Hintertux, Juli bis Mai, ✆ 05287/707

Stein-Berggasthof 1535 m, im Pfitscher Tal, privat, 🛏 10, ↗ Pitscher Tal, 🚂 Sterzing 🚌 St. Jakob 🚗 z. Hs.

Tuxer-Joch-Haus 2313 m, auf dem Tuxer Joch, ÖTK, 🛏 13 ⊓ 28, ↗ Hintertux 2½, Schmirn-Kasern, 🚂 🚌 Mayrhofen, St. Jakob a. Brenner 🚌 Hintertux, Schmirn 🚗 Kasern oder Hintertux, bew. Mitte Juni bis Anfang Okt., ✆ 05287/216

36 Venediger-gruppe

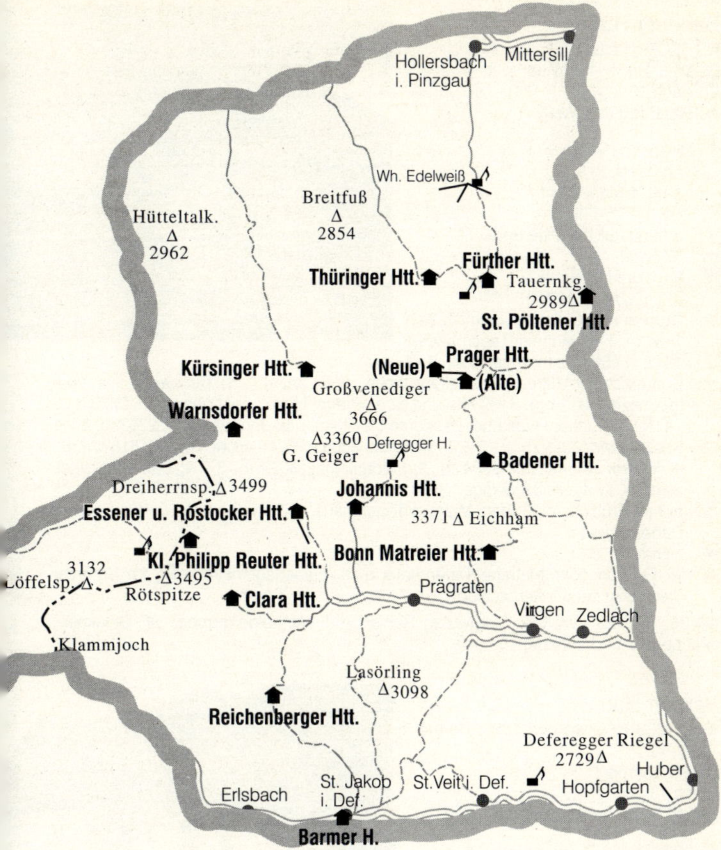

Umgrenzung

Krimml – Salzach bis Mittersill – Felberbach – Felbertauern – Tauernbach - Matrei i.O. – Isel bis Huben – Schwarzach – Jagdhausalm – Klammljoch – Klammlbach – Sand in Taufers – Ahrntal – Prettau – Birnlücke – Krimmler Achental – Krimml

Badener Hütte

K. I, 2608 m, erb. 1911
OeAV-S. Baden bei Wien
Postfach 10
A-2500 Baden bei Wien

- Marianne Wibmer
  Amoserweg 9
  A-9971 Matrei/Ostt.
- ✆ Tal 04875/6791
- Anfang Juli bis Mitte Sept.
- 17 ⌐ 31
- 8 - 10 im Nebenhaus (50 m südl. d. Hütte)
- ↗ Gruben an der Felbertauernstraße, 1164 m, 4 - 6; Matreier Tauernhaus, 1512 m (Taxi bis Innergschlöß), 5 - 7
- → Bonn-Matreier-Hütte über Galtenscharte, 2884 m, 4 - 6; Defreggerhaus über Froßnitztörl, 3114 m, 3 - 5; Alte und Neue Prager Hütte über Löbbentörl, 2770 m, 3 - 4; Neue Fürther Hütte über Löbbentörl, 2770 m, und Sandebentörl, 2753 m, 6 - 8
- △ Kristallwand, 3329 m, 2 - 3½; Weißspitze, 3300 m, 3 - 4; Hohe Achsel, 3161 m, 3 - 4; Innerer Knorrkogel, 2884 m, 2; Wildenkogel, 3022 m, 3 - 4; Dabernitzkogel, 2972 m, 3 - 4; Großvenediger, 3674 m, 5 - 6
- nur im Frühjahr ↗ Gruben, Matreier Tauernhaus → Defreggerhaus △ Kristallwand, Dabernitzkogel
- Lienz
- Gruben oder Matreier Tauernhaus a. d. Felbertauernstraße P, im Sommer Taxidienst nach Innergschlöß

AV 36; FB 123; ÖK 152; Bergverlag Rother: AVF Venedigergruppe, GF Glockner-, Granatspitz- und Venedigergruppe

Barmer Haus

K. II, 1380 m, erworben 1925, Umbau 1968 - 72
DAV-S. Barmen
Höfen 13
D-42277 Wuppertal

- ✆ 0202/643177 (nur Fr von 18 - 20 Uhr), Anmeldung und Auskünfte nur über die Sektion
- Angelika Erlsbacher (nur Bewartung)
  Innerrotte 7
  A-9963 St. Jakob
- ✆ Tal 04873/5408
- Ende Juni bis Ende Okt., 20.12. bis 14 Tage nach Ostern, SV-Küche

🛏 22 ⊓ 20, geeignet für Familienaufenthalt und Gruppen, im Sommer steht für Einzelwanderer immer ein Lager zur Verfügung
~ 220 V ~
↗ im Ort St. Jakob in Defreggen
→ Barmer Hütte, ab Patscher Alm 3; Neue Reichenberger Hütte 3½
△ Wetterkreuz, 2233 m, 2½; Weißes Beil, 2767 m, 3½; Seespitze, 3021 m, 5 - 6; Leppleskofel, 2820 m, 4½
Dez. bis Ostern ↗ Brunnalm-Staller-Sattelgebiet △ Pistenskilauf
Lienz/Osttt.
St. Jakob i. Def., Straße auch im Winter geräumt und ständige Postautoverbindung von Lienz
St. Jakob, am Haus P

FB 123, S 3; ÖK 177; Bergverlag Rother: AVF Venedigergruppe, GF Glockner-, Granatspitz- und Venedigergruppe

Bonn-Matreier-Hütte

K. I, 2750 m, erb. 1932
DAV-S. Bonn
Postfach 7208
D-53072 Bonn
und OeAV-S. Matrei/Osttirol
Postfach 23
A-9971 Matrei/Ostt.

Stefan u. Margit Mühlburger
Mellitz 10
A-9972 Virgen
✆ Hütte 04874/5577
✆ Tal 04874/5478
✕ 20. Juni bis 20. Sept.
🛏 19 ⊓ 34 ⊔ 8
8
↗ Virgen-Obermauern, 1300 m, 3½; Prägraten, 1303 m, 4½
→ Badener Hütte 3½; Eisseehütte 3; Wallhorntörl, 3025 m – Defreggerhaus 6 (spaltenreicher Gletscher!); Zopetscharte – Johannishütte 7½; Sajathütte 6
△ Eichham, 3371 m, 3½ - 4; Sailkopf, 3209 m, 1½; Rauhkopf, 3070 m, 1
kein Stützpunkt
Lienz/Osttirol
Virgen-Obermauern
Obermauern bei Virgen, Prägraten P

AV 36; FB 123; ÖK 152; Bergverlag Rother: AVF Venedigergruppe, GF Glockner-, Granatspitz- und Venedigergruppe, WF Osttirol, WF Tauern-Höhenweg

Clarahütte

K. I, 2038 m, erb. 1872
DAV-S. Essen
Postfach 100835
D-45008 Essen

- c/o Hans Weiskopf, Jürgen u. Sabine Malszewski
  St. Andrä 55
  A-9974 Prägraten
- ✆ Hütte 0663/9758893
- Y zur Hütte
  während der Nichtbew.:
  Heckelsberg 19
  D-45359 Essen
- ✆ Tal 0201/681365
- ✗ Anfang Juni bis Mitte Okt.
- 20 ⊔ 5
- ↗ Hinterbichl, 1331 m, 4; Streden, 3
- → Dabertal – Neue Reichenberger Hütte, 5½; Reggentörl, 3052 m – Essener und Rostocker Hütte, 7; Kleine Philipp-Reuter-Hütte, 2690 m, 2½; Vord. Umbaltörl, 2928 m – Lenkjöchlhütte, 2590 m, 5
- △ Daberspitze (Hohe Saile), 3401 m, 6 - 7; Rötspitze, 3495 m, 5; Dreiherrnspitze, 3499 m, 5½ - 6; Simonyspitzen, 3488 m, 4 - 5; Malhamspitzen, 3373 m, 6; Quirl, 3151 m, 5 - 6
- kein Skigebiet, sehr lawinengefährlich
- Lienz/Osttirol
- Sommer bis Streden P, sonst bis Hinterbichl
- Streden P

AV 36; FB 123; ÖK 152; Bergverlag Rother: AVF Venedigergruppe, GF Glockner-, Granatspitz- und Venedigergruppe, WF Osttirol

Essener u. Rostocker Hütte

K. I, 2208 m; Rostocker Hütte, erb. 1912; Essener Hütte, erb. 1962 - 64
DAV-S. Essen und
DAV-S. Main-Spessart
Stubertal 17
D-45149 Essen

- Friedl Steiner
  Iselweg 11
  A-9974 Prägraten/Ostt.
- ✆ Hütte 04877/5101
- ✆ Tal 04877/5473
- ✗ Anfang März bis Mitte Mai, Anfang Juni bis Ende Sept.
- 49 ⊓ 70

18 offen SR
220 V ~
↗ Streden, 1403 m, 2½; Venediger Höhenweg
→ Türmljoch, 2790 m – (Schweriner Weg) Johannishütte, 2121 m, 3½; Reggentörl, 3056 m – Clarahütte, 2038 m, 5; Maurertörl, 3108 m – Warnsdorfer Hütte, 2336 m, 4½; Maurertörl – Kürsingerhütte, 2549 m, 5½
△ Malhamspitzen, 3373 m, 4½; Dreiherrnspitze, 3499 m, 5 - 6; Simonyspitzen, 3488 m, 4; Maurerkeesköpfe, 3313 m, 3½; Gr. Geiger, 3360 m, 4; Gr. Happ, 3350 m, 3½; Rostocker Eck, 2749 m (Rundwanderweg), 2½
hervorragendes Hochtourengebiet (nur im Frühjahr) ↗ Hinterbichl, Streden → Maurertörl → Kürsinger- und Warnsdorfer Hütte △ wie im Sommer
Lienz/Osttirol
bis Streden (nur Sommer, sonst Prägraten)
Hinterbichl P, Streden P

AV 36; FB 123; ÖK 152; Bergverlag Rother: AVF Venedigergruppe, GF Glockner-, Granatspitz- und Venedigergruppe, WF Osttirol, WF Tauern-Höhenweg

Fürther Hütte, Neue

K. I, 2201 m, erb. 1928/29
DAV-S. Fürth
Blumenstr.27
D-90762 Fürth

Fam. Johann Scheuerer
Wenns 33
A-5733 Bramberg
Hütte 06562/8390
Tal 06566/7344
Ende Juni bis Anfang Okt.
33 44 15
8 offen SR
220 V ~
↗ Hollersbach, 804 m, 5½; Innergschlöß/Tauerntal, 1691 m – Sandebentörl, 2753 m, 6; mit Taxi von Hollersbach bis Edelweißhütte, dann 3½
→ Sandebentörl – Neue Prager Hütte 7 - 8; St.-Pöltener-Hütte 6 - 7; Larmkogelscharte, 2934 m – Thüringer Hütte 3½
△ Larmkogel, 3022 m, 3; Abretterkopf, 2980 m, 3
kein Stützpunkt
Hollersbach/Pinzgau P
bis Edelweißhütte, 1291 m

AV 34/2, 36; FB 123; ÖK 152; Bergverlag Rother: AVF Venedigergruppe, GF Glockner-, Granatspitz- und Venedigergruppe, WF Nationalpark Hohe Tauern Nord

Johannishütte

K. I, 2121 m, erb. 1857
DAV-S. Oberland
Tal 42
D-80331 München

- Leonhard Unterwurzacher
  Hinterbichl 19a
  A-9974 Prägraten/Osttirol
- ✆ Hütte 04877/5150
- ✆ Tal 04877/5387
- ✗ Karwoche bis Mitte Mai, Mitte Juni bis Ende Sept.
- 11 ⊓ 24
- z. Z. keiner
- ↗ Hinterbichl, 1331 m, 2½
- → Türmljoch, 2790 m – Essener u. Rostocker Hütte 3 - 4; Obersulzbachtörl, 2922 m – Kürsingerhütte 5; Defreggerhaus 2½ – Rainertörl, 3422 m – Neue Prager Hütte 4½ - 5; Frosnitztörl, 3114 m, Badener Hütte, 5; Timmeltal – Bonn-Matreier-Hütte 5; Sajathütte 3
- △ Großvenediger, 3674 m, 5; Rainerhorn, 3560 m, 4½; Großer Geiger, 3360 m, 6; Zopetspitze, 3198 m, 3
- nur im Frühjahr ↗ Hinterbichl → Kürsingerhütte, Neue Prager Hütte △ Großvenediger, Rainerhorn, Gr. Geiger
- Lienz/Osttirol
- Sommer: bis Hinterbichl, Winter: bis Prägraten
- Hinterbichl P
- bis Steinbruch im Dorfertal (Anfragen bei Wirt oder Gasthof Islitzer, Hinterbichl)

AV 36; FB 123; ÖK 152; Bergverlag Rother: AVF Venedigergruppe, GF Glockner-, Granatspitz- und Venedigergruppe, WF Osttirol, WF Tauern-Höhenweg

Kürsingerhütte

K. I, 2558 m, erb. 1875
OeAV-S. Salzburg
Nonntaler Hauptstraße 86
A-5020 Salzburg

- Josef Hetz
  A-5741 Neukirchen a. Großvenediger
  während der Nichtbew.:
  Wengerberg
  A-5721 Piesendorf 41c
- ✆ Hütte 06565/6450
- ✆ Tal 06549/7986
- ✗ 14 Tage vor Ostern bis Ende Sept.
- 50 ⊓ 100 ⊔ 50
- 16 offen

- 220 V ~
- Neukirchen a. Großvenediger, 835 m, 6 - 7; Hopffeldboden 5
- über Krimmler Törl zur Warnsdorfer Hütte 3 - 4; über Maurertörl zur Essener u. Rostocker Hütte 4 - 5; über Obersulzbachtörl zur Johannishütte 3 - 4; über Venedigerscharte zur Prager Hütte 4 - 5
- △ Keeskogel, 3291 m, 3; Großvenediger, 3674 m, über Venedigerscharte 4 - 5; Großer Geiger, 3360 m, über Maurertörl 4 - 5; Schlieferspitze, 3289 m, 4 - 5; Sonntagskopf, 3125 m, 3 - 4; Gamsspitzl, 2888 m, 3; Bachmayrspitze, 3119 m, 3
- nur im Frühjahr ↗ Neukirchen – Krimmler Törl, Maurertörl, Venedigerscharte △ alle
- Neukirchen bzw. Bhf. Rosental
- Neukirchen bzw. Rosental
- bis Hopffeldboden
- P Sulzau, beim Taleingang Hopffeldboden

AV 36; FB 123; ÖK 151; Bergverlag Rother: AVF Venedigergruppe, GF Glockner-, Granatspitz- und Venedigergruppe, WF Hohe Tauern Nord, WF Tauern-Höhenweg

Kleine Philipp-Reuter-Hütte

K. I, 2692 m, Ersatzbau 1978
DAV-S. Essen
Postfach 100835
D-45008 Essen

- nicht bew., Kochgelegenheit, beaufsichtigt vom der Clarahütte
- 8 offen
- ↗ Hinterbichl 6½; P Streden 5½; Clarahütte 2½
- → Reggentörl, 3052 m – Essener u. Rostocker Hütte, 2208 m, 5; Vord. Umbaltörl, 2928 m – Lenkjöchlhütte, 2590 m, 2½
- △ Rötspitze, 3495 m, 3; Dreiherrnspitze, 3499 m, 3½ - 4; Simonyspitzen, 3488 m, 3 - 4; Malhamspitzen, 3373 m, 4
- kein Winterstützpunkt, Zugang äußerst lawinengefährlich
- Lienz/Osttirol
- Sommer: bis P Streden, sonst bis Hinterbichl
- Streden P

AV 35/3, 36; FB 123; ÖK 151; Bergverlag Rother: AVF Venedigergruppe, GF Glockner-, Granatspitz- und Venedigergruppe

Prager Hütte, Alte

K. I, 2489 m, erb. 1872, neu erb. 1877, nach Zerstörung durch Lawine neu instand gesetzt 1972
DAV-S. Oberland
Tal 42
D-80331 München

siehe Neue Prager Hütte
Jausenstation einfach, Anfang Juli bis Ende Sept.
17 10 (im)
10 offen SR
Innergschlöß 3
Neue Prager Hütte 1; Neue Fürther Hütte 5; Badener Hütte 3½ - 4; St. Pöltener Hütte 5
siehe Neue Prager Hütte
Lienz oder Mittelsill
Matreier Tauernhaus (nur Sommer, sonst Matrei)
Matreier Tauernhaus, Taxidienst nach Innergschlöß

AV 36; FB 121, 123; ÖK 152; Bergverlag Rother: AVF Venedigergruppe, GF Glockner-, Granatspitz- und Venedigergruppe, WF Osttirol, WF Tauern-Höhenweg

Prager Hütte, Neue

K. I, 2796 m, erb. 1904
DAV-S. Oberland
Tal 42
D-80331 München

Josef Aspetzberger
A-9971 Matrei/Ostt.
Hütte 04875/8840
während der Nichtbew.:
Gemeindestr. 8
A-4650 Edt bei Lambach
Mitte März bis Mitte Mai, Mitte Juni bis Ende Sept.
63 36
10 offen, Holzvorrat, SR
Matreier Tauernhaus, 1512 m, 4 - 5; Innergschlöß, 1725 m, 3 - 4
St.-Pöltener-Hütte 6; Badener Hütte 3½; Fürther Hütte 5 - 6; Venedigerscharte, 3414 m – Kürsingerhütte 4; Rainertörl, 3422 m – Defreggerhaus 4; Thüringer Hütte 6 - 7
Großvenediger, 3674 m, 3½; Kleinvenediger, 3477 m, 3; Rainerhorn, 3560 m, 3½; Schwarze Wand, 3511 m, 4; Hoher Zaun, 3467 m, 4½; Kristallwand, 3329 m, 5½; Inn. Kesselkopf, 2897 m, ½
nur im Frühjahr Matreier Tauernhaus Groß- und Kleinvenediger, Rainerhorn, Schwarze Wand
Lienz oder Mittelsill
Matreier Tauernhaus (nur Sommer, sonst Matrei)
Matreier Tauernhaus, Taxidienst nach Innergschlöß

AV 36; FB 121, 123; ÖK 152; Bergverlag Rother: AVF Venedigergruppe, GF Glockner-, Granatspitz- und Venedigergruppe, WF Osttirol, WF Tauern-Höhenweg

Reichenberger Hütte, Neue

K. I, 2586 m, erb. 1926
OeAV-S. Reichenberg
Dr. Herbert Preibisch
Wildalpjochstr. 6
D-81825 München

- Johann Feldner
  A-9963 St. Jakob i. Def.
- ✆ Hütte 04873/5580
  während der Nichtbew.:
  Bichl 2
  A-9974 Prägaten
- ✆ Tal 04877/5362
- Mitte Juni bis Ende Sept. (je nach Witterung)
- 21 ⌐ 29 ⊔ 10
- 29 SR
- 220 V ~
- ↗ St. Jakob i. Def., 1389 m, über Trojeralm oder Durfeldalm 3 - 4; Hinterbichl, 1331 m, über Pebellalm und Stürmitzer Alm 3 - 4
- → Clarahütte, 2038 m, über Daberlenke, 2631 m, und durchs Dabertal 3 - 4; Patscher Alm, 1667 m, über Rotenmanntörl, 2997 m, Seebachalm, 1887 m, 6 - 7; Lasnitzenalm, 1887 m, über Rote Lenke, 2794 m, und Milchtalscharte, 2652 m, 3 - 4; Bergerseehütte, 2182 m, über Lasnitzenalm 5 - 6
- △ Bachlenkenkopf, 2759 m, ½; Gösleswand, 2912 m, 1; Finsterkarspitze, 3028 m, 1; Heinzenspitze, 2930, 1; Kesselpater, 2985 m, 2; Reichenberger Spitze, 3030 m, 2 - 3; Rosenspitze, 3060 m, 2 - 3; Graue Wand, 2816 m, 1; Keeseck, 3173, 2 - 3
- kein Stützpunkt
- Lienz/Ostt.
- St. Jakob, Hinterbichl P

FB 123; ÖK 177; Bergverlag Rother: AVF Venedigergruppe, GF Glockner-, Granatspitz- und Venedigergruppe, WF Osttirol

Thüringer Hütte, Neue

K. I, 2240 m, erb. 1971/72
DAV-S. Oberkochen
Zeppelinweg 39
D-73447 Oberkochen

- Ingeborg Gruber
  Neue Thüringer Hütte
  A-5733 Bramberg
  während der Nichtbew.:

A-5725 Stuhlfelden Nr. 205
✆ Hütte 06566/7555
✆ Tal 06562/4452
✕ Anfang Juli bis Mitte Sept.
🛏 30 ⌐ 52 ⌙ 12
⊞ 6 offen
220 V ~
↗ Gasthof Habachklause, 867 m, 5½
→ Larmkogelscharte, 2934 m – Fürther Hütte 3; Schwarzkopfscharte, 2867 m – Neue Prager Hütte 5½
△ Larmkogel, 3022 m, 2; Roßlahnerkopf, 2859 m, 2; Schwarzkopf, 2997 m; Hohe Fürlegg, 3244 m, 5; Kratzenberg, 3023 m, 3½; Plattiger Habach 3
kein Stützpunkt
Bramberg/Habach
Gasthof Weyerhof
Gasthof Habachklause P

AV 34/2, 36; FB 121; ÖK 152; Bergverlag Rother: AVF Venedigergruppe, GF Glockner-, Granatspitz- und Venedigergruppe, WF Nationalpark Hohe Tauern Nord

Warnsdorfer Hütte

K. I, 2336 m, erb. 1891
OeAV-S. Warnsdorf/Krimml
A-5743 Krimml 47

Ernst und Andrea Meschik
Oberkrimml 30
A-5743 Krimml
während der Nichtbew.:
Dorf 78
A-5761 Maria Alm
✆ Hütte 06564/8241
✆ Tal 06584/7676
✕ Mitte Juni bis Ende Sept., im Juni teilweise nur Sa/So
🛏 15 ⌐ 50 ⌙ 12
⊞ 16 offen SR
220 V ~
↗ Krimml, 1072 m, über Krimmler Wasserfallweg – Krimmler Achental; Stützpunkte: Ghs. Schönangerl am 2. Wasserfall, Hölzlahneralpe, Ghs. Krimmler Tauernhaus, 1622 m, 6; bis Innerkeesalpe auch Taxi, dann 2
→ Kürsingerhütte, 2547 m – Krimmler Törl, 2789 m, 3½; über Gamsspitzl, 2888 m, ¾ länger; Essener u. Rostocker Hütte über Maurertörl, 3108 m, 4; Birnlückenhütte, 2441 m, 4

△ Gamsspitzl, 2888 m, 1½; Hoher Sonntagskopf, 3129 m; Schlieferspitze, 3289 m, 3½ - 4; Maurerkeeskopfgrat, 3205 m, 4½ - 5; Gr. Geiger, 3360 m; Simonyspitze, 3488 m, 6; Großvenediger, 3674 m, 7; Dreiherrnspitze, 3499 m, 8

⛷ nur im Frühjahr ↗ Krimml – Kürsingerhütte △ Gamsspitzl, Hoher Sonntagskopf, Schlieferspitze

🚆 🛏 🚗 Krimml/Pinzgau 🅿

🚙 bis Innerkeesalpe

AV 36; FB 123; ÖK 151; Bergverlag Rother: AVF Venedigergruppe, GF Glockner-, Granatspitz- und Venedigergruppe, WF Nationalpark Hohe Tauern Nord, WF Tauern-Höhenweg

Hütten anderer alpiner Vereine und Privathütten

Bergeralm 1845 m, auf dem Nordostrücken des Bergerkogels, privat, 🛏 25, ↗ Virgen 1½, Prägraten 2, 🚆 Lienz/Osttirol 🚌 🚗 Virgen, Prägraten, bew. Anfang Juni bis Ende Sept., ✆ 04874/5458

Bergerseehütte 2182 m, am Bergersee, privat, ⊓ 25, ↗ Prägraten 2½, 🚆 Lienz 🚌 🚗 Prägraten, bew. Anfang Juni bis Ende Sept., ✆ 04877/5232

Berndlalm 1500 m, im Obersulzbachtal, privat, 🛏 27, ↗ Rosental 2½, 🚆 Rosental a. Venediger 🚌 🚗 Neukirchen, bew. Anfang März bis Ende Sept., ✆ 0663/68254

Defreggerhaus 2962 m, am Mullwitzaderl, ÖTK, 🛏 30 ⊓ 42, ↗ Hinterbichl 5, 🚆 Lienz (nur Sommer, sonst Prägraten) 🚗 Hinterbichl, Prägraten, bew. Anfang Juli bis Ende Sept., Ostern, Pfingsten, ❄ 12 offen, ✆ 0663/58530

Eisseehütte 2520 m, im hinteren Timmeltal, privat, 🛏 14 ⊓ 31, ↗ Prägraten/St. Andrä 3½, 🚆 Lienz 🚌 🚗 Prägraten, bew. Anfang Juni bis Mitte Okt. (Ostern auf Anfrage), ✆ 0663/57161

Lasörlinghütte 2350 m, im hinteren Mullwitztal, privat, 🛏 30 ⊓ 40, ↗ Virgen 3, Reichenberger Hütte 3, Bergerseehütte 3, Lasörling, 3098 m, 2½, 🚆 Lienz 🚌 🚗 Virgen, bew. Mitte Mai bis Mitte Okt., im Winter je nach Schneelage, bei vorheriger Anmeldung offen, ✆ 0663/57063

Laßnitzenhütte 1887, im Laßnitzental, privat, 🛏 10 ⊓ 10, ↗ Prägraten 1½, Taxi z. Hütte, 🚆 Lienz/Osttirol 🚌 🚗 Prägraten, bew. Anfang Juni bis 20. Okt., ✆ 04877/5252

Lenkjöchlhütte (Giogo Lungo, Rifugio), 2603 m, im hinteren Ahrntal, CAI, 🛏 32 ⊓ 22, ↗ Kasern im Ahrntal 3½, 🚆 Bruneck 🚌 🚗 Kasern, bew. Anfang Juli bis Ende Sept., ✆ 0474/654144

Matreier Tauernhaus 1512 m, südl. d. Felbertauern, privat, 🛏 60, ↗ Matrei/Osttirol 4, 🚆 Lienz/Osttirol 🚌 🚗 Matrei, z. Hs., gj. bew., ✆ 04875/8811

Niljochhütte 1990, im Niltal, privat, ⊓ 25, ↗ Obermauern 1½, 🚆 Lienz/Osttirol 🚌 Virgen 🚗 Obermauern, bew. Mitte Mai bis Mitte Okt., ✆ 04877/5440

Obersulzbachhütte 1742 m, im Obersulzbachtal, OeAV, 🛏 nur BRD-Diensthütte, ↗ Neukirchen 4½, Rosental 4, 🚂 Rosental 🚌 Neukirchen 🚗 Hopffeldboden, kleine Notunterkunft für Besucher vorhanden

Postalm 1699 m, im Obersulzbachtal, privat, 🛏 20 ⊓ 10, ↗ Rosental 3¾, Bichl 4, 🚂 🚌 Rose n tal a. Venediger 🚗 Siggen, bew. Anfang März bis Ende Sept., ✆ Hütte 06565/6520, ✆ Tal 06565/6787

Sajathütte 2600 m, im Felskessel des Sajat, privat, 🛏 36 ⊓ 14, ↗ Prägraten 4½, Bichl 4, 🚂 Lienz 🚌 Prägraten 🚗 Bichl, bew. Mitte Juni bis Mitte Okt., ✆ 04877/6369

Venedigerhaus (Innergschlöß), 1725 m, im Tauerntal, privat, 🛏 24 ⊓ 8, ↗ Tauernhaus 1½, Matrei 4½, 🚂 Lienz 🚌 🚗 Matreier Tauernhaus, bew. Mitte Mai bis Ende Sept., ✆ 04875/8820

Wetterkreuzhütte 2106 m, privat, ⊓ 20, ↗ Virgen 3, Taxidienst zur Hütte, 🚂 Lienz/Osttirol 🚌 🚗 Virgen, bew. Anfang Juni bis Ende Sept. und über Ostern, ✆ 04874/5227

Zupalseehütte 2350 m, privat, 🛏 30 ⊓ 10, ↗ Virgen 4, Taxi bis Wetterkreuzhütte, von dort 1, 🚂 Lienz/Osttirol 🚌 🚗 Virgen, bew. Mitte Juni bis 20. Okt., ✆ 04874/5227

37 Rieserferner-gruppe

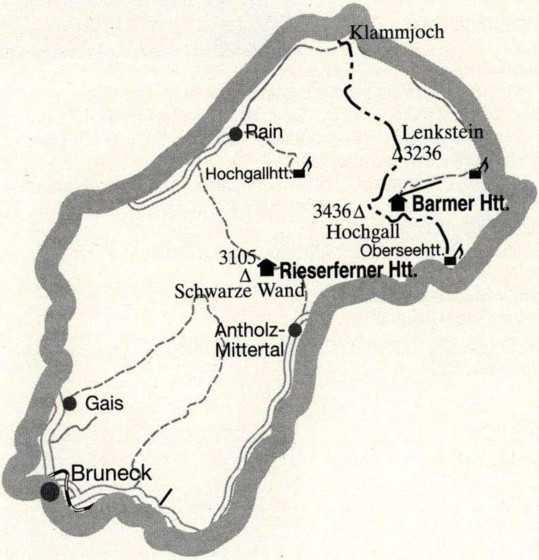

Umgrenzung

Klammljoch – Jagdhausalm – Schwarzach – Einmündung Staller Almbach – Staller Almbach – Staller Sattel – Antholzer Tal – Olang – Rienz bis Bruneck – Tauferer Tal – Sand in Taufers – Raintal – Knuttental – Klammljoch

Barmer Hütte

K. I, 2610 m, erb. 1956 - 60
DAV-S. Barmen
Höfen 13
D-42277 Wuppertal

- 🕴 Udo Schmidt
  Oberrotte 54
  A-9963 St. Jakob i. Defr.
- ✆ Hütte 0663/55999
  während der Nichtbew.:
  Casinostr. 36
  D-56154 Buchholz
- ✆ Tal 06742/1264
- ✕ Ende Juni bis Ende Sept.
- 🛏 19 ⌐ 34 ⌙ 3
- ⊠ 4 - 5 offen SR
- ↗ Patscher Alm, 1800 m, 3; Haltestelle Erlsbach 3½; Antholzer See 3½
- → Almer Kees – Jägerscharte, 2780 m – Oberseehütte, 2084 m, 3 - 4; Roßhornscharte, 2916 m – Fleischbachkees – Seebachalm – Oberhausalm 5 - 6; Barmer Hütte – Hochgall oder Lenkstein – Kasseler Hütte 5
- △ Hochgall, 3435 m, 3; Lenkstein, 3171 m, 3; Patscher Schneid: Gratüberschreitung Roßhornscharte – Fennereck – Barmer Spitze 5; Almer Horn, 2986 m, 2; Mittlere Ohrenspitze, 3005 m, 2½
- ⛷ nur im Frühjahr ↗ Patscher Alm → Oberseehütte △ Hochgall
- 🚂 Lienz/Osttirol
- 🚌 Erlsbach über St. Jakob i. Defr.
- 🚗 Patscher Alm (Ghs.), Maut, P

FB S 3; ÖK 177; Bergverlag Rother: AVF Rieserfernergruppe, GF Glockner-, Granatspitz- und Venedigergruppe, 3354

Rieserfernerhütte

(Hanns-Forcher-Mayr-Hütte, ehem. Fürther Hütte)
2792 m, erb. 1980
AVS-S. Bozen
Bindergasse 25
I-39100 Bozen
und AVS-S. Bruneck
An der Kaiserwarte 4
I-39031 Bruneck

- 🕴 Gottfried Leitgeb
  Im Neurauth 24
  I-39030 Antholz-Mittertal
- ✆ Hütte 0474/492125
- ✆ Tal 0474/492228
- ✕ Anfang Juli bis Ende Sept.

- 12 ⌐ 20 ⌙ 20
- 20 offen
- 220 V ~
- ↗ Antholz 3½; Rein 3½
- → Kasseler Hütte (Hochgallhütte) 4
- △ Schneebiger Nock, 3358 m, 2½; Fernerköpfl, 3248 m, 2; Morgenkofl, 3070 m, ½
- Bruneck, Olang
- Antholz-Mittertal, Rein
- Antholz-Mittertal, Rein

FB 123; ÖK 177; Bergverlag Rother: AVF Rieserfernergruppe, 3354

Hütten anderer alpiner Vereine und Privathütten

Antholzer-See-Enzianhütte 1650 m, im ob. Antholzer Tal, privat, 10, im Antholzer Tal, Olang Antholz z. Hs., bew. Anfang Juli bis Ende Sept., ✆ 0474/42334

Kasseler Hütte, Alte (Hochgallhütte), 2274 m, am Fuße des Hochgalls, CAI, 45 ⌐ 25, ↗ Rein 2¼, Antholz-Mittertal 6, Bruneck oder Olang Rein oder Antholz-Mittertal, bew. Mitte März bis Mitte Mai und Mitte Juni bis Ende Sept., ✆ 0474/672550

Oberseehütte (Staller-See-Hütte), 2020 m, am Obersee (Staller Sattel), privat, 20 ⌐ 10, ↗ Erlsbach 2, Olang, Lienz Erlsbach oder Antholz-Obertal bzw. bis Hütte, bew. Mitte Mai bis Ende Okt., ✆ 04852/32013 o. 0663/56402

Patscher Hütte 1675 m, auf der Patscher Alm, privat, 10, ↗ St. Jakob 2½, Erlsbach ¾, Lienz St. Jakob im Defreggental, Erlsbach z. Hs. (Maut), bew. Mitte Juni bis Mitte Okt., ✆ 0663/58752

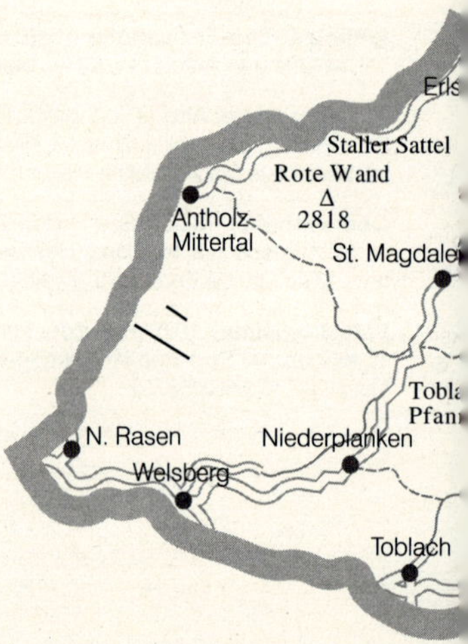
Erls
Staller Sattel
Rote Wand
2818
Antholz-
Mittertal
St. Magdale
Tobl
Pfan
N. Rasen
Niederplanken
Welsberg
Toblach

38 Villgratner Berge

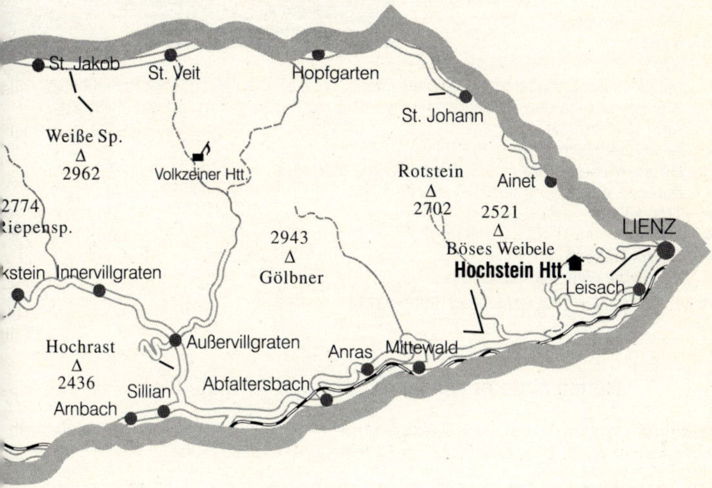

Umgrenzung

Staller Sattel – Staller Almbach – Schwarzbach bis Einmündung in die Isel – Isel bis Lienz – Drautal – Toblach – Rienz bis Olang – Antholzer Tal – Staller Sattel

Hochsteinhütte

K. III, 2023 m, erb. 1895,
Wiederaufbau 1920
OeAV-S. Lienz
Defreggerstr. 11
A-9900 Lienz

- Bernhard Rautter
  Weidachweg 22
  A-9900 Debant
- ✆ Hütte 0663/55843
- ✆ Tal 04852/61880
- ✗ Ende April bis Mitte Okt., Mitte Dez. bis Ende März, in der Zwischenzeit bei Schönwetter
- 9 ⌐ 20
- 220 V ~
- ↗ Mit Pkw über Bannberg bis Parkplatz (Maut), ca. 8 Min. zur Hütte; über Schloßberg 3½; Bergstation des Venedigerwarte, 1015 m, 2½; Bergstation des Leisacher Alm, 1510 m, 1½
- → Ainet über Hochstein 4
- △ Böses Weibele, 2521 m, 1½; Rotsteinberg, 2696 m, 4
- den ganzen Winter ↗ alle △ Böses Weibele
- Thal/Aßling
- Aßling
- bis zur Hütte P
- Venedigerwarte, Leisacher Alm

AV 41; FB 182; ÖK 179; Bergverlag Rother: 3241

Hütten anderer alpiner Vereine und Privathütten

Bloshütte 1800 m, im inn. Zwenewaldtal, privat, 24, ↗ Hopfgarten 2, Lienz Hopfgarten z. Hs., bew. Anfang Juli bis Ende Sept., ✆ 04872/215004

Volkzeiner Hütte 1886 m, privat, 22 ⌐ 12, ↗ von Außervillgraten mit Pkw bis 5 Min. vor Haus, Sillian Außervillgraten, bew. 20. Juni bis 10. Okt., ✆ 04843/5224

39 Granatspitzgruppe

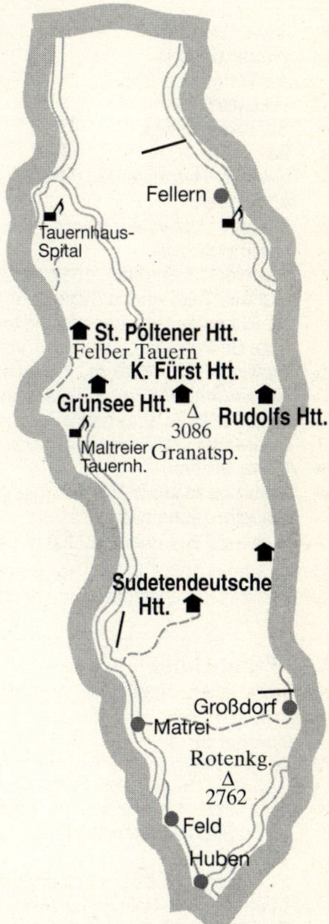

Umgrenzung

Salzach von Mittersill bis Uttendorf – Stubachtal – Enzingerboden – Grünsee – Weißenbach – Weißsee – Kalser Tauern – Dorfer See – Dorfer Tal – Kals – Kalserbach bis Einmündung in die Isel – Isel bis Matrei i.O. – Tauernbach – Felbertauern – Felbertal – Mittersill

Grünseehütte

K. I, 2235 m, erb. 1969
OeAV-S. Matrei/Osttirol
Postfach 23
A-9971 Matrei

🕴 Josef Girstmair
Webergasse 1
A-9971 Matrei i. O.
✆ Tal 04875/6557
✕ SV, beaufsichtigt
⊔ 20
⚷ beim 🕴, Heizmaterial u. Solarlicht vorhanden
⊞ offener Unterstandsraum ohne Heizmöglichkeit
↗ Matreier Tauernhaus, 1512 m, 2½; Venedigerblick – Liftbergstation, 2000 m (Lift Matreier Tauernhaus, Talstation) 1
→ St.-Pöltener-Hütte über St.-Pöltener-Ostweg 2½; Karl-Fürst-Hütte – Rudolfshütte über St.-Pöltener-Ostweg 8 = Venedigerhöhenweg 513
△ Meßlingkogel, 2624 m, 2; Hochgasser, 2922 m, 2½; Bärenköpfe, 2863 m, 2½; Riegelturm, 2742 m, 3; Teufelsspitz, 2818 m, 3; Daberkögele, 2702 m, 1½; Riegelkogel, 2921 m, 2; Amertaler Höhe, 2841 m, 2½
⛷ Spätwinter und Frühjahr ↗ beide → beide △ Hochgasser, Daberkögele
🚂 Lienz, Mittersill
🚌 Sommer: Matreier Tauernhaus, Winter: Matrei
🚗 Matreier Tauernhaus
🚡 Matreier Tauernhaus – 2000 m (nur im Sommer)

AV 36, 39; FB 123; ÖK 152; Bergverlag Rother: AVF Glockner- und Granatspitzgruppe, GF Glockner-, Granatspitz- und Venedigergruppe, WF Osttirol

Karl-Fürst-Hütte

K. I, 2629 m, erb. 1936
OeAV-S. St. Pölten
Landsberger Str. 4
A-3100 St. Pölten

✕ SV, offen, Gaskocher mit Kartusche, Strom (Elektrovoltaik)
⊓ 12
↗ St.-Pöltener-Hütte am Felbertauern über den St.-Pöltener-Ostweg 7; Rudolfshütte 6; Sessellift-Bergstation Matreier Tauernhaus zum St.-Pöltener-Ostweg 7; Felbertauernstraße (Süd) durch das Landecktal – Landeckalm – Schändlasee 5
⛷ kein Stützpunkt

- Mittersill
- Lienz
- Matreier Tauernhaus

AV 39; ÖK 152; Bergverlag Rother: AVF Glockner- und Granatspitzgruppe, GF Glockner-, Granatspitz- und Venedigergruppe, WF Tauern-Höhenweg

Rudolfshütte

K. II, 2315 m, erb. 1958, erw. 1979
Alpinzentrum des OeAV
Wilhelm-Greil-Str. 15
A-6010 Innsbruck
Geschäftsführer:
Hans Gregoritsch
Alpinzentrum Rudolfshütte
A-5723 Uttendorf/Weißsee

- Hütte 06563/8221
  Fax 06563/822159
- Weihnachten bis Ende April, Ende Juni bis Anfang Okt.
- 200 ⌐ 53
- 20, Betreuung durch Wetterwart (nur in alpinen Notsituationen)
- 220 V ~
  Sauna, Fitneßraum, TT-Raum, Lehrsaal, Med. Station, Meteorologische Station, Kletterwand, während der Bewirtschaftungszeit SV-Raum für Jugendgruppen unter Aufsicht eines Führers
- Enzingerboden, 1479 m, über Grünsee 2½ - 3, über Tauernmoossee 3½; Seilbahnstation, 2320 m, in Hütte
- Kalser Tauern, 2513 m – Kals 4½ - 5; Kapruner Törl, 2639 m – Mooserboden 4; zur Oberwalderhütte, 2973 m, über Ob. Ödenwinkelscharte, 3228 m, 6; zur St.-Pöltener-Hütte, 2481 m, über Granatscharte – Karl-Fürst-Hütte 7 - 10; zur Krefelder Hütte, 2294 m, über das Kleetörl, 2372 m, 6 - 8; zur Stüdlhütte, 2801 m, über Ob. Ödenwinkelscharte, 3228 m, und Romariswandkopf, 3426 m, 8 - 10, Sudetendeutsche Hütte, 2650 m, 6
- △ Sonnblick, (Landecker), 3087 m, 3; Granatspitze, 3085 m, 3; Tauernkopf, 2672 m, 1½; Medelzkopf, 2761 m, 1½; Hoher Kasten, 3192 m, 6 -7; Johannisberg, 3460 m, üb. Ob. Ödenwinkelscharte 5 - 6; Totenkopf, 3173 m, 3½ - 4; Hohe Riffl, 3345 m, 5; Hocheiser, 3206 m, 5½ - 6
- den ganzen Winter ↗ Enzingerboden △ Sonnblick, Medelzkopf, Kalser Tauern
- Uttendorf/Stubachtal
- Enzingerboden
- Enzingerboden – Weißsee

AV 39, 40; FB 122; ÖK 153; Bergverlag Rother: AVF Glockner- u. Granatspitzgruppe, GF Glockner-, Granatspitz- u. Venedigergruppe, WF Nationalpark Hohe Tauern Nord, WF Tauern-Höhenweg, WF Osttirol

St.-Pöltener-Hütte

K. I, 2481 m, erb. 1922
OeAV-S. St. Pölten
Landsberger Str. 4
A-3100 St. Pölten

- Gita u. Helmut Strohmaier
  St.-Pöltener-Hütte
  A-5730 Mittersill
- Hütte 06562/265
  während der Nichtbew.:
  Altenhof 76
  A-5622 Goldegg
- Tal 06415/8539
- Ende Juni bis Ende Sept.
- 18 ⌐ 59
- 13 SR
- Bergstation Sessellift Venedigerblick, 2000 m, 2; Matreier Tauernhaus, 1512 m, 3; Matreier Tauernhaus über Bergstation d. Sesselliftes Grün-, Schwarz- u. Grausee 3½; ab Bergstation Sessellift über Ostweg 2½
- Neue Fürther Hütte, 2201 m, über St.-Pöltener-Westweg – Sandebentörl, 2753 m, 4 - 5; Neue Prager Hütte, 2796 m, über St.-Pöltener-Westweg – Viltragenkees 5 - 6; Rudolfshütte, 2315 m, über Karl-Fürst-Hütte am St.-Pöltener-Ostweg 10 - 14
- △ Tauernkogel, 2989 m, 1½; Hochgasser, 2922 m, 2; Hörndl, 2852 m, 2; Meßlingkogel, 2624 m, 1; Landeckkopf, 2898 m, 6 - 8
- nur im Frühjahr ↗ Bergstation d. Sesselliftes, Matreier Tauernhaus △ Hochgasser, Hörndl
- Mittersill/Oberpinzgau
- Matreier Tauernhaus
- Matreier Tauernhaus, Hintersee im Felbertal
- Matreier Tauernhaus – 2000 m (nur im Sommer)

AV 36, 39; FB 122; ÖK 152; Bergverlag Rother: AVF Glockner- und Granatspitzgruppe, GF Glockner-, Granatspitz- und Venedigergruppe, WF Nationalpark Hohe Tauern Nord, WF Tauern-Höhenweg, WF Osttirol

Sudetendeutsche Hütte

K. I, 2650 m, erb. 1929
DAV-S. Sudeten
Föhrenweg 23
D-73732 Esslingen

- Serafin Reindl
  Obere Steineralm
  A-9971 Matrei i. O.
- Hütte 04875/6466
  während der Nichtbew.:

Burgstein 63 A
A-6444 Längenfeld/Ötztal
✆ Tal 0663/9655997
✕ Ende Juni bis Ende Sept.
🛏 22 ⊓ 30 ⊔ 10
❄ 6 offen SR
↗ Felbertauernstraße (Lublass), 1160 m – Stein – Steiner Alm, 1909 m, 4½; Glanz, 1545 m – Steiner Alm, 1909 m, 3½; Matrei i.O./Bergstation Goldried-Sesselbahn, 1941 m – Kals-Matreier-Törl, 2207 m – Sudetendeutscher Höhenweg – Dürrenfeldscharte, 2823 m, 4½; Kals a.G./Bergstation Glocknerblick-Sesselbahn, 1941 m – Aussig-Teplitzer Weg – Sudetendeutscher Höhenweg – Dürrenfeldscharte, 2823 m, 3½
→ Silesia-Weg – Kalser Tauern – Alpinzentrum Rudolfshütte 6; Kalser Tauernhaus 4; Dr.-Karl-Jirsch-Weg – Matreier Tauernhaus 5; Sudetendeutscher Höhenweg – Kals-Matreier-Törl-Haus 3½
△ Kl. und Gr. Muntanitz, 3232 m, 2; Vorderer Kendlkopf, 3088 m, 2; Gradötz, 3063 m, 1½
⛷ nur Frühjahrsskilauf △ Muntanitz, Gradötz
🚂 Lienz
🚌 🚗 Matrei-Felbertauernstraße (Lublass), Kals-Großdorf
🅿 Matrei-Felbertauernstraße (Lublass), Matrei-Glanz, Kals-Großdor

AV 39; FB 123; ÖK 152; Bergverlag Rother: AVF Glockner- und Granatspitzgruppe, GF Glockner-, Granatspitz- und Venedigergruppe, WF Tauern-Höhenweg, WF Osttirol

Hütten anderer alpiner Vereine und Privathütten

Kals-Matreier-Törl-Haus 2207 m, auf dem Törl oberh. Kals, privat, 🛏 14 ⊓ 9, ↗ Kals 2½, Matrei 3½, Bergstation Glocknerblick 1, Bergstation Goldried-Sesselbahn 1, 🚂 Lienz 🚌 Matrei, Kals-Großdorf 🚗 Matrei, Kals-Großdorf, bew. Anfang Juli bis Ende Sept.

40 Glocknergruppe

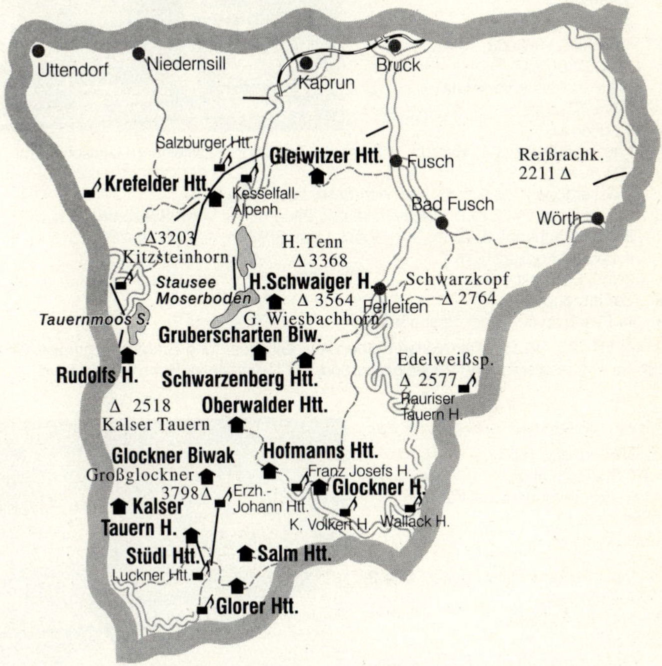

Umgrenzung

Salzach von Uttendorf bis Taxenbach – Rauriser Tal bis Wörth – Seidlwinkltal – Hochtor – Tauernbach – Möll bis Einmündung Leiterbach – Leitertal bis Einmündung Moosbach – Moosbach – Peischlachtörl – Peischlachbach – Kals – Kalser Bach – Dorfer Tal – Dorfer See – Kalser Tauern – Weißsee – Weißenbach – Grünsee – Enzingerboden – Stubachtal – Uttendorf

Gleiwitzer Hütte

K. I, 2174 m, erb. 1900
DAV-S. Tittmoning
Haunsbergstr. 11b
D-84529 Tittmoning

Josef Fuchs, Gleitwitzer Hütte
A-5672 Fusch 210
während der Nichtbew.:
Wimmstr. 7
A-5451 Tenneck

Hütte 0663/069039

Tal 06468/7397

Mitte Juni bis Anfang Okt.

19 ⊓ 57 ⊔ 12

12 offen SR

↗ Fusch, 809 m, 3½; Kaprun, 763 m, 5; Talstation Kitzsteinhorn-Gletscherbahn, 928 m, 4 - 5

→ Mooserboden, 2020 m, 6 – Heinrich-Schwaiger-Haus 8

△ Imbachhorn, 2472 m, 1; Messerfeldkopf, 2446 m, ½; Vord. Spitzbrett, 2731 m, 1; Bauernbrachkopf, 3125 m, 3½; Hoher Tenn, 3368 m, 4 - 5; Rötenzink, 2515 m, 1; Krapfbachkopf, 2715 m, 2

kein Stützpunkt

Zell am See

Fusch an der Glocknerstraße [P]

AV 40; FB 122; ÖK 153; Bergverlag Rother: AVF Glockner- und Granatspitzgruppe, GF Glockner-, Granatspitz- und Venedigergruppe, WF Nationalpark Hohe Tauern Nord

Glockner-Biwak

K. I, 3260 m, erb. 1958
OeAV-S. Villach und
Österr. Bergrettungsdienst Kärnten
Schanzgasse 3
A-9500 Villach

Peter Perwein, Gritschacher Höhe 2
A-9500 Villach

Tal 04242/22543

⊔ 6 offen

↗ Oberwalderhütte 2½; Franz-Josefs-Haus 3; Hofmannshütte 2½ (schwierig, III!)

△ Großglockner, 3798 m

Lienz, Bruck-Fusch

Franz-Josefs-Haus (Mautstraße)

AV 40; FB 122; ÖK 153; Bergverlag Rother: AVF Glockner- und Granatspitzgruppe, GF Glockner-, Granatspitz- und Venedigergruppe

Glocknerhaus

K. III, 2132 m, erb. 1876
OeAV-S. Klagenfurt
Lidmanskygasse 2
A-9020 Klagenfurt

- ♰ Fam. Koller
  Glocknerhaus
  A-9844 Heiligenblut
- ✆ Hütte 04824/2516
  während der Nichtbew.:
  Amlach 34
  A-9900 Lienz
- ✆ Tal 04852/62488
- ✗ Mitte Mai bis Mitte Okt.
- 🛏 48 ⌐ 40
- ❄ 8 offen
- ⚡ 220 V ~ 🚰
- ↗ Heiligenblut – Haritzersteig 3
- → Stockerscharte – Salmhütte 3; Oberwalderhütte 3; Hochtor – Scharek (Bergstation) 5; Klagenfurter Jubiläumsweg: Pfandlscharte – Hochtor – Krumlkeesscharte (Biwak) – Hocharn (weiter Sonnblick oder Fleißtal) 10 - 12; Gletscherweg Pasterze 3
- △ Racherin, 3093 m – Wasserradkopf, 3032 m, 3; Spielmann, 3027 m, 3; Sonnenwelleck, 3266 m, 3½; Leiterköpfe, 2483 m, 2602 m, 2891 m, 1½ - 3 (Vord., Mittl., Hint.); Großglockner, 3798 m, 6 - 7
- ⛷ nur im Frühjahr
- 🚂 Lienz, Zell am See, Bruck – Fusch
- 🚌 🚗 Glocknerhaus (Mautstraße)

AV 40; FB 122; ÖK 153; Bergverlag Rother: AVF Glockner- und Granatspitzgruppe, GF Glockner-, Granatspitz- und Venedigergruppe, WF Tauern-Höhenweg

Glorerhütte

K. I, 2462 m, erb. 1887
DAV-S. Eichstätt
Marktplatz 15
D-85072 Eichstätt

- ♰ Christian Oberlohr
  A-9981 Kals a. G.
- ✆ Hütte 0663/59210
- ✆ Tal 04876/566
- ✗ Ende Juni bis Anfang Okt.
- 🛏 10 ⌐ 40
- ❄ 4 offen SR
- ⚡ 220 V ~
- ↗ Kals, 1325 m, 4; N. Lucknerhaus, 1984 m, 2; Heiligenblut, 1288 m, 5
- → Stüdlhütte 2 - 2½; N. Lucknerhaus – Lucknerhütte, 2227 m, 2½; Salmhütte 1½ –

Hohenwartscharte, 3183 m – Adlersruhe (Erzherzog-Johann-Hütte, 3454 m) 4½; Salmhütte – Stockerscharte, 2442 m – Pasterze – Glocknerhaus 5; Elberfelder Hütte 4½

△ Glocknerblick über der Hütte, 2707 m, ¼; Medlspitze, 2678 m, ½; Kasteneck, 2824 m, 1; Böses Weibele, 3121 m 4; Großglockner, 3798 m, über Burgwartscharte oder Hohenwartscharte

nur im Frühjahr, Hütte nicht benützbar

Lienz/Osttirol

Kals a. Großglockner P

Lucknerhaus (Maut)

AV 40, 41; FB 122; ÖK 153; Bergverlag Rother: AVF Glockner- und Granatspitzgruppe, GF Glockner-, Granatspitz- und Venedigergruppe, WF Osttirol, WF Tauern-Höhenweg

Gruberscharten-Biwak

K. I, 3100 m, erb. 1970
OeAV-S. ÖGV
Lerchenfelder Str. 28
A-1080 Wien

Biwak offen

9, 18 Decken

↗ Ferleiten, 1152 m, über Schwarzenberghütte 6½

→ Oberwalderhütte, 2973 m, 2½; Heinrich-Schwaiger-Haus, 2802 m, 3; Schwarzenberghütte (ehem. Mainzer Hütte) 1½

△ Gr. Bärenkopf, 3406 m, 1; Hohe Dock, 3348 m, 1; Klockerin, 3422 m, 1

kein Stützpunkt

Bruck – Fusch – Kaprun

AV 40; FB 122; ÖK 153; Bergverlag Rother: AVF Glockner- und Granatspitzgruppe, GF Glockner-, Granatspitz- und Venedigergruppe

Heinrich-Schwaiger-Haus

K. I, 2802 m, erb. 1902
DAV-S. München
Goethestr. 21
D-80336 München

Bartl Goller
Heinrich-Schwaiger-Haus
A-5710 Kaprun
während der Nichtbew.:

Spillbichl 25
A-5730 Mittersill
✆ Hütte 06547/8662
✆ Tal 06562/4349 o. 5256
✗ Mitte Juni bis Ende Sept.
14 ⊓ 64 ⊔ 12
12 SR
↗ Mooserboden, 2020 m, 2¼
→ Hirschelweg – Kempsenkopf, 3090 m – Jägerscharte – Gleiwitzer Hütte 7 - 8; Fochezkopf, 3165 m – Wielinger Scharte, 3265 m – Gruberscharte, 3092 m – Keilscharte, 3230 m – Oberwalderhütte 6; Wielinger Scharte – NO – dann S-Flanke des Bratschenkopfes, 3265 m – Hochgruberkees – Schwarzenberghütte 5
△ Gr. Wiesbachhorn über Kaindlgrat, 3570 m, 2½ - 3; Bratschenkopf, 3404 m, und Klockerin, 3422 m, 3 - 3½
kein Stützpunkt
Zell am See
Hotel Kesselfall-Alpenhaus P
Zubringerbus »Untere Bergstraße« (1,6 km) – Lärchwand-Aufzug – Bus »Obere Bergstraße« bis Mooserboden

AV 40; FB 122; ÖK 153; Bergverlag Rother: AVF Glockner- und Granatspitzgruppe, GF Glockner-, Granatspitz- und Venedigergruppe, WF Nationalpark Hohe Tauern Nord

Hofmannshütte

K. I, 2444 m, erb. 1860
OeAV-Akademische S. Wien
Maria-Theresien-Str. 3
A-1090 Wien

Josef Fleißner
Hofmannshütte
A-9844 Heiligenblut
während der Nichtbew.:
Rannach 6
A-9843 Großkirchheim
✆ Hütte 04824/2575
✆ Tal 05285/6250
✗ Mitte Juni bis Anfang Okt.
16 ⊓ 50 ⊔ 20
20 offen SR
220 V ~ (Solar, zumind. abends)
↗ P Franz-Josefs-Höhe a.d. Großglocknerstraße, 2312 m, ½; im Winter gesperrt, dann Abstieg zur Pasterze und Aufstieg zur Hütte 2
→ Heinrich-Schwaiger-Haus, 2802 m, über Bockkarscharte, 3039 m – Ob. Bockkarscharte, 3200 m – Gruberscharte, 3083 m – Klockerin, 3422 m – Wielingerscharte, 3255 m, 7; Rudolfshütte, 2315 m, über Oberwalderhütte, 2973 m – Ob. Ödenwinkelscharte, 3228 m, 6; Mooserboden, Heidnische Kirche, 2051 m, über Oberwalderhütte, 2973 m – Riffeltor, 3116 m, 4½; Salmhütte, 2644 m, über Hofmannsweg – Hohenwartscharte, 3182 m, 5; Stüdlhütte, 2801 m, über Hofmannsweg – Erzher-

zog-Johann-Hütte, 3454 m, 5

△ Großglockner, 3798 m, 6; Johannisberg, 3463 m, 4; Fuschenkarkopf, 3336 m, 3; Freiwandspitze, 3053 m, 3

⛷ nur im Frühjahr ↗ nur über Pasterze → Rudolfshütte, Mooserboden △ Großglockner, Johannisberg

🚂 Zell am See bzw. Villach

🚌 🚗 Franz-Josefs-Höhe (Mautstraße) P

AV 40; FB 122; ÖK 153; Bergverlag Rother: AVF Glockner- und Granatspitzgruppe, GF Glockner-, Granatspitz- und Venedigergruppe, WF Tauern-Höhenweg

Kalser Tauernhaus

K. I, 1755 m, erb. 1928 - 30 vom Verein Kalser Bergführer, übernommen 1963
DAV-S. Mönchengladbach
Thomas-Mann-Str. 82
D-41068 Mönchengladbach

† Gerlinde Gliber
Lana 9
A-9981 Kals

✆ Hütte 0663/857090

✆ Tal 04876/393

✕ Mitte Juni bis Ende Sept.

🛏 22 ⌐ 21

❄ keiner

~ 110 V=

↗ Kals-Taurer, 1521 m, 1½; Kals, 1325 m, 2½

→ Kalser Tauern, 2518 m – Rudolfshütte 4; Sudetendeutsche Hütte, 2650 m, 4½; Tauernhaus – Dorfer Tal – Teischnitztal – Stüdlhütte ca. 5½ (v. Ghs. Taurer/Spöttling 4½)

△ Spinnevitrolkopf, 2483 m, 2½; Aderspitze, 2989 m, 4; Rosmariswandkopf, 3508 m, 5½; Schneewinkelkopf, 2483 m, 5½; Eiskögele, 3436 m, 5½; Hoher Kasten, 3197 m, 5

⛷ kein Stützpunkt ↗ durch die Daberklamm nicht möglich

🚂 Lienz/Osttirol

🚌 🚗 Kals-Taurer P

AV 39, 40; FB 122; ÖK 153; Bergverlag Rother: AVF Glockner- und Granatspitzgruppe, GF Glockner-, Granatspitz- und Venedigergruppe, WF Osttirol, WF Tauern-Höhenweg

Krefelder Hütte

K. II, 2295 m, erb. 1907
DAV-S. Krefeld
Stock 2
D-47918 Tönisvorst

† Heidi Rattensberger
Krefelder Hütte

A-5710 Kaprun
während der Nichtbew.:
A-5722 Niedernsill 110

✆ Hütte 06547/7780
✆ Tal 06548/8396
✕ Anfang Dez. bis Ende Mai, Anfang Juli bis Ende Sept.
🛏 19 ⌐ 62
⚡ 220 V ~
↗ Ghs. Wüstelau, 874, 4; Kaprun – Maiskogel-Seilbahn, 1545 m, 3; Gletscherbahn – Station Salzburger Hütte, 1897 m, 1½; Gletscherbahn Kaprun – Alpin-Center, dann Abstieg ½; Niedernsill, 769 m – Schaumberg-Mittenalm – Lakarscharte, 2488 m, 6
→ Rudolfshütte – Krefelder Weg 8 - 9; Mooserboden, 2108 m, über Kammerscharte, 2689 m, 3½; Heinrich-Schwaiger-Haus, 2802 m, über Mooserboden 6
△ Kitzsteinhorn, 3202 m, 3; Gr. Schmiedinger, 2960 m, 2; Maurerkogel, 2995 m, 2; Lakarschneid, 2644 m, 2; Gr. Arche, 2453 m, 3; Bombachkopf, 2516 m, 2½; Geißstein, 2230 m, ½
⛷ ↗ Wüstelau, Gletscherbahnen △ Kitzsteinhorn, Gr. Schmiedinger, Maurerkogel
🚂 Zell am See
🚌 🚗 Talstation Gletscherbahn Kaprun
🚡 Gletscherbahn

AV 34/2, 40; FB 122; ÖK 153; Bergverlag Rother: AVF Glockner- und Granatspitzgruppe, WF Nationalpark Hohe Tauern Nord

Oberwalderhütte

K. I, 2973 m, erb. 1910
OeAV-S. Austria
Rotenturmstr. 14
A-1010 Wien

🕴 Peter Fleissner-Rieger
Ranach 6
A-9843 Großkirchheim
✆ Hütte 04824/2546
✆ Tal 04825/6116
✕ Pfingsten, Anfang Juni bis Ende Sept.
🛏 46 ⌐ 63 ⌙ 30
❄ 10 SR
⚡ 220 V ~
↗ P Franz-Josefs-Höhe 2½ - 3; Heiligenblut 6
→ Rudolfshütte, 2315 m, über Ob. Ödenwinkelscharte, 3228 m, 4 - 5; Heinrich-Schwaiger-Haus 5 - 6, über Bockkar-, 3038 m, Gruber-, 3092 m, und Wielinger-

scharte, 3267 m, zur Erzherzog-Johann-Hütte, 3454 m, 5 - 6; Rudolfshütte, 2315 m, über Ob. Ödenwinkelscharte, 3228 m – Stüdlhütte, 2801 m, über P 3426 zwischen Romariswandkopf und Teufelskamp 6 - 6½

△ Großglockner, 3798 m, über Hofmannsweg – Erzherzog-Johann-Hütte 3½; Glocknerwand, 3721 m, über Glocknerwandkamp 4½; Romariswandkopf, 3508 m, 4 - 4½; Eiskögele, 3436 m, 3½ - 4; Johannisberg, 3463 m, 3; Bärenkopf, Vord. 3250 m, Mittl. 3357 m, 1½ - 2; Gr. Wiesbachhorn, 3570 m, über Bockkar- und Keilscharte – Klockerin 5 - 6; Fuscherkarkopf, 3336 m, über Fuscherkarscharte 2½

nur im Frühjahr

Bruck – Fusch bzw. Lienz

Franz-Josefs-Höhe P

AV 40; FB 122; ÖK 153; Bergverlag Rother: AVF Glockner- und Granatspitzgruppe, GF Glockner-, Granatspitz- und Venedigergruppe, WF Tauern-Höhenweg

Salmhütte

K. I, 2644 m, erb. 1928
OeAV-S. Wien
Rahlgasse 6, II/14
A-1060 Wien VI

Gerhard Zimota
Salmhütte
A-9981 Kals

Hütte 04824/2089
während der Nichtbew.:
Pfarrgasse 34-44/9/13
A-1230 Wien

Tal 0222/6078753

Anfang Juli bis Ende Sept.

30 ⌐ 31 ⌙ 5

6 offen SR

↗ Glocknerhaus – Margaritzensperre – Stockerscharte 3; Heiligenblut – Leitertal 5; Kals – Zufahrt bis Lucknerhaus, 1984 m – Glorerhütte 3

→ Erzherzog-Johann-Hütte auf der Adlersruhe über Hohenwartscharte, 3183 m, 3½; Stüdlhütte über Pfortschscharte, 2825 m, 4 - 5; Franz-Josefs-Haus, Hofmannshütte über Stockerscharte, 2443 m, 3 - 4; Glorerhütte am Bergertörl 1½

△ Großglockner, 3798 m, 5; Hohenwartkopf, 3310 m, 2; Schwerteck, 3247 m, 1½; Leiterköpfe, 2891 m, 4½; Kellersberg, 3267 m, 3

kein Stützpunkt

Lienz oder Zell am See

Glocknerhaus P, Heiligenblut P, Lucknerhaus P (Maut)

AV 40, 41; FB 122; ÖK 153; Bergverlag Rother: AVF Glockner- und Granatspitzgruppe, GF Glockner-, Granatspitz- und Venedigergruppe, WF Tauern-Höhenweg

Schwarzenberghütte

(ehem. Mainzer Hütte)
K. I, 2267 m, erb. 1882,
neuerbaut 1986
OeAV-S. ÖGV
Lerchenfelder Str. 28
A-1080 Wien

- Martha Hutter
  Glocknerstr. 41
  A-5672 Fusch
- ✆ Hütte 06546/387
- ✆ Tal 06545/7282
- ✗ Ende Juni bis Ende Sept.
- ⊓ 28
- ↗ Ferleiten, 1152 m, »Mainzer Weg«, 3½
- → Oberwalderhütte, 2973 m, 3½
- △ Hohe Dock, 3348 m, 3; Vord. Bratschenkopf, 3400 m, 4½; Wiesbachhorn, 3570 m, über Bratschenkopfsteig 4 - 5; Gr. Bärenkopf, 3406 m, über Gruberscharte 4 - 5
- kein Stützpunkt
- Bruck an der Glocknerstraße
- Ferleiten

AV 40; FB 122; ÖK 153; Bergverlag Rother: AVF Glockner- und Granatspitzgruppe, GF Glockner-, Granatspitz- und Venedigergruppe

Stüdlhütte

K. I, 2801 m, erb. 1868
DAV-S. Oberland
Tal 42
D-80331 München

- Georg Oberlohr
  A-9981 Kals
- ✆ Hütte 04876/209
- ✆ Tal 04876/221
- ✗ Ende Juni bis Ende Sept., Ostern
- ⊓ 104
- 24 offen SR
- ↗ Kals, 1325 m – Lucknerhaus, 1984 m – Lucknerhütte, 2227 m, 5; Kals – Spöttling – Teischnitztal 4½
- → Erzherzog-Johann-Hütte auf der Adlersruhe 2½ - 3; Glorerhütte 2½; Salmhütte 4; Kalser Tauernhaus 5½
- △ Blaue Wand, 2912 m, ½; Schere, 3031 m, ¾; Großglockner-Stüdlgrat (III) 4½ - 5; Gramul, 3271 m, 2; Romariswandkopf, 3508 m, 4
- △ Großglockner, Romariswandkopf
- Lienz/Osttirol

🚌 Kals am Großglockner 🅿
🚗 Lucknerhaus 🅿 (Kalser Glocknerstraße, Mautstraße)

AV 40; FB 122; ÖK 153; Bergverlag Rother: AVF Glockner- und Granatspitzgruppe, GF Glockner-, Granatspitz- und Venedigergruppe, WF Tauern-Höhenweg, WF Osttirol

Hütten anderer alpiner Vereine und Privathütten

Erzherzog-Johann-Hütte (Adlersruhe), 3454 m, auf der Adlersruhe, ÖAK, 🛏 230 Betten und Matr., ↗ Kals 7, Lucknerhaus (Mautstraße von Kals) 5, Heiligenblut – Franz-Josefs-Haus 4, 🚂 Lienz oder Bruck-Fusch 🚌 🚗 Heiligenblut oder Bruck-Fusch bis Franz-Josefs-Haus (Maut), bew. Anfang Juli bis Ende Sept., ❄ offen, ✆ 04876/500

Franz-Josefs-Haus (Hotel), 2362 m, unter der Freiwandspitze, privat, 🛏 220 ⊓ 54, ↗ über die Glocknerstraße (Maut), 🚂 Lienz oder Bruck-Fusch 🚌 🚗 z. Hs., bew. Mitte Mai bis Ende Sept., ✆ 04824/2512

Fuschertörlhaus 2445 m, am Fuschertörl, privat, 🛏 30, ↗ über die Glocknerstraße, 🚂 Lienz oder Bruck-Fusch 🚌 🚗 z. Hs., bew. Mitte Mai bis Ende Sept.

Karl-Volkert-Haus 2154 m, an der Glocknerstraße, privat, 🛏 125, ↗ Heiligenblut 1, 🚂 Zell am See oder Lienz 🚌 🚗 z. Hs., bew. Anfang Juni bis Anfang Okt., ✆ 04824/2518 oder 2044

Lucknerhaus, Neues 1984 m, im Ködnitztal, privat, 🛏 32 ⊓ 20, ↗ Kals 1½, 🚂 Lienz 🚌 Kals 🚗 Kals (🚙 zum Haus), bew. Anfang Juni bis Ende Sept. und Wintersaison, ✆ 04876/291 oder 277

Lucknerhütte 2227 m, im Ködnitztal, privat, 🛏 12, ↗ Kals 2½, 🚂 Lienz 🚌 Kals 🚗 Kals (Transport bis Neues Lucknerhaus), bew. Anfang Juli bis Mitte Sept.

Pasterzenhaus 2130 m, an der Glocknerstraße, privat, 🛏 40 ⊓ 20, ↗ Glocknerhaus, 🚂 Lienz oder Bruck-Fusch 🚌 🚗 Glocknerhaus, bew. Mitte Mai bis Ende Sept.

Salzburger Hütte 1860 m, am Kitzsteinhorn, ÖTK, ⊓ 5, ↗ Wüstelau 2½, Kaprun-Kesselfall 2½, Gletscherbahn II ¾, 🚂 Kaprun 🚌 🚗 Kesselfall, Mitte Juni bis Ende Sept., ✆ 06549/349 (Fr. Klawunn)

Wallackhaus 2350 m, am Hochtortunnel-Südausgang, privat, 🛏 70, á an der Glocknerstraße, 🚂 Bruck-Fusch 🚌 🚗 z. Hs., bew. Mitte Mai bis Anfang Okt, ✆ 04824/2223

41 Schobergruppe

Umgrenzung

Möll von Einmündung Leiterbach bis Winklern – Iselsberg – Iseltal von Lienz bis Huben – Kalser Bach bis Kals – Ködnitzbach – Peischlachbach – Peischlachtörl – Moosbach – Leiterbach bis Einmündung in die Möll

Adolf-Noßberger-Hütte

K. I, 2488 m, erb. 1930/31
OeAV-S. Wiener Lehrer
Josefsgasse 12/E
A-1080 Wien

Brigitte Hanser, Putschall
A-9843 Großkirchheim
Hütte 0663/841835
während der Nichtbew.:
Feicht 24
A-9811 Lendorf
Tal 04762/58625
Ende Juni bis Ende Sept.
14 ⌐ 22
8
Putschall im Mölltal, 1053 m, durch das Gradental 4½; Bemützung eines Holzbringungsweges mit verkürzt Anstieg um 2; Döllach im Mölltal, 1024 m, über Förstersteig, bei etwa 1600 m Einmündung in Weg Putschall 5½
→ Lienzer Hütte, 1977 m, 3 und weiter Hochschoberhütte, 2322 m, 3; Wangenitzseehütte, 2508 m, 4; Wangenitzseehütte über Hohe Gradenscharte, 2803 m (»Holländerweg«) 3; Elberfelder Hütte, 2346 m, über Klammerscharte, 2930 m, 4
△ Keeskopf, 3081 m, 2; Weißwandspitze, 2916 m, 2; Petzeck, 3283 m – Petzeckscharte, 3034 m, 3½
△ Keeskopf, Weißwandspitze
Lienz
Putschall
Gradenalm P

AV 41; FB 181; ÖK 179; Bergverlag Rother: AVF Schobergruppe

Elberfelder Hütte

K. I, 2340 m, erb. 1928
DAV-S. Elberfeld
Luisenstr. 108
D-42103 Wuppertal

A. Rupitsch
Winkel 22
A-9844 Heiligenblut
Hütte 04824/2545
Tal 04824/2407
Anfang Juli bis Mitte Sept.
12 ⌐ 46 ⌴ 10
5 offen SR
220 V ~
Heiligenblut, 1288 m, 4 - 5
→ Wiener Höhenweg – Glorer Hütte 4½; Gößnitztörl, 2737 m – Lienzer Hütte 3 – Leibnitztörl, 2591 m – Hochschoberhütte 6; Hornscharte, 2958 m, oder Klammer-

scharte, 2930 m – Adolf-Noßberger-Hütte 3½ - 4

△ Böses Weibl, 3121 m, 3; Gößnitzkopf, 3096 m, 3; Kreuzkopf, 3103 m, 2½; Klammerköpfe, 3163 m, 3; Roter Knopf, 3281 m, 3½; Hornkopf, 3251 m, 3¾; Glödis, 3206 m, 5½

⛷ nur im Frühjahr ↗ Heiligenblut → Glorer Hütte, Lienzer Hütte △ Böses Weibele, Roter Knopf, Gößnitzkopf

🚂 Dölsach oder Zell am See

🚌 Heiligenblut

🚗 Heiligenblut-Winkel 🅿

AV 41; FB 181; ÖK 179; Bergverlag Rother: AVF Schobergruppe

Gernot-Röhr-Biwak

K. I, 2940 m, erb. 1973
am Kesselkees-Sattel
OeAV-S. Lienz
Defreggerstr. 11
A-9900 Lienz

⊓ 8

↗ Kals, 1325 m, über Peischlachtörl, 2490 m, 6

→ Elberfelder Hütte 1½;
Glorer Hütte 2½ = Wiener Höhenweg

△ Böses Weibl, 3121 m, ½

🚂 Lienz

🚌 🚗 Kals

AV 41; FB 181; ÖK 153; Bergverlag Rother: AVF Schobergruppe

Gößnitzkopf-Biwak

K. I, 2800 m, erb. 1977, 8 - 10 Min. westl. der Gößnitzscharte, am Fuße des Gößnitzkopf-Südostgrates (markiert)
OeAV-S. Lienz
Defreggerstr. 11
A-9900 Lienz

⊓ 8 - 10

↗ Lienzer Hütte 2½; Elberfelder Hütte 1½ = Elberfelder Weg

△ Gößnitzkopf, 3096 m, 1; Glödis, 3206 m, 3; Klammerköpfe, 3163 m, 1½ - 2

🚂 Lienz oder Dölsach

🚌 Lienz oder Heiligenblut

🚗 Seichenbrunn 🅿 oder 🅿 Heiligenblut-Winkel

AV 41; FB 181; ÖK 179; Bergverlag Rother: AVF Schobergruppe

Hochschoberhütte

K. I, 2322 m, erb. 1921/22, Neubau nach Brand 1985/86
OeAV-S. Wiener Lehrer
Josefsgasse 12 E
A-1080 Wien

- Maria Rainer
  A-9951 Ainet
- ✆ Hütte 0663/57722
  während der Nichtbew.:
  A-9932 Innervillgraten Hs.-Nr. 59b
- ✆ Tal 04843/5285
- ✕ Ende Juni bis Ende Sept.
- 12 ⊓ 45
- 6 offen
- ↗ Ainet, 755, über Gwabl, 985 m, und Oberfercher, 1454 m, 5; bei Benützung des Fahrweges bis zur Schranke, 1640 m, P, verkürzt sich die Gehzeit auf 2½; St. Johann i. Walde und auf Waldsteig (nicht zu empfehlen) nach Oberleibnig, 1243 m
- → Lienzer Hütte, 1977 m – Leibnitztörl, 2591 m, 2¾; weiter zur Adolf-Noßberger-Hütte, 2488 m – Niedere Gradenscharte, 2796 m, 3½; weiter zur Elberfelder Hütte, 2340 m – Gößnitzscharte, 2737 m, 3½; Lienzer Hütte, 1977 m – Mirnitzscharte, 2743 m, 3½
- △ Hochschober, 3240 m, 4; Hoher und Niederer Prijakt, 3064/3056 m, 2¾; Rotspitze, 3101 m, 2¾; Törlkopf, 2755 m – Westl. Leibnitztörl, 2573 m, 1½; Gr. u. Kl. Mirnitzspitze, 2985/2906 m, 3¾
- △ Hochschober, Hoher Prijakt, Rotspitze
- Lienz
- Ainet
- P bei den Schranken, 1640 m

AV 41; FB 181; ÖK 179; Bergverlag Rother: AVF Schobergruppe, WF Osttirol

Lienzer Hütte

K. I, 1977 m, erb. 1892
OeAV-S. Lienz
Defreggerstr. 11
A-9900 Lienz

- Georg u. Berni Baumgartner
  A-9990 Nußdorf-Debant Nr. 94
  während der Nichtbew.:
  Neubau
  A-9900 Obergaimberg
- ✆ Hütte 0663/58452
- ✆ Tal 04852/69966
- ✕ Mitte Juni bis Ende Sept.
- 37 ⊓ 58
- 10
- 220 V ~

↗ Lienz über Gasthaus »In der Sag«, 1140 m, 6; Glockner-Bundesstraße (Postauto-Haltestelle) 4½; mit Pkw bis Seichenbrunn, dann ¾; Zettersfeld (Bergstation der Gondelbahn, 1812 m) über Lienzer Höhenweg 4

→ Leibnitztörl, 2591 m – Hochschoberhütte, 2322 m, 3; Gößnitztörl, 2737 m – Elberfelder Hütte, 2340 m, 3½; Niedere Gradenscharte, 2796 m – Adolf-Noßberger-Hütte, 2488 m, 3; Untere Seescharte, 2533 m – Wangenitzseehütte, 2508 m, 2½

△ Hochschober, 3240 m, über Franz-Keil-Weg 4; Törlkopf, 2755 m, über Franz-Keil-Weg 1½; Keeskopf, 3081 m, über Adolf-Noßberger-Weg 3½

nur im Frühjahr ↗ Lienz – Ghs. Seichenbrunn, Zettersfeld → alle △ alle

Lienz

Debant

Seichenbrunn P

Zettersfeld

AV 41; FB 181; ÖK 179; Bergverlag Rother: AVF Schobergruppe, WF Osttirol

Wangenitzseehütte

K. I, 2508 m, erb. 1966
Nederlandse Bergsportvereniging
(Zweigverein des OeAV)
van-Aerssen-Straat 178
NL-2582 JT. Den Haag

Josef Unterwurzacher
St. Andrä 72
A-9974 Prägraten

✆ Hütte 04826/229

✆ Tal 04877/5279

✕ Mitte Juni bis Mitte Sept.

25 ⊓ 38 ⊔ 20

16 offen SR

220 V ~

↗ Mörtschach, 934 m, durch das Wangenitztal – Wangenitzalm, 1371 m, (mit Pkw erreichbar) 5; Iselsberg, 1207 m – Raneralm, 1903 m, (mit Pkw) 5; Debanttal, Seichenbrunn (Talstation der Materialseilbahn), 1750 m, (mit Pkw) von Talstation 2¾; Klettersteig Kammerbühel – Wangenitzseehütte, auch erreichbar über Familienweg (Weg Wangenitzalm – Raneralm) 6

→ Lienzer Hütte – Untere Seescharte 2½; Adolf-Noßberger-Hütte über Kreuzseescharte und Niedere Gradenscharte 3½; Adolf-Noßberger-Hütte über Kreuzseescharte und Hohe Gradenscharte 3½

△ Petzeck, 3283 m, 2½; Perschitzschneid, 2782 m; Hoher Perschitzkopf, 3125 m; Kruckelkopf, 3181 m; Gaiskofel, 2816 m; Himmelwand, 2786 m; Seichenkopf, 2916 m; Georgskopf, 3090 m; Gr. Friedrichskopf, 3134 m

Kruckelkopf

Lienz

Mörtschach, Iselsberg

Wangenitzalm, Seichenbrunn, Raneralm, Kammerbühl

AV 41; FB 181; ÖK 179; Bergverlag Rother: AVF Schobergruppe

Winklerner Hütte

K. I, 1905 m, erb. 1957 - 69
OeAV-S. Winklern
Postfach 7
A-9841 Winklern

- Anni Thaler A-9841 Winklern i. M.
- ✆ Hütte 0663/848818 während der Nichtbew.: A-9833 Rangersdorf 78
- ✆ Tal 04823/768
- ✗ Anfang Juni bis Ende Sept.
- 30
- ↗ zur Hütte mit
- → Wangenitzseehütte (Alpinsteig, Klettersteigerfahrung notwendig!) 5; Pichler Alm 1
- △ Straßboden, 2401 m, 2½; Großbohn, 2691 m, 3½
- Lienz
- Winklern
- Winklerner Alm P

AV 41; FB 181; ÖK 179, 180; Bergverlag Rother: AVF Schobergruppe

Hütten anderer alpiner Vereine und Privathütten

Lesachalmhütte 1828 m, privat, 20, ↗ Lesach 2½, Unter- bzw. Oberlesach, bew. Mitte Juni bis Ende Sept.

Lesachriegelhütte 2120 m, auf dem westl. Ausläufer der Schönleitenspitze, privat, 5, ↗ Kals 2½, Unterlesach 2, Lienz Unterlesach, Kals, bew. Anfang Juni bis Ende Sept., ✆ 04876/265

Vinzenz-Biedner-Hütte 1860 m, auf der Zettersfeld-Bergstation, TVN, 8 12, ↗ Lienz – Zettersfeld ½, Faschingsalm ½, Lienz Zettersfeld und Faschingsalm, bew. Mitte Juni bis Ende Sept.

Zettersfeldhütte 1815 m, auf dem Zettersfeld, ÖTK, 15 10, ↗ Lienz 3½, mit Zettersfeldbahn ¼, nur begrenzt zugänglich, SV

Lend
Kitzlochklamm
2325
Bernkogel
Rauris
Wörth
Bad Hofgastein
Bucheben
Türchlwand
2577
Hofgasteiner Htt.
Edlenkopf
2924
Schloßalm Schiheim
Stubnerkg.
2246
Rauriser Tauernhaus
Otto-Umlauft-Biw.
Hochtor
2504
Hocharn 3254
Kolm Saigurn
Sonnblick
Zittel H.
Niedersachsen H.
Naturfreunde H.
Rojacher Htt.
3122
Schareck
Weißgerber Biw.
Heiligenblut
Hagener Htt.
Duisburger Htt.
Gesselkg.
2974
Apriach
Putschall
Döllach
i. Mölltal
Böseck Htt.
Sagritz
Dr. Widder Jh.
Innerfragant
Sadnig Htt.
Fraganter Htt.
Außer-
fragant
Flattach
Mörtschach
Stall
Tresdorf
Rangersdorf

42 Goldberggruppe

Umgrenzung

Salzach von Taxenbach bis Einmündung Gasteiner Ache – Gasteiner Ache – Naßfeld – Niederer Tauern – Mallnitzbach bis Einmündung in die Möll – Mölltal bis Heiligenblut – Tauernbach – Hochtor – Seidlwinkltal – Rauriser Tal – Taxenbach

Böseckhütte

K. I, 2594 m, erb. 1932,
renov. 1989
DAV-S. Hagen
Postfach 746
D-58007 Hagen

✗ offene Notunterkunft
⊓ 6 offen
↗ Mallnitz-Häusleralm-Bergstation, 1900 m, über Lonza 3; Hagener Hütte über Feldseescharte 5
→ Hagener Hütte, 2446 m – Oschenikscharte – Astromscharte – Feldseescharte – Feldseekopf, 2864 m, 5; Duisburger Hütte, 2572 m – Feldseescharte 5½; Abstieg über Oscheniksee in das Fraganttal 2
△ Böseck, 2854 m, ¾
kein Stützpunkt
Mallnitz P

AV 42; ÖK 180, 181; Bergverlag Rother: AVF Ankogel- und Goldberggruppe

Duisburger Hütte

K. II, 2572 m, erb. 1910
DAV-S. Duisburg
Emscherstr. 71
D-47137 Duisburg

Christine Strasser
postlagernd
A-9831 Flattach
während der Nichtbew.:
Krangl
A-9863 Rennweg am Katschberg
✆ Hütte 0663/48944
✗ Anfang Juli bis Ende Sept.
8 ⊓ 27 ⊔ 14
14 offen
↗ Innerfragant – Badmeister, 1184 m, 5; Mallnitz, 1190 – Feldseescharte, 2712 m, 7; Kolm-Saigurn, 1598 m – Naturfreundehaus Neubau – Fraganter Scharte, 2752 m, 5; Ende Wurtenstraße ¾
→ Feldseescharte – Hagener Hütte 4; Schareck – Herzog Ernst, 2933 m – Niedersachsenhaus 5; Weißsee – Schwarzsee – Saustellscharte, 2560 m – Ochsentrieb, 2651 m – Schobertörl, 2355 m – Fraganter Hütte 6; Fraganter Scharte, 2752 m – Rojacher Hütte – Zittelhaus 5
△ Schareck, 3122 m, 2; Weinflaschenkopf, 3013 m, 1½; Weißseekopf, 2910 m, 5
△ Kolm-Saigurn – Schareck
Mallnitz

🚌 Außerfragant
🚗 Ende Mautstraße Mölltalgletscher P

AV 42; ÖK 154; Bergverlag Rother: AVF Ankogel- und Goldberggruppe, WF Tauern-Höhenweg

Fraganter Hütte

K. I, 1810 m, erb. 1970
OeAV-S. Klagenfurt
Lidmannskygasse 2
A-9020 Klagenfurt

Anton Unterweger
Großfragant
A-9831 Flattach/Mölltal
während der Nichtbew.:
Kurierdorf 5
A-9831 Flattach/Mölltal

✆ Hütte 04785/396
✆ Tal 04785/445
20.12. - 7.1. und 2.2. - 22.4., 25.5. - 15.10.
42 ⊓ 44
keiner
220 V ~ Licht
↗ Innerfragant 1½; Außerfragant, 724 m – Laas, 839 m – über Bauer Pacher – Eggereben-Hütte, 1679 m – Kreuzboden, 1889 m, 3½
→ Sadnighaus, 1950 m – Schobertörl, 2355 m, 3½; Duisburger Hütte über Schobertörl – Ochsentrieb, 2651 m Bogenitzen – Saustellscharte, 2560 m – Schwarzsee 6½
△ Gr. Sadnig, 2745 m, 2½; Makerni, 2644 m, 1½; Hirtenkopf, 2605 m, 2; Striedenkopf, 2602 m; Klenitzen, 2440 m; Zeneberg, 2199 m, 2; Stellkopfkamm, Stellkopf, 2851 m, 2¾
den ganzen Winter ↗ alle → beide △ alle
Mallnitz
🚌 Außerfragant
🚗 Innerfragant; Sommer auch Außerfragant bis Rollweg (Schranken)

AV 42; ÖK 180; Bergverlag Rother: AVF Ankogel- und Goldberggruppe

Dr.-Widder-Jugendherberge, Großfragant

1770 m, erb. 1931/32
OeAV-S. Klagenfurt
Lidmannskygasse 2
A-9020 Klagenfurt

© 0463/513056, Fax 0463/598118
✕ SV
⊓ 35
Jugendheim, wird nur an AV-Jugendgruppen gegen Voranmeldung vermietet
~ 220 V
↗ Innerfragant 1½
→ Sadnighaus 3½; Duisburger Hütte 6½
△ Gr. Sadnig, 2745 m, 2½; Makerni, 2644 m, 1½; Hirtenkopf, 2605 m, 2; Striedenkopf, 2602 m; Stellkopf, 2851 m, 3½
⛷ den ganzen Winter, alle Gipfel
🚂 Mallnitz
🚌 Außerfragant
🚗 Innerfragant; Sommer auch Außerfragant bis Rollweg (Schranken)

AV 42; ÖK 180, 181; Bergverlag Rother: AVF Ankogel- und Goldberggruppe

Hagener Hütte

K. I, 2446 m, erb. 1912
DAV-S. Hagen
Postfach 746
D-58007 Hagen

✝ Emilie Aschbacher
Hagener Hütte, postlagernd
A-9822 Mallnitz
während der Nichtbew.:
Dornbach 6
A-9853 Gmünd/Kärnten
© Hütte 0663/47613
© Tal 04732/4290
✕ Anfang Juli bis Anfang Okt.
🛏 16 ⊓ 27 ⊔ 10
❄ 6 offen
↗ Mallnitz, 1190 m, 4; Böckstein, 1127 m, 4½; Sportgastein (Naßfeld, 1588 m), 2¾; Mallnitz – Sessellift-Bergstation – Häusleralm, 1872 m, Böseckhütte – Feldseescharte 7
→ Mindener Hütte – Korntauern, 2476 m (Abzweigung nach Böckstein und Mallnitz) – Hannoverhaus 6; Duisburger Hütte über Feldseescharte, 2712 m, 4; über Vorderen Gesselkopf 6
△ Vorderer Gesselkopf, 2974 m, 2
⛷ ↗ Mallnitz → Duisburger Hütte
🚂 Mallnitz, Böckstein (Haltestelle 1152 m)
🚌 🚗 Sportgastein-Naßfeld P gebührenpflichtig, Mallnitz-Jamnigalm P.

AV 42; ÖK 154, 155; Bergverlag Rother: AVF Ankogel- und Goldberggruppe, WF Tauern-Höhenweg

Hamburger Skiheim Schloß-alm

K. II, 1970 m, erb. 1935/36
DAV-S. Hamburg
Gerhofstr. 32
D-20354 Hamburg

- Brigitte Guelmami
  Skiheim Schloßalm, Postfach 22
  A-5630 Bad Hofgastein
- ✆ Hütte 06432/6282
- ✆ Tal 06432/8472
- ✗ Ende Nov. bis Ende Apr., im Sommer geschlossen
- 40
- 220 V ~
- ↗ Bad Hofgastein, 870 m, 3; Endstation des Schloßalm-Sessellifts, 10 Min.
- △ Türchlwand, 2573 m, 2 - 2½
- ↗ Seilbahn von Hofgastein △ Pistenskilauf
- Bad Hofgastein
- dto., Talst. Standseilbahn P
- in 2 Teilstrecken zur Schloßalm, 3 und 4 im Schloßalmgebiet

AV 45/1; ÖK 155; Bergverlag Rother: AVF Ankogel- und Goldberggruppe

Niedersachsenhaus

K. I, 2471 m, erb. 1926, Neubau 1987
DAV-S. Hannover
Ellernstr. 16
D-30175 Hannover

- Christine Rieder
  Niedersachsenhaus
  postlagernd, Kolm-Saigurn
  A-5661 Rauris
- ✆ Hütte 0663/41479
  während der Nichtbew.:
  An der Kirche 48
  A-9854 Malta/Kärnten
- ✆ Tal 04733/365
- ✗ Anfang Juli bis Ende Sept., bei Schönwetter 2 Wochen im Okt.
- 12 ⌐ 46 ⌴ 14
- 6 offen SR
- 220 V ~
- ↗ Kolm-Saigurn, 1598 m, 2½; Böckstein, 1131 m – Sportgastein 4; Sportgastein, 1588 m, 2½; Badgastein – Stubnerkogel, 2240 m, über Miesbichl- und Pochkarscharte 6

→ Rojacher Hütte – Zittelhaus 5; Schareck – Duisburger Hütte 4; Sportgastein – Hagener Hütte 4 – Hannoverhaus 11
△ Herzog Ernst, 2933 m – Schareck, 3122 m, 3; Hoher Sonnblick, 3105 m, 5
⛷ kein Stützpunkt
🚂 Taxenbach (Bischofshofen – Zell am See), Böckstein
🚌 Kolm-Saigurn u. Sportgastein
🚗 dto. (Gasteiner Alpenstr. Böckstein – Sportgastein P gebührenpflichtig)

AV 42; ÖK 154; Bergverlag Rother: AVF Ankogel- und Goldberggruppe, WF Tauern-Höhenweg

Otto-Umlauft-Biwak

am Hocharn-Westgrat
K. I, 2987 m, erb. 1973
OeAV-S. Klagenfurt
Lidmannskygasse 2/I
A-9020 Klagenfurt

⊓ 8 offen, kein Trinkwasser, Gaskocher mit Kartuschen vorhanden
↗ Glocknerstraße ab Hochtor 7; Kolm-Saigurn über Hocharn 6; Großes Fleißtal ab Naßfeld 3½
→ Biwak-Weißenbachscharte 4; Klagenfurter Jubiläumsweg: Weißenbachscharte 4, Hochtor – Glocknerhaus 10 - 11; Zittelhaus über Hocharn u. Goldzechkopf 4½
△ Hocharn, 3254 m, 1½; Arlthöhe, 3084 m; Krummelkeeskopf, 3103 m
🚂 Taxenbach
🚌 Kolm-Saigurn, Hochtor (Glocknerstraße)
🚗 Kolm-Saigurn und Hochtor

AV 42; FB 181; ÖK 153; Bergverlag Rother: AVF Ankogel- und Goldberggruppe, WF Tauern-Höhenweg

Rojacher Hütte

2718 m, erb. 1898
OeAV-S. Rauris
Marktstr. 49
A-5661 Rauris

🧍 Melitta Maislinger
A-5661 Rauris/Kolm-Saigurn
während der Nichtbew.:
Sachsenheimstr. 6
A-5161 Elixhausen
✆ Tal 0662/58382

✕ Anfang Juli bis Ende Sept., einfach bew.
⊓ 10
↗ Kolm-Saigurn, 1598 m, 3
→ Zittelhaus 1½; Duisburger Hütte 3; Niedersachsenhaus 3
△ Sonnblick, 3105 m, 2; Hocharn, 3254 m, 4; Schareck, 3122 m, 1½
nur im Frühjahr: Sonnblick, Schareck, Hocharn
Taxenbach (Bischofshofen – Zell am See)
Kolm-Saigurn (nur Sommer)
1,5 km vor Kolm-Saigurn bis P (Lenzanger), im Frühjahr evtl. nur bis Bodenhaus

AV 42; FB 181; ÖK 153; Bergverlag Rother: AVF Ankogel- und Goldberggruppe, WF Tauern-Höhenweg

Weißgerber-Biwak

offener Unterstand auf der Feldseescharte
K. I, 2712 m, erb. 1968
DAV-S. Duisburg
Emscherstr. 71
D-47137 Duisburg

↗ Hagener Hütte 1; Duisburger Hütte, Jamnighütte
△ Feldseekopf, 2864 m, Vd. Gesselkopf, 2974 m; Kammspitze 2757 m
Mallnitz, Böckstein (Haltestelle 1152 m)
Mallnitz, Sportgastein-Naßfeld P gebührenpflichtig (Jamnigalm)

AV 42; ÖK 181; Bergverlag Rother: AVF Ankogel- und Goldberggruppe, WF Tauern-Höhenweg

Zittelhaus

K. I, 3105 m, erb. 1886
OeAV-S. Rauris
Marktstr. 49
A-5661 Rauris

Christian Gerstgraser
Zittelhaus
A-5661 Rauris/Kolm-Saigurn
während der Nichtbew.:
Wörtherberg 33
A-5661 Rauris
Hütte 06544/6412
Tal 06544/7143
✕ Anfang Juli bis Ende Sept.
25 ⊓ 70 ⊔ 10

10, Schlüssel und Betreuung durch die Bediensteten des Observatoriums
220 V ~
↗ Kolm-Saigurn, 1598 m – Rojacher Hütte 5; Heiligenblut, 1288 m – Fleißkehre, 1522 m, der Glocknerstraße – Gasthaus »Alter Pocher«, Döllach 7
→ Rojacher Hütte – Niedere Scharte, 2695 m – Duisburger Hütte; Rojacher Hütte – Naturfreundehaus Neubau – Niedersachsenhaus 4
△ Goldbergspitze, 3072 m, 1; Hocharn, 3254 m, 3 - 4; Schareck, 3122 m, 4
nur im Frühjahr ↗ Kolm-Saigurn, Heiligenblut
Taxenbach (Bischofshofen – Zell am See)
Kolm-Saigurn (nur Sommerfahrplan), Heiligenblut – Fleißkehre
1,5 km vor Kolm-Saigurn bis P (Lenzanger), im Frühjahr evtl. nur bis Bodenhaus, Fleißkehre P

AV 42; ÖK 153; Bergverlag Rother: AVF Ankogel- und Goldberggruppe, WF Tauern-Höhenweg

Hütten anderer alpiner Vereine und Privathütten

Ammererhof 1628 m, im inn. Rauriser Tal, AV-Ermäßigung, 30 18, ↗ Zell am See, Taxenbach, Zell am See, Taxenbach im Sommer: z. Hs., im Winter bis Wörth, bew. Ostern bis Ende Okt., ✆ 06544/8112

Hofgasteiner Haus 1950 m, Ferienheim und Bergrestaurant auf der Schloßalm, TVN, 60, ↗ Hofgastein 2½, Berglift-Bergstation, Bad Hofgastein, bew. Anfang Dez. bis Ostern, im Sommer: Juli und August, ✆ 06432/8350

Holler-Stöckl und Dr.-Hernaus-Stöckl 1765 m, Nebenhütte der Fraganter Jugendherberge, OeAV, 5 + 5, ↗ Innerfragant, Mallnitz Außerfragant Innerfragant

Kolm-Saigurn-Naturfreunde-Haus 1598 m, im Rauriser Tal, TVN, 60 35, ↗ Wörth 4, Bodenhaus 1½, Taxenbach im Winter bis Wörth, im Sommer zum Haus, gj. bew., ✆ 06544/8103

Neubau-Naturfreunde-Haus 2175 m, am Fuße des Sonnblicks, TVN, 4 40, ↗ Kolm-Saigurn 1½, Taxenbach im Winter bis Wörth, im Sommer Kolm-Saigurn, bew. Anfang März bis Ende Okt., (ohne Heizmöglichkeit), ✆ 06544/8181

Sadnighaus 1880 m, privat, 21 20, Lienz, Obervellach Mörtschach bis zum Haus, bew. Ostern bis Ende Okt., sonst nur für Gruppen, ✆ 04852/63052

Salesenhütte 1790 m, Nähe der Stubnerkogel-Bergbahn-Mittelstation, TVN, 12, ↗ Badgastein 2, Böckstein 2, Stubnerkogel-Mittelstation, Badgastein oder Böckstein Talstation Stubnerkogelbahn, SV, bei , ✆ 06434/30614

Valeriehaus 1588 m, im Naßfeld, privat, 10 50, ↗ Böckstein 2, Böckstein, gj. bew.

Weißseehaus 2350 m, privat, 18 6, Zufahrt ab Innerfragant bis zum Haus, bew. Ende Juni bis Ende Sept., ✆ 04785/29115

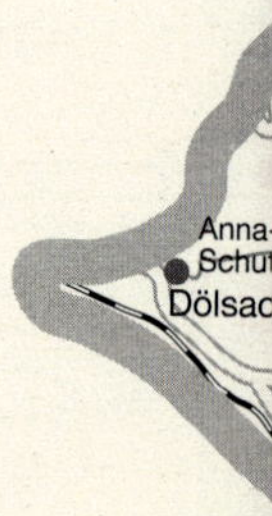
Anna-
Schu
Dölsac

43 Kreuzeck-gruppe

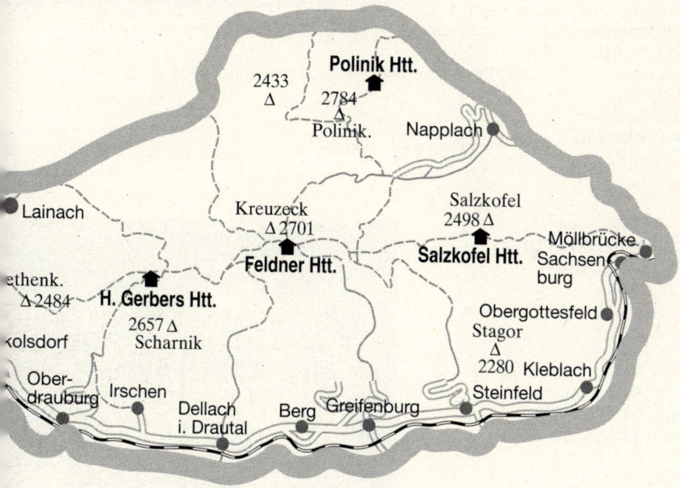

Umgrenzung

Möll von Winklern bis Sachsenburg – Drau von Sachsenburg bis Lienz – Iselsberg – Winklern

Feldnerhütte

K. I, 2182 m, erb. 1885, Neubau 1989
OeAV-S. Steinnelke
Norbert Jaksch
Breitenfurter Str. 535 - 537/5/7
A-1238 Wien-Kalksburg

- Dietlinde Leitner
  Hauptplatz 25
  A-9761 Greifenburg
- Tal 04712/790
- Anfang Juli bis Mitte Sept.
- 9 ⊓ 16 ⊔ 10
- 6 offen SR
- ↗ Greifenburg, 600 m, 7; mit Pkw bis Gnoppnitz, Htr. Häuser, dann 4 - 5
- → Salzkofelhütte (Heinrich-Hecht-Weg) 6; Hugo-Gerbers-Hütte 6; Polinikhütte 10 - 12; Teuchl (Alpenheim) 4
- △ Kreuzeck, 2702 m, 1½; Dechant, 2609 m, 1¼; Hochkreuz, 2708 m, 3; Tristen, 2535 m, 3
- kein Stützpunkt
- Greifenburg
- Gnoppnitz

ÖK 181

Hugo-Gerbers-Hütte

K. I, 2355 m, erb. 1910
OeAV-S. ÖGV
Lerchenfelder Str. 28
A-1080 Wien

- Fam. Haßler, Simmerlach 27
  A-9781 Oberdrauburg
- Hütte 04710/2668
- Ende Juni bis Mitte Sept.
- ⊓ 28 ⊔ 8
  Hütte offen
- ↗ Oberdrauburg, 629 m, 5½; Zwikkelberg-Strieden 3½; Leppener Alm 2; Weneberger Alm 2
- → Feldnerhütte, 2182 m, über Hochkreuz, 2708 m, 5; Anna-Schutzhaus, 1991 m, über Ziethenkopf, 2484 m, 6
- △ Kreuzelhöhe, 2623 m, ¾; Hochkreuz, 2708 m, 2; Scharnik, 2655 m, 2
- ↗ → alle
- Oberdrauburg
- über Zwickenberg-Strieden, Leppener Alm (nur Sommer)

ÖK 180

Polinikhütte

K. I, 1873 m, erb. 1887
OeAV-S. Mölltal
A-9821 Obervellach 11a

- 🚶 Sektion
  ✆ 04782/2250
  A-9821 Obervellach
- ✆ Hütte 0663/847573
- ✗ Mitte Juni bis Ende Sept.
- 🛏 15 ⌐ 20 ⌴ 5
- ↗ Obervellach – Polinikhütte 3; Jägerhütte 1½; Obervellach – Wurzenalm (mit Pkw), dann 1½; Flattach, Schmelzhütte – Raggaalm – Polinikhütte 7; Napplach – Teuchl – Polinik 7
- → Polinik – Feldnerhütte 11; Polinik – Raggaalm – Flattach 7; Polinik – Teuchl – Napplach 7
- △ Polinik, 2784 m, 3; Ebeneck, 2122 m, 1½; Rauchkopf, 2176 m, 2; Gamskar, 2580 m, 2½
- 🚂 Obervellach/Tauernbahn
- 🚌 Obervellach
- 🚗 Jägerhütte, Wurzenalm

ÖK 181

Salzkofelhütte

K. I, 1987 m, erb. 1907
OeAV-S. Steinnelke
Norbert Jaksch
Breitenfurter Str. 535 - 537/5/7
A-1238 Wien-Kalksburg

- 🚶 Josef Schmölzer
  Göriach 30
  A-9812 Pusarnitz
- ✆ Tal 04769/2147
- ✗ Ende Juni bis Mitte Sept.
- 🛏 20 ⌐ 10
- ❄ 6 🔑
- ↗ Möllbrücke, 550 m, 5½; Sachsenburg, 550 m, 5½; Kolbnitz, 600 m, (Schrägaufzug) 5 bzw. 4
- → Feldnerhütte (Heinrich-Hecht-Weg) 6; Teuchl (Alpenheim) 4; Rottensteiner Tal 4, nach Greifenburg 7; Rundgang: Salzkofel – Mittagsspitze – Salztörlhütte 4; Stagor – Steinfeld 6
- △ Salzkofel, 2498 m, 1¼; Grakofel, 2551 m, 3; Geyerspitze, 2403 m, 2; Stagor, 2288 m, 5

kein Stützpunkt
Möllbrücke, Sachsenburg, Kolbnitz
bis Gasthof Ambros, Straßenbeginn beim Bahnhof Sachsenburg, Abzweigung Freibad

ÖK 181

Hütten anderer alpiner Vereine und Privathütten

Anna-Schutzhaus 1991 m, auf dem Ederplan, ÖTK, 26 9, Dölsach 3; Iselsberg 2½, Winklern 3, Dölsach Iselsberg Winklern, bew. Mitte Juni bis Ende Sept., ✆ 0663/857987

Hochtristen-Schutzhaus 1697 m, auf der Oberbergalm, privat, 30 u. Matr., Berg 3½, Oberberg 1¾, Berg a. d. Drau, Dellach Dellach oder Berg zur Hütte, bew. Anfang Juni bis Anfang Sept.

Sattleggerhütte 1665 m, auf der Embergeralm, privat, 40, Weißensee 3, Greifenburg Greifenburg-Weißensee Emberg, bew. Mitte Juni bis Mitte Sept., ✆ 04712/433

Schwarzach i. Pongau
Höllwand
Δ2287
Bergland H.
Dorfgastein
Großarl
Bad
Hofgastein
Hüttschlag
Bad Gasteiner Htt.
2260
Δ
Murtörl
Albert-Biw.
Badgastein
Arlscharte
Δ2259
Rotgüldensee Htt.
Ali-lanti-Biwak
3076
Δ Hafner
Ankogel
3246
Δ
Kattowitzer Htt.
Osnabrücker Htt.
Gamskarlsp.
2832Δ
Hannover H.
Oberdorf
Hochalmspitze
Δ3360
Gmünder Htt.
Hagener Htt.
Mindener Htt.
Celler Htt.
Villacher Htt.
Gießener Htt.
Pflüglhof
A.v.Schmid H.
Kohlmayralm
Koschach
Kaponig-Biwak
F. Kordon Htt.
Moos-Htt.
2965
Δ
Reißeck
Malta
Obervellach
Reißeck Htt.
Gmünd
Penk
Bergfried Htt.
Trebesing
Unterkolbnitz
Altersburg
Mühldorf
Pusarnitz
Lieserhm.
Spittal
a. d. Drau

44 Ankogelgruppe

Umgrenzung

Salzach von Einmündung Gasteiner Ache bis Einmündung Großarlbach – Großarlbach bis Einmündung Kreealpenbach – Murtörl – Mur bis St. Michael – Klausgraben – Katschberghöhe – Katschbach – Lieser bis Einmündung in die Drau – Drau bis Einmündung Möll – Mölltal bis Einmündung Mallnitzbach – Mallnitzbach – Niederer Tauern – Gasteiner Ache bis Einmündung in die Salzach

Albert-Biwak

K. I, 2428 m, erb. 1986
OeAV-S. Edelweiß
Walfischgasse 12
A-1010 Wien

✗ Biwak, offen
⊓ 8
↗ am Tauernhöhenweg in der Schmalzscharte, Hüttschlag; Mur im Murtal
→ Tappenkarseehütt 6; Franz-Fischer-Hütte 7; Sticklerhütte 2½; Osnabrücker Hütte 6; Kattowitzer Hütte 3
△ Weinschnabel, 2750 m, 1½
🚆 Radstadt, Spital
🚌 Mur, Hüttschlag
🚗 Stockham

AV 45/1; ÖK 156; Bergverlag Rother: AVF Ankogel- und Goldberggruppe, WF Tauern-Höhenweg

Ali-lanti-Biwak

auf der Kleinelendscharte
K. I, 2663 m, erb. 1974
OeAV-Zweig Badgastein
c/o Dr. Wolfgang Schachinger
Straubinger Platz 5
A-5640 Badgastein

✗ offen, Kochgelegenheit
⊓ 4
↗ Prossau-Gsh. – Bocksteinleiten 4 - 4½; Osnabrücker Hütte – Großelendtal 3½ - 4
→ Prossau-Gsh. – Ali-lanti-Biwak – Osnabrücker Hütte 7 - 8
△ Keeskogel, 2884 m; Jagerkogel, 2748 m; Steinbachkogel, 2810 m; Tischlerkarkopf, 3002 m; Tischerspitze, 3003 m; Zwölferspitze, 2773 m
🚆 Badgastein
🚌 Badgastein-Kötschachtal
🚗 Badgastein-Kötschachtal

AV 44; ÖK 155; Bergverlag Rother: AVF Ankogel- und Goldberggruppe

Arthur-von-Schmid-Haus

K. I, 2281 m, erb. 1910/11
OeAV-S. Graz
Sackstr. 16
A-8010 Graz

- Johann Fleißner
  A-9822 Mallnitz
  während der Nichtbew.:
  Lassach 41
  A-9842 Mörtschach
- ✆ Tal 04826/398
- Mitte Juni bis Ende Sept.
- 18 ⌐ 46 ⌴ 30
- 15 offen SR
- 220 V ~
- ↗ Mallnitz, 1190 m, 4; Konradhütte 2
- → Gießener Hütte, 2215 m, über Mallnitzer Scharte, 2672 m, 2½; Reißeckhütte, 2381 m, über Kaponigtörl, 2690 m, 8; Kaponig-Biwak, 2537 m, 2
- △ Säuleck, 3086 m, 2½; Hochalmspitze, 3360 m, über Detmolder Grat 5 - 6; Hochalmspitze, 3360 m, über Steinerne Mannl, 3125 m, 6 - 7
- nur im Frühjahr ↗ Mallnitz – Konradhütte → Gießener Hütte, Reißeckhütte △ Säuleck, Hochalmspitze, über Steinerne Mannl
- Mallnitz
- Mallnitz
- Mallnitz bis Schranke kurz vor Konradhütte
- Ankoelbahn Häuselalm Mallnitz, Ankogel

AV 44; ÖK 155, 181; Bergverlag Rother: AVF Ankogel- und Goldberggruppe

Badgasteiner Hütte

(Gamskarkogelhütte)
K. I, 2465 m, erb. 1932
OeAV-Zweig Badgastein
c/o Dr. Wolfgang Schachinger
Straubinger Platz 5
A-5640 Badgastein

- Ernst Philippitsch
  A-5630 Bad Hofgastein
  während der Nichtbew.:
  Josefstätterstr. 7/20
  A-1080 Wien
- ✆ Hütte 0663/891076
- ✆ Tal 0222/4278725
- Mitte Juni bis Ende Sept.
- 7 ⌐ 19
- 4 offen
- ↗ Badgastein, 1084 m – Hoteldorf Grüner Baum, 1125 m – Poser Höhe, 1642 m –

Tofererscharte, 2090 m – Gamskarkogel, 2467 m, 4½; Badgastein – Schnöll-Lehen, 1080 m – Poser Höhe, 1642 m – Tofererscharte, 2090 m – Gamskarkogel 4½; Hofgastein, 858 m – Annenkaffee, 1079 m, Rastötzenalm, 1743 m – Gamskarkogel, 2467 m, 4½; Hütschlag, 1030 m – Toferer Alm, 1612 m – Tofererscharte, 2090 m – Gamskarkogel, 2467 m, 4

kein Stützpunkt

Badgastein

Badgastein-Kötschachtal

Hoteldorf Grüner Baum

AV 45/1; ÖK 155; Bergverlag Rother: AVF Ankogel- und Goldberggruppe

Bergfriedhütte

K. I, 1800 m, erb. 1935
OeAV-S. Spittal/Drau
Brückenstr. 6
A-9800 Spittal/Drau

Adele Cottogni, Lieserrain 4a
A-9800 Spittal/Drau

Hütte 0663/847445

Tal 04762/37353

Anfang Juli bis Anfang Sept.

6 ⊓ 20

↗ Trebesing, 800 m – Neuschitz, 1200 m, 3 (ab Güterweg 1½); Altersberg, 1000 m, 2½; ab Parkplatz, 1400 m, 1

→ Steinkopf – Kohlmaierhütte 2; Reißeckhütte 4

△ Gmeineck, 2587 m, 2; Stoder, 2424 m, 1½

den ganzen Winter ↗ beide → Steinkopf △ beide

Spittal/Millstätter See

Trebesing

Neuschitz

FB 221; ÖK 183; Bergverlag Rother: AVF Ankogel- und Goldberggruppe

Celler Hütte

K. I, 2240 m, erb. 1964
DAV-S. Celle
Mauernstr. 5
D-29221 Celle

Auskunft bei Otto Gruber
A-9822 Mallnitz Hs.-Nr. 95

Tal 04784/545

SV

⊓ 10 offen von Ende Juni bis Anfang

Okt.; im Winter verschlossen; Gaskocher, Ofen mit Holz, Quelle 100 m entfernt
Y für Notfälle
↗ Hannoverhaus, 2719 m, 3 - 4; Mallnitz-Seebachtal – Schwußnerhütte, 1400 m, 5; Gießener Hütte, 2215 m – Lassacher Winkelscharte, 2862 m, 4 (nur für Geübte mit alpiner Ausrüstung)
△ Celler Spitze, 2853 m, 2; Hochalmspitze, 3360 m, 6
kein Stützpunkt
Mallnitz
Talstation Ankogelbahn (Seebachtal)
Ankogelbahn P
Ankogelbahn – Hannoverhaus

AV 44; ÖK 181; Bergverlag Rother: AVF Ankogel- und Goldberggruppe

Frido-Kordon-Hütte

K. III, 1649 m, erb. 1937
OeAV-S. Gmünd
A-9854 Malta Nr. 192

Willi Staudacher
Postfach 66, Treffenboden 17
A-9853 Gmünd
✆ Hütte 04733/528
✆ Tal 04732/2325
✕ gj., Apr. u. Nov. geschlossen
10 ⌐ 15 ⌴ 4
↗ Gmünd – Kreuschlach 3
→ Stubeck (Almgebiet)
△ Stubeck, 2365 m, Almwanderwege, Ausgangspunkt für Wanderung Poisnigspitze – Wandspitze – Reitereck über den neuangelegten und versicherten »Maurilius-Mayr-Weg«
den ganzen Winter ↗ Gmünd – Kreuschlach △ Stubeck
Spittal/Millstätter See
Gmünd
bis zur Hütte ganzjährig möglich

FB 221; ÖK 182; Bergverlag Rother: AVF Ankogel- und Goldberggruppe

Gießener Hütte

K. I, 2215 m, erb. 1913, 1975 durch Lawine zerstört, 1976/77 neu aufgebaut
DAV-S. Gießen-Oberhessen
Schillerstr. 34
D-35390 Gießen

Otmar Baier
Brandstatt 13
A-9854 Malta
✆ Tal 04733/336

- Anfang Juli bis Ende Sept.
- 24 ⊓ 4 2 ⊔ 34 + 12 im ❄
- ❄ 12 offen SR (Schlüssel während der Bewirtschaftungszeit beim ♦)
- 220 V ~
- ↗ Malta – Zirmhof – Kohlmayrhütte (Fahrweg benützen, alter Weg verfallen) – Ob. Thomanbaueralm, dann 1½
- → Mallnitzer Scharte, 2672 m – Arthur-von-Schmid-Haus 3½; Lassacher-(Winkl-) Scharte, 2862 m – Celler Hütte, 2230 m, 4; Hannoverhaus 7 - 8; Steinerne Mannl, 3123 m – Preimlscharte, 2966 m – Osnabrücker Hütte 6; Kaponigtörl, 2692 m – Zwenberger Törl, 2729 m – Reißeckhütte 8
- △ Hochalmspitze, 3360 m, 3½; Säuleck, 3086 m, 3½; Schneewinkelspitze, 3015 m, 2½; Winterleitenkopf ¾
- kein Stützpunkt
- Spittal/Drau
- Malta, Ghs. Zirmhof oder Pflüglhof
- Ob. Thomanbaueralm P, Kohlmayralm P

AV 44; ÖK 181, 182; Bergverlag Rother: AVF Ankogel- und Goldberggruppe

Gmünder Hütte

K. III, 1186 m, erb. 1870
OeAV-S. Gmünd
Johann Jury
A-9854 Malta Nr. 192

- ♦ Brigitte Fleißner-Rieger
  Ronach 6
  A-9843 Großkirchheim
- ✆ Hütte 0663/9748371
- ✆ Tal 04825/61160
- Anfang Mai bis Mitte Okt.
- 15 ⊓ 15 ⊔ 5
- ~
- ↗ Pflüglhof – Malta, 900 m, 2
- → Kattowitzer Hütte 3; Osnabrücker Hütte (Elendsteig) 5½; Villacher Hütte 3
- △ Gr. Hafner, 3076 m, 5 - 5½; Hochalmspitze 3360 m, 6½
- bedingt, nur im Frühjahr ↗ Pflüglhof
- Spittal/Millstätter See
- Gmünd und Pflüglhof (Malta)
- bis zur Hütte (Maut)

AV 44; ÖK 181, 182; Bergverlag Rother: AVF Ankogel- und Goldberggruppe

Hannoverhaus

K. II, 2719 m, erb. 1911
DAV-S. Hannover
Ellernstr. 16
D-30175 Hannover

- ♦ Anton Fleissner-Rieger
  Hannoverhaus
  postlagernd
  A-9822 Mallnitz
- ✆ Hütte 0663/840852
  während der Nichtbew.:
  Lassach 41
  A-9842 Mörtschach
- ✆ Tal 04826/398
- ✗ Anfang Juli bis Ende Sept.
- 🛏 35 ⌐ 35 ⌙ 10
- ❄ 6 offen (nur Notunterkunft)
- ⚡ 220 V ~
- ↗ Bergstation d. Ankogelbahn 80 m unterhalb des Hauses; Böckstein, 1127 m – Anlauftal – Korntauern, 2476 m, 6; Mallnitz, 1190 m, 5 - 6
- → Mindener Hütte 3 – Hagener Hütte 7 – Niedersachsenhaus 11; Celler Hütte 2 – Großelendscharte, 2674 m Osnabrücker Hütte 4; Lassacher-(Winkl-)Scharte, 2862 m – Gießener Hütte 7
- △ Ankogel, 3250 m, 3; Gamskarlspitze, 2832 m, 4; Hochalmspitze, 3360 m, 5; Kärlspitze, 2936 m, 3 - 4
- ⛷ ↗ Ankogelbahn △ Pisten- und Sommerskilauf (Lassacher Kees)
- 🚂 Mallnitz, Autoüberstellzug von Böckstein und zurück
- 🚌 🚗 Talstation Ankogelbahn P
- 🚡 Seebachtal – 80 m unter Hannoverhaus

AV 44; ÖK 155; Bergverlag Rother: AVF Ankogel- und Goldberggruppe, WF Tauern-Höhenweg

Kaponig-Biwak

K. I, 2537 m, erb. 1971
OeAV-S. Graz
Sackstr. 16
A-8010 Graz
offene Unterstandshütte, kein Lager

- ↗ Arthur-von-Schmid-Haus, 2281 m, 2; Reißeckhütte, 2381 m, 5; Gießener Hütte, 2215 m, 3
- → Moosboden-Kaponiggraben – Bhf. Obervellach, 1096 m, 4½
- ⛷ kein Stützpunkt
- 🚂 Mallnitz, Obervellach
- 🚌 Mallnitz

Kolbnitz – Reißeck
AV 44; ÖK 181; Bergverlag Rother: AVF Ankogel- und Goldberggruppe

Kattowitzer Hütte

K. I, 2360 m, erb. 1929/30
DAV-S. Kattowitz
Marktstr. 4
D-38259 Salzgitter

Margarethe Stimnicker
Kattowitzer Hütte, Brandstatt 2
A-9854 Malta
während der Nichtbew.:
Stappitz 55
A-9822 Mallnitz
Tal 04784/647
Anfang Juli bis Ende Sept.
7 ⊓ 39 ⊔ 8
8 offen SR
Kölnbreinsperre – Salzgittersteig 2½; Zundelscher Forstweg über Moaralm 2½
Osnabrücker Hütte 4; Wastelkarscharte, 2720 m – Rotgüldenseehütte 3 - 4; Gmünder Hütte 3 - 3½; Weinschnabel – Sticklerhütte 7; Arlscharte, 2258 m – Großarltal 7 - 8
Gr. u. Kl. Hafner, 3076/3017 m, 2 - 2½; Gr. Sonnblick, 3030 m, 2½ - 3; Kölnbreinspitze, 2934 m, 3; Weinschnabel, 2753 m, 4
kein Stützpunkt
Spittal/Drau
Pflüglhof, Gmünder Hütte, Kölnbreinsperre
Gmünder Hütte, Zundelscher Forstweg (Maut) P, Kölnbreinsperre (Maut) P
AV 44; ÖK 155, 156; Bergverlag Rother: AVF Ankogel- und Goldberggruppe

Mindener Hütte

K. I, 2428 m, erb. 1925
DAV-S. Minden/Westf.
Hämelstr. 58
D-32425 Minden

Betreuer:
Hermann Unterrainer
A-9822 Mallnitz Nr. 45
Tal 04784/271
SV, geöffnet von Mitte Juni bis Mitte Sept., bei
Y für Notfälle in der Hütte
⊓ 12, Mitnahme von Holz oder Briketts aus dem Depot an der Kreuzung des Höhenweges von Han-

noverhaus und der Mittelstation der Ankogelbahn erbeten, Trinkwasser bei Hütte
↗ Mallnitz, 1190 m, über Stockeralm – Woisken 4½ oder Gutenbrunn – Hindenburghöhe, 2316 m, 4½; über Seebachtal – Wh. Hochalmblick, 1926 m (Mittelstation d. Ankogelbahn) – Kl. Tauernsee – Göttinger Weg 4; Böckstein, 1127 m – Korntauern, 2476 m – Göttinger Weg 5½
→ Hannoverhaus 4; Hagener Hütte 4
△ Gamskarlspitze, 2832 m, 1¾
nicht zugänglich
Mallnitz
Stockeralm P, 1285 m, oder Talstation d. Ankogelbahn

AV 42; ÖK 155; Bergverlag Rother: AVF Ankogel- und Goldberggruppe, WF Tauern-Höhenweg

Mooshütte

in der Nähe des Hochalmsees,
K. I, 2320 m, erb. 1966
OeAV-S. Spittal/Drau
Brückenstr. 6
A-9800 Spittal/Drau

Walter Pehap
Unterkolbnitz
A-9815 Kolbnitz
Tal 04783/2466
SV
10
220 V ~
1. Mai bis 1. Okt.; im Winter nicht zugänglich,
↗ mit Reißeckbahn (4 Min. v. Bahnhof) bis Seenplateau 1 Std. Fahrzeit, dann über Rieckentörl 2; mit Reißeckbahn bis Pumpstation Hattelberg, von dort durch den Rieckengraben nach Zandlacher Boden über den Grasrücken, Untere Mooshütte – Obere Mooshütte 4½
→ Reißeckhütte 2; Arthur-von-Schmid-Haus 7
△ Gr. Reißeck, 2965 m; Gamolnigspitze, 2788 m; Ritterspitzen, 2907 m
↗ Kolbnitz – über Rieckentörl
Kolbnitz
Reißeckbahn P
Reißeckbahn – Seenplateau

AV 44; ÖK 181, 182; Bergverlag Rother: AVF Ankogel- und Goldberggruppe

Osnabrücker Hütte

K. I, 2032 m, erb. 1931
DAV-S. Osnabrück
Eduard-Pestel-Str. 2
D-49080 Osnabrück

- Anneliese Fleißner u. Herbert Unterweger
  A-9821 Obervellach 195
- Ⓒ Tal 04782/2373
- Anfang Juli bis Ende Sept.
- 31 34 12
- 14 offen SR
- ↗ Gmünd – Malta – Falleralm, 908 m, über Gmünder Hütte 7; ab Gmünder Hütte 6; ab Staumauer 2; Bergstation Ankogelbahn, 2626 m (Hannoverhaus) – Großelendscharte, 2674 m, 4
- → Hannoverhaus 4; über Ankogel 6½; Gießener Hütte über Preimlscharte, 2953 m, 6; über Großelendscharte – Celler Hütte 8; Kattowitzer Hütte 5; Preimlscharte – Villacher Hütte 5; Hüttschlag 7½; Badgastein 9; Rundweg um die Schwarzhörner (durch Kleinelendtal) 7; Brunnkarsee 2½
- △ Hochalmspitze, 3360 m, 4½ - 5; Ankogel, 3250 m, 3 - 4; Preimlspitze, 3133 m, 3½; Schwarzhornspitzen 3½; Kälberspitze, 2838 m, 2½; Kärlspitze, 2936 m, 3½
- nur im Frühjahr → Hannoverhaus △ Hochalmspitze, Kälberspitze
- Mallnitz, Spittal/Drau
- Staumauer (Maut) P
- Mallnitz – Hannoverhaus (zeitweise außer Betrieb)

AV 44; ÖK 182; Bergverlag Rother: AVF Ankogel- und Goldberggruppe, WF Tauern-Höhenweg

Reißeckhütte

K. II, 2287 m, erb. 1908
OeAV-S. ÖGV
Lerchenfelder Str. 28
A-1080 Wien

- Johann Pschernig
  A-9815 Kolbnitz
- Ⓒ Hütte 04783/2420350
  während der Nichtbew.:
  Gries 15, A-9854 Malta
- Ⓒ Tal 04733/302
- Weihnachten bis Ostern, 20. Juni bis Ende Sept.
- 8 35
- 220 V ~
- ↗ Mühldorf, 589 m, 5½; Kolbnitz, 614 m, mit »Reißeckbahn« und »Höhenbahn« ½
- → Arthur-von-Schmid-Haus, 2281 m, über Rieckentörl, 2525 m – Zwenberger Scharte, 2646 m – Kaponigtörl, 2692 m, 10; Gießener Hütte, 2215 m, Rieckentörl, 2525 m – Zwenberger Scharte, 2646 m – Kaponigtörl, 2692 m, 9; Obere Mooshütte, 2320 m,

(an den Übergängen 1 und 2) 3
△ Hochkedl, 2580 m, 1¼; Radlkopf, 2744 m, 2; Riedbock, 2822 m, 2½; Gr. Reißeck, 2965 m, 3; Gr. Stapnik, 2892 m, 3¼; Zauberernock, 2944 m, 4
den ganzen Winter ↗ Kolbnitz, Mühldorf △ Radlkopf, Riedbock, Gr. Reißeck, Zauberernock
Kolbnitz
Reißeck-Höhenbahn

ÖK 181, 182; Bergverlag Rother: AVF Ankogel- und Goldberggruppe

Rotgüldenseehütte

K. I, 1740 m, erb. 1994
OeAV-S. Graz
Sackstr. 16
A-8010 Graz

Monika Genser
Hintermuhr 14
A-5583 Muhr
✆ Hütte 06479/348
✆ Tal 06479/303
✗ Mitte Juni bis Ende Sept.
9 ⊓ 40 ⊔ 5
220 V ~
↗ Rotgüldensee-Aufstieg, Arsenhaus, 1330 m, 1
→ Sticklerhütte über Schrovinscharte, 2000 m, 4; Kattowitzer Hütte über Wastelkarscharte, 2720 m, 4½; Unterer – Oberer Rotgüldensee, 2000 m, 1¼
△ Großer Hafner, 3076 m, 4¾; Silbereck, 2804 m, 4
Tamsweg
Rotgüldensee-Aufstieg P Arsenhaus

AV 44; ÖK 166; Bergverlag Rother: AVF Ankogel- und Goldberggruppe, WF Tauern-Höhenweg

Villacher Hütte

K. I, 2194 m, erb. 1881
OeAV-Zweig Villach
Schanzgasse 3
A-9500 Villach

✗ nicht bew.
⊓ 16 ⊔ 6, (bei Sektion, Tel. 04242/289584)
4 offen (Notquartier im Zubau)
↗ Mautstelle Faller-Hütte, 860 m, 3½
→ Osnabrücker Hütte über Hochalmkees – Preimlscharte, 2952 m, Abstieg über Großelendkees –

Osnabrücker Hütte, 2040 m; Gießener Hütte – Hochalmkees über Steinerne-Mannl-Scharte, 3125 m – Trippkees zur Gießener Hütte, 2215 m, Gmünder Hütte, 1185 m

△ Hochalmspitze, 3360 m, 3½; Preimlspitze, 3133 m, 2

⛷ den ganzen Winter ↗ Gmünder Hütte, Forstweg – Villacher Hütte → Osnabrücker Hütte △ Hochalmspitze, Preimlspitze

🚂 Spittal/Drau

🚌 Pflüglhof, 847 m

🚗 Gmünder Hütte, 1210 m (Maut)

AV 44; ÖK 181, 182; Bergverlag Rother: AVF Ankogel- und Goldberggruppe

Hütten anderer alpiner Vereine und Privathütten

Adlerhorst 2333 m, auf dem Seeplateau d. Reißeckkraftwerkes,TVN, 🛏 23 ⊓ 7, Reißeck-Höhenbahn-Bergstation ¼, 🚂 🚌 🚗 Kolbnitz, SV, Voranmeldung an Willi Dorner, Nußdorf 17, A-9701 Rothenturn, ✆ 04767/517

Gmeineck-Alpengasthaus 1530 m, im Hintereggergraben, privat, 🛏 25 ⊓ 20, ↗ Lendorf 3, Pusarnitz 3, 🚂 🚌 Lendorf 🚗 Lieserhof bis unter das Haus, bew. Anfang Juni bis Ende Sept., ✆ 04762/3838

Hochalmblick-Alpengasthaus 1938 m, im Seebachtal, privat, 🛏 20 ⊓ 10, ↗ Mallnitz 2, 🚂 🚌 Mallnitz 🚗 Mallnitz bis Seebachtal → 🚡 (Mittelstation) zur Hütte, gj. bew.

Ranacher Haus 1200 m, Stappitz, TVN, 🛏 15, ↗ Mallnitz 20 Min., Bedarfshaltestelle Tauerntunnel 5 Min., 🚗 bis zum Haus, SV, Voranmeldung bei OGr. Wien, Fachgruppe Ostbahn 11, Grillgasse 48, A-1110 Wien, ✆ 0222/5650/5965

Schwußnerhütte 1400 m, im Seebachtal, privat, 🛏 12, ↗ Mallnitz 2, 🚂 🚌 Mallnitz 🚗 zum Haus, bew. Mitte Mai bis Mitte Okt.

Wolligerhütte 1576 m, auf der Roßkopfalm, privat, 🛏 15 ⊓ 15, ↗ Mallnitz 1½, 🚂 🚌 Mallnitz 🚗 zum Haus, gj. bew.

Zandlacher Hütte 1525 m, im Rieckengraben, privat, 🛏 8 ⊓ 11, ↗ Kolbnitz 2½, Reißeck-Höhenbahn, Station Hattelberg 1½, 🚂 🚌 Kolbnitz 🚗 (evtl.) zum Haus, bew. Mitte Juni bis Mitte Sept.

St. Johann
i. Pongau

45a Radstädter Tauern

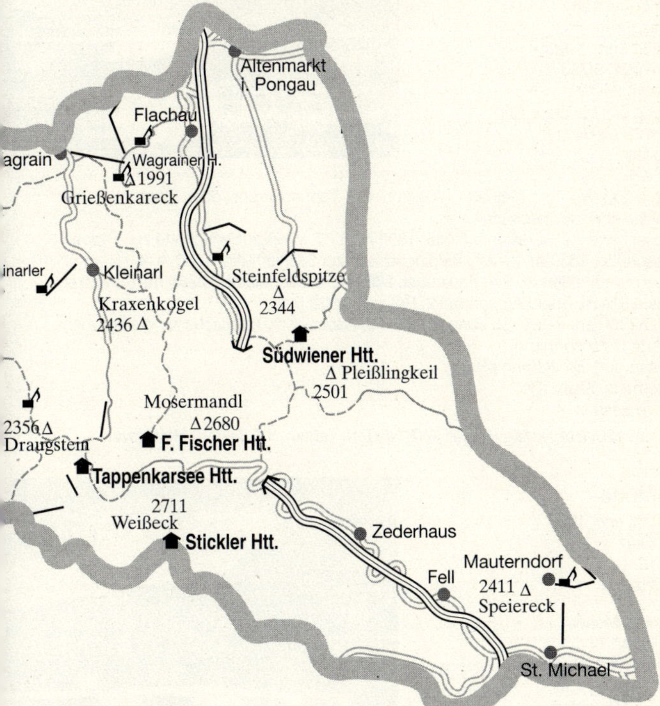

Umgrenzung

Wagrainer Bach von der Einmündung in die Salzach – Wagrainer Höhe – Litzlingbach bis Einmündung in die Enns – Enns bis Radstadt – nördl. Taurachtal – Obertauern – südl. Taurachtal – Mauterndorf – Neuseß – Mur – Murtörl – Kreealpenbach – Großarlbach bis Einmündung in die Salzach – Salzach bis Einmündung Wagrainer Bach

Franz-Fischer-Hütte

K. I, 2020 m, erb. 1965
OeAV-S. Tauriskia
Alpenvereins-Zentrum Edelweiß
Walfischgasse 12
A-1010 Wien

- Alfred Gruber
  Dorf Anger 128
  postlagernd
  A-5584 Zederhaus
- ✆ Hütte 06478/393
- ✆ Tal 06478/479
- Anfang Juli bis Ende Sept.
- 18 ⌐ 22 ⌴ 10
- 10 offen
- 220 V ~
- ↗ Untere Essalm 1¼; Kleinarl – Jägernsee – Tappenkarsee oder Flachau – über Neuklar – Windischscharte
- → Taferlscharte zur Südwiener Hütte, 1802 m, 6 - 7; Weißgrubenscharte zur Tappenkarseehütte, 1820 m, 2 - 2½; Riedingscharte zur Sticklerhütte, 1750 m, 4
- △ Mosermandl, 2680 m, 2½; Faulkogel, 2654 m, 4; Stierkarkopf, 2365 m, 1; Wildkarhöhe, 2514 m, über Stierkarkopf 2; Rothorn, 2522 m, 3
- nur im Frühjahr ↗ Bhf. St. Johann i.P., Bhf. Radstadt → Taferlscharte, Weißgrubenscharte △ Mosermandl
- Mauterndorf, St. Johann i.P.
- Zederhaus, Kleinarl
- Untere Essalm

AV 45/1; ÖK 126; Bergverlag Rother: AVF Niedere Tauern, WF Tauern-Höhenweg

Sticklerhütte

K. I, 1750 m, erw. 1969
OeAV-S. Graz
Sackstr. 16
A-8010 Graz

- Gerhard Moser
  A-5583 Muhr
  während der Nichtbew.:
  Fanningberg 150
  A-5571 Mariapfarr
- ✆ Hütte 06479/349
- ✆ Tal 06473/7007
- Mitte Juni bis Ende Sept., bei Schönwetter evtl. länger
- 14 ⌐ 34 ⌴ 10
- 220 V ~
- ↗ Rotgüldensee-Aufstieg, Arsenhaus (Postautohaltestelle), 1330 m, 2½; Maurit-

zenalm 3/4; Zalussenalm 1/2

→ Rotgüldenseehütte über Schrovinscharte, 2000 m, 4; Kattowitzer Hütte über Murquelle – Schmalzscharte, 2444 m – Weinschnabel, 2750 m – Gamsleitenkar 8; Tappenkarseehütte über Murtörl, 2260 m – Nebelkarscharte, 2453 m, 4 1/2; Franz-Fischer-Hütte über Riedlingscharte, 2275 m – Zauneralm 5 1/2

△ Weißeck, 2711 m, 2 1/2

nur im Frühjahr ↗ Arsenhaus → Tappenkarseehütte, Franz-Fischer-Hütte △ Weißeck

Tamsweg

Arsenhaus

bis zur Schrankenanlage

AV 45/1, 45/2; ÖK 156; Bergverlag Rother: AVF Niedere Tauern, WF Tauern-Höhenweg

Südwiener Hütte

K. I, 1802 m, erb. 1927
OeAV-S. ÖGV
Lerchenfelder Str. 28
A-1080 Wien

Manfred Purrer
A-5561 Untertauern

✆ Hütte 0663/26741

✆ Tal 07683/7106 o. 8797

26.12. – 7.1., Anfang Febr. bis Ende Apr., Mitte Juni bis Mitte Okt.

24 ⊓ 26

6 offen, keine Heizmöglichkeit

220 V ~

↗ Gnadenbrücke, 1266, 1 1/2; Hintergnadenalm, 1326 m, 1; Obertauern, 1664 m, »Hirschwandsteig« 2; Flachau, 927 m, 3

→ Franz-Fischer-Hütte, 2020 m, »Tauernhöhenweg« Taferlscharte, 2236 m, 5 1/2; Radstädter Tauernpaß, 1739 m, über den Wildsee, 1925 m, 4; Radstädter Tauernpaß, 1739 m, über Gr. Pleißlingkeil, 2501 m – Hintere Großwand, 2436 m – Glöcknerin, 2432 m – Zehnerkarspitze, 2381 m, 6

△ Spirzinger, 2066 m – Spazeck, 2065 m, 1; Kl. Pleißlingkeil, 2418 m, 2 1/4; Gr. Pleißlingkeil, 2501 m, 2 1/2; Hintere Großwand, 2436 m, 3; Glöcknerin, 2432 m, 3 1/2; Hengst, 2074 m, 1; Steinfeldspitze, 2344 m, 2

den ganzen Winter ↗ Gnadenbrücke △ Spirzinger, Kl. Pleißlingkeil, Gr. Pleißlingkeil, Hengst

Radstadt

Gnadenbrücke

Hintergnadenalm

AV 45/2; ÖK 126, 156; Bergverlag Rother: AVF Niedere Tauern, WF Tauern-Höhenweg, WF Dachstein-Tauern-Region

Tappenkarseehütte

K. I, 1820 m, erb. 1953/54
OeAV-S. Edelweiß
Walfischgasse 12
A-1010 Wien

- Erich Eichholzer
  Tappenkarseehütte
  A-5602 Wagrain
  während der Nichtbew.:
  Neuburg 26
  A-5532 Filzmoos
- Hütte 06418/308
- Tal 06453/510
- Mitte Juni bis Anfang Okt.
- 32 ⊓ 36 ⊔ 5
- 14
- 220 V ~
- Kleinarl, 1008 m, 4; Jägersee, 1097 m, 3; Schwabalm, Kfz. Talstation Materialseilbahn, 1220 m, 2
- Weißgrubenscharte, 2257 m – Franz-Fischer-Hütte, 2020 m, 3; Haselloch, 2257 m – Königsalm, 1666 m – Wald, 1328 m – Zederhaus, 1205 m 4 - 5; Karteistörl, 2149 m – Hüttschlag, 1020 m, 4; Draugsteintörl, 2077 m – Filzmoossattel, 2064 m – Großarl, 920 m, 5 - 6; Haselstein, 2153 m – Nebelkarscharte – Murtörl, 2260 m – Sticklerhütte, 1750 m, 6 - 7; Nebelkarscharte – Murtörl, 2260 m – Schmalzscharte, 2444 m – Weinschnabel, 2750 m – Osnabrücker Hütte, 2040 m – Kattowitzer Hütte, 2360 m, 12 - 14
- △ Weißgrubenkopf, 2369 m, 2; Gurenstein, 2220 m, 1½; Glingspitze, 2433 m, 2½; Nebelkareck, 2536 m, 4; Draugstein, 2356 m, 3
- kein Stützpunkt
- St. Johann i.P.
- Jägersee
- Schwabalm

AV 45/1; ÖK 155; Bergverlag Rother: AVF Niedere Tauern, WF Tauern-Höhenweg

Hütten anderer alpiner Vereine und Privathütten

Filzmoosalm 1710 m, im Ellmautal, privat, 30 70, Großarl 3, Grundalm 1, St. Johann i.P. Großarl Grundalm, bew. Anfang Juli bis Ende Sept.

Grießenkarhaus 1629 m, am Grießenkareck, TVN, 6 50, Flachau 1½, Wagrain 2½, auch mit Lift, St. Johann i. Pongau, Altenmarkt Wagrain zum Haus im Sommer (Maut), gj. bew., Nov. geschlossen, 06457/2575

Kleinarler Hütte 1754 m, privat, 34 20, Mitterkleinarl 2½, St. Johann i. Pongau Mitterkleinarl, bew. Anfang Juni bis Anfang Okt., Mitte Dez. bis Mitte April, 06418/353

Reiteralmhütte 1750 m, auf der Gasselhöhe, privat, 24, Pichl a. d. Enns 3, Pichl zum Haus, bew. Mitte Juni bis Anfang Okt., Anfang Dez. bis Anfang Mai, 06454/236

Speiereckhütte 2066 m, auf d. Großeck, ÖTK, 10 10, St. Michael 3¼, Mauterndorf 2½, ab dort Sessellift, Mauterndorf, bew. Mitte Dez. bis Woche nach Ostern, Ende Juni bis Anf. Sept., 0663/67502

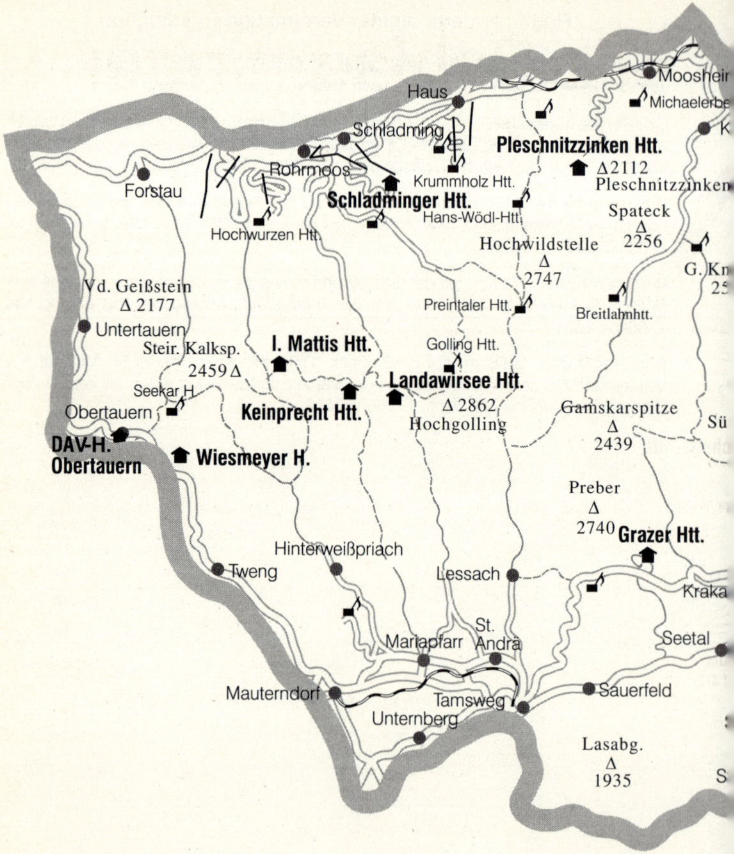
Haus
Moosheim
Michaelerbe
Schladming
Pleschnitzzinken Htt.
Δ2112
Pleschnitzzinken
Rohrmoos
Krummholz Htt.
Forstau
Schladminger Htt.
Hans-Wödl-Htt.
Spateck
Δ
2256
Hochwurzen Htt.
Hochwildstelle
Δ
2747
G. Kn
Vd. Geißstein
Δ 2177
Preintaler Htt.
Breitlahnhtt.
Untertauern
Steir. Kalksp.
2459 Δ
I. Mattis Htt.
Golling Htt.
Landawirsee Htt.
Seekar H.
Δ 2862
Hochgolling
Obertauern
Keinprecht Htt.
Gamskarspitze
Δ
2439
Sü
DAV-H.
Obertauern
Wiesmeyer H.
Preber
Δ
2740
Grazer Htt.
Hinterweißpriach
Tweng
Lessach
Kraka
St.
Andrä
Mariapfarr
Seetal
Mauterndorf
Tamsweg
Sauerfeld
Unternberg
Lasabg.
Δ
1935

45b Schladminger Tauern

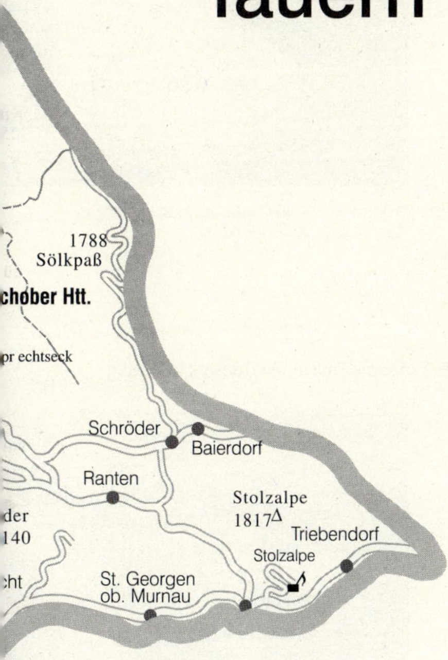

Umgrenzung

Enns von Radstadt bis Einmündung Großsölkbach – Großsölkbach – Sölker Paß – Katschbach bis Einmündung in die Mur – Mur bis Oberbaierdorf – Neuseß – Mauterndorf – südl. Taurachtal – nördl. Taurachtal – Radstadt

Grazer Hütte

K. I, 1897 m, erb. 1894
OeAV-S. Graz
Sackstr. 16
A-8010 Graz

- Hubert Siebenhofer
  A-8854 Krakauebene 56
- Tal 03535/600
- Anfang Juni bis Ende Sept.
- 16 ⊔ 10
- keiner
- ↗ Gappmayeranger, 1550 m – Grazer Steig 1; Prebersee, 1510 m – Grazer Steig 1½ - 2; Klausen, 1300 m, 1½
- → Breitlahnhütte, 1104 m – Prebertörl, 2193 m, 6; Rudolf-Schober-Hütte, 1667 m – Rantentörl, 2153 m, 10
- △ Preber, 2741 m, 2; Roteck, 2743 m, 3
- nur im Frühjahr ↗ alle → Breitlahnhütte △ Preber
- Tamsweg
- Prebersee
- Gappmayeranger P

AV 45/3; ÖK 158; Bergverlag Rother: AVF Niedere Tauern, WF Tauern-Höhenweg

Ignaz-Mattis-Hütte

am Giglachsee
K. I, 1986 m, erb. 1910
OeAV-S. Wien
Rahlgasse 6, II/14
A-1060 Wien VI

- Reinhard Keinprecht
  Untertal 70
  A-8970 Schladming
- Tal 03687/61262
- Mitte Juni bis Anfang Okt.
- 14 ⊓ 56 ⊔ 10
- 16 SR
- ↗ Ursprungalm, 1604 m, über Preuneggsattel, 1½; Hopfriesen, 1040 m, (Giglachtal) 3; Rohrmoos, 1150 m, über Latterfußsattel – Schneider – Schiedeck 6; Weißpriach oder Mariapfarr durch das Weißpriach- und Znachtal über Znach- und Preuneggsattel 7 - 8
- → Seekarhaus über Ahkarscharte, 2315 m; Keinprechthütte über Rotmandlspitze – Rotmandlscharte – Krugeckscharte; Hochwurzenhütte über Höhenweg Schiedeck – Schneider – Latterfußsattel – Roßfeld; Duisitzseehütte über Ferchtlhöhe
- △ Steirische Kalkspitze, 2459 m; Lungauer Kalkspitze, 2471 m; Engelkarspitze,

2518 m; Kampspitze, 2390 m; Rotmandlspitze, 2453 m
kein Stützpunkt
Schladming
Ursprungalm

AV 45/2; ÖK 127; Bergverlag Rother: AVF Niedere Tauern, WF Tauern-Höhenweg, WF Dachstein-Tauern-Region

Keinprechthütte

K. I, 1872 m, erb. 1902
OeAV-S. Wien
Rahlgasse 6, II/14
A-1060 Wien VI

Grete Zechmann
Untertal 5
A-8970 Schladming
Hütte 0663/39900
Tal 03687/61281
Mitte Juni bis Anfang Okt.
52 ⊔ 10
6
Hopfriesen, 1040 m, oder Eschachboden, 1100 m, 3 bzw. 2½; Tamsweg (Station der Murtalbahn) – Mariapfarr – Liegnitztal – Liegnitzhöhe 6
Ignaz-Mattis-Hütte über Krugeck- und Rotmandlscharte 2¾; Gollinghütte über Trockenbrotscharte – Landawirseehütte – Gollingscharte 5; Duisitzseehütte über Neualm 2
△ Zinkwand, 2442 m; Vetternspitze, 2524 m; Sauberg, 2520 m; Krugeck, 2428 m; Graunock, 2477 m; Pietrach, 2396 m – Kübel, 2354 m; Rotmandlspitze, 2453 m
kein Stützpunkt
Schladming, Tamsweg
Hopfriesen
Eschachboden

AV 45/2; ÖK 127; Bergverlag Rother: AVF Niedere Tauern, WF Dachstein-Tauern-Region, WF Tauern-Höhenweg

Landawirseehütte

K. I, 1985 m, erb. 1911
OeAV-S. Zweig Lungau
Kuenbergstr. 322
A-5580 Tamsweg

Albert Essl
Lintsching 223
A-5571 Mariapfarr
Hütte 06483/245

✆ Tal 06473/7197
✗ Mitte Juni bis Anfang Okt.
🛏 10 ⊓ 35 ⊔ 5
❄ 4 🔑
⚡ 220 V ~
↗ Murtal, Unt. Piendlalm 3 - 3½; Vord. Göriachalmen 2; Ennstal, Schladming, 740 m, ins Obertal bis Hopfriesen, Neualm, Trockenbrotscharte 4½
→ Gollingscharte, 2326 m – Gollinghütte, 1641 m, 3½; Trockenbrotscharte, 2237 m – Keinprechthütte, 1872 m, 1½; Rundgang: Ob. Landawirsee – Krautgartenscharte – Pietrach – Trockenbrotscharte – Hütte 2½
△ Hochgolling, 2863 m, 4; Pietrach, 2396 m, 1¾; Zwerfenberg, 2642 m, 3; Kübel, 2354 m; Samspitzen, 2381 m, 1½; Scharnock, 2498 m, 2¼; Rotsandspitze, 2481 m, 1½; Hoher Wagen, 2320 m, 1½
⛷ kein Stützpunkt, lawinengefährlicher Zugang
🚂 Tamsweg
🚌 St. Andrä, Mariapfarr; v. 10.7. - 9.9. 2x täglich mit Kleinbussen Vord. Göriachalmen
🚗 Untere Piendlalm, Vord. Göriachalmen für Übernachtungsgäste möglich, auf eigene Gefahr!

AV 45/2; ÖK 127; Bergverlag Rother: AVF Niedere Tauern, WF Dachstein-Tauern-Region, WF Tauern-Höhenweg

Obertauern, DAV-Haus

K. II, 1738 m, erb. 1969/70
DAV
von-Kahr-Str. 2 - 4
D-80997 München

👤 Franz Lämmerhofer
A-5562 Obertauern
✆ Hütte 06456/7307
✗ Ende Nov. bis Anfang Mai
🛏 70 ⊓ 16
⚡ 220 V ~ Etagenduschen
↗ An der Tauernpaßstraße
→ Seekarhaus ½; Südwiener Hütte über Felseralm (Hirschwandsteig) 1½ - 2; über Wildsee 3½
△ Gr. Kesselspitze, 2358 m; Gamsleitenspitze, 2357 m, 1½; Zehnerkarspitze von der Liftstation 1; Überg. z. Glöcknerin, 2361 m, 1 - 2; – Großwand, 2436 m, ½ – Gr. Pleißlingkeil, 2501 m, ½; Seekarspitze, 2350 m; Seekareck, 2217 m, 2; Hundskogel, 2234 m; Plattenspitz, 2293 m – Gamskarlspitze, 2411 m, 1½; Gurpitscheck, 2526 m, 3½
⛷ Pistenskilauf, Frühjahrstouren, Langlaufloipen, Spazierwege
🚂 Radstadt
🚌 Obertauern
🚗 zum Haus,im Winter Schneeketten erforderlich P

AV 45/2; ÖK 126; Bergverlag Rother: AVF Niedere Tauern, WF Dachstein-Tauern-Region

Pleschnitzzinkenhütte

K. I, 1944 m, erb. 1918
OeAV-S. Pruggern
A-8965 Pruggern 138

- Johann Tschachler
  A-8965 Pruggern 213
- Tal 03685/23867
- SV
- 8
- Ofen im Lager
- bei der Sektion erhältlich
- Pruggern über Bottinghaus zur Hütte 2½; Bottinghaus 1; Aich-Assach über Gössenberg 3
- △ Pleschnitzzinken, 2112 m, Scheibleck, 2117 m, 1
- den ganzen Winter ↗ bei den Galsterbergalmliften △ Kalteck, Pleschnitzzinken
- Schnellzugstat. Gröbming, Personenzug: Pruggern und Aich-Assach
- Pruggern und Aich
- bis Bottinghaus-Parkplatz (Maut)

AV 45/3; ÖK 127; Bergverlag Rother: AVF Niedere Tauern, WF Dachstein-Tauern-Region

Rudolf-Schober-Hütte

K. I, 1667 m, erb. 1895
OeAV-S. Stuhlecker
Bernardgasse 19
A-1070 Wien

- N.N.
  Rudolf-Schober-Hütte
  A-8854 Krakaudorf
- Anfang Juni bis Ende Sept.
- 10 ⊓ 16 ⊔ 6
- 6
- Krakaudorf, 1180 m, über Etrachsee 2½ - 3
- → Schimpelscharte, 2000 m, St. Nikolai 5
- △ Bauleiteck, 2424 m, 2½; Süßleiteck, 2507 m, 3; Predigtstuhl, 2543 m, 6; Rupprechtseck, 2591 m, 3
- kein Stützpunkt
- Murau
- Krakaudorf
- bis Etrachsee

AV 45/3; ÖK 158; Bergverlag Rother: AVF Niedere Tauern, WF Tauern-Höhenweg

Schladminger Hütte

K. II, 1830 m, erb. 1925, Neubau 1993
OeAV-S. Schladming
Europaplatz 613
A-8970 Schladming

- Fritz Gerhardter
  Preunegg 25
  A-8970 Schladming
- Hütte 03687/22639
- Tal 03687/61347
- Anfang Dez. bis eine Woche nach Ostern, Anfang Juni bis Ende Okt.
- 8 ⊓ 7
- 220 V ~
- Schladming, 740 m, Kabinenseilbahn, ½; Planai-Parkplatz 5 Min.; Schladming 2½, Schladming – Untertal, 900 m, 2½
- → Panoramaweg (Forstlicher Lehrwanderweg) auf 1800 m, 1; Krummholzhütte – Gföll – Dürrenbachtal 3; Preintaler Hütte, 1656 m, über den Höhenweg 6; Hans-Wödl-Hütte, Höhenweg, 5 - 6
- △ Planaigipfel, 1894 m, ¼; Krahbergzinken, 2134 m, 1½; Höchstein, 2543 m, 5
- den ganzen Winter ↗ Seilbahn, Krummholzhütte △ beide
- Schladming
- Schladming oder Planai-Parkplatz (Maut)
- Schladminger Hütte

AV 45/2; ÖK 127; Bergverlag Rother: AVF Niedere Tauern

Wismeyerhaus

K. II, 1670 m, erb. 1969
OeAV-S. Edelweiß
Walfischgasse 12
A-1010 Wien

- Rudolf Fasswald
  A-5562 Obertauern
- Hütte 06456/7220, Fax 06456/2204
- gj. bew., Mai u. Nov. geschlossen
- 76 ⊓ 18
- 220 V ~
- Obertauern PA Haltestelle Plattenkar, 1675 m, bis zum Haus 5 Min.
- → Seekarhaus, 1797 m – Seekarscharte, 2010 m – Oberhüttensattel, 1866 m – Akarscharte, 2315 m – Ignaz-Mattis-Hütte, 1986 m, 4½; Hirschwandsteig – Südwiener Hütte, 1802 m, 2½; Wildsee, 1925 m – Südwiener Hütte, 1802 m
- △ Gamskarlspitze, 2411 m, 2; Gurpitscheck, 2526 m, 4; und zahlreiche Gipfel im Rahmen des Radstädter Tauernpasses

den ganzen Winter ↗ beide → Seekarhaus, Pistenskilauf, Langlaufloipen
Radstadt
Obertauern
bis zur Hütte

AV 45/2; ÖK 127, 156; Bergverlag Rother: AVF Niedere Tauern, WF Dachstein-Tauern-Region, WF Tauern-Höhenweg

Hütten anderer alpiner Vereine und Privathütten

Dr.-Theodor-Körner-Haus 1802 m, an der Tauernpaßhöhe, TVN, 110 10, ↗ Tauernpaß ¼, Untertauern 2½, Radstadt Tauernpaß, Untertauern, bew. Anfang Juni bis Ende Sept., Anfang Dez. bis Ende April, 06456/7202

Gollinghütte 1641 m, im Steinriesental, Alp. Ges. »Preintaler«, 12 70, ↗ Schladming 5, Weiße Wand 2½ (im Winter unzugänglich), Schladming Weiße Wand, bew. Mitte Juni bis Ende Sept., 03687/61350

Hans-Ladreiter-Haus 1680 m, auf d. Planai, TVN, 20, ↗ Schladming 3, Schladming zum Haus (Mautstraße), SV, Voranmeldung bei Heinz Stienen, Bergwerkstr. 550, A-8970 Schladming, 03687/23657

Hans-Wödl-Hütte 1523 m, im Seewigtal, Alp. Ges. »Preintaler«, 9 48, ↗ Seewigtal-Bodensee 1, Haus 3, Aich Seewigtal bis Bodensee, bew. Mitte Juni bis Ende Sept., 03686/4223

Hauser-Kaibling-Alm 1778 m, am Hauser Kaibling, TVN, 26, ↗ Haus 1½, Krummholzhütte ½, Haus, gj. bew., 03686/2278

Hochwurzenhütte 1852 m, privat, 13, ↗ Schladming, 3, zum Haus, Schladming Hochwurzen, bew. Anfang Juni bis Ende Okt., Anfang Dez. bis Mitte Apr., 03687/61177

Kaiblingalmhütte 1778 m, am Hauser Kaibling, TVN, 8 10, ↗ Haus 1½, Lift Krummholzhütte ½, Haus, SV, Anmeldung bei Hellmut Walcher, Marktstr. 45, A-8967 Haus, 03686/2643

Krummholzhütte 1838 m, auf dem Hauser Kaibling, AG Krummholz, 27 10, ↗ Haus 2½, mit Lift zum Haus, Haus, gj. bew., 03686/2317

Preintaler Hütte 1656 m, auf der Waldhornalm, Alp. Ges. »Preintaler«, 16 140, ↗ Schladming 5½, Weiße Wand 2½ (im Winter unzugänglich), Schladming Weiße Wand, bew. Mitte Juni bis Ende Sept., 03687/61177

Seekarhaus 1797 m, Nähe Obertauern, priv., 56 31, ↗ Obertauern ½, Radstadt, Mautendorf Obertauern, gj. bew., Mai u. Juni geschlossen, 06456/7213

Vindobona-Haus 1718 m, auf dem Radstädter Tauernpaß, ÖTK, 86, ↗ Obertauern ¼, Radstadt, Mautendorf Obertauern, 1. Dez. bis 30. April durchgehend, 06456/7219

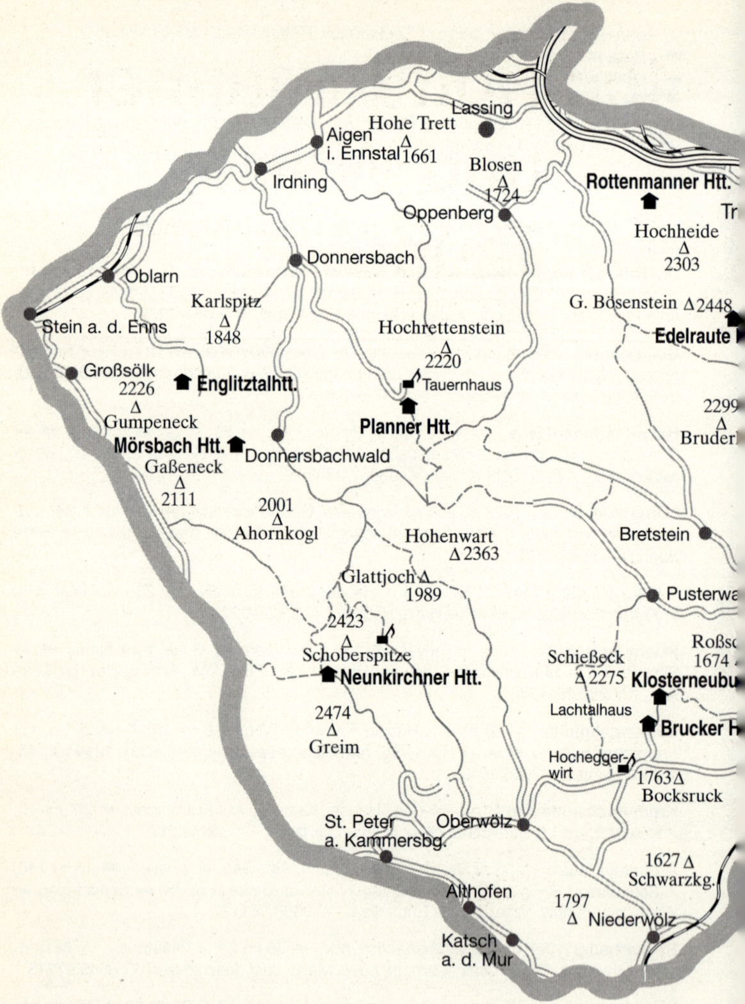

Lassing
Hohe Trett
1661
Aigen
i. Ennstal
Irdning
Blosen
1724
Oppenberg
Rottenmanner Htt.
Hochheide
2303
Donnersbach
Oblarn
Stein a. d. Enns
Karlspitz
1848
G. Bösenstein 2448
Edelraute
Hochrettenstein
2220
Tauernhaus
Großsölk
2226
Gumpeneck
Englitztalhtt.
Planner Htt.
2299
Bruder
Mörsbach Htt.
Donnersbachwald
Gaßeneck
2111
2001
Ahornkogl
Hohenwart
2363
Bretstein
Glattjoch
1989
Pusterwa
2423
Schoberspitze
Neunkirchner Htt.
Schießeck
2275
Roßsc
1674
Klosterneubu
Lachtalhaus
Brucker H
2474
Greim
Hochegger-wirt
1763
Bocksruck
St. Peter
a. Kammersbg.
Oberwölz
1627
Schwarzkg.
Althofen
1797
Niederwölz
Katsch
a. d. Mur

45c Rottenmanner und Wölzer Tauern

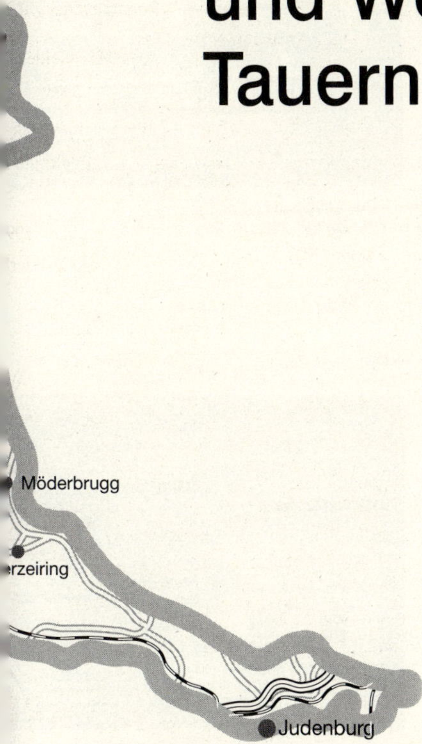

Umgrenzung

Enns von Großsölkbach bis Einmündung Paltenbach – Paltenbach bis Trieben – Triebenbach bis Einmündung Tauernbach – Hohentauern – Pölsbach bis Einmündung in die Mur – Mur bis Einmündung Katschbach – Katschbach – Sölker Paß – Großsölkbach bis Einmündung in die Enns

Brucker Hütte

K. II, 1605 m, erb. 1955/1970
OeAV-S. Bruck a. d. Mur
Pischkerstr. 8
A-8600 Bruck/Mur

Hans-Peter Plazovnik
Schönberg/Lachtal 276
A-8831 Niederwölz
Hütte 03587/206
gj. bew., Urlaubssperren April bis Mai und Nov.
31
220 V ~ (kalt und warm)
Schiltern 2½; Oberwölz 2½; Oberzeiring 3
Klosterneuburger Hütte 1 – Tanzstatt ½ – Pusterwald 3
Roßalm, 1894 m, 1; Schießeck, 2275 m, 2½; Zinken, 2222 m, 2
den ganzen Winter
6
Judenburg
Oberzeiring
bis zum Haus P

ÖK 160; Bergverlag Rother: AVF Niedere Tauern

Edelrautehütte

auf der Scheibalm
K. II, 1725 m, erb. 1926
OeAV-S. Austria
Rotenturmstr. 14
A-1010 Wien

Gertraud Rieger, Edelrautehütte
A-8785 Hohentauern
Hütte 0663/37207
gj. bew., Urlaubssperren Apr./Nov.
20 64
220 V ~
Trieben, 708 m, durch den Sunk 3½; Hohentauern, 1265 m, 1½; Parkplatz am Ende der Mautstraße (Beginn in Hohentauern) 15 Min.
Rottenmanner Hütte, 1650 m, über Gr. Bösenstein, 2449 m; Dreisteckengrat – Hochhaide, 2363 m, 8 - 9; Planner, 1575 m, über Kl. Bösenstein – Perzwurzleiten – Polster, 1815 m – Zirkenkogel, 2337 m – Hochschwung, 2199 m – Breiteckkoppe, 2142 m, 10 - 12; Langmannweg (Rundgang) – Gr. Hengst, 2154 m – Kl. Bösenstein, 2379 m – Gr. Bösenstein, 2449 m – Edelrautehütte 4
Gr. Bösenstein (Gr. Pölsenstein), 2449 m, 2; Sonntagskarspitze, 2355 m, über

Jägerscharte 3; Gr. Hengst, 2154 m, 1¼
den ganzen Winter ↗ Hohentauern, P Mautstraße → Bösenstein, Langmannweg △ Sonntagskarspitze, Hengst
Trieben
Hohentauern
Mautstraße bis P

ÖK 130; Bergverlag Rother: AVF Niedere Tauern, WF Tauern-Höhenweg

Englitztalhütte

(AV-Hütte bis 31.10.98)
K. I, 1328 m, erb. 1961
OeAV-S. Öblarn
Schattenberg 133
A-8960 Öblarn

Johann Stieg
A-8960 Öblarn 174
Tal 03684/2430
SV, teilweise beaufsichtigt
30
12 SR
↗ Öblarn durch das Walchental 2½; Kupferschmiedwiese P 1
→ Rammertal über Lämmertörl, 1970 m – Mörsbachhütte, 1300 m – Donnersbachwald 4; Hangofen, 2056 m – Lämmertörlkopf, 2048 m – Lämmertörl, Rammertal – Englitztal 3½; Gumpeneck, 2226 m – Schröckenzinken – Gumpenriedel – Schupfenalm, 1300 m – Öblarn; Gumpeneck, 2226 m – Salzkleck – Schönwetterhütte, 1400 m – Großsölk 4½; Hangofensattel – Pleschnitzenalm – Ödwirt im Großsölktal 3
△ Hangofen, 1900 m, 1½; Gumpeneck, 2226 m, 3½; Mittereck, 2000 m, 2
den ganzen Winter ↗ Öblarn → Rammertal, Hangofen △ alle
Öblarn
Walchental, Kupferschmiedwiese P

AV 45/3; ÖK 128; Bergverlag Rother: AVF Niedere Tauern

Klosterneuburger Hütte

K. I, 1902 m, erb. 1931
OeAV-S. ÖGV
Lerchenfelder Str. 28
A-1080 Wien

Andreas Kober
Zeiringgraben 54
A-8672 Oberzeiring

✆ Hütte 03572/84535
✕ Anfang Juni bis Anfang Nov., Mitte Dez. bis Osterdienstag
🛏 11 ⊓ 20
∿ 220 V
↗ Oberzeiring, 932 m, 4; Oberzeiring, Zeiringgraben 3½; Lachtal, 1570 m, 1; Pusterwald, 1073 m, 3
→ Brucker Hütte, 1605 m, 1; Lachtalhaus, 1570 m, 1; Oberzeiring, 932 m, über Hirzeck, 1836 m, 3
△ Hoher Zinken, 2222 m, 1; Schießeck, 2275 m, 1½
⛷ den ganzen Winter ↗ Oberzeiring, Straße Lachtal △ Hoher Zinken, Schießeck
🚂 Judenburg, Thalheim
🚌 Thalheim, Oberzeiring
🚗 Oberzeiring zur Hütte (Maut, nur im Sommer)
⛷ Lachtal – Schönberg

ÖK 130; Bergverlag Rother: AVF Niedere Tauern

Mörsbachhütte

K. I, 1300 m, erb. 1962
OeAV-S. Graz
Sackstr. 16
A-8010 Graz

🚶 Veronika Dürr
A-8953 Donnersbachwald
✆ Hütte 03680/240
✆ Tal 03680/211
✕ gj. bew., Mai u. Nov. geschlossen
🛏 13 ⊓ 42
∿ 220 V ~
↗ Donnersbachwald, 979 m, 1; Wildfütterung, 1050 m, 40 Min.; Riesner Krischpen, 1920 m, 1½
→ Gstemmerscharte, 1908 m – Mössa im Sölktal, 994 m, 3½; Lämmertörlkopf, 2048 m – Englitztalhütte, 1328 m – Öblarn, 679 m, 6; Gstemmerscharte – Mössnakar – Hörbling, 1100 m – Gsengalm, 1300 m – Neunkirchner Hütte, 1525 m
△ Lämmertörlkopf, 2046 m, 2; Plessnitzenkopf, 2100 m, 2; Sonntagskarspitze, 2036 m, 2½; Gstemmerzinken, 2015 m, 2½; Bärneck, 2055 m, 2½; Hochwart, 2299 m, 4½; Riesner Krischpen, 1920 m, 2½; Mörsbachspitze, 1992 m, 1¾
⛷ den ganzen Winter ↗ Donnersbachwald → Gstemmerscharte △ Lämmertörlkopf, Plessnitzenkopf, Sonntagskarspitze, Gstemmerzinken, Bärneck, Riesner Krischpen
🚂 Stainach-Irdning
🚌 🚗 Donnersbachwald P. P für Pkw bei Wildfütterung
🚡 ⛷ am Riesner Krischpen

AV 45/3; ÖK 128; Bergverlag Rother: AVF Niedere Tauern, WF Tauern-Höhenweg

Neunkirchner Hütte

K. I, 1525 m, erb. 1926
OeAV-S. ÖGV
Gruppe Neunkirchen
Prof. Franz Pfeffer
Dr.-Stockhammer-Gasse 6
A-2620 Neunkirchen

- Auskünfte bei Ortsgruppe
- Tal 02635/61188
- nicht bew.
- 22 ⊓ 10
- im Sommer Knollialm, im Winter Haus Leitner-Knolli
- ↗ Winklern/Knappsäge 4½; Eselsberg 2
- → St. Nikolai im Sölktal, 1126 m, über Haseneckscharte, 2205 m, 4½; Donnersbachwald, 979 m, über Idlereckscharte, 2144 m, 6; Fussihütte, 1529 m, über Knollischarte, 2169 m
- △ Hochstubofen, 2385 m, 2½; Schoberspitze, 2423 m, 3; Greimberg, 2474 m, 3½; Rettelkirchspitze, 2475 m, 3
- Niederwölz – Oberwölz
- Winklern/Knappsäge
- zur Hütte

AV 45/3; ÖK 129, 159; Bergverlag Rother: AVF Niedere Tauern, WF Tauern-Höhenweg

Plannerhütte

K. II, 1540 m, erb. 1908
OeAV-S. Reichenstein
Rahlgasse 6/II/14
A-1060 Wien VI

- Giovanni Crosina
  Plannerhütte
  A-8953 Donnersbach
- Hütte 03683/8196
- Mitte Dez. bis Mitte April und Anfang Juni bis Anfang Nov.
- 20 ⊓ 20 ⊔ 7
- 220 V ~
- ↗ Donnersbach, 890 m, Alpenstraße (Mautgebühr für Fahrzeuge) 3½
- → Mörsbachhütte, über Karlspitze, 2080 m – Donnersbachwald, 979 m, 5 - 5½; Neunkirchner Hütte über Plientensattel, 1902 m – Riedler, 1108 m – Idlereckscharte, 2158 m, 8 - 9; Klosterneuburger Hütte über Plientensattel, 1902 m – Breiteckkoppe, 2142 m – Hohenwart, 2361 m – Schießeck, 2276 m, 12 - 14; Edelrautehütte über Breiteckkoppe, 2142 m – Seitner Zinken, 2165 m – Gr. Bösenstein, 2449 m, 10 - 12; Oppenberg über Hochrettelstein, 2217 m, 5½ - 6

△ Hochrettelstein, 2217 m, 2 - 2½; Schoberspitze, 2125 m, 2½ - 3; Breiteckkoppe, 2142 m, 2½ - 3; Vord. Gstemmerspitze, 2100 m, 1; Gr. Rotbühel, 2018 m, 1; Jochspitze, 2000 m, 1; Schreinl, 2145 m, 2½
den ganzen Winter ↗ Donnersbach → Mörsbachhütte △ alle
Stainach-Irdning
Planneralm
bis zur Hütte
ÖK 129; Bergverlag Rother: AVF Niedere Tauern, WF Tauern-Höhenweg

Rottenmanner Hütte

K. I, 1650 m, erb. 1952, Neubau 1983-84
OeAV-S. Rottenmann
Karl Schnuderl
Büschendorf 37
A-8786 Rottenmann

Gabriele Exenberger
St. Georgen 60
A-8786 Rottenmann
✆ Hütte 0663/37221
✗ Pfingsten bis Mitte Okt., 25.12. bis 2.1.
20 ⊓ 35 ⊔ 12
6 offen
220 V ~
↗ Rottenmann 2½; Pichelstein 1
→ Edelrautehütte, Plannerhütte
△ Gr. Bösenstein, 2449 m; Seekoppe, 2002 m; Moserspitze, 2268 m; Hochhaide, 2362 m; Stein am Mandl, 2043 m
Rottenmann-Stadt
Rottenmann
Pichelstein (im Sommer)
ÖK 99; Bergverlag Rother: AVF Niedere Tauern

Hütten anderer alpiner Vereine und Privathütten

Heinrich-Kern-Haus 1265 m, an der Hohentauernstraße, privat, 54, ↗ Trieben 1½, Trieben bis zum Haus, gj. bew., ✆ 03618/294

Lachtalhaus-Hotel 1650 m, im Gr. Lachtal, privat, 90, ↗ Niederwölz, Niederwölz, Scheifling, Unzmarkt zum Haus, bew. Anfang Juni bis Ende Sept., Anfang Dez. bis So. nach Ostern, ✆ 03587/210

Hohenlau
G. Griesst
Kessel
Möderbru
St. Osw

45d Seckauer Tauern

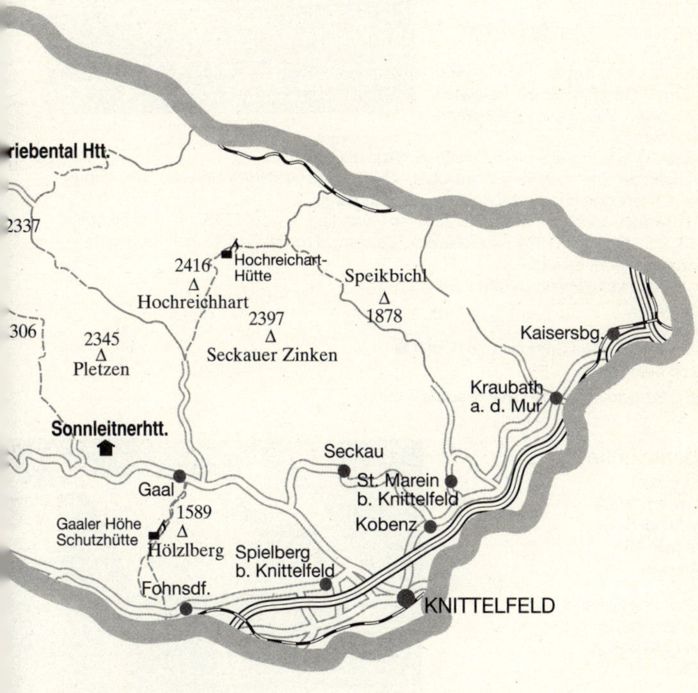

Umgrenzung

Paltenbach von Trieben bis Schoberpaß – Liesingbach bis Einmündung in die Mur – Mur von St. Michael bis Einmündung Pölsbach – Pölstal – Hohentauern – Tauernbach – Triebenbach – Trieben

Sonnleitnerhütte

Jugendheim
1215 m
OeAV-S. Knittelfeld
Schützengasse 3
A-8720 Knittelfeld

Kurt Hofer
Kapuzinerplatz 3
A-8720 Knittelfeld

Tal 03512/72317

SV, nur gegen Anmeldung beim

27 5

220 V ~, Kohle- und Gasherd, kompl. Geschirr für 30 Personen, Dusche, Waschraum mit Warmwasser

Gaal, 1½; Autostraße bis zur Hütte (Sackgasse)

Ringkogel, Sommertörl – Rosenkogel – St. Oswald, Gaalereck-Bärental; Wallnerhube – Kleinangerhütte – Repenstein – Gr. Ringkogel, 2277 m

Ringkogel, 2277 m; Pletzen, 2342 m; Sonntagskogel, 2345 m; Rosenkogel, 1819 m; Glaneck, 1923 m; Kesseleck, 2314 m; Hintertal-Gamskögel, Krugspitze – Krugsee-Mödringkogel

gespurte Langlaufloipen und 2 Skilifte

Knittelfeld

Gaal

Zufahrt bis Hütte Sommer und Winter P

von der Hütte ¼

ÖK 131; Bergverlag Rother: AVF Niedere Tauern

Triebentalhütte

Jugendheim
1104 m, erb. 1928
OeAV Akad. S. Graz
Sackstraße 16
A-8010 Graz

Gertrude Schöttel
Triebental 55
A-8784 Trieben

SV

18

und Anmeldungen bei Frau Gertrude Schöttel (50 m von der Hütte entfernt)

03618/268

Liesingtal, Ingering, Gaal, Pölstal

△ Gamskögl, 2365 m; Griesstein, 2338 m; Geierkogel, 2237 m
🚂 Trieben
🚌 Gasthof Bordjäger
🚗 zum Haus

ÖK 130; Bergverlag Rother: AVF Niedere Tauern

Hütten anderer alpiner Vereine und Privathütten

Fohnsdorfer Hütte 1517 m, auf der Gaaler Höhe, TVN, 🛏 6 ⌐ 20, ↗ Fohnsdorf 2¾, Ingering 1½, Dietersdorf 2½, Schönberg 4½, 🚂 🚌 Fohnsdorf 🚗 Ingering, bew. Sa./So./Fe. von Anfang Mai bis Ende Sept., Auskunft ✆ 03573/2431/215

Hochreichart-Hütte 1483 m, auf der Stubenalm, ÖTK, 🛏 9 ⌐ 41, ↗ Liesingau 2½, 🚂 Ehrnau 🚌 Liesingau 🚗 Liesingau-Holzlagerlatz 1 (mit Genehmigung), Mitte Mai bis Mitte Okt., Sa./So. bew., an Feiertagen nur bei Voranmeldung größerer Gruppen, ✆ 0663/39977

Umgrenzung

Mur von St. Michael bis Teufenbach – Neumarkter Sattel – Neumarkt i. St. – Olsabach bis Einmündung in die Metznitz – Metznitz bis Einmündung in die Gurk – Gurk bis Einmündung in die Drau – Drau bis Einmündung der Lieser – Lieser bis Einmündung Katschbach – Katschbach – Katschbergpaß – Klausgraben – Mur

46a Nockberge

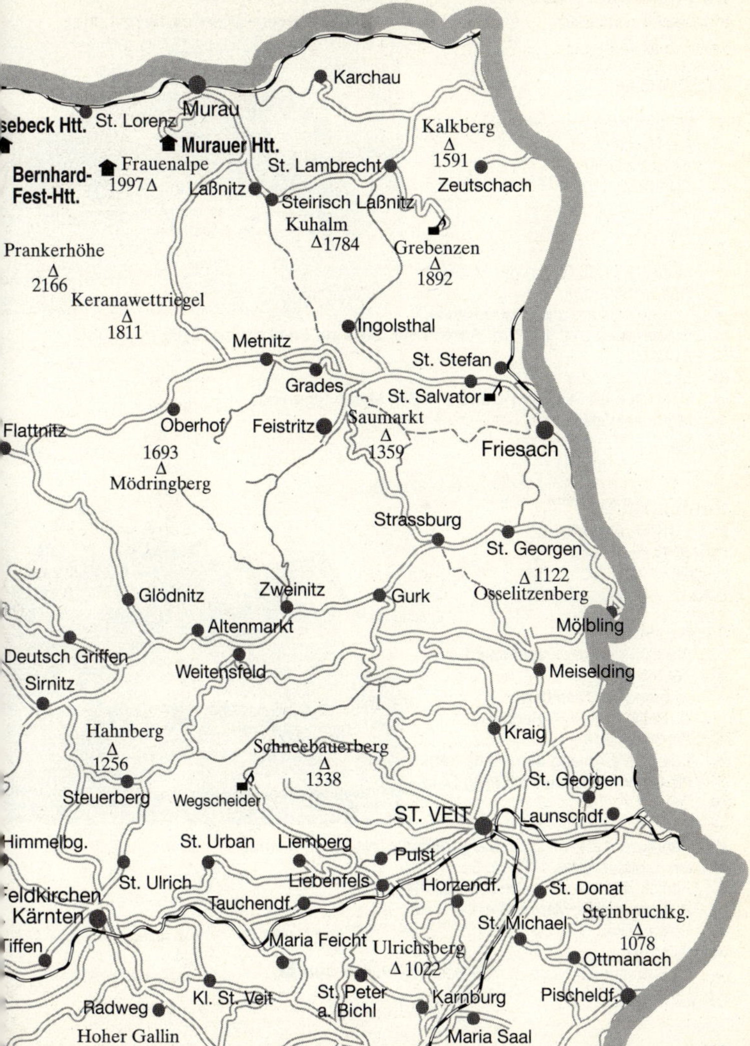

Bernhard-Fest-Hütte

K. I, 1985 m, erb. 1932
OeAV-S. Murau
Valentin-Bauer-Gasse 15
A-8850 Murau

- Norbert Krapfl
  Am Hammer 23
  A-8850 Murau
- Tal 03532/3160
- SV
- 12
- Murau, 829 m, 3; von der Murauer Hütte, 1680 m, 1
- Turnhofer Hütte und Esebeckhütte
- Frauenalpegipfel, 1997 m; Ackerlhöhe, 2044 m; Prankerhöhe, 2189 m; Kirbisch, 2142 m
- Murau-Stolzalpe
- im Winter: bis Murauer Hütte, sonst Bhf. Murau-Stolzalpe
- Murauer Hütte

ÖK 159

Bonner Hütte

K. II, 1712 m, erb. 1924/48
DAV-S. Bonn
Postfach 7208
D-53072 Bonn

- Gert Schiefer
  A-9863 Rennweg-Frankenberg
- 0663/845191
  während der Nichtbew.:
  St. Peter 15, A-9863 Rennweg
- Tal 04734/214
- Weihn. bis Anfang Jan., Mitte Feb. bis Ostern, Mitte Juni bis Mitte Okt.
- 29 6
- Rennweg, 1200 m, 2; St. Margarethen i. Lungau, 1065 m, 2
- Dr.-J.-Mehrl-Hütte, 1720 m, 5
- Aineck, 2210 m, 1½; Katschberg, 1641 m, 3
- Rennweg, St. Margarethen
- Spittau/Drau
- Rennweg
- im Sommer zur Hütte (nur für berggewohnte Fahrer P)

ÖK 157

Dr.-Josef-Mehrl-Hütte

K. II, 1720 m, erb. 1935
OeAV-S. Wien
Rahlgasse 6, II/14
A-1060 Wien

- Emilie Aschbacher
  A-9862 Kremsbrücke
- Hütte 04736/375
  während der Nichtbew.:
  Dornbach 6
  A-9853 Gmünd
- Tal 04732/4290
- Ende Juni bis Ende Sept., Weihnachten bis Sonntag nach Ostern
- 16 ⊓ 30
- Innerkrems, 1460 m, 1; Bundschuh, 1300 m, Bahnst. Ramstein – Thomatal der Murtalbahn, Fahrstraße bis Hütte; Karneralm, 1893 m, 1
- Turracher Höhe über den Königstuhl 7; Klatschberghöhe über Gaipahöhe – Schwarzwand – Aineck 8; Stubennock – Firesenhalshöhe – Königstuhl – Rosaninscharte 4; Ochsenriegel – Schilchernock – Klölingnock – Mühlhauser Höhe 5; Grünleitennock – Peitlernock – Pressingberg – Heiligenbachgraben 6; Mattehanshöhe – Zechnerhöhe – Gaipahöhe – Gmeinnock – Lenzenbühel 5
- △ Mattehanshöhe, 2072 m, 1; Sauerreggnock, 2233 m, 3; Grünleitennock 2½; Königstuhl, 2336 m, 2½; Zechnerhöhe, 2176 m – Gaipahöhe, 2187 m, 2 - 2½; Kilnprein, 2408 m, über Hagleiten 4½
- den ganzen Winter ↗ alle → alle △ alle
- Ramingstein – Thomatal der Murtalbahn bzw. Spittal/Millstätter See
- Kremsbrücke
- bis zur Hütte

FB 222; ÖK 183

Esebeckhütte

K. I, 1747 m, erb. 1911
OeAV-S. Murau
Valentin-Bauer-Gasse 15
A-8850 Murau

- Baldur Krug
  Schwarzenbergsiedlung 137
  A-8850 Murau
- Tal 03532/3471
- SV
- ⊓ 20
- 10
- Stadl, St. Lorenzen 3½; Rieglerhütte 20 Min.

→ Murauer Hütte
△ Kreischberg, 1981 m; Kirbisch, 2142 m; Goldachnock, 2191 m; Prankerhöhe, 2166 m
den ganzen Winter, 2, 3, Skischule
Stadl-Kaltwasser
St. Lorenzen, Stadl
St. Lorenzen, Stadl, im Sommer bis Rieglerhütte
Kreischberg, Winter, 20 Min. zur Hütte
ÖK 158

Gerlitzenhütte

K. I, 1580 m, erb. 1928
OeAV-Zweig Villach
Schanzgasse 3
A-9500 Villach

© 04242/289584
SV
9 3, (erhältlich bei der Sektion, Di, Do, Fr 17–19 Uhr)
↗ Gerlitzenlift I, 1660 m, ¾; Treffen bei Villach, 543 m, Fahrstraße (Maut) bis Hüttennähe ½ (im Winter schneefrei gehalten bis Lift I)
→ Stifterboden, 1675 m – Arriach, 800 m, 3; Steinwenderhütte, 1470 m – Hinterbuchholz-Hütte – Stifterboden und zurück 3 - 4; Pöllingerhütte – Lift I – Berger Hotels, 1764 m – Gerlitzen, 1909 m – Stifterboden zurück 4
△ Gerlitzen, 1909 m, 1¼
den ganzen Winter ↗ beide → alle △ Gerlitzen
Annenheim/Ossiacher See, 526 m, von hier Anschluß an Kabinen-Seilbahn, Lifte
Treffen bei Villach
bis ½ vor die Hütte
Kanzel
Pöllingerhütte

FB 233; ÖK 201; Bergverlag Rother: WF Kärnten

Millstätter Hütte

K. I, 1880 m, erb. 1907
OeAV-S. Millstatt
Fischergasse 138
A-9872 Millstatt

Manfred Faschauner
Schwaigerschaft 15
A-9872 Millstatt

✆ Hütte 0663/045508
✆ Tal 04766/2234
✕ Anfang Juni bis ca. 10. Okt., übrige Zeit auf Voranmeldung
🛏 6 ⌐ 10
⊞ 10 SR (z. Z. noch Sonderschloß, erhältlich bei ✝ oder Sektion)
↯ 220 V ~ ▥
↗ Millstatt, 580 m, über Schlucht, 3½; Millstatt, Auffahrt über Öttern zur Schwaigerhütte ½, Fußweg ¾; Seeboden, Auffahrt zur Sommeregger Hütte am Tschiernock über Alexanderhütte, 1800 m, Auffahrt ½, Fußweg 1½; Seeboden, Auffahrt zur Liftstation am Tschiernock, 1800 m, über den Tschiernock-Hochpalfennock, 2000 m, zur Hütte, Auffahrt
→ Alexanderhütte, 1880 m, ½; Pichlhütte 1; Lammersdorfer Hütte, 1644 m, 2½; Hochpalfennock, 2099 m – Sommeregger Hütte, 1695 m, 1½; Törl, 1908 m – Riegelalm – Nöring SHC – Radentheim 3½
△ Hochpalfennock, 2099 m, ¾; Kamplnock, 2101 m, ¾
⛷ den ganzen Winter ↗ alle → Alexanderhütte, Lammersdorfer Hütte, Hochpalfennock △ beide
🚂 Spittal/Drau
🚌 Millstatt
🚗 Öttern – Schwaigerhütte

FB 221; ÖK 182, 183; Bergverlag Rother: WF Kärnten

Murauer Hütte

K. III, 1583 m, erb. 1905/06
OeAV-S. Murau
Valentin-Bauer-Gasse 15
A-8850 Murau

✝ Hans u. Martina Pernthaler
Murauer Hütte
A-8850 Murau
✆ Hütte 03532/2733
✕ gj. bew., Nov. und April bzw. nach Ostern geschlossen
🛏 13 ⌐ 25
↯ 220 V ▥
↗ Murau, 829 m, 2, Zufahrt mit Pkw zur Hütte
→ Turnhofer Hütte und Esebeckhütte; Murau über Schwarnbrunnhöhe, 2122 m, nach Flattnitz WW 09
△ Frauenalpegipfel, 1997 m, 1; Goldachnock, 2171 m, Ackerlhöhe, 2044 m; Prankerhöhe, 2166 m
⛷ ab Anfang Dez. bis Mitte April schneesicher, 4 ⛷, Skischule
🚂 Murau-Stolzalpe
🚌 im Winter: bis Murauer Hütte, sonst Bhf. Murau-Stolzalpe
🚗 Parkplatz vor der Hütte

ÖK 159

Hütten anderer alpiner Vereine und Privathütten

Erlacher Hütte 1655 m, im Langalmtal, privat, 🛏 54, ↗ Kleinkirchheim, Radenthein je 3, 🚂 Spittal/Drau 🚌 Kleinkirchheim, Radenthein 🚗 bis zur Hütte, bew. Mai bis Ende Okt., ✆ 04246/24107

Falkert-Schutzhaus 1552 m, privat, 🛏 15 ⊓ 20, ↗ St. Oswald 1, Kleinkirchheim 2, 🚂 Spittal 🚌 St. Oswald 🚗 zum Haus (im Sommer)

Geigerhütte 1750 m, am Wöllacher Nock, privat, 🛏 15 ⊓ 20, ↗ Arriach 3, 🚂 Feldkirchen 🚌 Arriach 🚗 zum Haus

Grebenzen-Schutzhaus 1648 m, am Nordhang d. Grebenzen, ÖTK, 🛏 14 ⊓ 35, ↗ St. Lamprecht 2, 🚂 Mariahof-St. Lamprecht 🚌 St. Lamprecht 🚗 auf der Grebenzenstraße (Maut) 45 Min., gj. bew., Ostern bis Pfingsten und 15. Okt. bis Weihnachten geschlossen, ✆ 03585/2510

Karneralm 1893 m, in d. Klöling, privat, 🛏 50 ⊓ 15, ↗ Ramingstein 3½, 🚂 🚌 Ramingstein 🚗 zum Haus

Rosatinhütte 1750 m, an der Turracher Höhe, privat, 🛏 120, ↗ Turracher Höhe 1, 🚂 Predlitz-Turrach 🚌 🚗 Turrach, bew. Mitte Dez. bis Ostern, Mitte Sept. bis Ende Okt., ✆ 03533/206

Steinwenderhütte 1457 m, Gerlitzen-Westseite, privat, 🛏 35 ⊓ 15, ↗ Treffen 2½, Kanzelbahn 1¼, 🚂 Bodendorf 🚌 Treffen 🚗 Kanzelbahn, bew. Anfang Juni bis Mitte Okt., Mitte Okt. bis Mitte Jan.

Trangonihütte 1667 m, am Wöllacher Nock, TVN, 🛏 20 ⊓ 20, ↗ Afritz oder Feld am See 2½, 🚂 Villach 🚌 Afritz 🚗 zum Haus, bew. Juni bis Sept., ✆ 04247/2700

Walderhütte 1950 m, am Wöllacher Nock, privat, 🛏 16, ↗ Arriach 3, 🚂 Villach, St. Rupprecht 🚌 🚗 Arriach

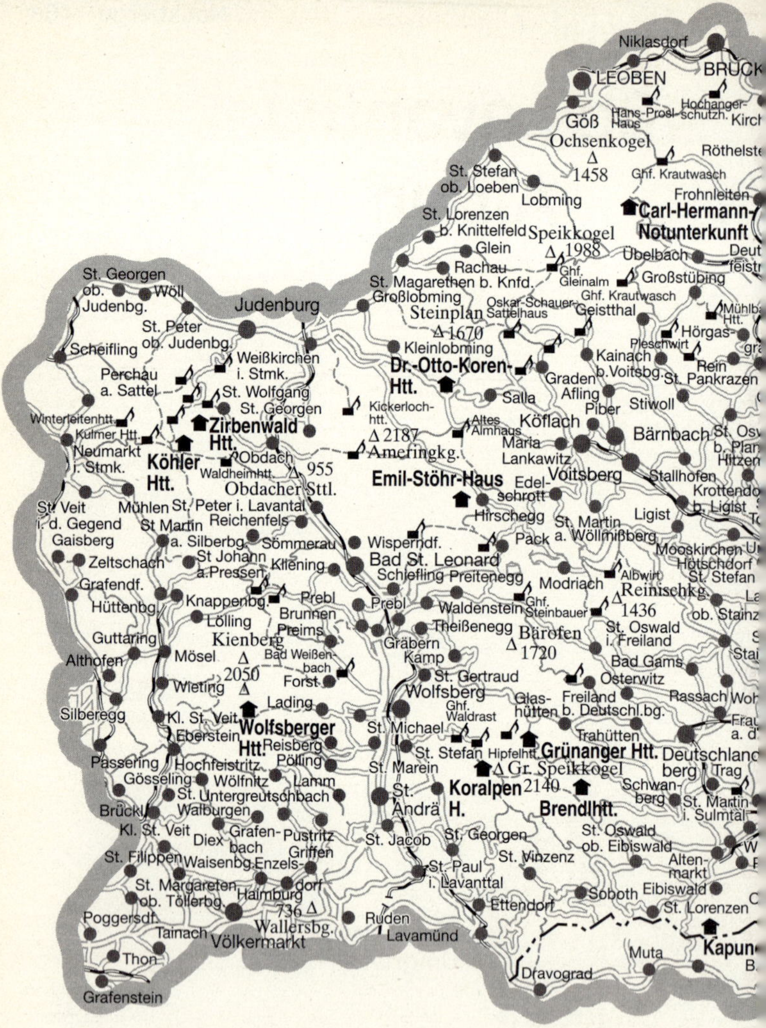
Niklasdorf
LEOBEN
BRUCK
Hans-Prosl-Haus
Hochanger-schutzh.
Göß
Ochsenkogel
1458
Röthelst
St. Stefan ob. Loeben
Ghf. Krautwasch
Lobming
Frohnleiten
St. Lorenzen b. Knittelfeld
Carl-Hermann-Notunterkunft
Speikkogel
1988
Glein
Übelbach
Rachau
Ghf. Gleinalm
Großstübing
St. Magarethen b. Knfd.
Großlobming
Oskar-Schauer-Sattelhaus
Ghf. Krautwasch
Geistthal
Steinplan
1670
Hörgas-
Pleschwirt
St. Georgen ob. Judenbg.
Wöll
Judenburg
St. Peter ob. Judenbg.
Scheifling
Kleinlobming
Kainach b. Voitsbg.
Rein
Weißkirchen i. Stmk.
Dr.-Otto-Koren-Htt.
Graden
St. Pankrazen
Perchau a. Sattel
St. Wolfgang
Afling
Salla
Stiwoll
St. Georgen
Kickerloch-htt.
Piber
Winterleitenhtt.
Zirbenwald Htt.
Altes Almhaus
Köflach
Kulmer Htt.
2187
Bärnbach
Neumarkt i. Stmk.
Köhler Htt.
Obdach
Ameringkg.
Maria Lankawitz
Waldheimhtt.
955
Voitsberg
Stallhofen
Obdacher Sttl.
Emil-Stöhr-Haus
Edel-schrott
Krottendo b. Ligist
St. Veit i. d. Gegend
Mühlen
St. Peter i. Lavantal
Hirschegg
Ligist
St Martin
Reichenfels
St. Martin a. Wöllmißberg
Gaisberg
a. Silberbg.
Sömmerau
Wisperndf.
Pack
Mooskirchen
Zeltschach
St Johann a.Pressen
Kliening
Bad St. Leonard
Hötschdorf
St. Stefan
Schiefling
Preitenegg
Albwirt
Grafendf.
Modriach
Reinischkg.
Hüttenbg.
Knappenbg.
Prebl
Prebl
Waldenstein
Ghf. Steinbauer
1436
ob. Stainz
Lölling
Brunnen
Theißenegg
St. Oswald i. Freiland
Guttaring
Preims
Bärofen
Kienberg
Gräbern
1720
Althofen
Mösel
Bad Weißen-bach
Kamp
Bad Gams
2050
St. Gertraud
Osterwitz
Wieting
Forst
Wolfsberg
Freiland b. Deutschl.bg.
Rassach
Silberegg
Lading
Ghf. Waldrast
Glas-hütten
Kl. St. Veit
Wolfsberger Htt.
St. Michael
Trahütten
Eberstein
Reisberg
Grünanger Htt.
Deutschland-berg
Passering
Hochfeistritz
Pölling
St. Stefan
Hipfelhtt.
Trag
St. Marein
Gr. Speikkogel
Gösseling
Wölfnitz
Lamm
2140
Schwan-berg
St. Untergreutschbach
St. Andrä
Koralpen H.
St. Martin i. Sulmtal
Brückl
Walburgen
Brendlhtt.
Kl. St. Veit
Diex
Grafen-bach
Pustritz
St. Jacob
St. Georgen
St. Oswald ob. Eibiswald
Griffen
St. Vinzenz
St. Filippen
Waisenbg.
Enzels-dorf
St. Paul i. Lavanttal
Alten-markt
St. Margareten ob. Töllerbg.
Haimburg
Soboth
Eibiswald
736
Ettendorf
St. Lorenzen
Poggersdf.
Wallersbg.
Ruden
Tainach
Völkermarkt
Lavamünd
Thon
Muta
Kapun
Dravograd
Grafenstein

46b Lavanttaler Alpen

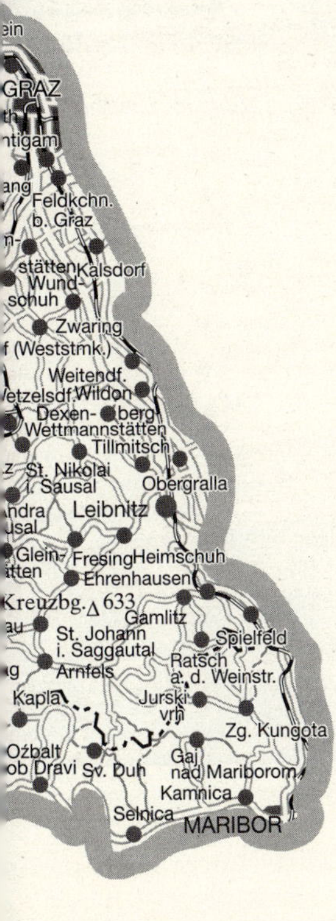

Umgrenzung

Mur von Teufenbach bis Spielfeld – Marburg (Maribor) – Drau bis Einmündung Gurk – Gurk bis Einmündung Metnitz – Metnitz bis Einmündung Olsabach – Neumarkt i. St. – Neumarkter Sattel – Teufenbach

Brendlhütte

K. I, 1566 m, gepachtet seit 1924
OeAV-S. Graz
Sackstr. 16
A-8010 Graz

- 🚶 Gerda Krügerl
  A-8541 Schwanberg
  während der Nichtbew.:
  A-8551 Unterfresen 36
- ✆ Tal 03468/428
- ✗ Anfang Juni bis Ende Sept.
- 🛏 14 ⊓ 38
- ↗ Schwanberg, 500 m, 4½; St. Anna oberh. Schwanberg, 1037 m, 2½; Liechtensteinsäge, 1200 m, 1; St. Oswald oberh. Eibiswald, 747 m – Jägerwirt, 1319 m, 2½
- → Koralpenhaus, 1962 m, 2½ - 3; Gregormichl – Glashütten, 1275 m, 3; Soboth, 1070 m, 6
- △ Großer Speikkogel, 2141 m, 2½; Wolscheneck, 1699 m, ¼
- ⛷ den ganzen Winter ↗ alle → Koralpenhaus △ Gr. Speikkogel
- 🚂 🚌 Schwanberg
- 🚗 St. Oswald, Liechtensteinsäge P
- ⛷ Gregormichlalm

ÖK 188

Carl-Hermann-Notunterkunft

in der Fensteralmhütte
K. I, erb. 1988
OeAV-S. Weitwanderer
Thaliastraße 159/3/16
A-1160 Wien

- ✗ SV, gj., geschlossen Mitte Sept. bis Mitte Okt.
- ⊓ 8 🔑
- ↗ Leoben, 541 m, 5½; Frohnleiten, 438 m, 4½; Übelbach, 571 m, 3½
- → Gleinalmhaus, 1586 m, 5½; J.-Hans-Prosl-Schutzhaus, 1630 m, 4½
- △ Fensteralm, 1642 m, Eiblkogel, 1831 m
- ⛷ kein Stützpunkt
- 🚂 Leoben, Frohnleiten, Übelbach
- 🚌 Kleintal Ghs. Triebl

ÖK 133

Emil-Stöhr-Hütte

(Hirschegger Hütte)
K. seH, 1241 m, gepachtet seit 1933
OeAV-S. Kirchbach
Franz List
Zerlach 69a
A-8082 Kirchbach i. Stmk.

03116/2472
ȘV, Verpflegungsmöglichkeit beim angrenzenden Gasthof »Pongratzwirt«: (03141/311)
⊓ 17 ⊔ 1
220 V ~
Schlüssel nur mit Bewilligung der Sektion beim »Pongratzwirt«
↗ Hirschegg, 896 m, ½; Fahrstraße bis zur Hütte
→ Bartholomäalpe, 1775 m – Peterer Riegel, 1962 m – Salzstiegelhaus, 1553 m, 5; Bartholomäalpe – Hirschegger Alpe – Lahnofen, 1523 m – Packsattel, 1169 m, 5; Bartholomäalpe – Hirschegg 5; Hirschegg – Neuhäuslwirt, 1190 m – Altes Almhaus, 1650 m, 3½
△ Hirschegger Alpe, 1935 m; Speikkogel, 1993 m; Amerinkogel, 2186 m
den ganzen Winter ↗ Hirschegg, Fahrstraße → alle △ Hirschegger Alpe
Köflach
Hirschegg
bis zur Hütte P
1 Schlepplift bei der Hütte, weitere Lifte in der Nähe (Hirschegg, Salzstiegel)

ÖK 162, 188

Grünangerhütte

K. I, 1575 m, erb. 1951
OeAV-S. Deutschlandsberg
Hauptplatz 1
A-8530 Deutschlandsberg

Theresia Lenz
Trahütten
A-8530 Deutschlandsberg
Hütte 0663/830337
Tal 03461/3452
1.6. bis 15.9., Weihnachtsferien, übrige Zeit: Sa/So, 15.9. bis 15.10. geschlossen
13 ⊓ 25 ⊔ 20

↗ Glashütten, 1274 m, 1½; Landesstraße Glashütten – Weinebene, ab Reihkehre, 1550 m, ¾
→ Koralpenhaus, 1962 m, über den Gr. Speikkogel, 2141 m, 2½; Schwanberger

Brendlhütte, 1566 m, 4
△ Gr. Speikkogel, 2141 m, 2
Übungshang 1000 m Länge, 215 m Höhenunterschied
Deutschlandsberg
Glashütten
Glashütten – Landesstraße, Reihkehre P
ÖK 188

Kapunerhütte

(Unterstandshütte)
K. I, 1003 m, erb. 1965
OeAV-S. Graz
Sackstr. 16
A-8010 Graz

Tagraum frei zugänglich
↗ Eibiswald, 365 m, 2; für Pkw auch Radlpaß, entlang der slowenischen Grenze, 1
→ Jugendherberge am Remschnigg 5
△ Kapunerrundweg zum Kapunerkogel ¼
kein Stützpunkt
Wies-Eibiswald
Eibiswald
Radlpaß P
ÖK 206

Dr.-Otto-Koren-Hütte

am Gaberl (AV-Jugendheim)
1550 m, erb. 1961
OeAV-S. Köflach
Schulstr. 11
A-8580 Köflach

✆ 03144/3581 (Grunert)
✕ SV, gj., die Hütte steht allen AV-Jugendgruppen unter Leitung eines Jugendführers und allen AV-Mitgliedern, nach Anmeldung in der Geschäftsstelle der Sektion, zur Verfügung
28 ⊔ 6
220 V
↗ Köflach 2; Salla 2; Bushaltestelle auf der Paßhöhe 1 Min.
→ Altes Almhaus, 1649 m, 1; Oskar-Schauer-Haus 3; Steinplanhütte 3

△ Rappoldkogel, 1929 m, 2½; Mering, 2186 m, 5
⛷ den ganzen Winter △ Rappoldkogel, mehrere Lifte beim Haus und in der näheren Umgebung
🚂 🚌 Köflach
🚗 Nähe Hütte P
ÖK 162

Köhlerhütte

K. I, 1858 m, erworben 1955
OeAV-S. Gratkorn-Gratwein
Postfach 23
A-8112 Gratwein

Hüttenwart Helmut Gussmagg
Hauptstr. 64
A-8042 St. Peter
✕ SV, Anfang Mai bis Ende Sept. beaufsichtigt
30
24 V=

↗ Obdach, 872 m – Warbach – Perwolf, Knebelbauer – Waldheim 2½; weiter Türkenkreuz – Hütte 1; Obdach – Fassl – St. Anna, 1829 m, 1½; weiter zur Waldheimhütte 1½; St. Wolfgang, 1100 m – Dittmaier Hube – Rothaidehütte, 1850 m, 2½; weiter bis Türkenkreuz – Köhlerhütte ½
→ Lavantsee, 2046 m – Zirbitzkogel, 2396 m – Scharfes Eck, 2366 m – Kreiskogel, 2306 m – Winterleitenhütte, 1843 m, 4½; Türkenkreuz – Wildsee, 1995 m – Weite Alm – Fuchskogel, 2215 m – Zirbitzkogel – Zirbitzkogelhaus – Geierkogel, 2185 m – Türkenkreuz – Hütte 4; Lavantsee, 2046 m – Zirbitzkogel – Winterleitensee – Winterleitenhütte, 1800 m, 4
△ Zirbitzkogel, 2396 m, 1½; Fuchskogel, 2215 m, 1; Geierkogel, 2185 m, 1
⛷ den ganzen Winter ↗ → △ alle
🚂 Obdach
🚌 St. Anna a. Lavantegg
🚗 Rothaidehütte, nur im Sommer Waldheimhütte
ÖK 161, 187

Koralpenhaus

K. II, 1962 m, erb. 1874
OeAV-S. Wolfsberg
Ing. Rudolf Kremser
Am Kirchhügel 1
A-9431 St. Stefan

Friederike Kucharz
Koralpenhaus

A-9431 St. Stefan
während der Nichtbew.:
Parschlugerst. 72
A-8605 Kapfenberg

✆ Hütte 04357/2210

✆ Tal 03862/31923

✗ Pfingsten bis Mitte Okt., Mitte Dez. bis Ostern

27 ⌐ 51

Unterstandsraum in der nahegelegenen Radarstation

220 V ~

↗ Wolfsberg, 460 m, über Jager am Eck, Alpenghs. »Waldrast« 5; St. Stefan, 433 m, über Rieding, »Waldrast« 5; Eitweg, 559 m, über Goding, 4; Koglereck, 1350 m – WH Brandel, Jauksattel 6; Stoffhütte, 1441 m – Wildbachalm – Weinebene, Grillitschhütte 6; Eibiswald, 362 m – St. Oswald – Brendlhütte 8 - 9; Deutschlandsberg, 372 m – Trahütten, Glashütten, Grünangerhütte 8 - 9

→ Scheibstatt, 2041 m – Garanas – Brendlhütte, 1566 m, 2½; Jägerwirt – St. Oswald – Eibiswald gesamt 7; Lavanttaler Höhenweg – zum Gr. Speikkogel, 2141 m – Hühnerstützen – Grillitschhütte, 1745 m – Weinebene, 1666 m – Wildbachalm, 1805 m – Stoffhütte, 1442 m gesamt 6

△ Gr. Speikkogel, 2141 m, ½; Hühnerstützen, 1979 m, 1½; Kleinalpe, 1763 m, 2

den ganzen Winter ↗ alle → alle △ alle

Wolfsberg, St. Stefan

Maildorf (Juli u. Aug. zum Haus)

Hipfelhütte und Goding P

ÖK 188

Wolfsberger Hütte

(Saualpenschutzhaus)
K. I, 1850 m, erb. 1911/12
OeAV-S. Wolfsberg
Ing. Rudolf Kremser
Am Kirchhügel 1
A-9431 St. Stefan

Hans Putzer
Aichberg 79
A-9431 St. Stefan
während der Nichtbew.:
Rieding 160
A-9431 St. Stefan

✆ Hütte 0663/47507

✗ Pfingsten bis Mitte Okt.

6 ⌐ 18

10 (60 m südl. und etwas tiefer als die Hütte)
Schlüssel bei Johann Müller sen., Stieglitzweg 4, A-9400 Wolfsberg, ✆ 04352/3986
Kontrollstelle Lavanttaler Höhenweg und Eisenwurzenweg

↗ Wolfsberg, 460 m, Gieselhütte, Lading, Zechhütte 5; Klippitztörlhütte, 1644 m, Forstalpe, Ladinger Spitze 4; Griffnerberg, 705 m, St. Leonhard 5; Eberstein, 568 m, St. Oswald, Druckerhütte 4; Diex, 1152 m, Ofenstratten, Gr. Sauofen 4

→ Lavanttaler Höhenweg zur Klippitztörlhütte, 1644 m – Ladinger Spitze, 2079 m – Kienberg, 2050 m – Forstalpe, 2034 m, 4; Lavanttaler Höhenweg über Ofentratten – St. Leonhard, 1224 m – Griffnerberg 4½; zur Druckerhütte + 1¼; Offnerhütte – Zechhütte – Bucheggerhütte – Reisbergerhütte – Pöllingerhütte – zurück 3; Speikkogel – Karawankenblick – Steinerhütte – Wolfsberger Hütte 3½

△ Ladinger Spitze, 2079 m, ¾; Gertrusk, 2044 m, 1¼; Gr. Sauofen, 1895 m, ¾

den ganzen Winter ↗ alle → alle △ alle

Wolfsberg

Lading (Sommer: Offnerhütte)

im Sommer bis 20 Min. unterhalb der Hütte P

ÖK 187; Bergverlag Rother: WF Kärnten

Zirbenwaldhütte

K. I, 1620 m, gekauft 1952, erb. 1920
OeAV-S. Fohnsdorf
Hauptstr. 2
A-8753 Fohnsdorf

✆ Hütte 03578/8279

SV, gj.

25

24 =

und Anmeldung bei
Ilse Potutschnig
Hauptstraße 2
A-8753 Fohnsdorf

✆ 03573/211720 (nur Vormittag)

↗ Obdach 4; St. Wolfgang 1; Judenburg, 708 m – Oberweg-Reiterbauer – Schmelz, 1610 m, 4

→ Zirbenwaldhütte – Schmelz, 1515 m – Winterleitenhütte, 1800 m, 1½; Lindertal – Rothaide – Köhlerhütte, 1855 m, 3; Lindertal – Zirbitzkogel-Schutzhaus, 2376 m, 2½

△ Zirbitzkogel, 2396 m – Schreibersteig – Schlosserkogel 2½; Schlosserkogel, 2360 m, 2

den ganzen Winter, 4 Lifte, Langlaufmöglichkeit, ↗ beide → Zirbenwaldhütte – Lindertal – Zirbitzkogel-Schutzhaus, Lindertal – Rothaide △ beide

Obdach

St. Wolfgang

bis zur Subathyhütte, dann 10 Min.

4

ÖK 161

Hütten anderer alpiner Vereine und Privathütten

Altes Almhaus 1649 m, am Wölkerkogel, privat, 40 16, ↗ Köflach 4, Köflach Gaberl zum Haus, SV, Getränke vorhanden, Sa./So. und Schulferien beaufsichtigt, ✆ 03147/212

Barbarahaus 1307 m, auf den Ochsenkogel, TVN, 34 10, ↗ Köflach 4½, Pack ½, Köflach bis Landesgrenze, dann ¼ zum Haus, SV, Getränke erhältlich, Sa./So., Schulferien durchgehend, ✆ 03146/8121

Breitofnerhütte 1720 m, auf der Gr. Saualpe, privat, 18 45, ↗ Wieting 2½, Wieting

Giesslhütte 1350 m, Saualpe-Ostseite, privat, 25, ↗ St. Stefan 2½, St. Stefan i. Lavanttal, gj. bew., ✆ 04352/4250

Gleinalpenhaus 1589 m, auf dem Gleinalpsattel, privat, 18 35, ↗ Neuhof 2, Übelbach Neuhof zum Haus, bew. Anfang Juni bis Ende Sept.

Göslerhütte OeAV-Vertragshaus, 1666 m, auf der Weinebene, Koralpe, privat, 24 30, → Stoffhütte 2½; Grillitschhütte 1¼, Koralpenhaus 2½, Grünangerhütte 2¼, Brendlhütte 5½ △ Gr. Speikkogel 2½, Handalpe ½, Glashüttenkogel ¾, Bärofen 2½, Lifte beim Haus, Deutschlandsberg Glashütten, Weinebene bis zum Haus, gj. bew., Mai und Nov. geschlossen, ✆ 04352/71200

Grillitschhütte 1745 m, am Koralpenspeikkogel, privat, 20, ↗ Wolfsberg 5, Frantschach 4, Wolfsberg, Frantschach, bew. Mitte Mai bis Anfang Okt.

Hipfelhütte 1650 m, an der Koralpe, privat, 25, ↗ Wolfsberg, St. Stefan je 3, Wolfsberg, St. Stefan zum Haus, ✆ 04352/430611

Hochanger-Schutzhaus 1312 m, auf dem Brucker Hochanger, TVN, 14 15, ↗ Bruck 2¾, Griesbrücke 1¼, Bruck a.d. Mur Griesbrücke, Mitte April bis Mitte Okt. und Weihnachten durchgehend, sonst Sa./So./Fei bew., ✆ 03862/33132

J.-Hans-Prosl-Schutzhaus 1630 m, auf d. Mugel, ÖTK, 8 13, ↗ Niklasdorf 2½, Leoben 3, Leoben, Niklasdorf, gj. bew., ✆ 03842/82680

Klippitztörlhütte 1644 m, am Klippitztörl, TVN, 30, ↗ Wiesenau 4, Lölling 2, Wiesenau St. Leonhard zum Haus, gj. bew., ✆ 04350/8123

Oskar-Schauer-Sattelhaus 1409 m, an der Terenbachalpe, TVN, 24 60, ↗ Gasthaus Sagmüller 1½, Katzbachbrücke 2¼ → Gaberlhaus 3, Steinplanhaus 2½, Gleinalpenschutzhaus 2½, Zeißmannhütte 1½ Terenbachalpe 1, Roßbachkogel 2, Steinplan 2½, Köflach, Judenburg Katzbachbrücke bis zum Haus, bew. Mitte Mai bis Ende Okt. sowie Ostern und Weihnachten, ✆ 03144/8291

Salzstiegelhaus 1553 m, auf dem Hirschegger Gatterl, privat, 48 30, ↗ Klein-Feistritz 2½, Feistritz Klein-Feistritz zum Haus, gj. bew., ✆ 03141/248

Steinplan-Schutzhaus 1671 m, auf d. Steinplan (Gleinalpen), TVN, 9 31, ↗ Knittelfeld 3½, Gaberl 3, Gobernitz ¼, Klein-Lobning 2½, Knittelfeld Klein-Lobning

u. Gaberl 🚗 Gobernitz, Anfang Mai bis Ende Okt. Sa./So./Fe. bew., bei Voranmeldung von Gruppen auch durchgehend, ✆ 03512/6684, ✆ Hütte 03512/72110

Tonnerhütte 1650 m, am Zirbitzkogel, privat, 🛏 30 (Du/WC) ⊓ 24, ↗ Mühlen 2, 🚂 Neumarkt 🚌 Mühlen, bew. Weihnachten bis Ostern, 15.5. bis 30.10., ✆ 03584/3250

Waldheimhütte »Kaseralm« 1613 m, am Zirbitzkogel, privat, 🛏 30, ↗ Obdach 2½, St. Anna 1¼, 🚂 Obdach 🚌 Obdach (ab hier 🚙) 🚗 St. Anna am Lavantegg, gj. bew., Luise Grillitsch, ✆ 03578/8205

Weinebene, Haus 1630 m, Koralpe, TVN, 🛏 26 ⊓ 15, ↗ Glashütten 2, 🚂 Deutschlandsberg 🚗 zum Haus, gj. bew., ✆ 04352/71471

Winterleitenhütte 1800 m, am Kl. Winterleitensee, TVN, 🛏 42, ↗ Schmelz ½, Reiterbauer 2½, 🚂 Judenburg, Obdach 🚌 Reiterbauer, Gasth. Schmelz 🚗 200 m unterhalb der Hütte, gj. bew., ✆ 03578/8210

Zirbitzkogel-Schutzhaus 2376 m, auf dem Zirbitzkogel, ÖTK, ⊓ 20, ↗ Obdach 4, St. Anna oder St. Wolfgang je 3, 🚂 🚌 Obdach 🚗 St. Anna a. Lavantegg, Gasth. Schmelz, bew. 20. Juni bis 20. Sept. durchgehend, übrige Zeit Sa./So./Fe. je nach Wetterlage, ✆ 03578/8205

Steinhaus
a. Semmering
Mürzzuschlag
1176
K. Lechner H.
A. Günther H.
Bärenkogel
Pfaffensattel
1372
Hergott-
Langenwang
Krieglach
Roseggerh.
Wetterkogler
Mitterdorf
i. Mürztal
Wartberg
i. Mürztal
Waldheimat
Schutzhütte
Stenglalm
St. Kathrein
a. Hauenstein
Ratten
L. Wittmaier Htt.
Teufelstein
1498
St. Jacob
a. Walde
Falkenstein
Waldbach
Allerheiligen
i. Mürztal
Stanz
i. Mürztal
Fischbach
Schwarzkogel
1443
Wenigzell
Strallegg
Vorau
Frauenberg
Wh.
Am Straßberg
O. Kernstock H.
St. Jacob
Gasen
Miesenbach
Kreuzwirt
Masenberg
1261
Schüsserl-
brünn
Plankogel
1531
Birkfeld
Kernstock Htt.
Pernegg
a. d. Mur
Gaston-
Lippit-
Htt.
Felix-Bacher-Htt.
Heilbrunn
Koglhof
Mixnitz
St. Kathrein
a. Offenegg
Pöllau
Wittgruberhof
Anger
Fladnitz
a. d. Teichalm
Passail
Ponigl
Schildbac
Oberfeistritz
Stubenberg
Arzberg
Naas
Oberfladnitz
Kulm
975
St. Johann
b. Heberstein
Haselbach
b. Weiz
Puch
b. Weiz
Semrach
Weiz
Peggau
Schöckl
1445
Mortantsch
Etzerdorf
Hirnsdorf
Predning
Stubenberg H.
Pischelsdf.
i. d. Stm.
Unterfladnitz
Blaindorf
St. Radegund
b. Graz
Großpesendf.
Kumberg
St. Ruprecht
a. d. Raab
Großsteinbach
Gratkorn
Eggersdorf
b. Graz
Sinabelkirchen
Mariatrost
Gleisdorf
Nesteltal
i. Ilztal
Laßnitztal
GRAZ
Laßnitzhöhe
Raaba

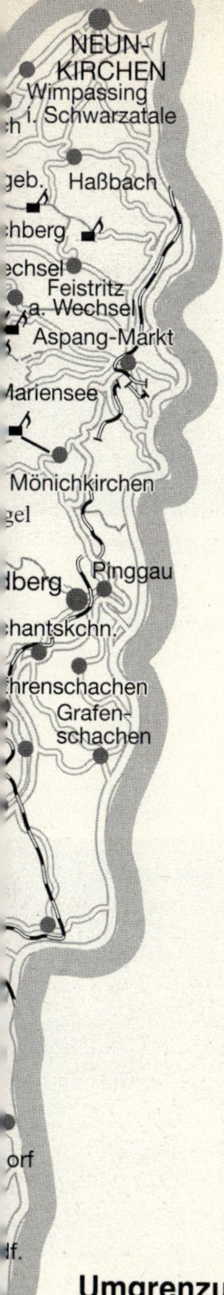

47

Randgebirge östlich der Mur

Umgrenzung

Bruck an der Mur – Mürz bis Mürzzuschlag – Semmering – Schottwien – Gloggnitz – Neunkirchen – Steinfeld – Wiener Becken – Bruck a. d. Leitha – Neusiedler See – Ungarische Tiefebene – Mur bis Einmündung der Mürz

Alois-Günther-Haus

K. I, 1782 m, erb. 1914/19
OeAV-S. Edelweiß
Walfischgasse 12
A-1010 Wien

Fam. Hammer
Alois-Günther-Haus
A-8685 Steinhaus/Semmering
Hütte 03853/300
gj. bew., Apr. u. Nov. geschlossen
18 ⌐ 66
4 offen
220 V ~
Steinhaus, 839 m – Hocheck, 1489 m, 3; Pfaffensattel, PA, 1372 m, 1½; Spittal a. Semmering, 778 m, 3; Hühnerkogel, 1370 m, 1½; Rettenegg, 862 m, 3
Pretulalpe, 1653 m – Alpl PA, 1078 m, 4½; Pfaffensattel, 1372 m – Feistritzsattel, 1287 m – Hochwechsel, 1738 m, 5; Feistritzsattel, 1287 m – Sonnwendstein, 1523 m – Semmering, 885 m
den ganzen Winter ↗ alle → alle
Spittal a. S.
Sommer bis ca. 1 km vor der Hütte, Winter bis Pfaffensattel
Spittal – Friedrichshütte

FB 022; ÖK 104

Felix-Bacher-Hütte

K. seH, 1306 m, erb. 1981
OeAV-S. St. Margarethen a.d.R.
A-8311 Markt Hartmannsdorf

Norbert Konrad
A-8321 St. Margarethen 161
03115/3841
SV, Anmeldung u. Schlüssel b.
51
220 V ~
Gasen 2
Weizer Hütte ¼, Straßeggsattel 2½
Plankogel, 1531 m, ½; Siebenkogel, 1409 m, ½; Osser, 1548 m, 1½
Schlepplifte und Loipen
Mixnitz
Sommeralm, Station Felix-Bacher-Hütte
zur Hütte

ÖK 134

Karl-Lechner-Haus

K. I, 1450 m, erb. 1907
OeAV-S. Stuhlecker
Bernardgasse 19
A-1070 Wien

Heinrich Sennfellner
Klostergasse 1
A-3021 Pressbaum
Hütte 0663/64643
Tal 02233/55405
Pfingsten bis Ende Okt. nur Sa./So.
2 24
nur Notunterstand offen
Spittal/Semmering 2; Pfaffensattel, 1372 m, 1
Alois-Günther-Haus, △ Gipfel des Stuhleck 1
kein Stützpunkt
Spittal/Semmering
Pfaffensattel
Spittal – Hühnerkogel

FB 022; ÖK 104

Leopold-Wittmaier-Hütte

Jugendheim
K. I, 1480 m, erb. 1927
OeAV-S. Wartberg
Eduard Koubek
A-8662 Mitterdorf

Heinrich Sterlinger
Grund 6
A-8661 Wartberg
Tal 03858/2770
SV, gj., Sa./So./Fe. baufsichtigt, Getränkeausgabe; wochenweise Betreuung nach Vereinbarung
4 18 20
2 offen

Wartberg-Mürztal, 575 m, 2; Mitterdorf-Veitsch, 589 m, 2; Kindberg, 555 m, 4; Auf der Schanz bei Fischbach, Schanzwirt, 1226 m, 1; Stanz im Mürztal, 668 m, 2½; Krieglach, 626 m – Wolfriegl 3½
Waldheimatschutzhaus a. d. Stanglalm, 1484 m, 20 Min.; Teufelstein, 1499 m, 2½; Alpl bei Krieglach, 1161 m, Waldschule; Weiterwanderung über Route 3 auf die Pretulalpe, 1653 m, und Stuhleck, 1782 m, 5
△ Wanderwege
den ganzen Winter Wartberg, Mitterdorf alle

🚂 Wartberg, Kindberg, Mitterdorf (alle Mürztal)
🚌 Wartberg-Mürztal
🚗 Wartberg, Spregnitz (Hiasbauer)
FB 021; ÖK 103

Gaston-Lippitt-Hütte

(Teichalmhütte)
K. seH, 1200 m, erb. 1935
OeAV-S. Mixnitz
Bärenschütz 1
A-8131 Mixnitz

Anfragen bei Gerhard Jantscher
Laufnitzdorf 75
A-8130 Frohnleiten
✆ Tal 03126/3111
✕ SV, Benützung nur nach Voranmeldung
17
220 V ~
bei Shell-Tankstelle, Kaufhaus Gottfried Pichler, A-8615 St. Erhard, und bei
↗ Mixnitz-Bärenschützklamm vom Parkplatz über Hans-Kerl-Hütte ca. 4; Mixnitz-Bärenschützklamm zum Steindlwirt, Bucheben, Rote Wand, Tyrnauer Alpe ca. 4½; Breitenau, 600 m, Schafferwerke oder St. Jakob über Zirbisegger, 1000 m, Schüsserlbrunn, 1300 m – Hochlantsch, 1723 m – Teichalmhütte 5
→ Hochlantsch – Schüsserlbrunn – »Guter Hirte« – Teichalmhütte 5
△ Hochlantsch, 1723 m, 1½; Rote Wand, 1500 m, 2; Heulantsch, 1500 m, ¾; Osser 1
den ganzen Winter ↗ Steindlwirt, Breitenau → Hochlantsch △ Hochlantsch, Rote Wand, Heulantsch, Osser
🚂 Mixnitz
🚌 Mixnitz o. St. Erhard
🚗 Teichalm
FB 131; ÖK 134

Ottokar-Kernstock-Haus

K. I, 1619 m, erb. 1950/51
OeAV-S. Bruck a. d. Mur
Pischkerstr.8
A-8600 Bruck/Mur

Helmut Zöbinger
Fraunedergasse 29
A-8600 Bruck a. d. Mur
✆ Hütte 03862/53289
✆ Tal 03862/58179
✕ Anfang Mai bis Anfang Okt., Weih-

nachten, Neujahr, Ostern, ansonsten nur zu den Wochenenden
13 ⊓ 13
220 V ~
Warmluft-Zentralheizung
Bruck/Mur, Kapfenberg, St. Marein/Mürztal, Pernegg und Schafferwerke je 3 bis 3½; Frauenberg 1¾; Pischkalm 1½
→ Buchecksattel – Eiweggsattel – Hochschlag, 1582 m – Strassegg (Weitwanderweg 021)
△ Rennfeldgipfel, 1630 m
Übungsgelände ↗ Abfahrt über Pischkalm nach Bruck/Mur
Bruck/Mur, Kapfenberg, St. Marein/Mürztal, Pernegg
Kapfenberg – Frauenberg P, Bruck/Mur – Pischkalm P

FB 131; ÖK 133, 134

Stubenberghaus

K. II, 1445 m, erb. 1886 - 90
OeAV-S. Graz
Sackstr. 16
A-8010 Graz

Udo Steiner u. Isabella Tösch
A-8061 St. Radegund
Hütte 03132/2210
gj. bew., Fr Ruhetag, November geschlossen
14 ⊓ 36
220 V ~
Schöckel-Bergstation, 1445 m, 5 Min.; St. Radegund, 787 m, 1½; Nordlift-Talstation, 1050 m, 1¼; Fuß der Leber, 478 m – Steingraben oder Langer Weg – Göstinger Jagdhütte, 1119 m, 2½; Schöckelkreuz, 1125 m (Maut) – Schöckelkopf, 1423 m, 1
→ Schöckel-Plateau-Wanderung 1; Theiglkeusche, 1000 m – Kesselfall – Semriach, 709 m, 2½; Schöckelbartl, 1031 m – Quellenweg – St. Radegund, 718 m, 2¼; St. Radegund – Wiesenweg nach Graz – Mariatrost 3½
den ganzen Winter ↗ alle → Schöckel-Plateau, Schöckelbartl
Graz-Hbf.
St. Radegund, Talstation
St. Radegund, Seilbahnstation P
St. Radegund – Schöckel
2 nahe dem Haus

FB 131; ÖK 164

Wetterkoglerhaus

K. I, 1743 m, erb. 1899
OeAV-S. ÖGV
Lerchenfelder Str. 28
A-1080 Wien

🚹 Herta Zelenka
Postfach 25
A-8253 Waldbach
✆ Hütte 03336/4224
während der Nichtbew.:
Rast 218
A-8664 Gr. Veitsch
✆ Tal 03856/25505
✗ Anfang Mai bis Ende Okt., im Winter an Wochenenden
🛏 13 ⊓ 42
⊠ 4 offen
⚡ 220 V ~
↗ Mönichkirchen-Ort, 967 m, 3½; Berglift Mönichkirchen bis Mönichkirchner Schwaig, 1183 m, dann über Hallerhaus, Mariensee, 815 m, 2½; Kirchberg, 581 m (Pkw bis Steyersberger Schwaig, 1367 m), dann 1½; Waldbach, 626 m, und Mönichwald, 574 m, Straße
→ Hergottschnitzerhütte, 1318 m, über Schwarzer Herrgott 3½; Alois-Günther-Haus, 1782 m, über Feistritzsattel, 1290 m – Pfaffensattel, 1372 m, 5½
△ Hochwechsel, 1743 m, auf dem Gipfel das Wetterkogelhaus
⛷ den ganzen Winter ↗ Mönichkirchen-Ort, Waldbach, Mönichwald, Mariensee → beide △ Hochwechsel
🚂 Aspang
🚌 Mariensee bzw. Mönichkirchen-Ort
🚗 von Waldbach bzw. Mönichwald Mautstraße zum Haus
⛡ Mönichwald-Ort – Mö.-Schwaig

ÖK 105, 136

Wittgruberhof

Jugendheim
904 m, erb. 1976
OeAV-S. Weiz
Radmannsdorfgasse 26
A-8160 Weiz

🚹 Erwin Pichler
Viertelfeistritz 55
A-8184 Feistritz
während der Nichtbewirtsch.:
Hofstattgasse 5
A-8160 Weiz
✆ Hütte 03172/5580

✕ Anfang März bis Ende Sept.
🛏 10 ⊓ 35
↗ Gschnaiderkreuz ¼; Anger 1½
→ Eibisberg 2
△ Hohe Zetz, 1264 m, 1; Zetz, 1274 m, 1½
⛷ Lift beim Haus, Loipen
🚆 Weiz
🚌 Weiz
🚗 zum Haus
ÖK 135

Hütten anderer alpiner Vereine und Privathütten

Bendlerhöhe 1235 m, Zetzgebiet, TVN, 🛏 10, ↗ Anger 3, Weiz 4, St. Kathrein 1¼, Schmied ¼, 🚆 🚌 Weiz 🚗 Schmied i. d. Weiz, 15 Min. zum Haus, SV, Voranmeldung bei Dorli Springenschmidt, Brunnfeldgasse 1, A-8160 Weiz, ✆ 03172/41523

Feistritzer Schwaig 1380 m, am Kampstein, privat, 🛏 11 ⊓ 20, ↗ Mariensee 2, 🚆 Aspang 🚌 🚗 Mariensee

Friedrichshütte 1440 m, auf dem Hühnerkogel, privat, 🛏 + /⊓ 30, ↗ 🚆 🚌 🚗 Spittal a. Semmering, Sessellift

Ganzalmhaus, Neues 1381 m, an der Pretulalpe, TVN, 🛏 15 ⊓ 30, ↗ Hönigsberg 3, Mürzzuschlag, Langenwang je 4, 🚆 🚌 Hönigsberg, Mürzzuschlag, Langenwang 🚗 zum Haus, bew. Anfang Juli bis Ende Sept., übrige Zeit Sa./So., ✆ 03854/5270

Ganzalmhütte 1380 m, neben dem Ganzalmhaus, TVN, ⊓ 20, ↗ Hönigsberg 2½, Bärenkogelhaus 1, 🚆 🚌 Hönigsberg 🚗 zur Hütte, SV, ⚷ bei Hr. Haas, A-8682 Hönigsberg, ✆ 03852/300354

Hallerhaus 1420 m, an der Steinernen Stiege, privat (Alp. Ges. Die Haller), 🛏 40 ⊓ 30, ↗ Mönichkirchen 1½, ab Lift ¾, 🚆 Aspang, Friedberg 🚌 🚗 Mönichkirchen, gj. bew., ✆ 02649/230

Haselbach-Forschungsstätte, Naturfreundehaus Raabklamm, 633 m, Weizer Bergland, TVN, 🛏 24 ⊓ 20, ↗ Weiz 1½, SV, Voranmeldung bei Sepp Kalcher, Marburger Str. 75, A-8160 Weiz, ✆ 03172/3407

Hauereckhütte 1270 m, i. d. Walheimat, ÖTK, 🛏 5 ⊓ 16, ↗ Alpl 1½, 🚆 Krieglach, Langenwang 🚌 🚗 Alpl, SV, fallweise beaufsichtigt, Anmeldung bei Ferdinand Drahoss, Hausfeldstr. 120, A-1220 Wien, ✆ 0222/2237103

Herrgottschnitzerhütte 1318 m, am Kampstein, Alp. Ges. Herrgottschnitzer, 🛏 24 ⊓ 25, ↗ St.-Corona-Lift ¼, Unternberg 1½, 🚆 Aspang 🚌 🚗 St. Corona

Johann-Waller-Hütte 1200 m, am Schöckel, TVN, ⊓ 17, ↗ Buch 1¾, St. Radegund 1½, Schöckel ½, 🚆 Buch, St. Radegund 🚌 Buch 🚗 Schöckel, Sa/So bew., Voranmeldung bei Sekretariat TVN, Stempfergasse 6/I, A-8020 Graz, ✆ 0316/826265

Kampsteiner Schwaig 1495 m, unter dem Kampstein, privat, 🛏 24 ⊓ 15, ↗ Mariensee 2, St. Corona 2, 🚂 Aspang 🚌 Mariensee, St. Corona 🚗 Mariensee, bew. Anfang Mai bis Ende Okt., ✆ 02642/237599

Kernstockhütte 1261 m, auf dem Masenberggipfel, ÖTK, privat, 🛏 6 ⊓ 26, ↗ Hartberg 3½, Pöllau oder Vorau je 2, 🚂 Hartberg 🚌 Pöllau, Vorau 🚗 zum Haus, gj. bew., ✆ 03337/700

Kulm-Berggasthaus 976 m, auf dem Kulmberg, privat, 🛏 30, ↗ Puch b. Weizen, Höfling 1, 🚂 Hart-Puch 🚌 🚗 Puch, gj. bew., ✆ 03177/2410

Neuwaldhütte 1050 m, am Kampstein, TVN, 🛏 19 ⊓ 7, ↗ Aspang 2, Mariensee 20 Min., 🚂 Aspang 🚌 St. Peter, Mariensee 🚗 zum Haus (Pkw), SV, Voranmeldung bei OG Wr. Neustadt, S. Eisenbahner, Schlöglgasse 24, A-2700 Wiener Neustadt, ✆ 02622/27996

Rosegger-Schutzhaus 1653 m, auf der Petrulalpe, TVN, 🛏 10 ⊓ 20, ↗ Ratten 3½, Mürzzuschlag 3, Rettenegg 2½, 🚂 🚌 Mürzzuschlag 🚗 zum Haus (Maut ab Ratten), Mai bis Okt. durchgehend bew., sonst nur Sa./So. und Ferienzeit, Anfang Nov. bis 24. Dez. geschlossen, ✆ 03170/522

Semmering-Schutzhaus 975 m, südl. des Semmeringpasses, ÖBV, 🛏 35 ⊓ 25, ↗ am Semmeringpaß, ab Bhf. ½, 🚂 🚌 🚗 Semmering, gj. bew., ✆ 02664/232

Sonnwendstein-Alpenhaus 1523 m, am Sonnwendstein, privat, 🛏 40, ↗ Semmering 1¼, 🚂 🚌 Semmering 🚗 Semmering und Lift, gj. bew., ✆ 02664/232

Waldheimat-Schutzhaus 1470 m, auf der Stanglalm, privat, 🛏 32 ⊓ 30, ↗ Wartberg, Mitterdorf je 2½, Schanz 2, 🚂 Wartberg, Mitterdorf 🚌 🚗 Gasthaus Schanz bei Stanz, gj. bew., ✆ 03865/8205

LIENZ
Amlach
Lavant
Lienzer Dolomiten Htt.
Spitzkofel Δ
2717
G. Sandsp.
Δ 2770
Karlsbader Htt.
Hochstadel
Eggenkofel
Δ
2591
Flaschberg
Leiten
Kartitsch
Untertilliach
Obertilliach
Tuffbad
St. Lorenzen
i. Lesbachtal
Gailbergsattel
981
Reißkofelbiwak
Torkofel Δ
2276
Compton
Htt.
Maria-
Luggau
Liesing
Birnbaum
St. Jakob
Laas
Kötschach
Dellach
Grafendf.
Reisach

56 Gailtaler Alpen

Umgrenzung

Drau von Einmündung Gailbach bis zur Einmündung der Gail – Gail – Kartitscher Sattel – Gailbach bis Einmündung in die Drau

E.T.-Compton-Hütte

K. I, 1650 m, erb. 1925 - 28
OeAV-S. Austria
Rotenturmstr. 14
A-1010 Wien

- Anny Pichler
  Laurinweg 1
  A-9900 Lienz
- Hütte 04712/784
- Tal 04852/63785
- Mitte Juni bis Ende Sept.
- 8 ⊓ 11
- 10
- Greifenburg-Weißensee über Bruggen-Pirkebner 3½; Weißbriach über Pfarreben 3½
- Pließalm ¾ – Stoffenhoisalm 1; Pfarreben – Weißbacher Alm 1 – Weißensee 3; Höhenwanderung über Komitsch-Weißbriach 3; Reißkofel – Reißkofelbad 5
- △ Reißkofel, 2371 m, über Padiaursteig 3 - 3½; Grafendorfer Kofel, 2320 m, 3 - 4
- kein Stützpunkt
- Greifenburg bzw. Hermagor
- Weißbriach

FB 223; ÖK 197, 198

Goldeckhütte

K. I, 1929 m, erb. 1889
OeAV-S. Spittal/Drau
Brückenstr. 6
A-9800 Spittal/Drau

- Helmut Haider
  Schwaig 6
  A-9800 Spittal/Drau
- Hütte 0663/045283
- Tal 03465/2711
- Anfang Juni bis Ende Sept., sonst gegen Voranmeldung
- 8 ⊓ 20 ⊔ 10
- 5
- Goldeckseilbahn-Mittelstation ¾; Goldeck-Bergstation ½ Abstieg; Höhenweg über Goldeckspitz 1
- Weißensee 6; Goldeckgipfel – Siflitzgraben – Drautal 2; Stockenboigraben – Weißensee-Ostufer 2; Martenock über Niederalm - Zlan – unters Drautal 2½
- △ Staff, 2218 m, 2½; Eckwand, 2221 m, 2; Latschur, 2236 m, 2½
- den ganzen Winter ↗ beide → Weißensee, übrige △ Staff, Abfahrt nach Kleblach, Nahe Skischaukel Goldeck
- Spittal/Drau

Spittal Bahnhof
auf Goldeckstraße bis 30 Min. vor Hütte (im Sommer)
Goldeckseilbahn, Gepäcktransport, Anfrage bei Sektion

FB 221; ÖK 182

Karlsbader Hütte

K. I, 2260 m, erb. 1888
DAV-S. Karlsbad
Lindenweg 5
D-95643 Tirschenreuth

Inge Kunzer
A-9900 Oberlienz
während der Nichtbew.:
Großdorf 4
A-9981 Kals a. Großglockner
Hütte 0663/57553
Tal 04876/323
Mitte Juni bis Ende Sept.
40 ⌐ 62
4 SR
Tristach – Dolomitenhütte, 1620 m, 2; Amlach, 687 m – Goggsteig Dolomitenhütte 5; Lesachtal-Tuffbad, 1262 m, über Zochenpaß, 2260 m – Kerschbaumer Törl, 2285 m, 6½ - 7½; Dolomitenhütte – Rudl-Eller-Steig 3 - 4 (nur für Geübte)
3-Törl-Weg – Hochstadelhaus 5; Kerschbaumer Alm 1½
Laserzwand, 2614 m, 1½; Teplitzer Spitze, 2613 m, 1½; Gr. Gamswiesenspitze, 2488 m, 3; Simonskopf, 2687 m, 2 -3
kein Stützpunkt
Lienz/Osttirol
Lienz, Tristach, Amlach
Dolomitenhütte (Maut) P

FB 182; ÖK 179; Bergverlag Rother: AVF Lienzer Dolomiten

Ludwig-Walter-Haus

K. III, 2134 m, erb. 1810
OeAV-Zweig Villach
Schanzgasse 3
A-9500 Villach

Regina Pschernig
Ludwig-Walter-Haus
A-9500 Villach
während der Nichtbew.:
Dornbach 38
A-9853 Gmünd
Hütte 04242/219512

✆ Tal 04732/3212
✗ Ostern, Pfingsten bis Ende Okt., Weihnachten bis Dreikönige, dazwischen Sa./So.
18 ⊓ 14
220 V ~
↗ P Roßtratte, 1700 m, 1½; durchs Bärental 1; Bergstation Sessellift 1; Villach, 510 m – Hundsmarhof – Kaserin 5; Heiligengeist, 900 m, 3½; Bleiberg, 892 m – Schihütte 4; Bleiberg durch den Almlahner 3; Kreuth, 864 m – Thor, 1140 m, 3; Nötsch, 564 m, 5
△ Villacher Alpe (Dobratsch), 2166 m, ¼
den ganzen Winter ↗ P Roßtratte, Bärental
Villach, Nötsch
Heiligengeist, Bleiberg, Roßtratte
Roßtratte P
Heiligengeist über Roßtratte – Höhenrain

FB 224; ÖK 200

Reißkofelbiwak

K. I, 1825 m, erb. 1975
OeAV-S. Austria
Rotenturmstr. 14
A-1010 Wien

⊓ 5 offen
↗ Dellach im Gailtal 3; Reißkofelbad 2 - 2½
→ E.T.-Compton-Hütte, 1650 m, über den Reißkofel, 2371 m, 4 - 5
△ Reißkofel, 2371 m, 2 - 3
Dellach im Gailtal

FB 223; ÖK 197

Weißbriachhütte

(Napalalm)
K. I, 1493 m, erb. 1985
OeAV-S. Hermagor/Gailtal
Postfach 85
A-9620 Hermagor

✗ SV, Auskunft Herr Friesl, ✆ 04286/232
⊓ 20
↗ Weißbriach, 806 m, 2½; Kirchbach – Stöfflerberg über Möselalm 2½
→ Köfeletörl – »Padiaursteig« – E.T.-Compton-Hütte 2 - 3
△ Kumitsch, 1734 m, ¾; Sattelnock, 2033 m, 1½ – Kote 2021/2007 m,

Köfeletörl – Reißkofel, 2371 m, 3 - 3½
⛷ den ganzen Winter ↗ Weißbriach
🚆 Hermagor/Gailtal, Greifenburg/Drautal
🚌 🚗 Weißbriach
FB 223; ÖK 198

Hütten anderer alpiner Vereine und Privathütten

Aichinger Hütte 1650 m, auf der Villacher Alpe, SSV Villach, 🛏 20 ⊓ 40, ↗ Heiligengeist 2¼ oder Bleiberg, 🚆 Villach 🚌 Villacher Alpenstraße 🚗 Villacher Alpenstraße zum Haus, gj. bew.

Bergeralm 1300 m, am Goldeck, privat, 🛏 34 ⊓ 22, ↗ Spittal 2½, 🚆 Spittal a. d. Drau 🚌 🚗 Baldramsdorf

Dolomitenhütte 1620 m, am Weißensteinsattel, privat, gj. bew., 15.11. – 15.12. geschlossen, 🛏 16 ⊓ 20, ↗ Lienz 3, 🚆 Lienz 🚌 Tristacher See 🚗 zum Haus, ✆ 0663/53782

Hochstadelhaus 1780 m, Hochstadel-Ostflanke, ÖTK, 🛏 10 ⊓ 40, ↗ Oberdrauburg 4, 🚆 🚌 Oberdrauburg 🚗 Unterpirckach, bew. Mitte Juni bis Ende Sept., ✆ 04710/2778

Kerschbaumer-Alm-Schutzhaus 1902 m, auf der gleichnamigen Alm, ÖTK, 🛏 21 ⊓ 34, ↗ Lienz 5, Lesach 4, 🚆 Lienz 🚌 Lesach, Oberdrauburg 🚗 Amlach, bew. Mitte Juni bis Ende Sept., ✆ 0663/55390

Knappenhütte 1700 m, auf der Villacher Alpe, privat, 🛏 16 ⊓ 6, ↗ Heiligengeist oder Bleiberg je 2¼, 🚆 Bleiberg, Heiligengeist 🚌 🚗 Villacher Alpenstraße zum Haus, gj. bew.

Kohlröslhütte 1534 m, am Großboden, privat, 🛏 22, 🚆 Hermagor 🚌 🚗 St. Lorenzen (Gitschtal)

Linderhütte 2683 m, am Spitzkofel, ÖTK, ⊓ 8, ↗ Amlach 4, 🚆 Lienz 🚌 🚗 Amlach, offener Unterstand

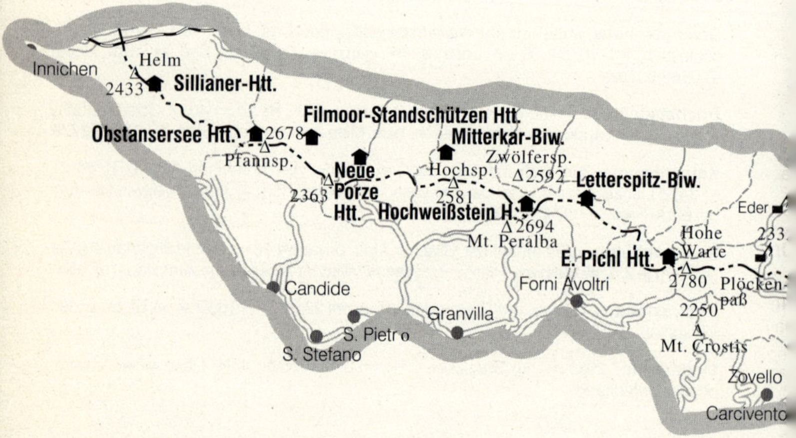
Innichen
Helm
2433
Sillianer-Htt.
Filmoor-Standschützen Htt.
Obstansersee Htt.
2678
Pfannsp.
Mitterkar-Biw.
Zwölfersp.
Neue Porze Htt.
2363
Hochsp.
2592
Letterspitz-Biw.
2581
Hochweißstein H.
2694
Mt. Peralba
Eder
Hohe Warte
E. Pichl Htt.
2780
Plöcken-paß
Candide
Forni Avoltri
2250
Granvilla
S. Pietro
S. Stefano
Mt. Crostis
Zovello
Carcivento

57a Karnischer Hauptkamm

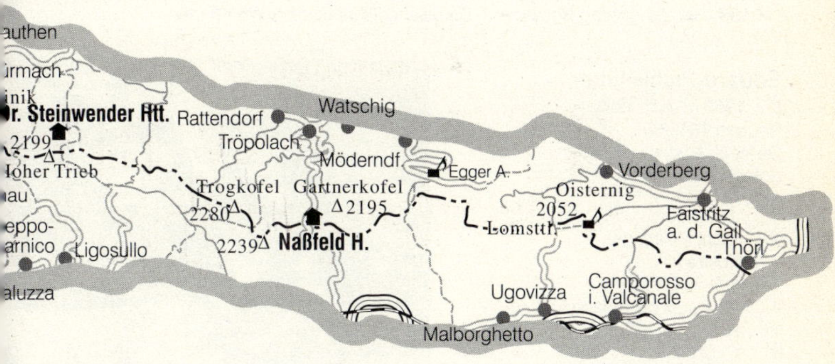

Umgrenzung

Innichen – Drau bis Einmündung Gailbach – Gailbach – Kartitscher Sattel – Gail bis Einmündung Gailitz – Tarvis – Kanaltal – Pontebba – Frattengraben – Forca Pradulina – Rio Turrico – Paularo – Ligosullo – Paluzza – Val Calda – Comeglians – Deganotal (Canale di Gorto) – Forni Avolti – Sappada – Piave – San Stefano di Cadore – Padolatal – Kreuzbergpaß – Innichen

Dr.-Steinwender-Hütte

K. I, 1750 m, erb. 1976
OeAV-S. Austria
Rotenturmstr. 14
A-1010 Wien

- ♀ Kurt-Maria Kristler
  Mauten 502/9
  A-9840 Kötschach
- ✆ Hütte 04718/625
- ✆ Tal 04715/8592
- ✗ Mitte Juni bis Ende Sept.
- ⊓ 28 ⊔ 4
- ⊞ 6 offen
- ↗ Dellach – Weidenburg – Dellacher Alm 4; Dellach/Weidenburg – Kronhofgraben – Untere und Obere Birchhofalm 4; Straninger Alm 2½; Dellach – Nölbling – Nölblinggraben – Wasserfall 5
- → Koderhöhe – Plöckenpaß 5 - 6; Eduard-Pichl-Hütte 8
- △ Hohe Trieb, 2199 m, 1; Blaustein (Promos) 3; Kleiner Trieb, 2095 m, 1
- 🚂 🚌 Dellach im Gailtal
- 🚗 Straninger Alm/Waideggerhöhe

ÖK 198, 199; Bergverlag Rother: AVF Karnischer Hauptkamm, WF Kärnten

Eduard-Pichl-Hütte

K. I, 1960 m, erb. 1923
Neubau 1949/50
OeAV-S. Austria
Rotenturmstr. 14
A-1010 Wien

- ♀ Josef Müllmann
  Nostra
  A-9652 Birnbaum
- ✗ Mitte Juni bis Anfang Okt.
- 🛏 19 ⊓ 36 ⊔ 10
- ⊞ 10 SR ⚷
- ↗ Birnbaum 5; Mauthen 6; Plökkenpaß (Kfz) 4; Kfz bis Hubertuskapelle im Wolayertal 3
- → Hochweißsteinhaus, über ital. Gebiet, 5 - 6; Dr.-Steinwender-Hütte 6 -7; Wolayerpaß – Rif. Lambertenghi – Romanin 20 Min. – Rif. Marinelli 2 – Plöckenpaß 4½
- △ Hohe Warte, 2780 m; Kellerwand, 2769 m; Seewarte, 2595 m; Biegenköpfe, 2347 m; und sämtliche Gipfel der Wolayergruppe und Mooskofelgruppe
- ⛷ kein Stützpunkt
- 🚂 Kötschach-Mauthen
- 🚌 Plöckenpaß/Unt. Valentinalm, Birnbaum
- 🚗 Unt. Valentinalm, Birnbaum

⛷ bis Mauther Alm

ÖK 197; Bergverlag Rother: AVF Karnischer Hauptkamm

Filmoor-Standschützenhütte

K. I, 2350 m, erb. 1977
OeAV-S. Austria
Rotenturmstr. 14
A-1010 Wien

- Günther Haring
  A-9942 Obertillach
  während der Nichtbew.:
  Brockmanng 15
  A-8010 Graz
- ✆ Tal 04848/5277
- Y zur Hütte
- ✕ Anfang Juli bis Mitte Sept., einfach bew.
- 8 ⊔ 6
- ↗ Leiten über Stuckenseen 3; Kartitscher Sattel durch das Erschbaumertal 3½ - 4
- → Obstanserseehütte, 2300 m, 3; Neue Porzehütte, 1930 m, 2½
- △ Filmoorhöhe, 2457 m, 1½ - 2
- ⛷ im Winter nicht zugänglich
- Kötschach-Mauthen oder Sillian
- Kartitscher Sattel, Leiten
- Leiten P

ÖK 197; Bergverlag Rother: AVF Karnischer Hauptkamm

Hochweißsteinhaus

K. I, 1868 m, erb. 1926 - 28
OeAV-S. Austria
Rotenturmstr. 14
A-1010 Wien

- Ingeborg Guggenberger
  Klebas 27
  A-9653 Liesing
- ✆ Hütte 0663/041840
- ✆ Tal 04716/262
- ✕ Mitte Juni bis Anfang Okt.
- 14 ⊓ 32 ⊔ 10
- keiner
- ↗ St. Lorenzen 3, Fahrweg bis Frohnalm, von dort 1½; Liesing 5; Maria Luggau 5
- → Öfner Joch – ital. Gebiet – Pichlhütte 6; Mitterkarbiwak 3 – Porzehütte 4½; – Filmoorhütte 6; Obstanserseehütte 12; Rif. Calvi über Hochalpljoch und Bladner

Joch 2
△ Raudenspitze, 2507 m, 3; Hochweißstein (Mte. Peralba), 2693 m, 3; Zwölferspitze, 2593 m, 3; Torkarspitze, 2573 m, 3
⛷ kein Stützpunkt
🚂 Kötschach-Mauthen
🚌 St. Lorenzen
🚗 bis Frohnalm P
🚙 Hütte

FB 182; ÖK 196; Bergverlag Rother: AVF Karnischer Hauptkamm

Letterspitzbiwak

K. I, 2080 m, erb. 1978
OeAV-S. Austria
Rotenturmstr. 14
A-1010 Wien

⊓ 4 offen
↗ Liesing – Niedergail, 1043 m, 2
→ Hochweißsteinhaus 5; Eduard-Pichl-Hütte 4½; Stützpunkt des Karnischen Höhenweges
🚂 Kötschach-Mauthen
🚌 Liesing
🚗 Niedergail

FB 182; ÖK 196, 197; Bergverlag Rother: AVF Karnischer Hauptkamm

Mitterkarbiwak

K. I, 1973 m, erb. 1976 und 1980
OeAV-S. Austria
Rotenturmstr. 14
A-1010 Wien

⊓ 8 offen
↗ Untertilliach 3
→ Neue Porzehütte, 1930 m, 5 - 6; Hochweißsteinhaus, 1868 m, 3
△ Steinkarspitze, 2525 m, 2
⛷ im Winter nicht zugänglich
🚂 Kötschach-Mauthen oder Sillian
🚌 🚗 Untertilliach P

FB 182; ÖK 196; Bergverlag Rother: AVF Karnischer Hauptkamm

Naßfeldhaus

K. II, 1513 m, erb. 1970
OeAV-S. Hermagor
Postfach 85
A-9620 Hermagor

- Gertrude u. Erich Schwager
  Naßfeldhaus
  A-9620 Hermagor
  während der Nichtbew.:
  10.-Oktober-Str. 5
  A-9754 Steinfeld/Drau
- Hütte 04285/8276
- Tal 04717/6058
- Mitte Juni bis Ende Sept., Weihnachten bis Sonntag nach Ostern
- 18 ⊓ 100
- 220 V ~
- ↗ Bundesstraße/Paßhöhe, 1530 m; Tröpolach, 680 m, 3½; Hermagor – Möderndorf – Garnitzenklamm – Garnitzenalm – Watschiger Alm 5 - 6; Hermagor – St. Urban – Kühweger Alm – Kühweger Törl – Watschiger Alm 5 - 6; Watschig – Weixeleben – Kühweger Alm – Kühweger Törl – Watschiger Alm 5; oder Variante ab Kühweger Alm absteigend zum Garnitzenbach und wie vorher 5 - 6
- → Watschiger Alm ¾; Treßdorfer Alm ¾; Kühweger Alm 3; Garnitzenalm 2½; Rudnigalm 2½; Rattendorfer Alm 3; Garnitzentörl – Garnitzenalm, teils über ital. Gebiet – Eggeralm, 1400 m, 5 - 6; Rattendorfer Alm, Bischofalm – Plöckenpaßhütte, ca. 12; Abstieg auf Fahrstraße ins Tal der Fella-Pontebba/Italien 2 - 3
- △ Gartnerkofel, 2195 m, 2 - 2½; Roßkofel, 2239 m – Madritschen, 1909 m – Rudnigsattel, 1945 m, 4; Trogkofel, 2279 m, 4 - 5
- den ganzen Winter ↗ alle → hochalpin △ alle hochalpin
- Tröpolach/Gailtal
- zum Naßfeldhaus
- bis zum Haus, Sommer und Winter

FB 223; ÖK 198; Bergverlag Rother: AVF Karnischer Hauptkamm

Obstanserseehütte

K. I, 2300 m, erb. 1930, Neubau 1980
OeAV-S. Austria
Rotenturmstr. 14
A-1010 Wien

- Heinz Bodner
  St. Oswald 7
  A-9941 Kartitsch
- Hütte 04848/5422
- Ende Juni bis Ende Sept.
- ⊓ 32

⊞ keiner
↗ Kartitsch 2½; Kfz bis Winklertal (Talschluß), von dort 1½; Sillian 4
→ Sillianer Hütte, 2447 m, 3½; Rundwanderung Kartitsch – Winklertal – Obstanserseehütte – Erschbaumertal – Kartitsch 7; Filmoorhütte 2 - 3; – Porzehütte 4; Mitterkarbiwak 7; – Hochweißsteinhaus 12
△ Roßkopf, 2603 m, 1½; Pfannspitze, 2678 m, 1¼; Tscharrknollen, 2482 m, 2
⛷ kein Stützpunkt
🚂 Tassenbach (Sillian)
🚌 Kartitsch
🚗 Winklertal (Talschluß)

FB 182; ÖK 195; Bergverlag Rother: AVF Karnischer Hauptkamm

Porzehütte, Neue

K. I, 1930 m, erb. 1976
OeAV-S. Austria
Rotenturmstr. 14
A-1010 Wien

🚶 Peter Auer
Dorf 7
A-9942 Obertilliach
✆ Hütte 0663/56899
✆ Tal 04847/5243
✕ Ende Juni bis Ende Sept.
⊓ 40 ⊔ 12
⊞ 5 (im Nebengebäude 20 m neben der Hütte)
↗ Obertilliach 3 - 3½; Ende der Fahrstraße 1
→ Mitterkarbiwak 3 - 4; Hochweißsteinhaus 6; Filmoorhütte 2; – Obstanserseehütte 4
△ Porzescharte, 2363 m, 1; Porze, 2589 m, 3; Bärenbadeck, 2430 m, 2
⛷ im Winter nicht zugänglich
🚂 Kötschach-Mauthen, Sillian
🚌 Obertilliach
🚗 Ende der Fahrstraße P

FB 182; ÖK 196; Bergverlag Rother: AVF Karnischer Hauptkamm

Sillianer Hütte

(früher Viktor-Hinterberger-Hütte)
K. I, 2447 m, erb. 1983 - 1986
OeAV-S. Sillian
Sillianberg 2
A-9920 Sillian

🚶 Philipp Rainer-Pranter
A-9920 Sillian-Arnbach 48

✆ Hütte 04842/6770
✆ Tal 04842/6208
Mitte Juni bis Anfang Okt.
12 ⌐ 40 ⌙ 20
12 SR
220 V ~
↗ Sillian 4; Arnbach (Bad Weilahnbrunn) 4; Leckfeldalm 1½; Bergstation der Bergbahnen von Vierschach und Sexten jeweils 1¾
→ Obstanserseehütte (Karnischer Höhenweg) 4; Filmoorhütte 7; Porzehütte 10; Mitterkarbiwak 14; Hochweißsteinhaus 10 - 12; Neue Helmhütte ¾ – Hahnspielhütte 1¼
△ Helm, 2433 m, ½; Hochgruberspitze, 2537 m, ½; Hollbruckerspitze, 2581 m, 1; Hornischeck, 2551 m, ¾
kein Stützpunkt
Sillian
Leckfeldalm P

ÖK 195; Bergverlag Rother: AVF Karnischer Hauptkamm

Hütten anderer alpiner Vereine und Privathütten

Eiskarbiwak 2100 m, unter der Kellerwand, OeAV-Sektion Austria, ⌐ offener Unterstand, ↗ Obere Valentinalm (schwierig), Kötschasch-Mauthen Plöckenhaus Untere Valentinalm

Hahnspielhütte 2150 m, am Helm, privat, ⌐ 16, ↗ Sexten 3, Bergstation 20 Min., Innichen Sexten Talstation, bew. Mitte Juni bis Mitte Okt., Weihnachten bis Ostern

Kreuzbergpaß-Hotelgruppe 1638 m, am Kreuzbergpaß (Passo Monte Croce Comelico), privat, insgesamt 50, ↗ Sexten oder Padola je 2¼, Innichen, Valleselle (Piave) zum Paß

Marinelli, Rifugio 2111 m, an der Forcella Moraret, CAI, ⌐ 38, 4, ↗ Collina, Plöckenpaß je 2½, Forni Avoltri 5, Mauthen (Lesachtal) Plöckenpaß, bew. Anfang Juli bis Ende Sept., ✆ 0433/779177

Rattendorfer Alm 1535 m, im Gailtal, privat, 13 ⌐ 12, ↗ Rattendorf 3, Rattendo rf zum Haus, bew. Anfang Juli bis Ende Sept.

Schönwipfel-Schutzhaus 1715 m, auf der Achomitzer Alm, privat, 21 ⌐ 21, ↗ Nötsch 4, Feistritz 3½, Nötsch a. d. Feistritz, ew. Mitte Juni bis Ende Sept., ✆ 04256/2703

Watschiger Alm 1600 m, am Naßfeld, privat, 30 ⌐ 10, ↗ Watschig 3, Tröpolach 2½, Watschig Tröpolach Naßfeld, gj. bew.

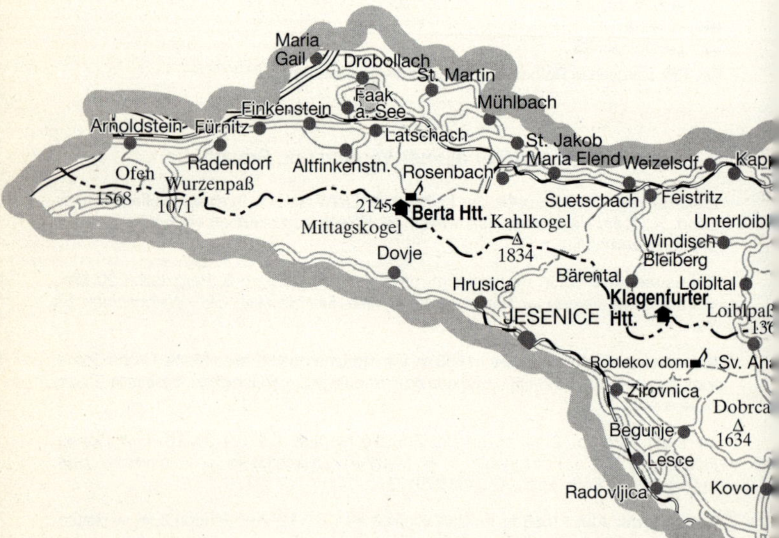
Maria Gail
Drobollach
St. Martin
Faak a. See
Mühlbach
Finkenstein
Arnoldstein
Fürnitz
Latschach
St. Jakob
Radendorf
Altfinkenstn.
Maria Elend
Weizelsdf.
Ofen
1568
Wurzenpaß
1071
Rosenbach
2145
Berta Htt.
Suetschach
Feistritz
Mittagskogel
Kahlkogel
1834
Unterloibl
Windisch Bleiberg
Dovje
Bärental
Hrusica
Loibltal
Klagenfurter Htt.
JESENICE
Loiblpaß
Roblekov dom
Zirovnica
Dobrca
1634
Begunje
Lesce
Radovljica
Kovor

59 Karawanken u. Bachergebirge

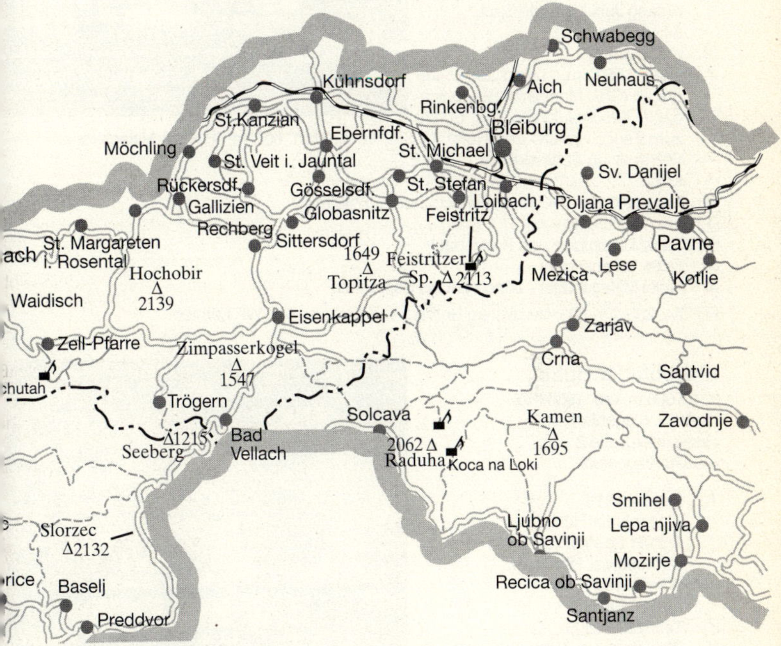

Umgrenzung

Gail von der Einmündung der Gailitz bis zur Einmündung in die Drau – Drau bis Marburg (Maribor) – sl. Bistrica – Zg. Poličane – Cilli (Celj) – Velenje – Paktal – Savinja bis Einmündung Kučnik – Paulitschsattel – Vellach bis Einmündung Steinerbach – Seebergsattel – Kokra – Kranj – Save – Rateče – Fusine – Tarvis – Gailitz bis Einmündung in die Gail

Bertahütte

K. I, 1567 m, erb. 1963
OeAV-Zweig Villach
Schanzgasse 3
A-9500 Villach

- Edith Schumah
  Schwanenblick 24
  A-9500 Villach
- Tal 04252/3473
- Anfang Juni bis Ende Sept.
- 34
- z. Z. keiner
- Faak, 580 m, Latschach-Untergreuth (Ghs. Martinihof), Woronicabach, Illitschraut; von hier Straße zum Ferlachersattel und Hütte 3 - 3½; Ledenitzen, 600 m, 3; Hotel Mittagskogel, 600 m, 3; ab Schranken P 1 - 1½
- keine
- Mittagskogel, 2143 m, 2; Ferlacherspitz, 1739 m, ½
- kein Stützpunkt
- Faak, Ledenitzen und Rosenbach
- Hotel Mittagskogel
- Hotel Mittagskogel – Illitschraut bis Schranken

FB 224, 233; ÖK 201; Bergverlag Rother: AVF Karawanken, WF Kärnten

Klagenfurter Hütte

K. I, 1660 m, erb. 1950 - 52
OeAV-S. Klagenfurt
Lidmanskygasse 2
A-9020 Klagenfurt

- Friedrich Mak
  Klagenfurter Hütte
  A-9181 Feistritz
  während der Nichtbew.:
  Wiesenweg 7
  A-9170 Ferlach
- Tal 04227/4309
- Pfingsten bis Mitte Okt. voll, um Weihnachten und Osterwoche einfach, ansonsten auf Anfrage bew.
- 24 ⊓ 38
- 16 SR
- Feistritz 4; Güterstraße, 10 km P unter der Johannsenruhe, von dort 1; Feistritz – Matschach (Matschachergupf) 5; Bodental – Matschacher Sattel 3
- Bielschitza Sattel, 1900 m – Preschernhütte, 2193 m, (Grenzübergang) 2 - 3; Matschacher Sattel – Bodental, Ghs. Sereinig

△ Geißberg, 2011 m; Hochstuhl, 2249 m, 2 - 3; Bielschitza, 1956 m, 1
⛷ nur im Frühjahr △ Geißberg, Hochstuhl
🚂 Feistritz-Rosental
🚌 Bodental
🚗 10 Min. vor Johannsenruhe (Bärental)

FB 224, 233; ÖK 201; Bergverlag Rother: AVF Karawanken, WF Kärnten

Hütten anderer alpiner Vereine und Privathütten

Eisenkappeler Hütte 1553 m, am Hochobir, ÖTK, 🛏 5 ⊓ 12, Eisenkappel oder Rechberg 3, 🚂 Eisenkappel 🚌 🚗 Ebriach, 1. Mai bis Mitte Okt. durchg., bei Schönwetter im Winter Sa./So. bew., ✆ 04238/8170

Kofza-Haus (Dom na Kofcah) 1488 m, am Koschuta-Südhang, PZS, 🛏 38, ↗ Tržič (früher Neumarkt) 3, 🚂 🚌 Tržič oder Ferlach 🚗 Ferlach - Zell-Pfarre, bew. Mitte Juni bis Ende Sept., sonst Sa/So/Fe

Koschuta-Haus 1279 m, auf der Kalten Aue, TVN, 🛏 32 ⊓ 18, ↗ Ferlach 4, Zell-Pfarre 1½, 🚂 Ferlach 🚌 Zell-Pfarre 🚗 zum Haus, bew. Anfang Juni bis Mitte Okt., ✆ 04227/7110

Mozirska Koča (früher Prassberger Hütte) 1356 m, auf der gleichnamigen Alm, PZS, 🛏 ⊓ 50, ↗ Morzije 3, 🚌 🚗 Morzije, bew. gj., ✆ 063/831121

Petzenhaus (Dom na Peci) 1665 m, am Kordeschkogel-Petzenkamm, PZS, 🛏 81 ⊓ 19, ↗ Kniepis-Sattel, 🚂 Bleiburg oder Dravograd 🚌 Feistritz o. Cna 🚗 Feistritz-Siebenhütten oder Mihev, bew. Anfang Mai bis Mitte Okt., ✆ 0609/611364

Prešernova Koča (Preschernhütte) 2174 m, unter dem Kelinstuhl, PZS, 🛏 15 ⊓ 40, ↗ Zirovnia oder Feistritz, 🚂 🚌 Zirovnica 🚗 Valvasorjev Dom, bew. Mitte Juni bis Ende Sept., ✆ 0609/611366

Smucarski Dom 1534 m, südl. des Loiblpasses, PZS, 🛏 und ⊓ 66, ↗ Tržič – SV. Aha 1½, 🚂 SV. Aha 🚌 Tržič 🚗 SV. Aha, Lift zum Haus

Valvasorjev Dom 1180 m, auf d. Begunjčica (südwestl. des Hochstuhls), PZS, 🛏 42, ↗ Koroška Bela 2½, 🚂 Feistritz, Zirovnica oder Javornic 🚌 🚗 Koroška Bela, bew. Anfang Juni bis Ende Sept., sonst Sa/So/Fe

100 Übrige Hütten des Alpenvereins Südtirol

Marteller Hütte
2610 m, erb. 1981
AVS-S. Untervinschgau, S. Lana, Martell, Mals, Laas Latsch, Prad, Schlanders und Untervinschgau
Adolf Altstätter
Ennewassser 221/B
I-39020 Martell

- 🚹 Christine Villgrater
  Marteller Hütte
  I-39020 Martell
- ✆ Hütte 0473/744790
  während der Nichtbew.:
  St.Gertraud-Weg 44/8
  I-39100 Bozen
- ✆ Tal 0471/289475
- ✕ Mitte März bis Mitte Mai und Ende Juni bis Anfang Okt.
- 🛏 28 ⊓ 19 ⊔ 20
- ❄ 10 offen
- ∼ 220 V
- ↗ Marteltal Straßenende 1½
- → Casatihütte 2½; Schaubachhütte 2½; Larcherhütte 3
- △ Cevedale, 3769 m, 4½; Königsspitze, 3851 m, 6; Veneziaspitzen, 3386 m, 3½; Vord. Rotspitze, 3031 m, 2½
- ⛷ Cevedale, Veneziaspitzen, Zufallspitze, Marmotta
- 🚌 Latsch – Zufrittsee
- 🚗 Martelltal – Talschluß P

FB WKS 2; Bergverlag Rother: AVF Ortleralpen, GF Ortleralpen

Dreischusterhütte

1630 m, erb. 1975
AVS-S. Drei Zinnen
Alter Markt 9
I-39038 Innichen

- Anton Holzer
  Alter Markt 6
  I-39038 Innichen
- Hütte 0474/966610
- Tal 0474/913515
- Anfang Juni bis Anfang Okt.
- 24 ⊓ 28 ⊔ 10
- 6 bei Sektion
- 220 V ~
- Sexten 1½; P Innerfeldtal 20 Min.
- → Dreizinnenhütte 3
- △ Birkenkofel, 2922 m, 4; Haunold, 2937 m, 4; Hochebenkofel, 2905 m, 4
- Innichen
- Innerfeldtal P

FB WKS 3, 10; Bergverlag Rother: AVF Sextener Dolomiten, GF Sextener Dolomiten, WF Dolomiten, WF Dolomiten 5

Peitlerknappen-Hütte

2000 m, erb. 1962
AVS-S. Brixen
Domplatz 12
Kleines Kulturhaus
I-39042 Brixen

- Hubert Complojer
  Weißenturmgasse 4
  I-39042 Brixen
- Tal 0472/835850
- SV, Anmeldung und bei der Sektion, in erster Linie für Jugendgruppen geeignet
- ⊓ 30
- Sporthotel Palmschoß ½
- → Plosehütte 2½; Würzjoch 2
- △ Gr. Pfann, 2547 m, 2; Peitlerkofel, 2890 m, 3 - 4
- Pistenskilauf an der Plose
- Brixen
- Sporthotel Palmschoß

FB WKS 4; Bergverlag Rother: AVF Puez- und Peitlerkofelgruppe, AF Dolomiten-Höhenwege 1-3

Puflatschhütte

1950 m, erb. 1969
AVS-S. Bozen
Bindergasse 25
I-39100 Bozen

- Thomas Sotriffer
  Kompatsch 68
  I-39040 Kastelruth
- ✆ Hütte 0471/727834
- ✗ Mitte Dez. bis Ostern, Anfang Mai bis Mitte Okt.
- 8 ⊓ 32 ⊔ 20; von Weihnachten bis Dreikönig ist die Hütte der Bozner AV-Jugend vorbehalten
- 220 V ~
- ↗ Hotelkolonie auf der Seiser Alm 20 Min.
- △ Puflatsch, 2174 m, ¾; Goldknopf, 2249 m, 2; Schlern, 2564 m, 4½
- Pistenskilauf und Langlauf auf der Seiser Alm
- Waldbruck
- Seiser Alm

FB WKS 5; Bergverlag Rother: GF Rosengartengruppe, WF Dolomiten 1

Schlernbödelehütte

1726 m, erb. 1961, 1985 Wiederaufbau
AVS-S. Bozen
Bindergasse 25
I-39100 Bozen
und AVS-S. Schlern
Richard Parschalk
Föstlweg 15
I-39040 Kastelruth

- Karl Gruber
  Versein 6
  I-39010 Mölten
- ✆ Hütte 0471/705345
- ✆ Tal 0471/668372
- ✗ Ende Mai bis Ende Okt.
- ⊓ 20
- 220 V ~
- ↗ Seis 2; Bad Ratzes, 1205 m, 1¼
- → Schlernhaus 2½; Tierser-Alpl-Hütte 4
- △ Schlern, 2564 m, 2½
- Waidbruck
- Bad Ratzes

FB WKS 1; Bergverlag Rother: GF Rosengartengruppe, WF Dolomiten 1

101 Außeralpine Gebiete Österreichs

Bad Leonfeldner Hütte
Tal- und Jugendherberge
Bad Leonfelden
(Mühlviertel)
K. II, 749 m, erb. 1972
OeAV-S. Linz
Hauptplatz 23/I
A-4020 Linz

- Karl Baumgartner
  Ringstr. 47
  A-4190 Bad Leonfelden
- Tal 07213/8109
- SV, ganzjährig
- 44
- bei Bewirtschafterin nebenan und
- 220 V ~
- Bad Leonfelden auf Fahrstraße bis zum Haus
- Nordwaldkammweg
- Sternstein, 1125 m
- Sternstein-Skigebiet , 2
- Linz oder Freistadt
- Bad Leonfelden

ÖK 15

Braunberghütte

K. II, 902 m, erb. 1936
OeAV-S. Freistadt
Vergeinerstr. 11
A-4240 Freistadt

- Klaus Schlager
  Witzelsberg 20
  A-4291 Lasberg
- ✆ Hütte 07945/666
  während der Nichtbew.:
  Hofgasse 12
  A-4020 Linz
- ✆ Tal 0732/79470
- Anfang April bis Ende Okt., Mo Ruhetag
- 22 ⊓ 18 ⊔ 2
- 220 V ~
- ↗ Freistadt, 563 m – St. Oswald, 609 m, 2½; St. Oswald – Hütte 1; Lasberg – Hütte 2; Kefermarkt, 512 m – Hütte 2½
- → Rosenau – Lampelsberg – Obermarreith, 936 m – Pürstling, 886 m – Sandl, 927 m – Rosenhofteiche, 945 m – Schanz – Internat. Weg – Aichelberg, 1041 m – Karlstift – Hirschenstein – Nebelsteinhütte, 1015 m, 9
- Lasberg – St. Oswald
- St. Oswald oder Lasberg
- bis zur Hütte

ÖK 16

Buschberghütte

K. III, 480 m, erb. 1935
OeAV-S. Mistelbach
Hafnerstr. 7
A-2130 Mistelbach

- Josef Urban
  Bahnstr.
  A-2130 Mistelbach
- ✆ Hütte 02525/6569
- ✆ Tal 02572/5171
- gj. bew., Sa. (ab 10 Uhr) So./Fe.
- ⊓ 20
- 220 V ~
- ↗ Niederleis ¾; Gnadendorf 1¼; mit Auto von Niederleis bis P auf der Höhe der Straße, von da nur 5 Min. zur Hütte, ebenso auch von Gnadendorf
- → Übergänge zu Nachbarhütten keine, nur Wanderungen im »Naturpark Leiserberge« möglich: Der Weitwanderweg 632 von Langenzersdorf an der Stadtgrenze Wiens beginnend und in Drasenhofen an der tschechischen Grenze endend, führt über

die Leiserberge und an der Buschberghütte vorbei.
⛷ nur kurz im Winter, wenig Schnee ↗ alle → Wanderungen
🚆 Niederleis
🚌 Gnadendorf
🚗 bis 5 Min. vor Hütte
ÖK 23

Weitere OeAV-Hütten

Giselawarte 926 m, erb. 1856, OeAV-S. Linz, ✆ 0732/773295, SV, gj., keine Übernachtung, ⚡ 220 V ~, 🚹 Franz Kobler, Gauermannweg 3, A-4020 Linz, ✆ 0732/672572, 🚆 Linz 🚗 5 Min. vor Warte 🅿, ↗ Linz bzw. Urfahr über Bachlberg 2½, über Gründberg 2 → Koglerau 1; Zwettl, Nordwaldkammweg Bad Leonfelden 2 ⛷ Koglerau, Pöstlingberg

Helfenberger Hütte 840 m, OeAV-S. Rohrbach, 🛏 26 ⌐ 40, einfach bew. von 1. Mai bis Allerheiligen, Sa./So./Fe., 🚹 Franz Raab, A-4184 Helfenberg 32, ✆ Hütte 07216/4488, ✆ Tal 07216/6321, 🚆 Haslach 🚌 St. Stefan am Walde 🚗 15 Min. vor Hütte, ↗ Haslach 2¼, ❄ 6 ⚷

Nebelsteinhütte 1000 m, erb. 1948, OeAV-S. Waldviertel, Neuteichstr. 25, A-3860 Heidenreichstein, ✕ Palmsonntag, spätestens 1. April, bis 2. Nov., 🛏 10 ⌐ 38, 🚹 Peter Glaser, Althütten 118, A-3971 St. Martin, ✆ Hütte 02858/293, 🚆 St. Martin i. Waldviertel 🚌 Harmannschlag 🚗 Nebelwiese, ↗ St. Martin 1½; Nebelwiese 10 Min. → Nordwaldkammweg, Nord-Süd-Weitwanderweg, Europ. Fernwanderweg E 6, Kamptalseenweg, Tayatalweg, Mariazellerweg, Österr. Grenzlandweg, Eisenwurzenweg, Niederösterr. Rundwanderweg △ Nebelstein, 1017 m, 5 Min. ⛷ Harmannschlag

Sternsteinwarte 1125 m, erb. 1898, Aussichtsturm, OeAV-S. Linz, gj. geöffnet, Wintersperre Nov. bis März, 🚹 Rudolf Schnürch, Hauptplatz 3, A-4190 Bad Leonfelden, ✆ 07213/6342, 🚌 Bad Leonfeld 🚗 Parkplatz Sternstein-Woverl, ↗ Bad Leonfelden 2, vom Parkplatz 1, von Waldschenke-Parkplatz ½ → Nordwaldkammweg △ Sternstein, 1125 ⛷ Sternstein-Skigebiet

102 Außeralpine Gebiete Deutschlands

POGGENPOHLSMOOR

Poggenpohlhütte erb. 1961, DAV-S. Oldenburg, gj. beaufsichtigt, SV, 🛏 4, ⌁ 220 V ~ ♨ 🚰, Anmeldung und ⚷ bei 🚹 Klaus Meyer, Pirschweg 14, D-26133 Oldenburg, ✆ 0441/41156, 🚆 Huntlosen 🚌 Dötlingen 🚗 bis zur Hütte △ Wanderungen im reizvollen Huntetal und in der Wildeshauser Geest

WESERBERGLAND

Hohensteinhütte 450 m, erb. 1948, DAV-S. Hamburg, Gerhofstr. 32, D-20354 Hamburg, ✆ 040/352288, 🛏 26, gj. zugänglich, aber eingeschränkte Kochmöglichkeit, Speisen und Getränke nur bei Gaststätte »Pappmühle«, Anmeldung und ⚷ bei der Sektion, 🚆 Hessisch Oldendorf 🚌 Zersen 🚗 bis zur Hütte 🅿 → △ Wanderungen Blutbachtal, Hohenstein, Süntel, Klettergarten Hohenstein

Kansteinhütte 195 m, erb. 1952, DAV-S. Hannover, Sa./So./Fe. gj. bewartet, ⊓ 29, ⌁ 220 V ~, Anmeldung und ⚷ bei 🚹 Günter Keil, August-Schaper-Str. 4, D-30880 Laatzen, ✆ 0511/869459, 🚆 Osterwald 🚌 Oldendorf 🚗 Landstraße nach Ahrenfeld 🅿 oberhalb Ahrenfeld, Waldrand am Wasserbehälter ↗ Osterwald 1, vom 🅿 5 Min. △ Klettergarten Kanstein, Ith, Wanderungen in der Umgebung

Moosberghütte 465 m, erb. 1960 - 63, DAV-S. Weserland, unbew., gj. zugänglich, 🛏 32, ⌁ 220 V ~ ♨, Anmeldung bei 🚹 Gerhard Schwulera, Paul-Hindemith-Str. 22, D-37574 Einbeck, ✆ 05561/6803, ✆ Hütte 05536/1222, ⚷ bei Pension Koch, Silberborn, Moosbergstr. 7, ✆ 05536/508 (nur unter Vorlage der Einweisung), 🚆 Holzminden/Weser 🚌 Silberborn/Solling 🚗 zur Hütte 🅿 ↗ 300 m vom Ortsrand Silberborn, rechts der Straße Neuhaus-Dassel 5 Min. △ Wanderungen, Klettergarten, Ithklippen ⛷ Skitouren von der Hütte, Langlaufmöglichkeiten

HARZ

Malepartushütte 807 m, erb. 1987, DAV-S. Hildesheim, Schuhstr. 33, D-31134 Hildesheim, ✆ 05121/134208, gj. zugänglich, SV, komplett ausgestattete Küche, 🛏 31 ⊓ 16, ⌁ 220 V ~ ♨, Anmeldung bei Rolf Gerlach, Theaterstr. 3, D-31141 Hildesheim, ✆ 05121/31779, 🚆 Bad Harzburg 🚌 Oderbrück 🚗 bis zur Hütte → Wanderungen im

Oberharz, Torfhaushütte, Kreuzbachhütte, Sepp-Ruf-Hütte △ Brocken, 1142 m, 2; Achtermann 1; Wurmberg 1½; Bruchberg 1; Klettergarten Okertal ⛷, Langlaufloipen ab Hütte

Kreuzbachhütte 500 m, erb. 1976, DAV-S. Bremen, Eduard-Grunow-Str. 30, D-28203 Bremen, SV, Kochgelegenheit, 🛏 20 ⊓ 20, ⚡ 220 V ~ ♨ 🚿, ✆ Hütte 05323/5760, Anmeldung und 🔑 bei der Sektion, 🚂 Goslar 🚌 Silbernaalgrund bei Bad Grund 🚗 bis zur Hütte 🅿 △ Wanderungen im Oberharz, Klettergarten Okertal, Hübichenstein → Sepp-Ruf-Hütte, Silbernaal, Torfhaushütte ⛷ in unmittelbarer Nähe der Hütte, Langlaufmöglichkeiten

Sepp-Ruf-Hütte-Silbernaal 469 m, erb. 1974, DAV-S. Hamburg, Gerhofstr. 32, D-20354 Hamburg, ✆ 040/352288, 🛏 39, ✆ Hütte 05323/84251, ⚡ 220 V ~ ♨, SV, gj. zugänglich, Kochgelegenheit, 🚂 Goslar 🚌 Frankenscharrnhütte 🚗 bis zur Hütte ↗ Wanderungen im Oberharz, Klettergarten Okertal → Kreuzbachhütte, Torfhaushütte ⛷ Hüttennähe, Langlauf, Anmeldung über die Sektion, 🔑 bei Hüttenbetreuerin Helga Börker, Bohlweg 36, D-38709 Wildemann, ✆ 05323/6103 o. 6666

Torfhaushütte 820 m, erb. 1937, DAV-S. Braunschweig und S. Hannover, gj. bew., 🧍 Werner Möse, Torfhaushütte, D-38667 Bad Harzburg, ✆ Hütte 05320/212, 🛏 24 ⊓ 26, ⚡ 220 V ~ ♨, 🚂 Bad Harzburg 🚌 Torfhaus 🚗 bis zur Hütte ↗ Bad Harzburg 2½; Brocken 2½; Wurmberg 2; Bruchberg 1; Achtermann 1½; Okertalsperre 2; Klettergarten Okertal ⛷ Lifte in der Nähe der Hütte, Langlaufloipen

RHÖN

Enzianhütte 786 m, erb. 1952, DAV-S. Fulda, Postfach 104, D-36001 Fulda, gj. bew., Di Ruhetag, Januar geschlossen, 🛏 14 ⊓ 40, ⚡ 220 V ~, 🧍 Georg Koch, Ortsteil Dietgers, D-36115 Hilders, ✆ Hütte 06658/319, 🚂 Fulda 🚌 Grabenhöfchen 🚗 Dietgers und 50 m vor der Hütte 🅿 △ Wanderungen in der Rhön, Klettergarten Steinwand ⛷ Wasserkuppe, gesamte Rhön, Langlaufmöglichkeit

SAUERLAND

Bruchhauser Hütte 450 m, erb. 1850 im Ort Bruchhausen, nahe der Kirche, DAV-S. Bochum, gj. zugänglich, SV, 🛏 22, ⚡ 220 V ~ ♨, 🔑 bei Frau Meier, Am Medebach 4, gegenüber der Hütte, 🧍 und Anmeldung bei Cilly Schwirtz, Siepenhöhe 10, D-44803 Bochum, ✆ 0234/351393, 🚂 Olsberg 🚌 Bruchhausen 🚗 zur Hütte △ Langenberg, 843 m, Wanderungen in der Umgebung, Kletterfelsen Bruchhauser Steine ⛷ im Sternrodt ⛷ Langlaufmöglichkeiten in der Umgebung (Hochheide-Villingen)

Alpenvereinshaus an der Kahle 650 m, erb. 1934, DAV-S. Essen, gj. bew., Mi. Ruhetag, Weihnachten geschlossen, 🛏 28 ⊓ 6 ⊔ 5, ⚡ 220 V ~ ♨, 🧍 Rosemarie und Peter Tauscher, Alpenvereinshaus an der Kahle, D-57399 Kirchhundem, ✆ 02723/8226, Anmeldung bei 🧍, 🚂 Lennestadt-Altenhundem 🚌 Oberhundem oder Saalhausen 🚗 Stelborn (Mautgebühr DM 5,- zur Hütte) 🅿 100 m vor der Hütte ↗ Lennestadt-Altenhundem über Weg Nr. 6 3½; Stelborn, 1; Milchenbach 1½; Saalhausen 1½; Oberhundem 1½ △ Wanderwege im Rothaargebirge ⛷ Skimöglichkeiten am Rhein-Weser-Turm, Langlaufmöglichkeiten

Sauerlandhütte der Sektion Eberfeld 740 m, erb. 1948, DAV-S. Elberfeld, gj. zugänglich, nach Voranmeldung, ⊓ 23, 220 V ~, Anmeldung und bei Reinhard Willimek, Im Funkloch 35, D-42119 Wuppertal, © 0202/437077, Winterberg Neuastenberg bis zur Hütte P △ Wandergebiet in der Umgebung Übungspisten mit Schleppliften in der Nähe, Langlaufloipen direkt vor der Hütte

Sauerlandhütte der Sektion Dortmund 460 m, erb. 1986, DAV-S. Dortmund, gj. zugänglich nach Voranmeldung, SV, 22 ⊓ 4 ⊔ 3, 220 V ~, 5 Waschräume (davon 2 mit Duschen), Anmeldung bei Hans de Coster, Veilchenweg 27, D-44289 Dortmund, © 0231/402848, Olsberg Bruchhausen zur Hütte P △ Wandergebiet in der gesamten Umgebung, Kletterfelsen Bruchhauser Steine 1,5 km entfernt und Piste 3 km entfernt, dort auch Langlaufloipen sowie Langlaufmöglichkeiten in der Umgebung

Tinghausen, Hütte 350 m, renov. 1972, DAV-S. Lüdenscheid, Postfach 1429, D-58464 Lüdenscheid, gj. zugänglich, Anmeldung bei Karl-Heinz Berg, Breitenfeld 14, D-58507 Lüdenscheid, © 02351/52388, bei Frisörstube Kesper, Wehberger Str. 15, D-58507 Lüdenscheid, © 02351/23169 (Di-Fr 9-18 Uhr, Sa 9-13 Uhr), 6 ⊓ 18, Tagesraum 30 Gäste, Klettersilo, 220 V ~, Brügge zur Hütte → Homertturm, Jubach-, Versesperre, Wasserschloß Neuenhof, 50 Min. bis Schwimmbad Skiwandergebiet

TAUNUS

Oberreifenberg, Haus 654 m, erb. 1958, DAV-S. Frankfurt/M., Homburger Landstr. 283, D-60433 Frankfurt/M., © 069/549031, beaufsichtigt, SV, ⊓ 38, 220 V ~, © Hütte 06082/858, nur nach Anmeldung bei der Sektion, Königstein oder Hohemark Oberreifenberg zur Hütte → Wanderungen im Hoch-Taunus Gr. Feldberg, Langlaufloipen an Sandplacken und Sängelberg

WESTERWALD

Wetzlarer Hütte 539 m, erb. 1960, DAV-S. Wetzlar, Postfach 1442, D-35524 Wetzlar, SV, gj., 14 ⊓ 6, Anmeldung und bei Gerhard Schäfer, Ulmenweg 2, D-35633 Lahnau, © 06441/62149, Weilburg Mengerskirchen Bundesstraße 49 bis Abfahrt Löhnberg P 150 m vor der Hütte (westlich) ↗ Arborn ½; Mengerskirchen ¾ △ Wanderungen im Westerwald Skilauf- und Langlaufmöglichkeiten im Knotengebiet

Wittener Hütte 480 m, Altbau, renov. 1971/72, DAV-S. Witten, gj. bewartet, 25, 220 V ~, Günter Lupp, Bergstr. 2, D-57520 Langenbach, © 02661/63678, Anmeldung bei Ulrike Sturm, Hackertsbergweg 137c, D-58454 Witten, © 02302/89683 oder 800259, bei , Betzdorf Kirburg BAB 45, Anfahrt Haiger/Burbach nach Langenbach, P vor der Hütte → Wetzlarer Hütte △ Wanderungen in der Umgebung Langlaufmöglichkeiten

EIFEL

Blens, Kletterheim 220 m, erb. 1968 - 70, DAV-S. Aachen, SV, beaufsichtigt, 24, 220 V ~, Anmeldung bei Franz-Josef Soiron, Rödgenerstr. 40, D-52020 Aachen, © 0241/953251, bei Frau Müller, Georgstr. 2, Blens, sektionseigene Hütte, Mitglieder anderer Sektionen haben erst nach 19 Uhr Anspruch auf Betten, Heimbach (Blens) Blens bis zur Hütte P △ Wanderungen in der Eifel, Klettermöglichkeiten

Blens-Nideggen-Rath

Düsseldorfer Eifelhütte 222 m, erb. 1956, DAV-S. Düsseldorf, Friedrich-Ebert-Str. 43, D-40210 Düsseldorf, ✆ 0211/358700, gj. beaufsichtigt, Sa./So. und teilweise in den Schulferien, 🛏 30 ⊓ 30, ⌁ 220 V ~ ♨, Anmeldung und ⚷ bei 🚹 Walter Schorrenberg, Tußmannstr. 36, D-40477 Düsseldorf, ✆ 0211/483711, ✆ Hütte 02327/6372, 🚆 Blens 🚌 Nideggen-Neuabenden, 🚗 🅿 vor der Hütte ↗ Bahnstation Blens 10 Min. △ Wanderungen im Naturpark Nordeifel, Klettergarten Nordeifel ⛷ Langlaufmöglichkeiten nur bedingt

Duisburger Eifelhütte 280 m, erb. 1971, DAV-S. Duisburg, Emscherstr. 71, D-47137 Duisburg, ✆ 0203/428120, SV, 🛏 29 ⊓ 14, ⌁ 220 V ~, Anmeldung und ⚷ bei 🚹 Willy Stolz, Prinzenstr. 106, D-47198 Duisburg, ✆ 02066/36274, 🚆 Hausen (Strecke Düren – Heimbach) 🚌 Hausen 🚗 bis zum Haus 🅿 ↗ vom Bahnhof 10 Min. → Krefelder Hütte, Düsseldorfer Hütte, Kölner Hütte △ Wanderungen in der Eifel, Klettergarten (30 Min. vom Haus)

Kölner Eifelhütte 195 m, erb. 18. Jh., DAV-S. Rheinland-Köln, Gereonshof 49, D-50670 Köln, ✆ 0221/134255, SV, Sa./So. beaufsichtigt, ✆ Hütte 02446/3517, 🛏 24, ⌁ 220 V ~ ♨, Anmeldung beim 🚹 Heinz Moritz, Hauptstr. 163, D-53332 Bornheim, ✆ 02227/80336 (nur für Gruppen, keine Reservierung für Einzelbesucher an Wochenenden), ⚷ bei Frau Franke, St.-Georgen-Str. 5, D-52396 Heimbach-Blens, 🚆 Blens 🚗 bis zur Hütte 🅿 △ Rurtal, Hürtgenwald, Hohes Venn, Klettermöglichkeiten im Rurtal

Krefelder Eifelheim 225 m, erb. 1944, DAV-S. Krefeld, 🛏 18 🚰, Anmeldung und ⚷ bei 🚹 Leo Aierstock, Am Hagelkreuz 26, D-47839 Krefeld-Hüls, ✆ 02151/733173, 🚆 Heimbach-Hausen 🚗 bis zur Hütte 🅿 ↗ von der Bahnstation 10 Min. ♨ Klettergarten Nordeifel, Wanderungen in der Umgebung

Mülheimer Eifelhütte 185 m, erb. vor 200 Jahren, erw. 1966, DAV-S. Mülheim an der Ruhr, bewartet gj. Sa./So. (Fr. 19.00 bis So. 18.00), 🛏 17 ⊓ 10, ⌁ 220 V ~, Anmeldung bei 🚹 Heinrich Tebart, Papenbuschstr. 68, D-45473 Mühlheim a. d. Ruhr, ✆ 0208/70140, 🚆 🚌 Abenden 🚗 bis zur Hütte 🅿 △ Eifel, Rurtal, Hohes Venn, Klettergarten Nordeifel ⛷ bei Schneelage Ski- und Langlaufmöglichkeiten

Rohren, Haus 540 m, erb. 1962, DAV-S. Aachen, Holzgraben 6, D-52066 Aachen, SV, 🛏 20, ⌁ 220 V ~ ♨, Anmeldung bei 🚹 Elmar Babst, Johannisweg 4, D-52152 Simmerath, ✆ 0273/7939, ⚷ bei Wollgarten, Dröffstr. 21, Rohren, 52156 Monschau, 🚆 Rohren 🚌 Rohren 🚗 Rohren bis zum Haus 🅿 △ Wanderungen in der Eifel

Rheydter Hütte 378 m, erb. 1958 - 60, DAV-S. Bergfreunde Rheydt, SV, beaufsichtigt Sa./So. gj., 🛏 30 ⊓ 6, ⌁ 220 V ~, Anmeldung bei Peter Dauben, Narzissenweg 8, D-41238 Mönchengladbach, ✆ 02166/87109, 🚆 Obermaubach oder Nideggen 🚌 Hürtgenwald-Kleinhau 🚗 50 m oberhalb der Hütte 🅿 → Mühlheimer, Düsseldorfer, Duisburger Eifelhütten, Kölner Kletterheim △ Wandermöglichkeiten in der Eifel, Klettergebiet Nideggen-Blens ⛷ Skilanglauf in Hüttennähe, Wassersport in der nahegelegenen Rur-Talsperre Schwammenzwei

VOGESEN

Dr.-Franz-Merziger- Hütte 1096 m, erb. 1953, erw. 1976-78, DAV-S. Alpenverein und

Skiclub Saarbrücken, Rosenstr. 31, D-66111 Saarbrücken, ✆ 0681/67702 (Do u. Fr 16 - 18 Uhr), gj. bew., 14 Tage im Nov. und 14 Tage nach Ostern geschlossen, 🛏 7 ⊓ 54, ⚡ 220 V ~, ✝ Thierry Hiniger, Dr.-Franz-Merziger-Hütte, Schanzwasen, F-68140 Stoßwihr, ✆ 0033/389/773011, Anmeldung bei der Sektion, 🚆 Munster 🚌 an der Paßstraße Soultzeren – Col de la Schlucht bis Abzweigung Lac Vert 🚗 im Sommer zur Hütte ↗ Abzweigung Lac Vert 1; von Parkplatz Skilifte Tanet ½ △ Vogesenkamm, Hohneck, Kletterfelsen Wurzelstein, Martinswand, Tanet ⛷ 3 Skilifte im Hüttenbereich, Langlaufloipen, Kletterführer für den Hüttenbereich von der Sektion

Hohwaldhütte 940 m, erb. 1961, Neubau 1981, DAV-S. Bergfreunde Saar, SV, Sa./So. Hüttendienst, ⊓ 42, ⚡ 220 V ~, Anmeldung und ⚿ bei ✝ Anton Meiser, Im Großenbruch 55, D-66583 Spiesen-Elversberg, ✆ 06821/72655, ✆ Hütte 0033/388/083356, 🚆 Barr / Bas Rhin 🚌 Barr – Le Hohwald – Col du Kreuzweg 🚗 zur Hütte, bzw. im Winter nach 800 m 🅿 (bis 🅿 wird Schnee geräumt) → Dr.-Franz-Merziger-Hütte △ Vogesenwanderungen ⛷ Lifte in der Nähe, gute Langlaufmöglichkeiten

PFÄLZER WALD

Kaiserslauterer Hütte 325 m, erb. 1970, DAV-S. Kaiserslautern, März bis Ende Nov. beaufsichtigt, Sa./So., SV, ⊓ 30, ⚡ 220 V ~, Anmeldung und ⚿ bei ✝ Theo Stenzhorn, Oberer Kalkofen 14, D-66916 Breitenbach, ✆ 06386/7414, Gruppenbelegungen für AV-Mitglieder jedoch nur bis max. 15 Personen möglich, 🚌 Dahn-Wieslautern 🚗 20 Min. unter der Hütte 🅿 ↗ vom Parkplatz 20 Min. △ Wanderungen im Dahner Felsenland und Elsaß, Klettergarten Südpfalz ⛷ Langlaufmöglichkeiten

Ludwigshafener Hütte am Reinighof 237 m, erb., 1930, DAV-S. Ludwigshafen, Lichtenbergerstr. 8, D-67059 Ludwigshafen, ✆ 0621/513954, Di 16.30 - 18.30 Uhr, März bis Nov. Fr 16.00 - So 12.00 Uhr, Dez. bis Feb. nach Anmeldung beaufsichtigt, ⊓ 30, Anmeldung bei der Sektion, 🚆 Hinterweidenthal 🚌 Bruchweiler-Bärenbach 🚗 bis zur Hütte 🅿, △ Wanderungen im Pfälzer Wald, Klettergarten Pfälzer Wald → Rudolf-Keller-Haus 3½; Rauhberghütte ½ ⛷ Hermesbergerhof (etwa 15 km entfernt)

Rudolf-Keller-Haus 400 m, erb. 1957, DAV-S. Pirmasens, gj. bew., Mo. Ruhetag, 🛏 10, ⚡ 220 V ~ ♨, ✝ Peter Kalkenbrenner, Rudolf-Keller-Haus, Rothenbergstr. 11, D-66969 Langmühle, ✆ 06331/49275 (Hütte), Anmeldung bei Helmut Görtler, Buchsweiler 37, D-66953 Pirmasens, ✆ 06331/70328, 🚆 Pirmasens 🚌 Langmühle 🚗 bis zum Haus 🅿 △ Wanderungen im Pfälzer Wald und im Elsaß, Klettergarten im Dahner Felsenland

SCHWARZWALD

Ramshalden-Hütte 1035 m, erb. 1736, DAV-S. Freiburg/Breisgau, Postfach 374, D-79003 Freiburg, ✆ 0761/24222, gj. zugänglich, SV, ⊓ 20, ⚡ 220 V ~, Anmeldung und ⚿ bei Sektion, 🚆 Hinterzarten 🚌 Ramshalde 🚗 bis zur Hütte ↗ Hinterzarten 2 △ Wanderungen im Südschwarzwald, Klettermöglichkeiten in der weiteren Umgebung ⛷ Langlaufmöglichkeiten

Schönbrunn, Berghütte 720 m, erb. 1924, DAV-S. Mannheim, Niederfeldstr. 120, D-68199 Mannheim, ✆ 0621/826190 oder 853241, beaufsichtigt Wochenende (ab Freitagabend), gj., 🛏 15 ⊓ 34, ⚡ 220 V ~, Anmeldung und ⚿ bei Sektion, 🚌 Immenstein 🚗 Im Schönbrunn 🅿 ↗ Immenstein ½; Im Schönbrunn △ Omerskopf,

Hoher Ochsenkopf, Bühlerhöhe, Klettergarten Battert und Falkenfelsen bei Sand ⛷ Skilauf und Langlaufmöglichkeiten

Schwenninger Hütte 820 m, erb. 1962, DAV-S. Baar (Schwenningen), gj. bewartet, Sa/So, ⊓ 20, ⌁ 220 V ~, Anmeldung und ⚿ bei ✝ Heinz Fußecker, Bismarckstr. 8, D-78652 Deißlingen, ✆ 07420/2405, und Sektion, Postfach 3111, D-78020 Villingen-Schwenningen, ✆ 07720/37867, 🚆 Triberg 🚌 Nußbach 🚗 bis zur Hütte 🅿 ↗ von Nußbach 1; von Triberg 1½; △ Wanderungen im Schwarzwald, Klettermöglichkeiten Heidenstein, Lägerfelsen, Teufelsfelsen ⛷ Hirzwald, Kesselberg/Schloßberg, Langlaufloipen Schonach-Schönwald

Wiedenbachhütte 370 m, gek. u. ausgeb. 1978, DAV-S. Heidelberg, SV, 🛏 32 ⊓ 8, ⌁ 220 V ~ ▥ 🚿, Sa/So beaufsichtigt, Anmeldung und ⚿ bei Georg Schneider, Rilkeweg 15, D-68804 Altlußheim, ✆ 06205/32674, ✝ Franz Kühnle, ✆ Hütte 07223/72980 (nur Wochenende), 🚆 Bühl/Baden oder Ottersweiler 🚌 Bühlertal-Obertal 🚗 zur Hütte 🅿 △ vielfältige Wandermöglichkeiten, Klettergebiet Battert ⛷ Langlaufmöglichkeiten

ODENWALD

Arnberghütte 350 m, erb. 1976, DAV-S. Buchen, SV, gj. zugänglich, 🛏 11, ⌁ 220 V ~, Anmeldung und ⚿ bei Roland Ohnhäuser, Köhlerstr. 11, D-74722 Buchen-Oberneudorf, ✆ 06281/2422 oder 96824, ✆ Hütte 06281/9558, 🚆 🚌 Buchen 🚗 bis zur Hütte △ Wanderungen im östl. Odenwald, Katzenbuckel, 630 m, Waldschwimmbad 5 Min. ⛷ Langlaufmöglichkeiten bei guter Schneelage

Felsberghütte 254 m, erb. 1954 - 56, DAV-S. Darmstadt, Jahnstr. 1-5, D-64285 Darmstadt, ✆ 06151/64500, SV, gj. zugänglich, ⊓ 20 ⊔ 5, ⌁ 220 V ~, Anmeldung und ⚿ bei Richard Meckel, Brunnenstubenweg 4, D-64686 Lautertal-Reichenbach, ✆ 06254/1044, 🚆 Bensheim 🚌 Reichenbach 🚗 bis 3 Min. unter der Hütte (Parkplatz Felsenmeer) △ Wanderungen in der Umgebung, Klettergarten Hohenstein und Borstein

SPESSART

Falteshütte 150 m, erb. 1940, DAV-S. Würzburg, beaufsichtigt Sommer und Winter, nach Anmeldung, ⊓ 30 ⊔ 5, Anmeldung und ⚿ bei Sport-Haus Dillmaier, Domstr. 13, D-97070 Würzburg, ✆ 0931/51189, ✝ Bernhard Pfister, Spundweg 8, D-97353 Karlstadt, ✆ 09353/7093, 🚆 Gemünden 🚗 Gemünden B 27, 🅿 5 Min. vor der Hütte △ Fernwanderung Blaues M/zur Ruine Homburg

DONAUTAL

Ebinger Haus 640 m, erb. 1955, DAV-S. Ebingen, Gisela Knobel, Untere Vorstadt 16, D-72458 Albstadt, ✆ 07431/3480, bewartet Ende März bis Ende Nov., Fr/Sa/So/Fe Getränke erhältlich, ⊓ 56, ⌁ 220 V ~, Anmeldung bei der Sektion, ⚿ bei Marlene Stark, Steinstr. 9, D-88631 Beuron-Hausen im Tal, ✆ Hütte 07579/2777, ✆ Tal 07579/1489, 🚆 Beuron-Hausen im Tal 🚗 5 Min. unter dem Haus 🅿 ↗ Hausen im Tal 15 Min., Bahnhof Hausen 40 Min. △ Wanderungen Oberes Donautal, Klettergarten Oberes Donautal

SCHWÄBISCHE ALB

Geislinger Hütte 702 m, erb. 1944, DAV-S. Geislingen/Steige, Steigäckerstr. 21,

D-73312 Geislingen, ✆ 07331/64244, Sa./So./Fe., SV, nur Getränke erhältlich, Anmeldung bei der Sektion, Fritz Gaugel, von-Degenfeld-Str. 61, D-73312 Geislingen, ✆ 07332/3395, priv. 07331/64701, 4 36 12, 220 V ~, Süssen Steighof zur Hütte △ Wanderwege Schwäbische Alb, Klettergarten Roggental und Rosenstein → Heidenheimer Hütte bei Steinenkirch, Kreuzberghütte auf dem Homberg Skilifte Treffelhausen, Langlaufloipen

Harpprechthaus 800 m, erb. 1935, DAV-S. Schwaben, Senefelderstr. 1, D-70178 Stuttgart, ✆ 0711/624634, Michael und Christiane Eisele, Harpprechthaus, D-73252 Lenningen-Schopfloch, ✆ Hütte 07026/2111, Fax 3416, gj. bew., Mo geschlossen, während der Schulferien 3 Wochen geschlossen, 34 20, 220 V ~, Oberlenningen Lenningen-Schopfloch zum Haus ↗ von Schopfloch ¼; von Lenningen 3 △ Wanderungen in der Schwäb. Alb, Kletterfelsen Wielandstein, Reußenstein, Heimenstein den ganzen Winter, Langlaufmöglichkeiten

Karl-Vorbrugg-Hütte (ehem. Heidenheimer Hütte), 650 m, erb. 1957, DAV-S. Brenztal, Heidenheim/Brenz, bewartet, gj. Sa./So., Ostern, Pfingsten und Mitte Dez. bis Anfang Jan. geschlossen, 14, 220 V ~, Anmeldung bei Hans-Peter Janisch, Hessenweg 12, D-89522 Heidenheim, ✆ 07321/20526, Heidenheim oder Geislingen Steinenkirch 100 m vor der Hütte △ Rundwanderungen Magental, Roggental, Felsental, Klettergarten Magental und Roggental Skilift Treffelhausen, Langlaufmöglichkeiten

Kreuzberghütte 710 m, erb. 1925, DAV-S. Hohenstaufen, SV, nur Getränke vorhanden, 35, gj. zugänglich, Sa. 15.00 bis So. 16.00 Uhr, Hütte ist nur zugänglich, wenn anwesend, Anmeldung Hans Baiker, Wilhelmstr. 44, D-73061 Ebersbach, ✆ 07163/3879 ↗ nur zu Fuß, Nenningen Nenningen, Ringstr., Degenfeld, Skilift oberer Parkplatz, jeweils ½ zur Hütte, Kaltes Feld – Hornberg, anschließende Berge der Ostalb △ Klettergarten Roggental → Geislinger Hütte Skilift Degenfeld oder Große Mulde, Langlaufloipen Kaltes Feld

Stuttgarter Albhaus 750 m, erb. 1960, DAV-S. Stuttgart, Rotebühlstr. 59A, D-70178 Stuttgart, ✆ 0711/627004, gj. zugänglich, SV, Getränke erhältlich, Sa./So./Fe. (Ausnahme Sommerferien), 2 42, 220 V ~, Anmeldung bei Klaus Schmid, In den Hagenäckern 45, D-73529 Schwäbisch Gmünd, ✆ 07171/83363, Oberlenningen Schopfloch bis zur Hütte △ Albwanderungen, Klettergarten in nächster Umgebung

Uli-Wieland-Hütte 550 m, erb. 1949, DAV-S. Ulm; SV, Mitte Nov. bis Mitte März geschlossen, 18, Anmeldung und beim Karin u. Elmar Stolz, Wiesenweg 1, D-89143 Blaubeuren, ✆ 07344/3866, Blaubeuren Weiler zur Hütte, △ Albwanderungen, Klettergarten Blautal in nächster Umgebung, Höhlenfahrten Blaubeuren

FRANKEN

Ansbacher Kletterheim 420 m, erb. 1965, DAV-S. Ansbach, Anfang Apr. bis Ende Okt. Sa/So beaufsichtigt, 20 9, 220 V ~, Anmeldung und bei Udo Weller, Ahornstr. 3, D-91522 Ansbach, ✆ 0981/3633, Dollnstein Konstein bis zur Hütte (Aicha) △ Höhenwanderungen, Klettergarten Konstein, Dohlenfels, Aicha

Düsselbacher Hütte 359 m, renov. 1984, DAV-S. Schwabach, SV, Sa./So. oder nach Vereinbarung bewartet, 4. Advent bis 6.1. geschlossen, ✆ Hütte 09152/89919 (nur

Sa./So.), Anmeldung und ⚷ bei † Hans Straußberger, Petzoldstr. 6, D-91126 Schwabach, ✆ 09122/13244, ⊓ 19 ⊔ 6, ⚡ 220 V ~, 🚂 Vorra 🚗 bis Hüttennähe, 🅿 Wanderparkplatz Düsselbach ↗ Vorra ½ → Pegnitztal, Hirschbachtal △ Klettergebiete Düsselbacher Wand, Riffler, Vorraer Wacht, Zankelstein ⛷ mehrere gespurte Loipen im Umkreis von 10 km

Egerland/Fränkische Schweiz, Haus 510 m, erb. 1973, DAV-S. Eger-Egerland, Sitz Bubenreuth, Anmeldung beim † Dieter Fischer, Haus Egerland, Memelstr. 5, D-91083 Baiersdorf, ✆ Hütte 09245/591, ✆ privat 09133/1454, gj. Sa/So bew., im Aug. geschlossen, 🛏 6 ⊓ 17 ⊔ 2, ⚡ 220 V ~ ♨, 🚂 🚌 Almos (10 Min. bis zum Haus) 🚗 bis zum Haus △ → Wanderungen und Klettermöglichkeiten im gesamten Gebiet der Fränkischen Schweiz ⛷ gespurte Loipen in der Nähe

Hesselberg, Schutzhütte 555 m, erb. 1987, DAV-S. Hesselberg, † Rudolf Rohner, v.-Humboldt-Str. 4, D-91572 Bechhofen a.d.H., ✆ 09822/5491, gj. bew., nach rechtzeitiger Voranmeldung beim †, keine Übernachtungsmöglichkeit, Getränke erhältlich, bei Voranmeldung auch kalte Speisen, 🚌 🚗 Wanderparkplatz an der Bergmühle, von dort 10 Min. → Wanderungen »Rund um den Hesselberg« ⛷ bei guter Schneelage Lift neben der Hütte, Langlaufmöglichkeiten in Hüttennähe

Jurahütte 490 m, erb. 1950, DAV-S. Coburg, Zinkenwehr 1, D-96450 Coburg, ✆ 09561/92007 (nur Mi von 16.30 - 18.30 Uhr), bewartet Sa/So, ⊓ 24, SV, Anmeldung und ⚷ bei Sektion, † Christian Schönfelder, Max-Reger-Weg 6, D-96450 Coburg, 🚂 Bamberg-Scheßlitz und Staffelstein-Lichtenfels 🚌 Wattendorf 🚗 10 Min. vor Hütte 🅿, △ Staffelberg, Giechburg, Ziegenfelder Tal, Klettergarten Burglesau 6 km, Kemitzenstein 4 km ⛷ Langlaufmöglichkeit Pfitschental Wattendorf

Röthenbacher Hütte 479 m, erb. 1952, DAV-S. Röthenbach, Anfang April bis Ende Okt., Sa./So. bewartet, Getränke erhältlich, † Werner Wolf, Kuhnhofer Hauptstr. 27, D-91207 Lauf d.d.P., ✆ 09123/12676, ⊓ 20, ⚡ 220 V ~ ♨, 🚂 Etzelwang 🚗 über Lehendorf, 🅿 100 m vor der Hütte ↗ Ghs. »Forellenhof« 15 Min. → Höhenglücksteig 1; Norissteig – Hirschbachtal 1½ △ Höhenwanderungen, Klettergarten Lehenhammertal ½ ⛷ Langlaufmöglichkeiten

Würgauer Haus 440 m, erb. 1935, DAV-S. Bamberg, SV, Sa./So. beaufsichtigt, Ostern bis Ende Okt., 🛏 12 ⊓ 20, ⚡ 220 V ~, Anmeldung und ⚷ bei † Peter Bauer, Ringstr. 30, D-96117 Memmelsdorf, ✆ 0951/42161, 🚂 Scheßlitz 🚌 Würgau 🚗 Würgau 🅿 ↗ von Würgau 10 Min. △ Albrandwanderungen, Giechburg und Gügel 3; Würgauer Klettergarten ¼; Burglesauer Klettergarten ¾ ⛷ sehr gute Langlaufmöglichkeiten

BAYERISCHER WALD

Hochwaldhütte 910 m, erb. 1960, DAV-S. Deggendorf, Hussitenweg 20, D-94469 Deggendorf, bewartet Sa/So/Fe, 1.11. bis 5.1. und 1.4. bis 30.4 geschlossen, Gruppenbelegung nur nach Anmeldung bei der Sektion, ⊓ 20, † Konrad Bauer, Oberer Mühlbogen 14, D-94469 Deggendorf, ✆ 0991/21681, 🚌 🚗 Rusel, Abzweigung Wagmacher Kurve, 🅿 Sommer: Oberfrohnreut, Winter: Wegmacher Kurve ↗ Oberfrohnreut 15 Min. (Sommer), Wegmacher Kurve 40 Min. (Winter) △ Dreitannenriegel, 1092 m; Breitenautiegel, 1114 m; Geißkopf, 1097 m; Klettergarten in Deggendorf, bei der Hütte (kl. Felsen) und Bayer. Wald ⛷ Geißkopf, Rusel, Greising (Lifte), Langlaufzentrum Rusel

ZITTAUER GEBIRGE

Jonsdorfer Hütte 450 m, erb. 1967, DAV-S. Zittauer Bergsteigergemeinschaft, Bahnhofstr. 6c, D-02763 Zittau, ♦ Dieter Schädel, Großschönauer Str. 47, D-02796 Jonsdorf, ✆ 035844/70631, SV, gj. zugänglich, 🛏 7 ⊓ 10 ⊔ 12, ⚡ 220 V ~ ♨ 🚰, 🚂 Jonsdorf 🚌 Jonsdorf Kretschau 🚗 zur Hütte △ Klettergarten Zittauer Gebirge → Wanderungen im Zittauer Gebirge, Isergebirge und Riesengebirge

HOLLEDAUER HÜGELLAND

Holledauer Hütte 445 m, erb. 1986, DAV-S. Pfaffenhofen, bew. Sa/So (ab Fr Abend), 🛏 19, ⚡ 220 V ~ ♨, ✆ Hütte 08441/71712, Anmeldung und 🔑 bei Hüttenwart Sepp Berger, Hoppenbichlerweg 10, D-85275 Pfaffenhofen, ✆ 08441/3675 ♦ Willi Döllner, Hopfenweg 19, D-85276 Pfaffenhofen, ✆ 08441/5821, 🚂 🚌 Pfaffenhofen 🚗 bis zur Hütte → Wanderungen in der Umgebung, Eisstadion, Warmbad, Hallenbad

ARDENNEN, BELGIEN

Tukhut erbaut 1975, abgebr. 1980, Wiederaufbau 1983, in Sy, in der Nähe von Hamoir, OeAV-S. Nederlandse Bergsportvereniging, v. Aerssenstraat 178, NL-2582 JT Den Haag, ✆ 070/3500991, SV, gj. Sa./So. zugänglich, teilweise auch in den Schulferien, ⊓ 44, ⚡ 220 V ♨, Anmeldung bei der Sektion, ✆ Hütte 08638/9056, 🚂 Sy 🚗 zur Hütte; im Klettergarten gelegen, Wanderungen und Langlaufmöglichkeiten in Hüttennähe

103 OeAV-Vertragshäuser

OeAV-Vertragshäuser sind privat geführte Gast- und Beherbergungsbetriebe im österreichischen Alpenraum, die sich auf Grund eines Vertrages mit einer dort ansässigen oder benachbarten OeAV-Sektion verpflichten, Mitgliedern des Alpenvereins und Gleichgestellten gegen Vorweis des gültigen Mitgliedsausweises einen Nachlaß auf den jeweiligen Nächtigungspreis – und zwar auch nur bei einer Nächtigung – zu gewähren. Die Einrichtung solcher Vertragshäuser, die sich nicht in Konkurrenzlage zu einer Alpenvereinshütte befinden dürfen, wird im besonderen von den zahlreichen Wanderern im Alpenverein als wichtig empfunden, weil in Tallagen und auch in den Voralpen oft keine entsprechenden Stützpunkte vorhanden sind. Es gibt aber auch bereits einige Vertragshäuser in hochalpinen Lagen, die durchaus mit den Alpenvereinshütten der Kategorie I vergleichbar sind.
Die zur Zeit bestehenden Vertragshäuser, die einen Nachlaß zwischen 10 und 25 % gewähren, sind im folgenden nach den Bundesländern Österreichs geordnet.

KÄRNTEN

Alpenhof Weissensee, Natur- und Sporthotel Gailtaler Alpen, A-9762 Techendorf/Weissensee, Naggl 4, ✆ 04713/21-07-0, 🛏 60, Weitwanderweg 10

Edelweiß, Hotel Pension A-9822 Mallnitz 59, am Ortsanfang von Mallnitz gegenüber dem Bahnhof, Eigentümer H. und A. Rosskopf, langjährige Pächter des Seekarhauses in Obertauern, Weitwanderweg 10, 🛏 27, ✆ 04784/742

H. Haßlacher GmbH, Alpengasthof A-9841 Winklern/Mölltal Hs.-Nr. 24, 🛏 50, ✆ 04822/248

Hinterbuchholzer Hütte, Alpengasthof 1500 m, Norische Alpen, auf der Nordseite der Gerlitzen, Weitwanderweg 09, 🛏 50, Besitzer Friedhelm Kohlweis, A-9521 Treffen Hs.-Nr. 7, ✆ 04248/2826

Matschnig, Gasthof A-9183 Rosenbach Hs-Nr. 16, Bahnhofnähe, 🛏 50, ✆ 04253/8106

Post, Hotel Glockner-Schober-Goldberg-Gruppe, A-9843 Großkirchheim, Döllach 13, 🛏 60, ✆ 04825/205

Rojachhof, Landgut A-9811 Lendorf, Besitzer Traugott und Frieda Rindlisbacher

Stiegenbräuer, Gasthof A-9500 Villach, Oberer Kirchenplatz 5, Weitwanderweg 09, 🛏 11, ✆ 04242/24377

Trennerhof, Hotel-Restaurant A-9521 Treffen Hs.-Nr. 7, Weitwanderweg 09, 🛏 40, ✆ 04248/2826

NIEDERÖSTERREICH

Auer zu den »Zwei Linden«, Gasthof A-3264 Gresten, Unterer Markt 7, Weitwanderweg 04, 🛏 17, ✆ 07487/2222

Burda, Pension-Berggasthof A-3033 Altlengbach, Hasenriegel 289, Wienerwald-Schöpfelgebiet zwischen Rekawinkel und Laaben, Weitwanderweg 04, 🛏 42, ✆ 02774/6450

Goldener Stern, Gasthof A-3390 Melk, Sterngasse 17, Besitzer Kurt und Michaela Hirzenberger, Weitwanderweg 05, 🛏 22, ✆ 02752/2214, 31343

Grassmann, Gasthof Türnitzer Alpen, A-3242 Texing, Plankenstein 2, Weitwanderweg 04, 05, 🛏 10 ⌐ 8, ✆ 02755/72-05

Kössl, Gasthof-Pension A-3340 St. Leonhard/Wald (bei Waidhofen/Ybbs), Weitwanderweg 04, 08, 🛏 45, 🛏 07442/7221

Meridianstein, Gasthof zum Fam. Schurnig, A-3950 Gmünd, Schremserstr. 40, Weitwanderweg 07, 08, 🛏 26, ✆ 02852/52343

Nöbauer, Gasthof A-3860 Heidenreichstein, Schremserstr. 28, Weitwanderweg 07, 08, Niederösterreichischer Landesrundwanderweg, 🛏 27, ✆ 02862/2237

Post, Hotel zur A-3053 Laaben im Wienerwald, Eigentümer Fam. Steinberger, Nächtigung nur für eine Nacht möglich, Weitwanderweg 04, 🛏 106, ✆ 02774/8363

Roderich, Gasthof A-2103 Langenzersdorf, Wiener Str. 59, Weitwanderweg 07, 🛏 22, ✆ 02244/2415

Schirmböck, Gasthof A-2115 Ernstbrunn, Bahnstr. 8, Weitwanderweg 07, 🛏 27, ✆ 02576/219

Staudach, Gasthof A-3343 Hollenstein/Ybbs, Besitzer Johanna Zedka, Weitwanderweg 08, 🛏 18, ✆ 07445/262

Zeiler, Gasthof A-3973 Karlstift Hs.-Nr. 36, Weitwanderweg 05, Nordwaldkammweg, Niederösterr. Landesrundwanderweg ✆ 02816/235

Zur Post, Gasthof Waldviertel, A-3663 Laimbach/Ostrong, Weitwanderweg 08, 🛏 40, ✆ 02758/33-05

Zwei Linden, Gasthof A-3620 Spitz, Donaulände 3, Weitwanderweg 05, 🛏 20, ✆ 02713/278

OBERÖSTERREICH

Forstinger, Gasthof A-4780 Schärding, Unterer Stadtplatz 3, Weitwanderweg 10A, 🛏 45, ✆ 07712/2302

Fürchterlich, Hotel A-4091 Esternberg, Weeg 18, Weitwanderweg 10A, 🛏 12, ✆ 07714/550

Kirchenwirt, Gasthof A-4463 Großraming Hs.-Nr. 21, Besitzer Angela Ahrer, Oberösterreichische Voralpen, 🛏 40, ✆ 07254/256

Kirchenwirt, Gasthof A-4725 St. Ägidi Hs.-Nr. 1, Weitwanderweg 10A, 🛏 20, ✆ 07717/306

Koller, Gasthof A-4091 Vichtenstein Hs.-Nr. 37, Weitwanderweg 10A, 🛏 30, ✆ 07714/8015

Neulinger, Gasthof A-4252 Liebenau Hs.-Nr. 4, Weitwanderweg 05, 🛏 26, ✆ 07953/208

Pöppl, Gasthof (Kirchenwirt) A-4783 Wernstein/Inn Hs.-Nr. 75, Weitwanderweg 10A, 🛏 25, ✆ 07713/269

Schmalzerhof, Gasthof Totes Gebirge, A-4573 Hinterstoder, Mitterstoder 32, Weitwanderweg 01, 09, 🛏 ca. 100, ✆ 07564/52-10

Sepp-Huber-Hütte 1506 m, am Grünauer Kasberg, Oberösterreichische Voralpen. Eigentümer Brigitte Hauer, 🛏 20, 🚗 über Kasbergstraße (Maut) bis 5 Min. vor die Hütte

Sonnenhof, Gasthof-Pension A-4180 Zwettl/Rodl, Innerschlag 1, Besitzer Josef Kitzmüller, Mittellandweg, 🛏 20, ✆ 07212/234

Stift Reichersberg/Inn, Gasthof A-4981 Reichersberg Hs.-Nr. 1, Weitwanderweg 10A, 🛏 50, ✆ 07758/2313

SALZBURG

Ammererhof 1640 m, Goldberggruppe, im inneren Raurisertal, 🚗 im Sommer bis zum Haus, im Winter bis Wörth, 🛏 30 ⊓ 20, ✆ 06544/8112 oder 224

Ebmatten-Fürthermoaralm 1806 m, im Bereich des Mooserbodens, A-5721 Piesendorf, Fürth 3, Pächter Anton Aberger, an den Wegen 716, 717, 723, 726 gelegen, 🛏 14 ⊓ 30, Übergänge zu Gleiwitzer Hütte, Krefelder Hütte, zum Heinrich-Schwaiger-Haus, Rudolfhütte, ✆ Tal 06549/208, ✆ Alm 06547/7158-690

Seekarhaus (bis 1991 im Eigentum der Sektion Austria des OeAV), im Bereich von Obertauern am Weitwanderweg 02, neuer Eigentümer: Gebrüder Krings OEG, A-5562 Obertauern 36, ✆ 06456/318, 350

Selbhorn, Gasthof A-5761 Maria Alm, Hinterthal 71, Besitzer Hubert & Herma Sieder, Steinernes Meer, ✆ 06584/8129

Weisses Rössl, Gasthof A-5450 Werfen, Hauptstraße 39, Weitwanderweg 01, ✆ 06468/268

Wolkenstein, Schutzhütte A-5741 Neukirchen/Großvenediger, Eigentümer Josef Möschl; im Bereich des Weitwanderweges 02A (Nähe Wildkogelhaus), 🛏 20, ✆ 06565/6949

STEIERMARK

Annawirt, Gasthof Seckauer Alpen, A-8742 St. Anna Hs.-Nr. 13, Besitzer Josef Leitner, Steirischer Landesrundwanderweg, 🛏 20, ✆ 03578/370

Breitlahnhütte Seehöhe im Kleinsölktal, A-8961 Kleinsölk, 1104 m, Weitwanderweg 02, Steirischer Landesrundwanderweg, 🛏 20, geöffnet von Ende Mai bis Ende Okt.

Fichtenhof, Gasthof Norische Alpen, A-9451 Preitenegg, Hebalm 66, Weitwanderweg 05, Steirischer Rundwanderweg, 🛏 10, ✆ 03146/81-85

Fischer, Gasthof-Restaurant A-8271 Waltersdorf/Oststeiermark, Weitwanderweg 07, 🛏 39, ✆ 03333/2273

Fuchswirt, Gasthaus Fischbacher Alpen, A-8131 Mixnitz, Bärenschütz 2, Pächter: Jürgen Roßoll, Weitwanderweg 02, 🛏 9 sowie 9 Zeltplätze, ✆ 03867/279

Goldene Krone, Hotel Türnitzer Alpen, A-8630 Mariazell, Grazer Str. 1, Weitwanderwege 05, 06, Steirischer Rundwanderweg, 🛏 46, ✆ 03882/2538

Gösserbräu, Gasthof A-8790 Eisenerz, Flutergasse 5, Eigentümer Markus Oberegger, Weitwanderweg 01 und Steirischer Landesrundwanderweg, 🛏 8, ✆ 03848/2335

Grillitsch, Gasthof A-8742 Obdach, Hauptstraße 39, Steirischer Landesrundwanderweg, 🛏 12, ✆ 03578/225

Grobbauer, Gasthaus-Pension A-8786 Oppenberg/Rottenmann, Steirischer Landesrundwanderweg, 🛏 17, ✆ 03619/213

Gutmann, Gasthof A-8480 Mureck, Griesplatz 5, Weitwanderweg 03, 🛏 12, ✆ 03472/2345

Hitzl, Hotel A-8280 Fürstenfeld, Bahnhofstr. 13, Weitwanderweg 07, Steirischer Landesrundwanderweg, 🛏 75, ✆ 03382/2144

Hochwurzenhütte 1852 m, Schladminger Tauern, A-8970 Schladming, Rohrmoos 29, Eigentümer: Gottlieb Stocker, 🛏 13, ✆ Hütte 03687/61177, ✆ Tal 03687/61289

Kaiser von Österreich, Hotel A-8490 Bad Radkersburg, Langgasse 1, Weitwanderweg 03, 07, 🛏 49, ✆ 03476/21270, Fax 21274

Kollar-Göbl-KG, Gasthof A-8530 Deutschlandsberg, Hauptplatz 10, Weitwanderweg 06, Nächtigung nur für eine Nacht möglich, 🛏 35, ✆ 03462/2642

Lipp, Sport-Gasthof 1550 m, Stubalpe, Gaberl, A-8592 Salla, Nord-Süd-Weitwanderweg 05, 🛏 70, ✆ 03147/243 (233), Fax 03147/245

Messner, Alpengasthof Lavanttaler Alpen, A-8554 Soboth-Ort, Weitwanderwege 06 u. 03A, Steirischer Landesrundwanderweg, 🛏 50, ✆ 03460/209

Pack, Alpenhof (Tilzwirt) A-8583 Pack Hs.-Nr. 43, am Packsattel, 1160 m, gelegen, Weitwanderweg 05, 🛏 25, ✆ 03146/8107

Pölzl, Berggasthof A-8650 Kindberg, Herzogberg 9, zwischen Hochschwab und Veitsch gelegen, 🛏 8, ✆ 03865/2051

Rappel, Gasthof-Pension A-8933 St. Gallen, Weitwanderweg 08, 🛏 20, ✆ 03632/210

Römerhof, Hotel-Restaurant A-8430 Leibnitz, Marburger Str. 1, Weitwanderweg 03, 🛏 44, ✆ 03452/2419

Salzinger, Gasthof A-8960 Öblarn, Steirischer Landesrundwanderweg, 🛏 25, ✆ 03684/264

Schilcherlandhof A-8510 Stainz, Hauptplatz 15, Eigentümer Fam. Schaar, Weitwanderweg 06, Nächtigung nur für eine Nacht möglich, 🛏 100, ✆ 03463/2357

Seeberghof, Hotel-Pension A-8636 Seewiesen, Weitwanderweg 01, 05, 🛏 38, ✆ 03863/225115

Seidl, Gasthof A-8820 Zeutschach Hs.-Nr. 7, Steirischer Landesrundwanderweg, 🛏 24, ✆ 03584/2440

Simperl, Gasthof A-8552 Eibiswald Hs.-Nr. 22, Weitwanderweg 05, 🛏 14, ✆ 03466/2235

Strassegg, Gasthof A-8615 St. Erhard, Sonnleiten 9, Weitwanderweg 02, 06, 🛏 15 ⊓ 45, ✆ 03171/260

Triebenerhof A-8784 Trieben Hs.-Nr. 11, Weitwanderweg 08, 🛏 20, ✆ 03615/2234

Troissinger, Gasthof A-8361 Hatzendorf Hs.-Nr. 152, Weitwanderweg 07 und Steirischer Landesrundwanderweg, 🛏 20, ✆ 03155/2253

Waldheimhütte A-8742 Obdach, Lavantegg 57, Besitzer Luise Grillitsch, Seetaler Alpen, Steirischer Landesrundwanderweg, 🛏 40, ✆ 03578/8205

Zum Goldenen Kreuz, Gasthof A-8250 Vorau Hs.-Nr. 26, Weitwanderweg 07, 🛏 62, ✆ 03337/2368

Zum Heiligen Geist, Gasthof Türnitzer Alpen, A-8630 Mariazell, Wiener Str. 38, Weitwanderweg 05, 06, 🛏 32, ✆ 03882/2191

Zur Alten Post, Gasthof A-8350 Fehring Hs.-Nr. 19, Weitwanderweg 07, 🛏 19, ✆ 03165/52313

Zur Post, Gasthof A-8672 St. Kathrein a. H., 🛏 50, ✆ 03173/2371

VORARLBERG

Gamperdona, Alpengasthof 1370 m, Rätikon, Nenzinger Himmel, geöffnet Mitte Mai bis Mitte Okt., 🛏 24 ⊓ 13, Übergänge zur Mannheimer Hütte, Pfälzer Hütte, Totalphütte

Register aller Hütten

Die Ziffern beziehen sich auf die Seitenzahlen